ESPACES

Rendez-vous avec le monde francophone

FOURTH EDITION

Student Activities Manual

VISTA®
HIGHER LEARNING

Every effort has been made to trace the copyright holders of the works published herein. If proper copyright acknowledgment has not been made, please contact the publisher and we will correct the information in future printings.

Photography and Art Credits

All images © Vista Higher Learning unless otherwise noted.

Workbook

Unit 1 13: (ml) Eddy Lemaistre/For Picture/Getty Images; (r) Allstar Picture Library/Alamy.
Unit 3 41: (tl) Paul Springett 09/Alamy; (tm) Simona Dumitru/Alamy; (tr) Erik Tham/Alamy; (bl) Danita Delimont/ Alamy; (bm) Franky DeMeyer/iStockphoto.
Unit 4 55: (tl) Peter Spiro/iStockphoto; (tr) Carlos Sanchez Pereyra/123RF; (bl) Richard T. Nowitz/Corbis Documentary/ Getty Images; (br) Rubens Abboud/Alamy.
Unit 5 71: (tl) Werner Forman Archive/Heritage Image Partnership Ltd/Alamy; (tr) Gerard Lacz Images/SuperStock; (bl) Anthony Asael/Corbis Documentary/Getty Images; (br) Titti Soldati/Alamy.
Unit 6 85: (tl) Dmitry Pichugin/Fotolia; (tm) Photononstop/SuperStock; (tr) PhotoCuisine RM/Alamy; (bl) Nik Wheeler/ Corbis Documentary/Getty Images; (br) Photononstop/SuperStock; **88:** (tl) Calin Stan/Fotolia; (tm) Idealink Photography/ Alamy; (tr) Maria Laura Antonelli/ZUMA Press/Newscom; (bl) Kicimici/Fotolia; (br) Romilly Lockyer/Getty Images.
Unit 7 94: (tl) VHL; (tml) VHL; (tmr) VHL; (tr) Ingram Publishing/Photolibrary; (bl) Greg Vote/Vstock; (bml) Tetra Images/Alamy; (bmr) VHL; (br) VHL.
Unit 8 115: (tl) Benjamin Herzoq/Fotolia; (tm) Jeremy Reddington/Shutterstock; (tr) Tom Delano; (bl) Images of France/ Alamy; (bm) Keystone Pictures USA/ZUMA Press/Newscom; (bl) Abadesign/Shutterstock; **117:** (tl) Paanna/Deposit Photos; (tr) Bukki88/Depositphotos; (bl) Structurae / Nicolas Janberg; (br) Sigurcamp/Shutterstock.
Unit 9 119: (all) VHL; **131:** (tl) Christophe Boisvieux/Corbis; (tr) Tashka/iStockphoto; (bl) Hemis/Alamy; (br) Hulton-Deutsch Collection/Corbis/Getty Images.
Unit 10 145: (tl) Corel/Corbis; (tm) VHL; (tr) Radu Razvan/123RF; (bl) VHL; (bm) VHL; (br) Madzia/iStockphoto; **148:** (tl) Sonnet Sylvain/Hemis.fr/Alamy; (tr) Owen Franken/Corbis Documentary/Getty Images; (bl) Bettmann/Getty Images; (br) FreeProd/Deposit Photos.
Unit 11 162: (tl) Mikhail Lavrenov/123RF; (tr) Philip Lange/iStockphoto; (bl) Elenathewise/Deposit Photos; (br) Milosk50/Shutterstock.
Unit 12 175: (tl) Andreas Karelias/iStockphoto; (tm) Elena Elisseeva/123RF; (tr) KCS Presse/Splash News/Newscom; (bl) Everett-Art/Shutterstock; (bm) Tom Brakefield/Corbis Documentary/Getty Images; (br) Miloski50/Shutterstock.
Unit 13 187: (tl) Martín Bernetti; (tm) Martín Bernetti; (tr) Fesus Robert/123RF; (bl) Ingram Publishing/Photolibrary; (bm) Paul Smith/Featureflash/Shutterstock; (br) Pieter de Pauw/123RF; **189:** (tl) Patrick Frauchiger/Flickr Open/Getty Images; (tm) Foodpictures/Shutterstock; (tr) VHL; (bl) Guenter Fischer/imagebroker/AGE Fotostock; (bm) Milosk50/ Shutterstock; (br) SidBradypus1/Deposit Photos.
Unit 14 198: (tl) Bosca78/iStockphoto; (tr) Tomas Sereda/Shutterstock; (bl) Goodshot/Alamy; (br) Rafael Rios; **199:** VHL.
Unit 15 217: (tl) Stephane Cardinale/Corbis/Getty Images; (tr) Gianni Dagli Orti/Getty Images; (bl) Courtesy of the LaLorraine Tourism office (www.tourisme-lorraine.fr); (br) Ivan Vdovin/AGE Fotostock.

Lab Manual

Unit 3 19: Martín Bernetti; **21:** (tl) Paula Díez; (tm) Martín Bernetti; (tr) Martín Bernetti; (bl) Martín Bernetti; (br) Martín Bernetti.
Unit 4 29: VHL.
Unit 13 101: (l) Anne Loubet; (ml) BeautifulLotus/iStockphoto; (mr) Martín Bernetti; (r) SportStock/iStockphoto.

ISBN: 978-1-68005-651-8

2 3 4 5 6 7 8 9 BB 22 21 20 19

Table of Contents

LAB MANUAL

VIDEO MANUAL

Espace roman-photo

Flash culture

Introduction

The **ESPACES, 4th Edition** Student Activities Manual

Completely coordinated with the **ESPACES** student textbook, the Student Activities Manual for **ESPACES** provides you with additional practice of the vocabulary, grammar, and language functions presented in each of the textbook's fifteen units. The Student Activities Manual will also help you build your reading, writing, listening and speaking skills in French. The **ressources** boxes in the **ESPACES** textbook indicate where you will find additional practice.

The Workbook

The Workbook's unit structure reflects the organization of the textbook. Each unit contains two lessons (with **Espace contextes** and **Espace structures** sections) and the **Panorama** section from **Savoir-faire**.

Each lesson's workbook activities focus on developing your reading and writing skills as they recycle the language of the corresponding textbook lesson and unit. Exercise formats include, but are not limited to: true/false, multiple choice, fill-in-the-blanks, sentence completions, fleshing out sentences based on key elements, and answering questions. You will also find activities based on maps, photographs, and illustrations.

The Lab Manual

The laboratory activities and the **ESPACES** Lab Program MP3s on the **ESPACES** Supersite are meant to work together. Their purpose is to build your listening comprehension, speaking, and pronunciation skills in French, as they reinforce the vocabulary and grammar of the corresponding textbook lesson. The Lab Manual guides you through the Lab MP3 files, providing the printed cues—direction lines, models, charts, drawings, etc.—you need in order to follow along easily. The MP3s contain statements, questions, mini-dialogues, conversations, monologues, commercials, and many other kinds of listening passages, all recorded by native French speakers. In order to keep you engaged, the activities come in a variety of formats, such as listening-and-repeating exercises, listening-and-speaking practice, listening-and-writing activities, illustration-based work, and dictations.

Each laboratory lesson contains an **Espace contextes** section that practices the active vocabulary taught in the corresponding textbook lesson. In most lessons, the **Les sons et les lettres** section parallels the textbook's, and offers a dictation activity. Each laboratory lesson closes with the **Espace structures** section practice.

The Video Manual

Roman-photo

The **Roman-photo** video episodes, shot in a variety of locations in and around a small city in southern France, offer approximately five minutes of dramatic footage for each textbook lesson (two modules per unit). Each module tells the continuing story of four college students studying in Aix-en-Provence. They have apartments above or near the café **Le P'tit Bistrot,** where they frequently meet and interact with the owner and her teenage son.

The video modules contain two distinct elements. First, you will see a dramatic episode that brings the themes, vocabulary, grammar, and language functions of the corresponding textbook lesson alive. These vignettes are expanded versions of the ones featured in the **Roman-photo** sections of your textbook.

Each dramatic episode ends with a **Reprise** segment in which a narrator calls out key active language from the video episode, highlighting functional vocabulary and/or grammatical structures in the context of their use by the video characters.

The video activities will guide you through the video modules. **Avant de regarder** offers previewing activities to prepare you for successful video viewing experiences. **En regardant la vidéo** contains while-viewing activities that will track you through each module, focusing on key ideas and events in the dramatic episode and its **Reprise** segment. Lastly, **Après la vidéo** provides post-viewing activities that check your comprehension and ask you to apply these materials to your own life or to offer your own opinions.

Flash culture

Hosted by the **ESPACES** narrators, Csilla and Benjamin, these segments provide montages related to the cultural theme of each unit in your textbook. In units 1, 3, 5, 7, 9, 10, and 13, the **Flash culture** activities in this Video Manual are an expansion of the corresponding textbook page. The footage was carefully shot for relevance and interest level, while the narrations and conversations, which gradually build into French, were written using the grammar and vocabulary covered in the text.

As you watch the video segments, you will see a variety of images and hear about different topics: parks, schools, outdoor markets, day-to-day activities, cities, monuments, traditions, festivals, geographic wonders, conversations and interviews with native French speakers, and more. You will be transported to France and get a taste of the French-speaking world while expanding your cultural perspectives with information directly related to the content of your textbook.

The video activities that accompany the **Flash culture** segments will prepare you for viewing and help you understand the modules using the same pre-, while-, and post-viewing activity sequence as in **Roman-photo.**

We hope that you will find the **ESPACES, 4th Edition** Student Activities Manual to be a useful language learning resource and that it will help you to increase your French language skills.

The ***ESPACES, 4th Edition*** *authors and Vista Higher Learning editorial staff*

Nom Riley Leve Date 3/24/22
Period 2

Unité 1

Leçon 1A

ESPACE CONTEXTES

Workbook

1 **Salutations** For each statement or question, write an appropriate response from the box.

✗Au revoir!	Il n'y a pas de quoi.	✗Comme ci, comme ça.
Enchanté.	Je vais bien, merci.	✗Je m'appelle Sylvie, et toi?
À tout à l'heure.	Monsieur Morel.	

1. Comment t'appelles-tu? Je m'appelle Sylvie, et toi?
2. Merci. Enchanté!
3. Comment ça va? Comme ci, comme ça.
4. Je vous présente Anne. Enchante
5. Comment allez-vous? Je m'appelle Sylvie, et toi?
6. À plus tard. Au revoir
7. Comment vous appelez-vous, Monsieur? Je m'appelle Sylvie, et toi?
8. Bonne journée! enchante

2 **Complétez** Complete these sentences with the missing words.

1. Comment ça va?
2. Au revoir!
3. À plus tard!
4. Bonne journée!
5. Excusez-mia.
6. Il n'y a pas de ________.
7. Comment t'appelles-tu?
8. Je vous présente Martin.
9. ? rien.
10. Je vais bien, merci.

3 **Officielle ou informelle?** Indicate whether these expressions are used in formal or informal situations. If an expression may be used in either situation, check both columns.

	Situations officielles	Situations informelles
1. Pardon, Madame.	✓	○
2. Il n'y a pas de quoi.	✓	○
3. Ça va?	○	✓
4. Bonsoir!	✓	✓
5. Je te présente…	○	✓
6. Comment vous appelez-vous?	✓	○
7. S'il te plaît.	○	✓
8. Je vous en prie.	○	✓
9. Et toi, comment vas-tu?	✓	○
10. Bonsoir, Monsieur.	✓	○
11. Salut, Caroline!	○	✓
12. À bientôt!	✓	○

Nom Romiley Ian **Date** 8/3/22

4 Choisissez

Choisissez Indicate whether the sentences or expressions in each pair have similar or opposite meanings.

	Similaire	Opposé
1. ici : là-bas	○	✓
2. À tout à l'heure! : Au revoir!	✓	○
3. Comment allez-vous? : Comment ça va?	○	✓
4. Je vous en prie. : De rien.	✓	○
5. S'il vous plaît. : Merci.	○	✓
6. Je vais bien. : Je vais mal.	○	✓
7. À bientôt! : À plus tard!	○	✓
8. Salut! : Bonjour!	✓	○
9. Madame : Monsieur	✓	○
10. Comme ci, comme ça. : Pas mal.	✓	○

5 Conversation

Conversation Number the lines of this conversation in a logical order.

__6__ À demain, Anne.
__1__ Bonjour, Madame. Je m'appelle Anne.
__5__ Moi aussi, je vais bien. Au revoir, Madame.
__4__ Je vais très bien, merci. Et vous?
__2__ Enchantée. Je m'appelle Madame Prévot.
__3__ Comment allez-vous?

6 Mini-dialogues

Mini-dialogues Write four brief conversations based on the illustration. Be sure to use appropriate forms of address.

Modèle

–Bonjour, je m'appelle Sarah. Et vous?
–Je m'appelle Marco.
–Enchantée.

1. **MME MONTREUIL** Excusez moi Mme Montreuil, j'ai une question.
   PATRICIA Oui, Dieu parle!
2. **ANTOINE** Salut! je m'appelle Antoine. Et vous?
   IRÈNE Je m'appelle Irène. –Enchantée.
3. **PAULINE** Salut! Marie! ca va?
   MARIE salut Pauline! Pas mal
4. **XAVIER** à bientôt après le cours.
   JEAN-MARC a bientôt!
   FLORENT Au revoir!

Nom Riley Leue Date Sept 12, 2022

ESPACE STRUCTURES

1A.1 Nouns and articles

1 **Masculin ou féminin?** Write the definite article (le, la, l') before each noun. Then list each article and noun under the corresponding heading (**Masculin** or **Féminin**).

1. l' amie
2. la littérature
3. la différence
4. la problème
5. l' objet
6. la café
7. le télévision
8. l' étudiant
9. la bureau

Masculin

un
un
un
des
un

Féminin

une
une
une
des

2 **Le, la, l' ou les?** Write the correct definite article before each noun.

1. une bibliothèque
2. un chanteur
3. l' amis
4. une sociologie
5. l' examen
6. des ordinateurs
7. une chose
8. une café
9. un bureaux
10. une petit ami
11. une faculté
12. des objets

3 **Singulier ou pluriel?** Give the plural form of each singular noun and article, and the singular form of each plural noun and article. Use definite articles in the first column and indefinite articles in the second.

Modèle

un ordinateur: ***des ordinateurs***

1. l'étudiant: les étudiants
2. les amies: la amie
3. la librairie: les librairies
4. les cafés: la café
5. le bureau: les bureaus
6. les examens: la examens
7. des étudiantes: une étudiante
8. un lycée: des lycée
9. une chanteuse: des chanteuses
10. des choses: un chases
11. un animal: des animals
12. un instrument: des intrumentes

4 **Les articles** Change the definite articles to indefinite articles and vice versa.

1. un ami: _______________ ami
2. des instruments: _______________ instruments
3. la table: _______________ table
4. un ordinateur: _______________ ordinateur
5. les étudiantes: _______________ étudiantes
6. l'examen: _______________ examen
7. une télévision: _______________ télévision
8. le café: _______________ café
9. des professeurs: _______________ professeurs
10. la personne: _______________ personne

5 **Transformez** Write the feminine forms of masculine nouns and articles, and the masculine forms of feminine nouns and articles.

Modèle

une chanteuse: *un chanteur*

1. l'acteur: _______________
2. un ami: _______________
3. une étudiante: _______________
4. une actrice: _______________
5. le chanteur: _______________
6. la petite amie: _______________

6 **Identifiez** For each illustration, write the noun and its corresponding definite and indefinite articles.

Modèle

la librairie: *C'est une librairie.*

1. _______________
____

2. _______________
____

3. _______________
____

4. _______________
____

5. _______________
____

6. _______________
____

Nom ______________________ Date ______________________

Workbook

1A.2 Numbers 0–60

1 **Les mots croisés** Solve the math problems to complete the crossword puzzle. Include hyphens as needed.

Across:

3. neuf + quinze =
7. trois + dix =
9. quatre + douze =
10. vingt-trois - neuf =
11. treize + cinq =

Down:

1. cinq + six =
2. trente - vingt-huit =
3. douze + quinze =
4. trente - vingt-neuf =
5. six + six =
6. huit + neuf =
8. vingt et un - seize =

2 **Combien?** Write questions to ask how many items or people there are. Write out the number in each response.

Modèle

2 étudiants

Il y a combien d'étudiants? Il y a deux étudiants.

1. 3 bureaux ______________________
2. 21 examens ______________________
3. 5 professeurs de littérature ______________________
4. 18 amis ______________________
5. 33 acteurs ______________________
6. 12 problèmes ______________________
7. 52 tableaux ______________________
8. 9 cafés ______________________
9. 60 choses ______________________
10. 44 tables ______________________

Nom ______________________ Date ______________________

Workbook

3 **Répondez** Ask and answer questions according to the illustration. Write out the numbers. Ask and indicate...

Modèle
how many chairs **(chaises)** there are.
Il y a *combien de chaises?*
Il y a *deux chaises.*

1. how many people there are.
______________________?
______________________.
2. how many computers there are.
______________________?
______________________.
3. how many televisions there are.
______________________?
______________________.
4. how many girls **(filles)** there are.
______________________?
______________________.

4 **Comptez** Figure out the logic of each sequence. Then write out the missing numbers in each one.

1. un, trois, __________, sept, neuf, __________
2. __________, quatre, huit, __________, trente-deux
3. soixante, __________, quarante, trente, vingt, dix, __________
4. vingt-deux, vingt-quatre, __________, vingt-huit, __________
5. onze, __________, trente-trois, __________, cinquante-cinq

5 **Quel chiffre?** Write out the number you associate with each of these items.

1. seasons in a year __________
2. days in a week __________
3. number of days in September __________
4. number of pets you have __________
5. your age __________
6. number of classes you are taking __________

6 **Dans la salle de classe** Answer these questions using complete sentences. Write out numbers.

Modèle
Dans votre *(your)* salle de classe, il y a combien de télévisions?
Il y a *une télévision.*

1. de tableaux? ______________________
2. d'étudiants? ______________________
3. d'étudiantes? ______________________
4. de bureaux? ______________________

Unité 1

Leçon 1B

ESPACE CONTEXTES

1 **Cherchez** Find and circle these twelve school-related words, looking backwards, forwards, vertically, horizontally, and diagonally.

~~calculatrice~~	dictionnaire
carte	livre
chaise	professeur
copine	porte
corbeille	stylo
crayon	tableau

E	E	R	V	I	L	P	L	S	R	O
C	R	O	B	I	O	D	R	T	R	O
I	I	U	S	E	E	R	C	A	T	E
R	A	I	E	E	S	E	T	R	A	C
T	N	F	T	S	E	T	E	C	H	A
A	N	O	R	L	S	N	Y	A	I	B
L	O	C	O	R	B	E	I	L	L	E
U	I	R	P	A	E	S	F	P	O	S
C	T	A	B	L	E	A	U	O	O	I
L	C	Y	T	U	N	E	T	F	R	C
A	I	O	C	I	A	R	O	A	E	P
C	D	N	L	A	C	L	L	C	O	L

2 **Les associations** Match the words in the first column with related words in the second.

_______ 1. un crayon — a. une fille
_______ 2. un homme — b. une feuille de papier
_______ 3. une femme — c. un étudiant
_______ 4. un cahier — d. un stylo
_______ 5. une montre — e. un livre
_______ 6. une porte — f. une fenêtre
_______ 7. un élève — g. une horloge
_______ 8. un dictionnaire — h. un garçon

3 **Analogies** Complete the analogies with words from the box. Some words will not be used. Do not repeat items.

un cahier	une femme	des livres
une corbeille à papier	une fenêtre	un résultat
un garçon	une fille	un stylo

1. un garçon : une fille :: un homme : _______________________
2. un professeur : un étudiant :: un parent : _______________________
3. un homme : un garçon :: une femme : _______________________
4. un cahier : des feuilles de papier :: une bibliothèque : _______________________
5. une montre : une horloge :: un crayon : _______________________

Nom Riley Love Date 9/20/22

Workbook

4 **En classe** Label these people and things. Include the indefinite article for each noun.

1. Un horloge
2. Une fenêtre
3. Un Port
4. Une femme
5. Une feuille a papier
6. Une copine
7. Une chaise
8. Un stylo
9. Une cahier
10. Un sac à dos
11. une table
12. une élève
13. Un tableaux
14. une corbeill à papier
15. Une Carte

5 **Complétez** Complete these sentences using the words below. Not all words will be used.

~~cahier~~	~~corbeille à papier~~	~~dictionnaire~~	stylo
~~classe~~	crayons	~~fenêtre~~	tableaux

1. Il y a des cahier dans (*in*) le sac à dos.
2. Il y a vingt étudiants dans la classe.
3. Il y a des mots de vocabulaire dans le dictionnaire.
4. Il y a une feuille de papier dans la corbeille à papier.
5. Il y a une fenêtre dans la salle de classe.

ESPACE STRUCTURES

Workbook

1B.1 Subject pronouns and the verb être

1 **Les pronoms** In the second column, write the subject pronouns you would use when addressing the people listed. In the third column, write the pronouns you would use when talking about them.

People	Addressing them	Talking about them
1. Madame Martin		
2. Elsa et Caroline		
3. Julien (un ami)		
4. trois femmes et un homme		
5. un professeur		
6. une étudiante		
7. un acteur		
8. une copine		

2 **Complétez** Complete these sentences with the correct subject pronouns.

1. ______ est étudiante.
2. ______ sommes à l'université
3. ______ suis un ami.
4. ______ est professeur.
5. ______ sont copains.
6. ______ es acteur.
7. ______ êtes ici?
8. ______ sont chanteuses.

3 **Nous sommes...** Rewrite each sentence with the new subject and the correct form of the verb être. Make other changes as needed.

Modèle

Il est professeur. Nous *sommes professeurs.*

1. Nous sommes étudiants. Vous ______.
2. Elle est à Paris. Tu ______.
3. Je suis actrice. Il ______.
4. Vous êtes copines. Ils ______.
5. Tu es à la librairie. Je ______.

4 **Bienvenue à Aix-en-Provence!** David has just arrived in Aix-en-Provence. Complete his paragraph with the correct forms of être.

Bonjour! Je m'appelle David. Je (1) ______________ étudiant ici, à Aix-en-Provence. Rachid, Sandrine, Amina et Stéphane (2) ______________ des amis. Sandrine, elle (3) ______________ chanteuse. Rachid, Amina et moi, nous (4) ______________ étudiants à l'université. Stéphane (5) ______________ élève au lycée. Et toi, tu (6) ______________ étudiant?

5 **Identifiez** Identify these people or things using **c'est** or **ce sont**.

1. ______________ ______________

2. ______________ ______________

3. ______________ ______________

4. ______________ ______________

5. ______________ ______________

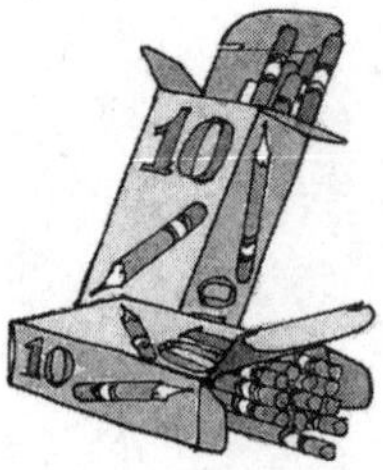

6. ______________ ______________

7. ______________ ______________

8. ______________ ______________

6 **Répondez** Answer these questions using complete sentences.

1. La France est-elle en Europe?

   Oui, ____

2. Johnny Depp est-il acteur?

   Oui, ____

3. Céline Dion et Beyoncé sont-elles chanteuses?

   Oui, ____

4. Tu es étudiant(e)?

   Oui, ____

5. Tes (*Your*) cours sont-ils intéressants?

   Oui, ____

Nom Riley Love　　　　Date 9/28/22

1B.2 Adjective agreement

1 **Les contraires** Match the words in the first column with their opposites in the second. Use a dictionary, if necessary.

d 1. optimiste	a. désagréable
h 2. sociable	b. difficile
a 3. agréable	c. similaire
g 4. impatient	d. pessimiste
b 5. facile	e. dépendant
c 6. différent	f. impoli
e 7. indépendant	g. patient
f 8. poli	h. timide

2 **Chassez l'intrus** Circle the adjective that does not belong with the others.

1. difficile, égoïste, agréable
2. poli, pessimiste, sociable
3. sympathique, italien, espagnol
4. intelligent, brillant, impatient
5. américain, sincère, canadien
6. québécois, sincère, sympathique
7. allemand, charmant, suisse
8. occupé, timide, réservé

3 **Nationalités** What nationalities are these people? Write sentences according to the model.

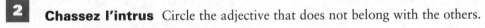

Modèle
Carole / France: *Carole est française.*

1. Bob et Jim / les États-Unis (*U.S.*): Bob and Jim / them United States
2. Amani et Ahmed / le Sénégal: Amani and Ahmed / the Senegal
3. Trevor / l'Angleterre (*England*): Trevor est l'angleterre
4. Francine et Nadège / le Québec: Francine et Nadège directe le Québec
5. Monika / l'Allemagne (*Germany*): Monika est l'allemagne
6. Maria-Luisa / l'Italie: Maria-Luisa est l'Italie
7. François et Jean-Philippe / la Suisse: François et Jean-Philippe sont la Suisse
8. Gabriela / le Mexique: Gabriela est le Mexique
9. Monsieur et Madame Sato / le Japon: Monsieur et Madam Sato sont le Japon
10. Paul / le Canada: Paul est Canada

Workbook

4 **Les personnes célèbres** Finish these sentences using the correct forms of être and the adjectives in parentheses.

1. Jim Carey (amusant) ______.
2. Catherine Zeta-Jones (élégant) ______.
3. Julia Roberts et Renée Zellewegger (sympathique) ______.
4. George Clooney et Kelly Ripa (charmant) ______.
5. Stephen Hawkings (brillant) ______.
6. Dr. Phil et Oprah Winfrey (sociable) ______.
7. Le prince Charles et la reine (*queen*) Elizabeth II (réservé) ______.
8. Bill Gates (intelligent) ______.

5 **Décrivez** Look at the illustration and describe each person or animal using as many adjectives as possible. Use your imagination to describe their personalities. Write complete sentences.

Modèle

Thomas *est intelligent.*

1. Charles ______
2. Suzanne ______
3. Charlotte ______
4. Robert ______
5. Thomas ______
6. Fido ______

Nom ______________________ Date ______________________

Unité 1

PANORAMA

Savoir-faire

1 **Les pays francophones** Match the countries with their regions.

_______ 1. Europe	a. Îles Gambier
_______ 2. Afrique de l'Ouest	b. Maroc
_______ 3. Asie	c. Haïti
_______ 4. Afrique du Nord	d. Laos
_______ 5. Océanie	e. Suisse
_______ 6. Afrique centrale	f. Côte-d'Ivoire
_______ 7. Amérique du Nord	g. Cameroun

2 **Francophones célèbres** Where do these people come from?

1. Marie-José Pérec ______________________
2. René Magritte ______________________
3. Céline Dion ______________________
4. Jean Reno ______________________

3 **Les professions** Match these people with their professions.

_______ 1. Jean Reno	a. chanteuse
_______ 2. René Magritte	b. coureuse olympique
_______ 3. Marie-José Pérec	c. acteur
_______ 4. Céline Dion	d. peintre

Workbook

4 **Vrai ou faux?** Indicate whether these statements are **vrai** or **faux**.

	Vrai	Faux
1. Le français est la langue officielle du Québec.	❍	❍
2. L'Algérie est une colonie française.	❍	❍
3. On a vendu la Louisiane pour 15 millions de dollars.	❍	❍
4. 350.000 personnes en Louisiane parlent français.	❍	❍
5. Le rôle de l'O.I.F est la promotion de la langue française.	❍	❍
6. Ousmane Sembène est un chanteur africain.	❍	❍
7. On parle français sur cinq continents.	❍	❍
8. Le français est la deuxième langue enseignée dans le monde.	❍	❍

5 **Où?** What places do these statements describe?

1. Il y a une loi qui oblige l'affichage en français dans les lieux publics. ______________________
2. On y (*there*) mange du jambalaya. ______________________
3. On y parle arabe et français. ______________________
4. On y fête la Journée internationale de la Francophonie. ______________________
5. C'est une région francophone aux États-Unis. ______________________
6. Les employés du gouvernement sont bilingues. ______________________

6 **La francophonie** Identify these French-speaking countries or regions. Look at the maps at the end of your book, if necessary.

1. ______________
2. ______________
3. ______________
4. ______________
5. ______________
6. ______________
7. ______________

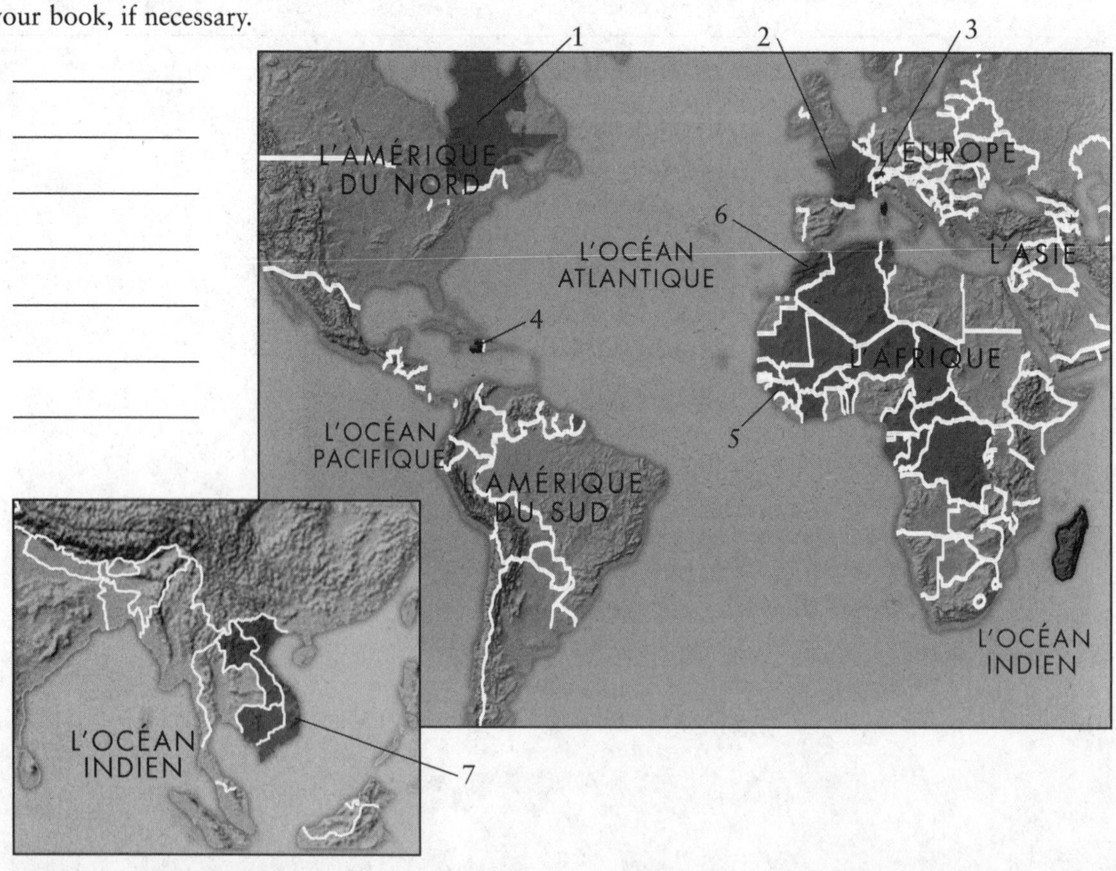

Nom Riley Lowe Date 10/6/22

Unité 2

Leçon 2A

ESPACE CONTEXTES

1 **Cherchez** In the grid, find and circle the fifteen words for the courses listed in the box. Look backwards, forwards, vertically, horizontally, and diagonally.

architecture	informatique
art	lettres
chimie	mathématiques
droit	philosophie
espagnol	physique
géographie	psychologie
gestion	sciences
histoire	

M	P	S	Y	C	H	O	L	O	G	I	E	H	Ô
S	E	C	N	E	I	C	S	P	S	U	P	G	H
P	G	H	H	D	Y	H	H	T	Q	T	S	A	P
G	É	O	G	R	A	P	H	I	E	O	R	Y	I
H	E	H	S	O	I	U	T	E	I	C	H	R	S
S	E	U	Q	I	T	A	M	É	H	T	A	M	H
H	S	R	I	T	M	I	V	I	P	Î	E	S	A
I	P	O	I	R	G	Q	T	P	O	T	R	E	T
S	A	T	O	A	E	E	Y	E	S	Q	T	R	T
T	G	F	O	S	C	G	S	F	O	S	M	T	C
O	N	G	L	T	E	O	F	T	L	U	S	T	U
I	O	I	U	E	P	H	Y	S	I	Q	U	E	H
R	L	R	M	E	T	A	R	R	H	O	R	L	P
E	É	I	M	I	H	C	N	P	P	T	N	É	N

2 **Chassez l'intrus** Circle the word that does not belong in each group.

1. le français, l'anglais, la biologie, l'espagnol
2. un cours, un gymnase, une bourse, un diplôme
3. une note, le droit, un examen, le devoir
4. la physique, la chimie, l'architecture, la biologie
5. les langues étrangères, l'économie, la gestion, le droit
6. l'architecture, l'art, l'informatique, le stylisme de mode

3 **En quel cours?** In what class would you study these people or things?

1. Abraham Lincoln, Winston Churchill Historie
2. Claude Monet, Léonard de Vinci art
3. Sigmund Freud, Carl Jung psychologie
4. l'Afrique, l'océan Pacifique géographie
5. la culture française, la grammaire française
6. la mode, les styles modernes fasion
7. Ernest Hemingway, William Shakespeare Englaise
8. les plantes, les animaux biologie
9. Jean-Paul Sartre, Emmanuel Kant Philosophie
10. Albert Einstein, Stephen Hawking Physique

Workbook

Nom Riley Lane Date 10/13/22

Workbook

4 **C'est pour quel cours?** In which class would you most likely use these objects?

h 1. les crayons de couleur	a. les mathématiques
d 2. un dictionnaire anglais-français	b. la géographie
a 3. une calculatrice	c. la biologie
f 4. un ordinateur	d. le français
c 5. un microscope	e. l'éducation physique
b 6. une carte topographique	f. l'informatique
e 7. un ballon (*ball*)	g. le droit
g 8. une explication de la constitution	h. l'art

5 **Associations** Choose the word most closely associated with each of these terms.

l'art	un gymnase	les mathématiques
les études supérieures	l'informatique	une note
la gestion	une langue étrangère	les sciences politiques

1. les sports un gymnase
2. les ordinateurs l'informatique
3. un examen une note
4. l'algèbre les mathématiques
5. l'université les études supérieures
6. le gouvernement les sciences politiques
7. un poster l'art
8. la littérature française une langue étrangère

6 **À votre avis** Do you like these subjects? Give your opinion (**votre avis**) on these classes using the words listed below or other adjectives you know. Use a different adjective in each sentence, making any necessary agreements.

Modèle
l'anglais
J'aime bien l'anglais. C'est facile.

agréable	difficile	intéressant
amusant	facile	inutile
différent	important	utile

1. le stylisme de mode le stylisme est utile.
2. l'éducation physique l'education physique est important
3. le français le course de français est agreable
4. la gestion Je n'étudie pas la gestion.
5. la philosophie J'adore la philosophie
6. la psychologie J'aime la psychologie.
7. l'histoire J'aime comme ci, comme ça l'histoire
8. les mathématiques J'adore les mathématiques

Workbook

ESPACE STRUCTURES

2A.1 Present tense of regular -er verbs

1 **Les verbes** Write the missing forms of each verb.

Le présent des verbes en *-er*					
je	**tu**	**il/elle/on**	**nous**	**vous**	**ils/elles**
1. travaille					
2.	oublies				
3.		mange			
4.			aimons		
5.				commencez	
6.					pensent

2 **Complétez** Complete each sentence using the correct form of the verb in parentheses.

1. Les étudiants ______________ (manger) au resto U.
2. Hélène et moi, nous ______________ (parler) français en classe.
3. Corinne ______________ (étudier) les mathématiques.
4. Vous ______________ (adorer) le chocolat.
5. Tu ______________ (travailler) à la bibliothèque.
6. Je ______________ (détester) les examens.
7. Florent et Michèle ______________ (regarder) la télévision.
8. Tu ______________ (aimer) mieux retrouver des amis à l'université.

3 **Phrases** Form sentences using the words provided. Remember to conjugate the verbs and add any necessary words.

Modèle

je / habiter / à New York
J'habite à New York.

1. nous / manger / pizza

____

2. Olivier et Sylvain / aimer / cours de biologie

____

3. le professeur / donner / devoirs

____

4. les élèves / oublier / livres

____

5. tu / rencontrer / amis / à l'école

____

Workbook

4 **Une lettre** Complete this letter with the appropriate forms of the verbs in parentheses.

Le 14 septembre

Salut Marie!

Ça va bien à l'université? Moi, j' (1) ____________ (adorer) les cours. Ils sont très intéressants. Les profs sont sympas, mais ils (2) ____________ (donner) beaucoup de devoirs. Mon camarade de chambre s'appelle Jean-Pierre. Il (3) ____________ (étudier) les sciences politiques. Nous (4) ____________ (partager) un appartement. Jean-Pierre est très sociable. Il (5) ____________ (travailler), mais il (6) ____________ (aimer) mieux le sport et il (7) ____________ (parler) beaucoup au téléphone. Le week-end, nous (8) ____________ (retrouver) des amis au café ou nous (9) ____________ (regarder) des films à la télé. Et toi, tu (10) ____________ (chercher) un petit ami? Les filles (11) ____________ (adorer) Jean-Pierre. Elles (12) ____________ (penser) qu'il est charmant.

Grosses bises,

Charles

5 **Et vous?** Write sentences giving your opinion of these activities. Use one of the verbs listed in each sentence.

adorer aimer aimer bien aimer mieux détester

1. partager mes vêtements (*my clothes*)

____

____

2. voyager

____

____

3. parler au téléphone

____

____

4. dessiner

____

____

5. manger des sushis

____

____

2A.2 Forming questions and expressing negation

1 **Est-ce que...?** Make questions out of these statements using **est-ce que**.

1. Vous êtes canadien.
2. Tu regardes la télévision.
3. Ils cherchent un dictionnaire à la bibliothèque.
4. Nous arrivons à l'école.
5. Elle parle chinois (*Chinese*).

2 **Les questions** Make questions out of these statements by inverting the word order.

Modèle
Vous parlez anglais.
Parlez-vous anglais?

1. Ils sont québécois.
2. Elles adorent voyager.
3. Tu parles espagnol.
4. Il y a vingt-cinq étudiants.
5. Le professeur donne des devoirs difficiles.

3 **Quelle est la question?** Write questions that would prompt these responses. Use the type of question indicated in parentheses.

1. (est-ce que) ______________________?
   Non, les cours ne commencent pas demain.
2. (n'est-ce pas) ______________________?
   Oui, j'aime voyager.
3. (est-ce que) ______________________?
   Non, il n'y a pas de problème.
4. (inversion) ______________________?
   Oui, nous sommes étudiants.
5. (d'accord) ______________________?
   Mais non! Je n'aime pas manger au resto U.

Workbook

4

Mais Robert! Robert is very negative and contradicts everything. Write his answers to these questions using complete sentences.

Modèle
—Tu partages le chocolat?
—Non, *je ne partage pas le chocolat.*

1. —Études-tu les sciences politiques?
   —Non, ______
2. —Cherches-tu le stylo?
   —Non, ______
3. —Aimes-tu le chocolat?
   —Non, ______
4. —Est-ce que l'examen est facile?
   —Non, ______
5. —Tu aimes parler avec des amis, n'est-ce pas?
   —Non, ______
6. —Tu n'es pas sociable?
   —Si, ______

5

Et vous? Write your answers to these questions using complete sentences. Vary your responses by including a variety of words and expressions from the list.

bien sûr	oui	peut-être
mais non	pas du tout	si

1. Vous n'aimez pas voyager?
   ______
2. Aimez-vous les examens?
   ______
3. La physique, c'est facile?
   ______
4. Vous êtes intelligent(e), n'est-ce pas?
   ______
5. Est-ce que vous cherchez un(e) petit(e) ami(e)?
   ______

Nom Riley Love Date 19 November 2022

Unité 2

Leçon 2B

ESPACE CONTEXTES

Workbook

1 Complétez Complete each series with the next logical word.

1. vendredi, samedi, dimanche
2. le matin, le midi, ce soir
3. avant-hier (*the day before yesterday*), hier, après-demain
4. lundi, mercredi, vendredi
5. aujourd'hui, demain, après-demain
6. mardi, jeudi, dimanche

2 Choisissez Complete each sentence with a logical word from the list.

année	jours	samedi
dernier	jeudi	semaine
dimanche	lundi	mercredi

1. Il y a sept jours dans une Jours.
2. Le jour avant (*before*) mardi, c'est lundi.
3. Il y a douze mois dans une Samedi.
4. Le mois de novembre a trente jours.
5. Dimanche, c'est le dimanche jour du week-end.
6. Le jour avant jeudi, c'est Semaine.

3 Le calendrier Use this calendar to answer the questions below.

octobre

L	M	M	J	V	S	D
		1	2	3	4	5
6	7	8	9	10	11	12
13	14	15	16	17	18	19
20	21	22	23	24	25	26
27	28	29	30	31		

novembre

L	M	M	J	V	S	D
					1	2
3	4	5	6	7	8	9
10	11	12	13	14	15	16
17	18	19	20	21	22	23
24	25	26	27	28	29	30

1. Quel jour de la semaine est le premier octobre? mercredi
2. Quel jour de la semaine est le 24 novembre? lundi
3. Quel jour de la semaine est le 19 octobre? Dimanche
4. Quel jour de la semaine est le 4 novembre? mardi
5. Quel jour de la semaine est le 11 octobre? Samedi
6. Quel jour de la semaine est le 2 octobre? Jeudi
7. Quel jour de la semaine est le 28 novembre? vendredi

4 **Décrivez** What are these people doing? Complete each sentence with the correct form of a verb from the list.

Modèle
Amina *arrive* chez Sandrine.

arriver	regarder
dîner	rentrer
écouter	téléphoner à
préparer	voyager

1. David ______________ à la maison.

2. Sandrine ______________ des amis.

3. Stéphane ______________ l'examen de maths.

4. David ______________ au café.

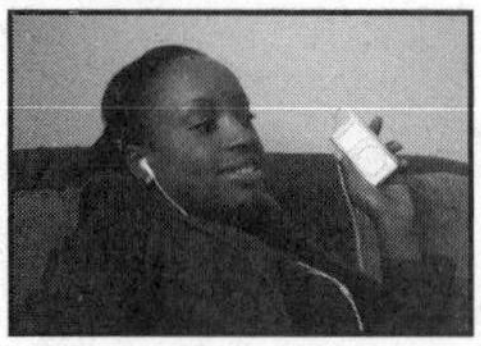

5. Amina ______________ de la musique.

6. Stéphane ______________ la télévision.

5 **Complétez** Complete the weekly calendar with activities you plan to do or might like to do next week. Choose from the activities listed or include other activities. List at least eight different activities.

assister au cours de...	parler	rentrer
dîner avec...	passer l'examen de...	téléphoner à...
écouter	préparer l'examen de...	travailler
étudier	regarder	trouver

la semaine prochaine							
	lundi	mardi	mercredi	jeudi	vendredi	samedi	dimanche
matin							
midi							
soir							

ESPACE STRUCTURES

2B.1 The verb avoir

1 **Choisissez** Choose the expression that most logically completes each sentence.

1. Tu __________ des examens.
   a. as chaud b. as peur c. as raison
2. J' __________ de téléphoner à mon cousin.
   a. ai envie b. ai sommeil c. ai quinze ans
3. Laure __________ le soir.
   a. a tort b. a envie c. a sommeil
4. Marie et Mireille sont jeunes. Elles __________.
   a. ont cinq ans b. ont peur c. ont l'air

2 **Assortissez-les** Choose the best completion for each sentence.

ans	des insectes
décembre	le matin
d'étudier	visiter la France

1. J'ai besoin __________.
2. Eugène a dix-neuf __________.
3. Tu as peur __________.
4. Nous avons envie de __________.
5. J'ai sommeil __________.
6. J'ai froid en __________.

3 **Les possessions** Use the correct forms of the verb **avoir** to say what these people have or don't have.

1. Je / un ordinateur
   ____
2. Vous / trois cahiers
   ____
3. Nous / un professeur intéressant
   ____
4. Tu / ne... pas / cours aujourd'hui
   ____
5. Ils / des calculatrices
   ____
6. Jules et Odile / un examen demain
   ____
7. Yves / ne... pas / de problème
   ____
8. Je / ne... pas / les yeux (*eyes*) bleus
   ____

Nom ______________________ Date ______________________

4 **Complétez** Complete each sentence with the most logical expression from the list. Remember to use the correct form of **avoir**.

avoir besoin	avoir envie	avoir peur
avoir de la chance	avoir froid	avoir tort

1. Il y a un examen demain. Nous ______________ d'étudier.
2. Vous écoutez de la musique. Vous ______________ de danser.
3. Ils n'ont pas raison. Ils ______________.
4. Tu trouves 100 euros. Tu ______________.
5. La température est de 10 degrés. Sophie ______________.
6. Voilà un monstre! J' ______________!

5 **Qu'est-ce qu'ils ont?** Describe these illustrations using expressions with **avoir**.

1. Elle ______________

2. Elle ______________

3. Ils ______________

4. Ils ______________

6 **Et vous?** Answer these questions using complete sentences.

1. Quel âge avez-vous?
____
2. Est-ce que vous avez une bourse?
____
3. Avez-vous un(e) camarade de chambre?
____
4. De quoi (*what*) est-ce que vous avez peur?
____
5. De quoi avez-vous besoin?
____
6. Avez-vous un examen la semaine prochaine?
____
7. Est-ce que vous pensez que vous avez de la chance? Pourquoi?
____

Nom Riley Lane **Date** Tue Jan 17

2B.2 Telling time

1 **L'heure** Give the time shown on each clock. Use complete sentences and write out the times.

1. il est quat moins le quart

2. il est douze heures sept

3. il est de till huit

4. il est quinze past deux

5. il est six et demie

6. il est vingt passe 1

2 **Quelle heure est-il?** Convert these times into digits using the 24-hour clock.

Modèle

Il est quatre heures de l'après-midi.
16h00

1. Il est quatre heures moins vingt de l'après-midi. 4:20
2. Il est six heures du matin. 6:00
3. Il est neuf heures et quart du soir. 21:00
4. Il est midi. 12:00
5. Il est une heure dix de l'après-midi. 13:10
6. Il est onze heures moins le quart du matin. 11:45
7. Il est cinq heures cinq du soir. 14:14
8. Il est minuit moins dix. 24:10
9. Il est une heure et demie du matin. 1:30
10. Il est dix heures du soir. 22:00

Nom ______________________ Date ______________________

3 **Transformez** Convert these times into conversational time. Write out the times.

Modèle
13h00: une heure de l'après-midi

1. 12h30: il est douze et demie.
2. 13h10: il est treize heures dix de l'apres-midi
3. 7h45: il est set moins le quart
4. 22h50: il est dix à vingtidu.
5. 9h15: il est neufe et quart
6. 18h40: il est dixhuit moins l quart
7. 3h05: il est trois heures sang
8. 15h30: il est quinz et demie.

4 **Dans cinq minutes** Look at the clocks below and say what time it will be *in five minutes.* Write out the times.

1. ______________________

2. ______________________

3. ______________________

4. ______________________

5. ______________________

5 **À vous!** Answer these questions using complete sentences. Write out the times.

Modèle
À quelle heure est-ce que tu manges?
Je mange à neuf heures.

1. Le cours de français commence à quelle heure?
   Le cours commence à dix et demie.
2. À quelle heure est-ce que vous rentrez à la maison?
   J rentrez à dix-huit et demie.
3. À quelle heure est-ce que vous dînez?
   J dinez à vingt et demie.
4. À quelle heure est-ce que vous regardez la télévision?
   J regardez la television à vingtiune.
5. À quelle heure est-ce que vous étudiez?
   J etudiez à dix-neuf et quart.

Unité 2

PANORAMA

Savoir-faire

1 **Vrai ou faux?** Indicate whether these statements are **vrai** or **faux**.

	Vrai	Faux
1. La population de la France est de moins de (*less than*) 50.000.000 d'habitants.	❍	❍
2. Paris, Lille et Marseille sont des villes importantes.	❍	❍
3. L'énergie est l'une des industries principales en France.	❍	❍
4. Il y a moins de 12.000 musées en France.	❍	❍
5. La France a une superficie de moins de 550.000 kilomètres carrés.	❍	❍
6. Pierre-Auguste Renoir est un écrivain français.	❍	❍
7. Claude Debussy est compositeur et musicien.	❍	❍
8. Les Académiciens défendent le bon usage du français.	❍	❍
9. La France accueille (*welcomes*) moins de 60 millions de touristes chaque (*each*) year.	❍	❍
10. La France est un pays membre de l'Union européenne.	❍	❍

2 **Choisissez** Choose the correct completion for these sentences.

1. On appelle le cinéma le ____________________.
   a. 5e art
   b. 6e art
   c. 7e art

2. La France est en forme ____________________.
   a. d'hexagone
   b. de triangle
   c. de pentagone

3. Le TGV roule à plus de ____________________ kilomètres à l'heure.
   a. 200
   b. 300
   c. 400

4. François Truffaut et Luc Besson sont des ____________________ français.
   a. cinéastes
   b. acteurs
   c. peintres

5. Peugeot et Citroën sont des ____________________ françaises.
   a. films
   b. voitures
   c. trains

6. La Loire, la Garonne et le Rhône sont des ____________________ de France.
   a. châteaux
   b. fleuves
   c. forêts

3 **Complétez** Complete these statements with words from the list.

actrices	euro	industries
cinéma	sculptrice	maritimes
écrivain	héroïne	trains

1. Les produits de luxe et le tourisme sont parmi (*among*) les ______________________ principales en France.
2. La monnaie de la France s'appelle l'______________________.
3. Jeanne d'Arc est une ______________________ française.
4. Camille Claudel est une ______________________ française.
5. Émile Zola est un ______________________ français.
6. La mer Méditerranée et la Manche sont des fronts ______________________.
7. La SNCF est le système des ______________________ français.
8. Catherine Deneuve et Audrey Tautou sont des ______________________ françaises.

4 **La France** Label the French cities numbered on the map.

1. ______________________
2. ______________________
3. ______________________
4. ______________________
5. ______________________
6. ______________________
7. ______________________
8. ______________________

Unité 3

ESPACE CONTEXTES

Leçon 3A

1 **L'arbre généalogique** Use the clues below to add names to Amandine's family tree.

1. Marcelle est la mère d'Amandine.
2. Raymond et Marcelle ont une fille et un fils.
3. Michel est le frère d'Amandine.
4. Aminata et Hassan ont un enfant.
5. Marcelle est la belle-sœur d'Hassan.
6. Aminata a une sœur.
7. Gustave est le petit-fils de Pierre.
8. Hassan est le beau-fils d'Aïcha.

2 **L'album de photos** Decide which picture best corresponds to each description.

a

b

c

d

e

f

____ 1. C'est mon cousin, Franck, et ma cousine, Séverine. Ils étudient à l'Université de Lyon.
____ 2. Voici la mère de ma mère. Elle est veuve. Elle s'appelle Anne-Marie.
____ 3. Voici mes grands-parents. Ils habitent à Aix-en-Provence.
____ 4. Voici mon oncle, Stéphane, et sa femme, Véronique. Mon cousin, Guillaume, a un chat.
____ 5. Voici ma sœur aînée. Elle a 21 ans. Elle est avec son petit ami, Frédéric.
____ 6. Voici mon demi-frère. Il a 2 ans. Il est le cadet de la famille.

Nom [illegible] Date Jan 25

3 **Cherchez** Find the additional 15 words from the list in the grid. They may appear horizontally, vertically, or diagonally.

Q	C	L	N	N	D	Y	L	F	É	X	T	S	D	É
F	Q	É	E	I	C	X	A	A	C	E	T	Q	I	P
A	U	V	L	P	S	M	R	P	N	N	G	Y	V	O
X	E	E	H	I	I	I	I	R	A	M	D	P	O	U
U	I	J	V	L	B	J	O	F	I	W	X	É	R	X
N	I	V	L	R	O	A	N	V	F	G	R	S	C	G
F	F	E	M	M	E	E	T	Q	D	A	K	L	E	V
N	R	I	R	T	S	Y	D	A	P	E	S	I	R	A
F	K	Z	L	T	O	R	B	É	I	G	D	F	D	E
J	R	F	I	L	I	K	S	M	G	R	F	Z	J	B
E	Q	T	F	J	E	I	R	P	U	P	E	H	S	Z
R	E	O	S	X	O	F	Y	P	F	H	Y	B	S	F
P	G	R	A	N	D	S	P	A	R	E	N	T	S	C
S	T	N	E	R	A	P	I	B	X	Z	X	V	N	W
J	G	A	I	I	Q	I	F	M	X	M	X	C	L	H

célibataire	grands-parents
divorcer	mari
époux	neveu
famille	parents
femme	petits-enfants
fiancé	séparé
fille	veuf
fils	voisin

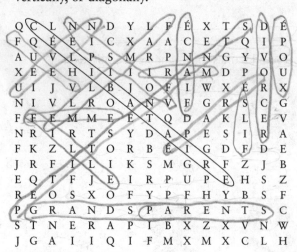

4 **Complétez** Complete these analogies according to the model.

Modèle

demi-frère : demi-sœur :: frère : *sœur*

1. cousine : cousin :: sœur : frère
2. marié : séparé :: épouser : divorcer
3. épouse : époux :: femme : Perre
4. neveu : oncle :: nièce : tant
5. parents : grands-parents :: enfants : parents
6. mère : fille :: père : femme

5 **Écrivez** Read this e-mail from your French pen-pal. Then describe your family in your response.

Bonjour,

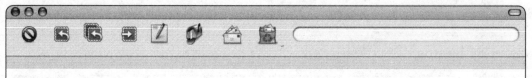

Ma mère s'appelle Sandrine et mon père s'appelle Vincent. J'ai un frère aîné, Raphaël, et une sœur cadette, Céline. Nous habitons à Paris. Ma tante Thérèse et mon oncle Philippe ont deux enfants. Mes cousins, Karim et Jacques, ont 7 et 12 ans. Ils habitent à Lyon. Ma grand-mère Camille est veuve. Elle habite avec nous à Paris. C'est la mère de mon père. Mes grands-parents Yves et Mathilde sont les parents de ma mère. Ils habitent à Nîmes. Comment est ta famille?

Bisous, Sylvie.

Ma mere s'appelle Collene et mon pere s'appelle Tracy. Ils sont heureux et gentil. J'ai un frère, il s'appelle Rowan. il est penible et gentil. J'ai un chein. Ma mere est une médecin et mon pere et un avocate. Mon frere travaille á Whole Foods.

Nom ______________________ Date ______________________

Workbook

ESPACE STRUCTURES

3A.1 Descriptive adjectives

1 **Les accords** Kim is describing her sister, Nathalie, and her cousin, Chan. Complete the sentences with the correct forms of the adjectives.

1. Ma sœur est ____________ (grand) et elle a les cheveux ____________ (roux).
2. Mon cousin Chan a les cheveux ____________ (brun) et ____________ (court).
3. Nathalie est ____________ (joli). Elle n'est pas ____________ (laid).
4. Mon cousin est ____________ (naïf). Il n'est pas ____________ (vieux).
5. Ma sœur est ____________ (fier). Son fils est ____________ (beau).
6. Le ____________ (nouveau) étudiant dans la classe de Chan est ____________ (curieux).
7. Les étudiants de l'école de Chan sont ____________ (brillant) et ____________ (sérieux).
8. Moi, j'ai les yeux ____________ (bleu). Je suis ____________ (sociable).

2 **Complétez** Create complete sentences using the fragments below. Remember to make any necessary agreements.

Modèle
ma / grand / sœur / être / de taille moyenne
Ma grande sœur est de taille moyenne.

1. je / avoir / grand / famille ____________________
2. mon / nouveau / appartement / être / petit ____________________
3. grand / salle de classe / être / vieux ____________________
4. ma / jeune / voisine / être / français ____________________
5. joli / actrice / avoir / bon / rôle ____________________
6. gros / chat / avoir / yeux / vert ____________________

3 **Les contraires** Write an antonym for each adjective. Make the antonyms agree in gender and number with the adjectives provided.

Modèle
actives ≠ *paresseuses*

1. grand ≠ ____________
2. courtes ≠ ____________
3. laids ≠ ____________
4. mauvaise ≠ ____________
5. jeune ≠ ____________
6. bruns ≠ ____________
7. réservées ≠ ____________
8. malheureux ≠ ____________

Nom ______________________ Date ______________________

4 **Une lettre** Adam is writing his first letter to his pen-pal in Guadeloupe. Help him find the right adjectives to complete his letter. Don't forget to make the necessary agreements.

Modèle

Ma sœur est ______ (≠ petit) et ______ (intellectuel).
*Ma sœur est **grande** et **intellectuelle**.*

Ma mère est de taille moyenne et elle est (1) ______________ (≠ laid). Elle a les cheveux (2) ______________ (brun) et (3) ______________ (raide). Elle a les yeux (4) ______________ (≠ noir). Mon père est (5) ______________ (≠ petit). Il a les cheveux (6) ______________ (noir) et (7) ______________ (court). Mes parents sont (8) ______________ (≠ malheureux). Nous habitons dans un (9) ______________ (≠ nouveau) appartement à Paris. J'ai un (10) ______________ (nouveau) petit chien. Il s'appelle Médor. Il est (11) ______________ (beau). Ma grand-mère habite avec nous. C'est une (12) ______________ (vieux) femme. Elle est (13) ______________ (sympathique) et (14) ______________ (sociable).

5 **Les mots croisés** Read these definitions and fill in the crossword puzzle. Use the Garneau-Laval family tree on pages 90–91 in your textbook as a reference when needed.

Across:

3. L'examen de Virginie Garneau dure (*lasts*) cinq heures. Il est…
4. Marie et Juliette Laval n'ont pas les cheveux châtains. Elles sont…
6. C'est la couleur du tee-shirt d'Isabelle Garneau.
7. Avant (*Before*) un examen, Virginie Garneau est…
9. Matthieu Laval a deux ans. Il est…
11. Bambou pèse (*weighs*) 50 kilos. C'est un… chien.

Down:

1. Les cheveux de Sophie Garneau sont…
2. Mes cousins sont heureux. Ils ne sont pas…
4. La première bande (*stripe*) du drapeau (*flag*) français est…
5. Le livre de Jean Garneau a trente pages. Il est…
8. Luc Garneau, le grand-père, est…
10. Les cheveux d'Isabelle Garneau sont…

Nom Rike Love Date Feb 6 2023

3A.2 Possessive adjectives

1 **Choisissez** Mariam is introducing you to her family. Choose the correct possessive adjective to complete each sentence.

Modèle

Je cherche (mon, ma, mes) frère, Thomas.

1. Je vous présente (mon, ma, mes) amie, Catherine.
2. Elle adore (ton, leurs, vos) frère!
3. Catherine et moi parlons en français avec (notre, nos, ton) parents.
4. Voici (ma, mon, leurs) oncle, Amadou.
5. Amadou aime (sa, son, leurs) chat.
6. Amadou et son épouse aiment (son, ses, leurs) enfants.
7. Maintenant, nous cherchons (ma, notre, nos) ami Charles.
8. La petite amie de Charles est (mon, ma, leurs) cousine.

2 **Qui est-ce?** Here are some bits of conversation overheard at Georges and Elsa's wedding. Complete each sentence with the appropriate possessive adjective.

1. ___ma___ (*My*) grand-mère est française, mais ___mon___ (*my*) grand-père est canadien.
2. ___ses___ (*Their*) cousins habitent en France.
3. Comment s'appelle ___ton___ (*your, formal*) époux?
4. ___ta___ (*Your, informal*) parents sont jeunes.
5. ___ma___ (*My*) amie adore ___sa___ (*her*) frère.
6. ___Son___ (*His*) oncle est espagnol.
7. ___notre___ (*Our*) professeurs sont intéressants.
8. ___mes___ (*My*) enfants sont jeunes. Ils adorent ___ses___ (*their*) chat.

3 **Complétez** Complete each sentence with the form of the possessive adjective that agrees with the subject.

Modèle

Vous avez ___vos___ livres de français?

1. J'aime ___ma___ université et ___mes___ camarades de classe.
2. Ma grand-mère adore ___sa___ petits-enfants et ___sa___ nièces.
3. Tu parles souvent à ___tes___ cousins et à ___tes___ nouvelle camarade de chambre.
4. Nous aimons ___notre___ cours et ___leurs___ professeur.
5. Ils cherchent ___son___ cahiers et ___son___ carte de restaurant universitaire.
6. Vous étudiez avec ___son___ ami pour ___ses___ examens.
7. Annie a ___sa___ sac à dos et ___sa___ calculatrice.
8. Je ne trouve pas ___ma___ montre. Je cherche aussi ___mes___ feuilles de papier.

Workbook

4 **Décrivez** Complete these descriptions of Hassan's family with the appropriate possessive adjectives.

Modèle

C'est le père d'Hassan. ___Son___ père s'appelle Hamed.

1. Les frères d'Hassan s'appellent Hamid et Zinédine. ____________ frères sont jeunes.
2. Ils parlent souvent avec des amis. ____________ amis sont sympathiques.
3. Hassan a des parents brillants. Il adore ____________ parents.
4. Hamid et Zinédine aiment la fac. ____________ fac est grande.
5. Hassan est marié avec Sofiane. ____________ femme est petite.
6. Zinédine et Hamid étudient l'économie. ____________ études sont importantes.
7. Les voisins de sa sœur sont étrangers. ____________ voisins sont vieux.
8. Je suis un(e) ami(e) d'Hassan. Hassan est ____________ ami.

5 **Répondez** Answer these questions in complete sentences using possessive adjectives and the clues provided.

Modèle

Est-ce que vous aimez votre chien? (aimer beaucoup)
Oui, j'aime beaucoup mon chien. / Oui, nous aimons beaucoup notre chien.

1. Est-ce que tu aimes ton université? (adorer)

   ____

2. Stéphanie, comment est ton frère? (grand et brun)

   ____

3. Monsieur Lafarge, comment vont vos parents (*how are your parents doing*)? (très bien)

   ____

4. La belle-sœur de Marc est de quelle origine? (italienne)

   ____

5. À quelle heure est-ce que vos cousines arrivent? (à sept heures du soir)

   ____

6. Est-ce que tes parents aiment les chats? (aimer beaucoup)

   ____

7. Est-ce que les amis de Daniel sont timides? (sociables)

   ____

8. Comment est mon neveu? (poli et sympa)

   ____

Nom _______________ Date _______________

Unité 3

Leçon 3B

ESPACE CONTEXTES

Workbook

1 **Chassez l'intrus** Circle the word or expression that does not belong with the others.

1. actif, paresseux, sportif, rapide
2. doux, gentil, modeste, cruel
3. pénible, antipathique, ennuyeux, gentil
4. triste, ennuyeux, méchant, génial
5. architecte, étranger, avocat, médecin
6. faible, athlète, fort, sportif
7. fou, généreux, jaloux, antipathique
8. prêt, fatigué, inquiet, triste

2 **Les professions** What professions might these people choose?

1. Benjamin adore l'art et la sculpture. Il va être _______________.
2. Tatiana est très rapide et elle aime le sport. Elle va être _______________.
3. Olivier aime écrire (*to write*) des articles et voyager. Il va être _______________.
4. Barbara aime les mathématiques et la physique. Elle va être _______________.
5. Julien étudie l'économie et la gestion. Il va être _______________.
6. Chakir étudie le droit. Il va être _______________.
7. Marie étudie la biologie. Elle va être _______________.
8. Nathalie aime étudier les styles de maison. Elle va être _______________.

3 **Les accords** Maxine is describing the people she met while an exchange student in Montreal. Complete the sentences with the correct forms of the adjectives.

1. Mélanie est avocate. Elle est toujours _______________ (prêt) à travailler. Elle est très _______________ (actif).
2. Son mari, Jeff, est ingénieur. Il est _______________ (étranger); il est anglais. Son actrice française _______________ (favori) est Catherine Deneuve.
3. Mes camarades de classe, Jean-Philippe et Sofiane, sont _______________ (fou). C'est _______________ (pénible).
4. La femme de Jean-Philippe est très _______________ (jaloux). C'est _______________ (triste).
5. Le propriétaire de mon restaurant préféré n'est pas _______________ (paresseux). C'est un homme _______________ (travailleur).
6. Les chiens du voisin sont _______________ (méchant) et _______________ (cruel).
7. Mon professeur de littérature est _______________ (génial), mais il donne beaucoup d'examens. C'est _______________ (pénible).
8. Ma coiffeuse est très _______________ (gentil) et _______________ (modeste).

Nom ______________________ Date ______________________

4 **Complétez** Give a synonym or an antonym for each adjective, as indicated. Make the synonyms and antonyms agree in gender and number with the adjectives provided.

Modèle

antipathique (*fem.*) = *cruelle*

1. forte ≠ ______________________
2. méchant = ______________________
3. paresseuse ≠ ______________________
4. rapides (*masc.*) ≠ ______________________
5. modeste (*fem.*) = ______________________
6. ennuyeux (*sing.*) ≠ ______________________

5 **Comment sont-ils?** You're discussing various people you know with a friend. Describe them using the correct forms of the adjectives. Write complete sentences.

Modèle

(pénible, cruel)
L'ingénieur: *L'ingénieur est pénible et cruel.*

(généreux, modeste)

1. Le dentiste et le médecin: ______________________
2. L'avocate: ______________________

(étranger, sympathique)

3. L'artiste (*fem.*): ______________________
4. L'architecte (*masc.*): ______________________

(ennuyeux, antipathique)

5. La journaliste et l'homme d'affaires: ______________________
6. L'avocat: ______________________

6 **Les descriptions** Complete each sentence with the word or expression from **CONTEXTES** that is illustrated. Don't forget to make the necessary agreements.

1. Ma sœur est très (a)  ______________. Elle est (b)  ______________.

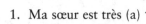

Son mari est (c)  ______________. Il est (d)  ______________

pour sa femme. 2. Je ne suis pas (e)  ______________ mais ma (f) 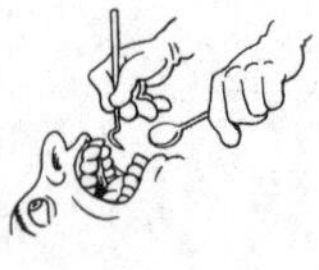

______________ est (g)  ______________ et (h)  ______________.

Nom ______________________ Date ______________________

Workbook

ESPACE STRUCTURES

3B.1 Numbers 61–100

1 **Les itinéraires** Write the numeral to show how far each city is from Paris.

Modèle

Gisors : soixante-quatorze kilomètres 74

1. Provins: quatre-vingt-onze kilomètres ______________________
2. Fontainebleau: soixante-six kilomètres ______________________
3. Beauvais: soixante-dix-huit kilomètres ______________________
4. Évreux: quatre-vingt-seize kilomètres ______________________
5. Épieds: quatre-vingt-quatre kilomètres ______________________
6. Pithiviers: quatre-vingt-quatorze kilomètres ______________________
7. Chartres: quatre-vingt-huit kilomètres ______________________
8. Soissons: cent kilomètres ______________________

2 **Quel est le prix?** Write out the prices of these items.

Modèle

des feuilles de papier *douze euros soixante-cinq*

1. un cahier ______________________
2. une chaise ______________________
3. des crayons ______________________
4. un sac à dos ______________________
5. une horloge ______________________
6. des stylos ______________________

3 **Complétez** Fill in the blanks by writing out the missing numbers.

Modèle

Cent moins (*minus*) trente-deux font (*makes*) soixante-huit.

1. Quatre-vingt-dix-neuf moins ______________________ font vingt-cinq.
2. Trente-trois plus quarante-cinq font ______________________.
3. Cinquante-sept plus quarante et un font ______________________.
4. Quatre-vingt-neuf moins ______________________ font vingt-huit.
5. Soixante-seize plus vingt-quatre font ______________________.
6. Quatorze plus ______________________ font quatre-vingt-dix-neuf.
7. Vingt-six plus cinquante-sept font ______________________.
8. Trente-deux plus soixante font ______________________.

Workbook

4 **Les coordonnées** Write sentences to say where these people live. Follow the model and spell out the numbers.

Modèle
(Jean) 75, rue Victor Hugo
Jean habite au soixante-quinze, rue Victor Hugo.

1. (Malika) 97, rue Bois des cars
2. (Amadou) 66, avenue du Général Leclerc
3. (Martine) 73, rue Vaugelas
4. (Jérôme) 81, rue Lamartine
5. (Guillaume) 100, rue Rivoli
6. (Nordine) 91, rue Molière
7. (Géraldine) 67, avenue Voltaire
8. (Paul) 78, rue de l'Espérance

5 **Les mots croisés** Complete this crossword puzzle. Run the words together without hyphens or spaces.

Across:
4. 50 + 41
6. 61 + 21
7. 49 + 14
8. 67 + 22
9. 37 + 39

Down:
1. 52 + 36
2. 19 + 51
3. 61 + 38
5. 60 + 40
6. 50 + 40

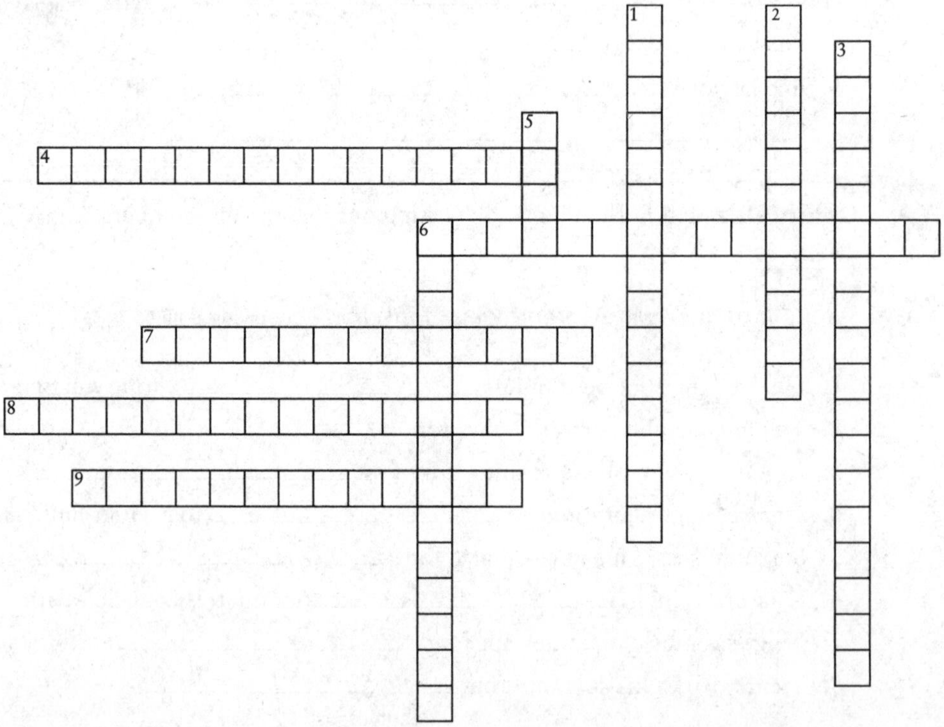

Nom Rily Lane Date 2/20/23

3B.2 Prepositions of location and disjunctive pronouns

1 **Complétez** Henri is helping customers at the bookstore where he works. Complete each sentence with the appropriate preposition of location.

1. Les sacs à dos sont __a côté de__ (*next to*) des stylos.
2. Les cahiers sont __derrière__ (*behind*) les livres.
3. Les cartes sont __a droite__ (*to the right of*) l'ordinateur.
4. La bibliothèque est __Prés de__ (*close to*) du restaurant universitaire.
5. La librairie est __devant__ (*across from*) l'université.
6. Les calculatrices sont __sur__ (*on*) la table.
7. Les feuilles de papier sont __dans__ (*in*) le bureau.
8. Les sacs à dos sont __sous__ (*under*) la fenêtre.

2 **Choisissez** Barbara has sent some pictures of her life on campus to her sister, Régine. She has written a short description on the back of each one. Complete each description by choosing the most logical preposition.

1. Mon chien est __a côté__ (sur, sous, devant, à côté) la maison.
2. Mon dictionnaire est __dans__ (dans, entre, en, par) le bureau.
3. Mon ordinateur est __par__ (loin, sur, par, en) le bureau.
4. La corbeille à papier est __devant__ (devant, entre, à côté, près de) du bureau.
5. La bibliothèque est __près de__ (par, en, sur, près de) l'université.
6. Le lycée est __en face__ (loin de, près, entre, en face) l'université.
7. La télévision est __entre__ (à côté, entre, loin, près) la fenêtre et le bureau.
8. Le stylo est __dans__ (en face, à côté, dans, en) mon sac à dos.

3 **C'est où?** Choose the prepositions that logically complete this letter from a student in Dakar, Senegal.

chez (the house of)	en (in)	juste à côté (next to)	près (close)
dans	entre (between)	loin de	sur (on)

(1) __loin de__ moi, c'est tout petit. Nous habitons (2) __près__ un appartement (3) __entre__ du Café de la Place. Nous sommes heureux ici. Ma grande sœur, Adama, habite (4) __en__; nous nous voyons (*we see each other*) tous les jours. (5) __juste a côté__ Adama et moi, il y a dix ans de différence. La vie (6) __chez__ Afrique est formidable! J'adore la fac de Dakar. Elle est (7) __dans__ la côte (*coast*) atlantique.

Workbook

Nom ______________________ Date ______________________

4 Le plan

Le plan Write the name of each place on the map below, according to the clues provided. Each clue is from the reader's point of view. The first item has been done for you.

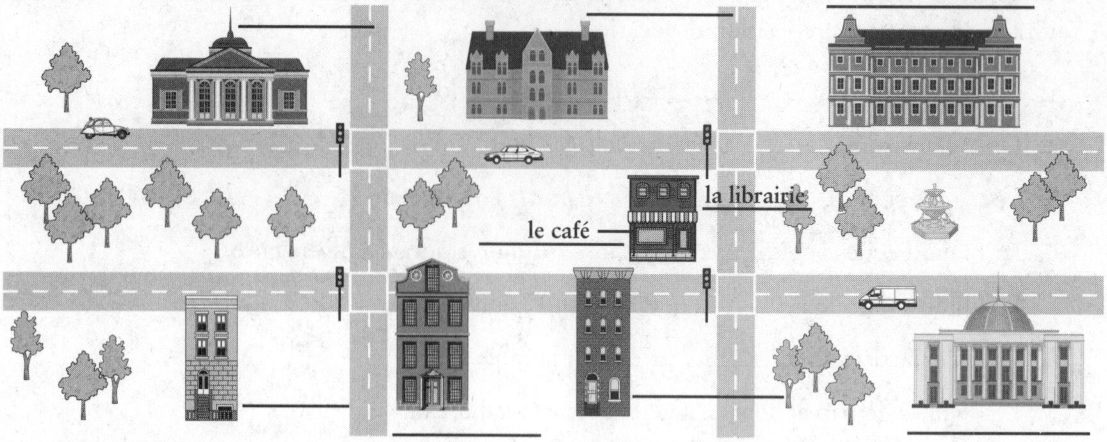

1. Le café est dans la librairie.
2. Le lycée est derrière la librairie.
3. La bibliothèque est à droite du lycée.
4. L'université est en face de la bibliothèque.
5. Chez moi, c'est en face du café, à gauche de l'université.
6. J'habite entre l'université et le restaurant «Chez Léon».
7. Le restaurant universitaire est loin de l'université, mais près du lycée.
8. Le dentiste est près du restaurant «Chez Léon».

5 Les prépositions

Les prépositions Give a synonym or an antonym of these prepositions of location.

1. sur ≠ ______________
2. devant ≠ ______________
3. à droite de ≠ ______________
4. près de ≠ ______________
5. en = ______________
6. juste à côté = ______________

6 Où est le livre?

Où est le livre? Look at these pictures and tell where the book is located in relation to the desk.

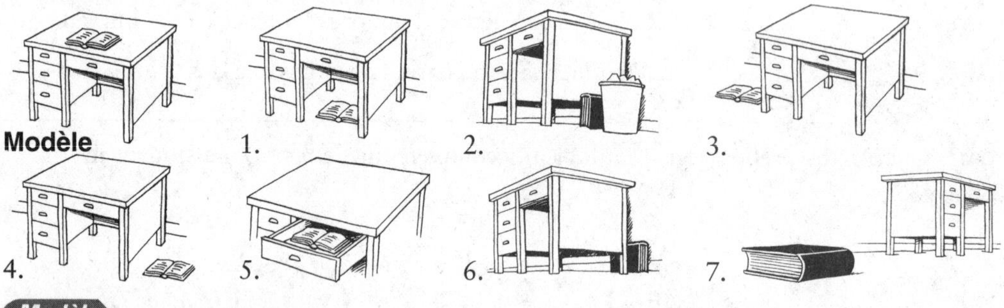

Modèle

Le livre est sur le bureau.

1. ____.
2. ____.
3. ____.
4. ____.
5. ____.
6. ____.
7. ____.

Nom ______________________ Date ______________________

Workbook

Unité 3

PANORAMA

Savoir-faire

1 **Vrai ou faux?** Indicate whether these statements about Belgium are vrai or faux.

	Vrai	Faux
1. La ville de Bruxelles est très vieille. On l'a fondée au 7e siècle.	❍	❍
2. On parle français dans le nord de la Belgique et flamand dans le sud.	❍	❍
3. La monnaie de la Belgique est le franc belge.	❍	❍
4. La partie sud du pays s'appelle la Wallonie.	❍	❍
5. Bruges se trouve en Wallonie.	❍	❍
6. Les pays voisins de la Belgique sont la France, la Suisse, l'Allemagne et les Pays-Bas.	❍	❍

2 **Identifiez** Write a short caption identifying what each of these photos represents.

1. ______________________

2. ______________________

3. ______________________

4. ______________________

5. ______________________

3 **La capitale de l'Europe** Complete this passage on Brussels by choosing the appropriate expressions.

Bruxelles est une ville très (1) ______________ (géographique / cosmopolite). Elle attire (*attracts*) les touristes avec son architecture et (2) ______________ (sa cuisine / son siège). Les touristes se sentent peut-être très à l'aise (*comfortable*) dans cette ville parce qu'on y rencontre beaucoup (3) ______________ (de Belges / d'étrangers). Bruxelles est aussi le siège (4) ______________ (des Nations unies / de l'Union européenne). On l'a choisie pour sa situation (5) ______________ (au centre de l'Europe / près de la Grand-Place). Pour la même raison, on a choisi Bruxelles pour être le siège de (6) ______________ (l'URSS / la C.E.E.), en 1958. C'est également le siège de (7) ______________ (l'OTAN / l'O.N.U.). À Bruxelles se trouve la branche législative de l'U.E., (8) ______________ (la Grand-Place / le Parlement européen).

Workbook

4 **Nommez-en trois** Name three things associated with Switzerland for each category.

Villes principales:	Domaines de l'industrie:	Langues officielles:
1. ____________	1. ____________	1. ____________
2. ____________	2. ____________	2. ____________
3. ____________	3. ____________	3. ____________

5 **Vrai ou faux?** Indicate whether each statement about Jean-Jacques Rousseau is vrai or faux.

	Vrai	Faux
1. Il a vécu (*lived*) entre la France et la Suisse.	❍	❍
2. Il a inventé la montre.	❍	❍
3. Il est né à Paris.	❍	❍
4. Ses écrits ont inspiré la Révolution française.	❍	❍
5. Il est contre la liberté de pensée et de religion.	❍	❍
6. Il a vécu (*lived*) pendant la Révolution française (1789–1799).	❍	❍
7. Il croit que l'homme était bon de nature.	❍	❍
8. Il croit aussi que la société avait une mauvaise influence sur l'homme.	❍	❍
9. Il s'intéresse à la philosophie, à la politique et à la musique.	❍	❍
10. Il est autodidacte; il a reçu une très bonne éducation traditionnelle.	❍	❍
11. Il joue de la musique.	❍	❍
12. Parmi ses œuvres, on compte (*counts*) *Du contrat social* et *Les Confessions*.	❍	❍

Nom ______________________ Date ______________________

Unité 4

Leçon 4A

ESPACE CONTEXTES

1 **Cherchez** In the grid, circle the words or phrases listed, looking backward, forward, vertically, horizontally, and diagonally. One of them has been done for you.

- ~~bavarder~~
- bureau
- centre-ville
- déjeuner
- endroit
- épicerie
- fréquenter
- grand magasin
- ~~gymnase~~
- inviter
- piscine
- terrasse de café

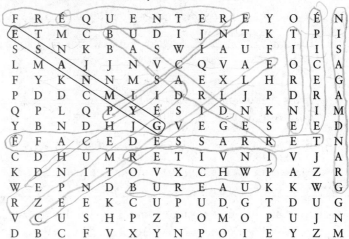

F	R	É	Q	U	E	N	T	E	R	E	Y	O	É	N
E	T	M	C	B	U	D	I	J	N	T	K	T	P	I
S	S	N	K	B	A	S	W	I	A	U	F	I	I	S
L	M	A	J	J	N	V	C	Q	V	A	E	O	C	A
F	Y	K	N	N	M	S	A	E	X	L	H	R	E	G
P	D	D	C	M	I	I	D	R	L	J	P	D	R	A
Q	P	L	Q	P	Y	É	S	I	D	N	K	N	I	M
Y	B	N	D	H	J	G	V	E	G	E	S	E	E	D
É	F	A	C	E	D	E	S	S	A	R	R	E	T	N
C	D	H	U	M	R	E	T	I	V	N	I	V	J	A
K	D	N	I	T	O	V	X	C	H	W	P	A	Z	R
W	E	P	N	D	B	U	R	E	A	U	K	K	W	G
R	Z	E	E	K	C	U	P	U	D	G	T	D	U	G
V	C	U	S	H	P	Z	P	O	M	O	P	U	J	N
D	B	C	F	V	X	Y	N	P	O	I	E	Y	Z	M

2 **Associez** Match the expressions in the left column with the locations on the right. Then write a complete sentence for each one to describe Marie's activities.

Modèle

travailler / un bureau ***Elle travaille dans un bureau.***

____ 1. danser ______________________ a. un cinéma

____ 2. marcher (*to walk*) ______________________ b. une maison

____ 3. manger un couscous ______________________ c. une piscine

____ 4. regarder un film français ______________________ d. une boîte de nuit

____ 5. nager ______________________ e. un parc

____ 6. habiter ______________________ f. un restaurant

____ 7. acheter des fruits ______________________ g. un kiosque

____ 8. trouver un magazine de mode ______________________ h. une épicerie

3 **Chassez l'intrus** Circle the word or expression that does not belong.

1. une épicerie, un marché, un magasin, un musée
2. un parc, une piscine, un café, un gymnase
3. un bureau, un magasin, un centre commercial, un grand magasin
4. un restaurant, un café, une église, une épicerie
5. un marché, une épicerie, une piscine, un restaurant
6. une ville, une banlieue, un centre-ville, une montagne

Workbook

4 **L'après-midi** Marc is thinking about the errands he needs to run this afternoon. Look at the vocabulary on pages 122–123 of your textbook and complete each sentence with the most logical word or expression.

1. Il y a ______________ sur la place. C'est parfait, j'ai besoin d'un magazine.
2. Après, j'ai besoin d'aller à l' ______________ à côté du café, sur la place.
3. Je me demande (*wonder*) quels films il y a au ______________ en ce moment.
4. La ______________ de Fatima est à côté. Pourquoi ne pas ______________ elle?
5. J' ______________ Fatima au restaurant.
6. Avant, j'ai besoin de passer au ______________ pour voir (*see*) quels sports sont proposés (*offered*).
7. J'aime bien ______________, mais est-ce qu'il y a une grande piscine?
8. Ma voisine est sur la place. Pourquoi ne pas ______________ un petit peu avec elle?

5 **Complétez** To find out more about a typical day for a student in Angers, complete these sentences with the words illustrated. Be sure to make all the necessary agreements.

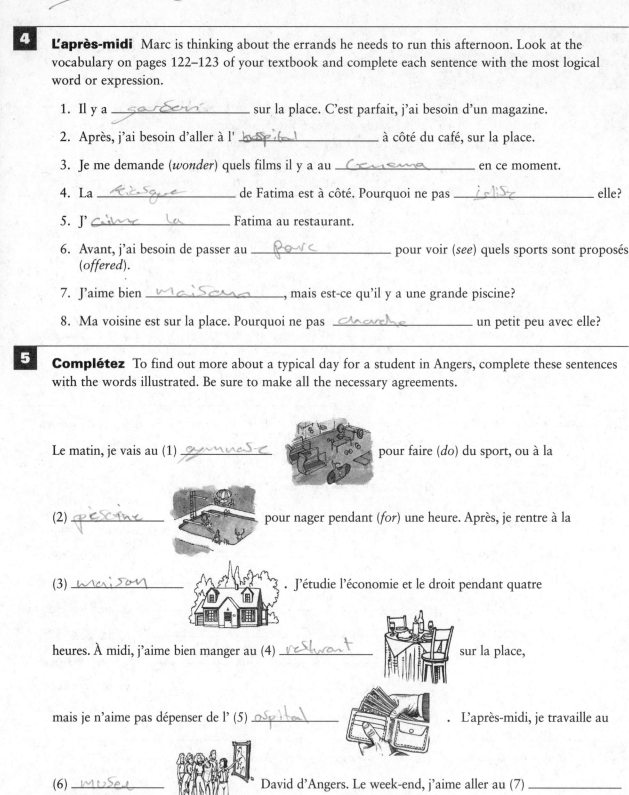

Le matin, je vais au (1) ______________  pour faire (*do*) du sport, ou à la (2) ______________  pour nager pendant (*for*) une heure. Après, je rentre à la (3) ______________ . J'étudie l'économie et le droit pendant quatre heures. À midi, j'aime bien manger au (4) ______________  sur la place, mais je n'aime pas dépenser de l' (5) ______________ . L'après-midi, je travaille au (6) ______________  David d'Angers. Le week-end, j'aime aller au (7) ______________ 

ou bien (8) ______________  en boîte avec des amis.

ESPACE STRUCTURES

4A.1 The verb aller

1 **Conjuguez** Complete this conversation with the correct forms of the verb **aller**.

FATIMA Qu'est-ce que tu (1) ______ faire dimanche?

ÉRIC Je (2) ______ étudier à la bibliothèque. Mon camarade de chambre (3) ______ passer chez ses parents.

FABIEN ET THUY Nous (4) ______ explorer le parc national de la Vanoise.

FATIMA Vous (5) ______ quitter la maison à quelle heure?

FABIEN Je (6) ______ passer chez Thuy à 7h00. Pourquoi?

FATIMA J'aime la montagne, et mon frère aussi. Je (7) ______ lui parler. Peut-être que nous pouvons (*can*) (8) ______ au parc avec vous.

THUY Bonne idée!

2 **Choisissez** New students are attending orientation this week. Complete their agenda by writing the correct prepositions.

1. Vous allez rencontrer vos professeurs ______ (sur, au, en, à la) terrasse du café.
2. Votre professeur va vous demander d'aller ______ (à la, au, en, à) ville.
3. Vous allez déjeuner ______ (à la, au, sur) restaurant avec d'autres étudiants.
4. Le soir, vous pouvez (*can*) aller ______ (au, à la, en) cinéma ou ______ (à la, à l', au) piscine.
5. Lundi, vous allez ______ (au, en, à la) kiosque.

3 **Complétez** Complete this letter from your Senegalese pen pal, Kaba, with **à (au)**, **dans**, or **sur**. Include articles or form contractions as needed.

Je pense étudier (1) ______ l'Université du Sénégal, (2) ______ Dakar. L'université est (3) ______ centre-ville. Je pense aussi habiter (4) ______ la maison de ma sœur. Dakar, c'est loin (*far away*) de mon village. C'est une grande ville. J'aime étudier (5) ______ la bibliothèque pour préparer mes examens.

J'aime bien passer (6) ______ musée de Dakar. Il est intéressant. Le samedi matin, je vais (7) ______ la piscine municipale et après, je déjeune (8) ______ la terrasse d'un restaurant avec des amis. Je préfère le restaurant (9) ______ la place Kermel.

Nom ______________________ Date ______________________

4 **L'emploi du temps** Here is your schedule (**emploi du temps**) for next week. Write complete sentences to tell what you are going to do.

	lundi	mardi	mercredi	jeudi	vendredi	samedi	dimanche
matin		chercher des oranges/marché		parler/ professeurs	rencontrer Théo/café	aller/ centre-ville	
après-midi	étudier/ bibliothèque		aller/cinéma			téléphoner/ mes parents	commencer/ étudier

Modèle
Lundi, je vais nager à la piscine.

1. Lundi, ______________________.
2. Mardi, ______________________.
3. Mercredi, ______________________.
4. Jeudi, ______________________.
5. Vendredi, ______________________.
6. Samedi, ______________________.
7. Samedi, ______________________.
8. Dimanche, ______________________.

5 **Où vont-ils?** Indicate where the students are going and an activity they might do there, using the illustrations as a guide.

Modèle
Serge et Martin *Ils vont à la librairie. Ils vont chercher des livres.*

1. Nous ______________________

2. Véronique ______________________

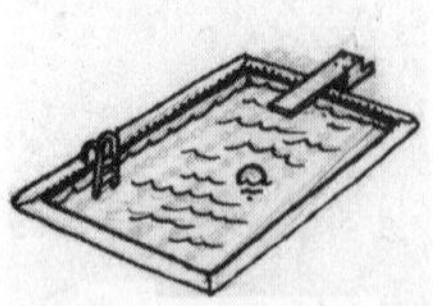

3. Hélène et Marc ______________________

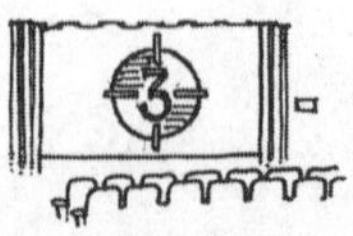

4. Annie et Sarah ______________________

Workbook

4A.2 Interrogative words

1 **Déchiffrez** Pascal just received an e-mail from a classmate in his French class. Unfortunately, his classmate is not very good at French, and the questions are all jumbled. Rewrite each question correctly.

1. vous / appelez / vous / comment / ?

   ____

2. est-ce que / où / habitez / vous / ?

   ____

3. favori / votre / est / cours / quel / ?

   ____

4. commencent / à / est-ce que / quelle heure / les cours / ?

   ____

5. votre restaurant / préféré / chinois / quel / est / ?

   ____

6. est-ce que / allez / marché / vous / quand / au / ?

   ____

7. vous / au / le mardi soir / est-ce que / allez / pourquoi / gymnase / ?

   ____

2 **L'entrevue** Fill in the correct interrogative words or expressions to complete this interview with Hassan, a student at a French university.

Combien	Où	Quels	Quoi
Comment	Pourquoi	Qu'est-ce que	Qui

JÉRÔME (1) ____________ vous appelez-vous?

HASSAN Je m'appelle Hassan.

JÉRÔME (2) ____________ habitez-vous?

HASSAN J'habite en ville.

JÉRÔME (3) ____________ vous étudiez?

HASSAN J'étudie l'économie.

JÉRÔME (4) ____________ étudiez-vous l'économie?

HASSAN Parce que je veux (*want*) être homme d'affaires.

JÉRÔME (5) ____________ cours aimez-vous?

HASSAN J'aime le cours de français.

JÉRÔME (6) ____________ d'étudiants y a-t-il dans la classe?

HASSAN Il y a seize étudiants dans la classe.

Workbook

3 **Choisissez** Complete each question with the correct form of quel.

1. ____________ musée fréquentez-vous?
2. À ____________ heure les cours commencent-ils?
3. ____________ est le nom de la bibliothèque?
4. ____________ sont tes restaurants favoris?
5. ____________ étudiantes ont les yeux marron?
6. ____________ cinéma fréquentez-vous?
7. ____________ magasins sont ouverts (*open*) le dimanche?
8. ____________ montagnes explorez-vous le week-end?

4 **Complétez** Complete this dialogue with logical questions.

JASMINE Bonjour Nathalie. (1) ____________

NATHALIE Bien. Et toi?

JASMINE Bien, merci. (2) ____________

NATHALIE Les cours commencent le 24 septembre.

JASMINE (3) ____________

NATHALIE J'ai physique, chimie et biologie.

JASMINE (4) ____________

NATHALIE Mon professeur de chimie est Madame Lessieur.

JASMINE Ah, oui! Et tu as déménagé (*you moved*), n'est-ce pas? (5) ____________

NATHALIE J'habite en ville, à côté du café, sur la place. Dis, (6) ____________

JASMINE Il est 11h30. On va bavarder au café demain, n'est-ce pas?

NATHALIE Parfait (*Perfect*). Au revoir.

5 **Les questions** Write two questions that would prompt each of these statements.

Modèle

Laëtitia va au marché dimanche.
Qui va au marché dimanche?
Où est-ce que Laëtitia va dimanche?

1. Il y a trois étudiants à la terrasse du café.

____

____

2. Mes amis vont manger au restaurant avec les nouveaux étudiants.

____

____

3. Tu vas en boîte samedi soir.

____

____

Nom Rily Love Date 4/26/23

Unité 4

Leçon 4B

ESPACE CONTEXTES

1 **Classez** Classify these foods in the appropriate category.

baguette	eau minérale	limonade
beurre	éclair	pain de campagne
boisson gazeuse	fromage	sandwich
café	jambon	soupe
chocolat	jus d'orange	sucre
croissant	lait	thé

Boissons Drinks	Pains/desserts bread	Autres Others
gazeuse	baguette	Chocolat
café	Croissan	Jambon
eau minérale	eclair	Sandwich
Jus d'orange	pain de campagne	Sucre
Soupe		
limonade		
thé		

Produits laitiers (*dairy*) Milk

- beurre
- fromage
- lait

2 **Complétez** Complete each sentence with the most logical option.

1. J'aime boire (*drink*) de l'eau minérale.
   a. éclair b. minérale c. sucre
2. Avant de partir (*before leaving*), nous laissons un pourboire.
   a. apportons b. coûtons c. laissons
3. Ma sœur est végétarienne. Elle ne mange pas de jambon.
   a. jambon b. sandwich c. frites
4. Je mets (*put*) toujours du Sucre dans mon café.
   a. beurre b. fromage c. sucre
5. Je vais demander un Pourboire à la serveuse.
   a. un pourboire b. l'addition c. apporter
6. J'ai faim. Je vais manger un sandwich et une soupe.
   a. faim b. soif c. quelque chose
7. J'aime les produits laitiers (*dairy*). Je vais manger un sandwich au fromage.
   a. jambon b. fromage c. chocolat
8. Je me demande (*wonder*) quel est le prix du jus de pomme.
   a. addition b. coûter c. prix

Nom Rhelove ______ Date Tue May 9 ______

Workbook

3 **Qu'est-ce que c'est?** Write the name of each item pictured using an indefinite or partitive article.

1. tasse

2. thé

3. Sandwiche

4. les Frites

5. une bouteille

6. une verre de limonade

4 **C'est quoi?** Write the name of the item that each statement describes.

1. Il est fait (*made*) avec des pommes (*apples*) ou des oranges. C'est de Jus.
2. Il rend (*makes*) le thé ou le café plus doux (*sweeter*). C'est du sucre.
3. Le serveur/La serveuse l'apporte à la fin du dîner. C'est l'addition.
4. Il est au jambon ou au fromage. C'est une sandwiche.
5. Aux États-Unis, on mange ça avec du ketchup. Ce sont les frites.
6. C'est le pain avec lequel (*with which*) on fait (*makes*) les sandwichs. C'est une baguette.
7. C'est un homme qui travaille dans un restaurant. C'est une serveuse.
8. C'est l'argent qu'on laisse pour le serveur/la serveuse. C'est la pourboir.

5 **Choisissez** Complete this dialogue with the best phrases from the list. Make any necessary changes and do not repeat expressions.

une bouteille de	pas assez de	plusieurs	tous les
un morceau de	un peu de	une tasse de	un verre de

MAI J'ai très soif. Je vais boire (*drink*) (1) un bouteille de l'eau minérale.

PAUL Vraiment? C'est trop! Tu ne veux pas (2) un verre de limonade ou (3) une tasse de thé?

MAI D'accord, j'adore la limonade.

PAUL Moi, j'ai faim. Il y a (4) plusieurs types de soupe.

MAI Moi, je vais prendre (*take*) (5) un peu de soupe à la tomate et (6) un morceau de pain.

PAUL Bonne idée, moi aussi. J'aime le thé, mais il n'y a (7) pas assez de sucre.

MAI Tu ne vas pas prendre (8) Tous les morceaux de sucre!

PAUL Et pourquoi pas?

Nom Riley Lowe
Date 05/11/2023

ESPACE STRUCTURES

4B.1 The verbs prendre and boire; Partitives

1 **Le dimanche matin** Complete this paragraph with the correct forms of the verbs in parentheses.

Le dimanche matin, nous allons au café. Pour aller au café, je (1) prendre (prendre) toujours la ligne A du métro. Mes parents aiment mieux (2) prennent (prendre) leur voiture. Ma sœur et moi, nous (3) prenons (prendre) une baguette et du beurre. Mes parents (4) boivent (boire) du café mais nous, nous ne (5) buvons (boire) pas de café. Moi, je (6) boire (boire) un thé et ma sœur (7) boit (boire) un chocolat. Mes parents (8) prennent (prendre) des croissants. Et vous, qu'est-ce que vous (9) prenez (prendre) et qu'est-ce que vous (10) buvez (boire) le matin?

2 **Et pour vous?** Reconstruct these conversations that you might hear in a café.

Modèle

vous / boire / café? (non)
Est-ce que vous buvez un café? Non, je ne bois pas de café.

1. tu / boire / thé? (oui)
   Est-ce que tu bois ~~tasse~~ thé?
2. nous / prendre / croissants? (non)
   Est-ce que nous prennons une morceau de croissants?
3. ils / prendre / soupe? (oui)
   Est-ce que ils prennent une soupe?
4. vous / boire / eau? (oui)
   Est-ce que vous buvez une boteille de l'eau?
5. elle / prendre / sandwich? (non)
   Est-ce que elle prennent une sandwich?
6. nous / prendre / frites? (oui)
   Est-ce que nous prennons les frites?
7. tu / boire / chocolat chaud? (non)
   Est-ce que tu bois une tasse de chocolat chaud?
8. Floriane et Nathalie / boire / jus d'orange? (oui)
   Est-ce que elles boivent une ~~verre~~ verre ~~de~~ jus d'orange?

Workbook

Nom ______________________________ Date ______________________________

3 **Qu'est-ce que vous prenez?** Look at these illustrations and write a sentence describing what each person is having.

1. je ______________________________

2. vous ______________________________

3. elles ______________________________

4. tu ______________________________

5. nous ______________________________

6. il ______________________________

4 **Complétez** Complete this conversation with the appropriate articles.

SOPHIE Tu as (1) ____________ lait?

MARINA Désolée, non je n'ai pas (2) ____________ lait, mais j'ai (3) ____________ eau minérale et (4) ____________ jus d'orange. Tu prends (5) ____________ croissants avec (6) ____________ beurre ou bien (7) ____________ éclair?

SOPHIE Je vais simplement prendre (8) ____________ jus d'orange avec un morceau (9) ____________ pain.

MARINA Pas de problème. Tu es sûre? Tu ne prends pas un peu (10) ____________ fromage aussi?

SOPHIE Non, merci. Je n'aime pas (11) ____________ fromage. Tu as (12) ____________ pain de campagne?

MARINA Oui, voilà.

SOPHIE Merci.

Nom ______________________ Date ______________________

4B.2 Regular -ir verbs

1 **De bonnes résolutions** Decide whether each resolution is a good one (**une bonne résolution**) or a bad one (**une mauvaise résolution**).

	une bonne résolution	une mauvaise résolution
1. Je vais étudier pour réussir le bac.	❍	❍
2. Je suis déjà un peu gros et j'ai le sentiment que je vais encore grossir.	❍	❍
3. Je vais finir mes études en droit pour avoir mon diplôme.	❍	❍
4. Je vais réfléchir avant de (*before*) parler quand je suis énervée (*angry*).	❍	❍
5. Je maigris trop. Je vais manger un peu plus pour grossir.	❍	❍
6. Je ne vais pas finir mes devoirs avant de sortir avec mes amis.	❍	❍
7. Mes amis du lycée ne sont pas très sympas avec moi. Je vais bien choisir mes amis à la fac.	❍	❍
8. Tous mes pantalons sont trop serrés (*tight*)! Je vais maigrir un peu.	❍	❍

2 **Le bon mot** Write the appropriate present tense forms of **choisir** to tell what everyone is about to order at the restaurant today.

1. Samira et moi ______________________ le sandwich au fromage. On va partager.
2. Pour mon dessert, je ______________________ l'éclair au chocolat.
3. Les Ricci ont très soif! Ils ______________________ des boissons: une limonade et deux cocas.
4. Léna, tu ______________________ quoi, déjà, comme dessert? Le gâteau aux noisettes (nuts)?
5. Vous ______________________ votre plat habituel (*usual dish*), M. Théveneau?
6. Jamel a super froid! Il ______________________ le chocolat chaud parfumé à la cannelle (*cinnamon*).

3 **Choisissez** Complete the sentences with the appropriate and most logical verb of the list.

choisir	grossir	réagir	rougir
finir	maigrir	réfléchir (à)	vieillir
grandir	obéir (à)	réussir (à)	

1. On ______________________ quand on mange trop.
2. Est-ce que les bons ______________________ derniers?
3. Je ______________________ quand je fais beaucoup d'exercice.
4. Stéphanie ______________________ comme une tomate (*tomato*).
5. Si (*If*) vous ______________________ bien, vous allez trouver la réponse.
6. Nous ______________________ la glace au chocolat pour notre dessert!
7. Tu ______________________ à travailler quand ta camarade de chambre met sa musique très fort?
8. Marc ne/n' ______________________ pas à sa grand-mère.

Workbook

4 **Qu'est-ce qu'ils font?** Complete the caption for each illustration with the present tense form of an -ir verb.

1. Thierry, tu ______________.

2. Nathalie ______________ un dessert.

3. Louis ______________ à son voyage.

4. Jean-Yves est fatigué parce qu'il ne ______________ pas à dormir (*sleep*).

5. Thierry, tu ______________.

6. Ludo et Martin n' ______________ jamais (*never*) à leur maman.

5 **Question-réponse** Write a logical question including an -ir verb that would prompt each response.

1. ____

   Ah, oui. Je ne mange pas beaucoup en ce moment. C'est le stress!

2. ____

   Oui, je vais prendre la tarte aux pommes.

3. ____

   Oui, il fait toujours ce que sa mère demande (*he always does what his mother asks*).

4. ____

   Oui, maintenant Peter a de très bonnes notes.

5. ____

   Mais non! Ce sont mes vêtements qui rétrécissent (*shrink*)!

Nom ______________________ Date ______________________

Unité 4

PANORAMA

Savoir-faire

Workbook

1 **Photos du Québec** Label each photo.

1. ______________________

2. ______________________

3. ______________________

4. ______________________

2 **Les chiffres et les dates** Complete each sentence with the appropriate date or number.

1. La population française s'installe à Québec en ________.
2. Quinze personnes travaillent pendant ________ mois pour le carnaval d'hiver de la ville de Québec.
3. Il y a eu deux référendums sur l'indépendance du Québec en ________ et en ________.
4. La ville de Montréal a été fondée en ________.
5. ________ % de la population de Montréal est bilingue.
6. Le festival de jazz de Montréal compte ________ concerts gratuits.
7. La ville de Québec a été fondée en ________.
8. Les Français ont perdu le contrôle du Canada en ________.

3 **Répondez** Answer these questions in complete sentences.

1. D'où vient la majorité des Français qui se sont installés au Québec?
____
2. Comment est le français parlé par les Québécois?
____
3. Quelle est la monnaie du Québec?
____
4. Qui est Julie Payette?
____
5. Que font les souverainistes?
____
6. Pourquoi y a-t-il de nombreux étudiants à Montréal?
____
7. D'où viennent les musiciens du festival de jazz de Montréal?
____
8. Où les Britanniques ont-ils vaincu les Français et pris le contrôle du Canada?
____

Workbook

4 **Vrai ou faux?** Indicate whether these statements are vrai or faux.

1. Les Français qui se sont installés au Québec parlaient uniquement le français de la cour du roi.
____
2. Toronto fait partie du Québec.
____
3. Bonhomme Carnaval est la mascotte du carnaval d'hiver de la ville de Québec.
____
4. Le mouvement souverainiste n'existe plus au Québec aujourd'hui.
____
5. Montréal est la deuxième ville francophone du monde après Paris.
____
6. Montréal est située sur un rocher au bord du fleuve Saint-Laurent.
____
7. Le français est la langue maternelle de 68% des Montréalais.
____
8. La ville de Québec est la seule ville d'Amérique du Nord à avoir conservé ses fortifications.
____

5 **Les mots en désordre** Unscramble the words according to the cues.

1. RISITIVORSÈRE- ______________________
(C'est le nom d'une des trois grandes villes du Québec.)
2. NOIVAUSTEIRES ______________________
(C'est l'autre nom du mouvement indépendantiste du Québec.)
3. GLEIBUIN ______________________
(C'est la particularité de 57% de la population montréalaise.)
4. PERENILAIN ______________________
(C'est là où les concerts gratuits du festival de jazz de Montréal ont lieu.)
5. TACFROITOISNIF ______________________
(Québec est la seule ville d'Amérique du Nord à les avoir conservées.)
6. SLEIRTTANNAU- ______________________
(C'est le nom du célèbre fleuve québécois.)
7. AHÂUCETTANCRONEF ______________________
(C'est le nom du célèbre hôtel de la ville de Québec.)
8. MAARHAB ______________________
(C'est le nom d'une plaine où une bataille importante dans l'histoire du Québec a eu lieu.)

Nom Riley Love Date Sep 11

Unité 5

Leçon 5A

ESPACE CONTEXTES

1 **Cherchez** In the grid, find the eleven other words listed. Look backward, forward, vertically, horizontally, and diagonally.

bande dessinée
échecs
équipe
joueuse
loisir
match
passe-temps
pratiquer
skier
spectacle
sport
temps libre

L	O	B	F	E	C	K	Ô	D	S	V	T	Z	F	U
P	O	B	A	A	L	V	V	E	A	E	C	P	Q	V
A	L	I	K	N	V	C	M	W	M	D	B	G	A	M
S	V	U	S	D	D	B	A	P	P	B	S	K	M	W
S	B	F	R	I	T	E	S	T	É	C	H	E	C	S
E	M	C	P	J	R	L	D	Q	C	V	I	P	W	S
T	H	J	È	I	I	Z	A	E	E	E	L	H	E	C
E	H	K	U	B	W	J	G	M	S	E	P	P	K	S
M	R	H	R	T	H	B	A	F	D	S	I	S	A	K
P	R	E	U	Q	I	T	A	R	P	U	I	L	P	I
S	L	W	Y	Z	C	V	P	M	Q	E	L	N	J	E
F	A	X	B	H	F	F	F	É	W	U	W	F	É	R
S	I	Y	T	R	O	P	S	S	Z	O	E	Q	K	E
Y	G	N	K	B	W	F	E	U	B	J	S	M	L	M
P	X	F	D	W	I	J	W	Q	S	T	M	L	É	R

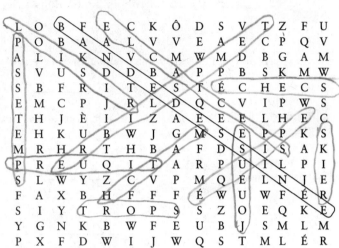

2 **Le sport** Look at this list of sports and activities, and indicate whether people generally practice them **à l'extérieur** (*outside*), **à l'intérieur** (*inside*), or both.

aller à la pêche	le basket	le football	marcher	le tennis
le baseball	les échecs	le golf	skier	le volley-ball

à l'extérieur

skier
le football
aller à la pêche
le tennis
le golf
le baseball

à l'intérieur

les échecs
le volley-ball

à l'intérieur et à l'extérieur

le basket
marcher

3 **Chassez l'intrus** Circle the word that does not belong in each group.

1. pratiquer, le baseball, le tennis, la bande dessinée
2. indiquer, un loisir, un passe-temps, le temps libre
3. une fois, rarement, souvent, presque jamais
4. déjà, souvent, parfois, jamais
5. un jeu, les cartes, skier, les échecs
6. gagner, le cinéma, un jeu, un match
7. bricoler, skier, le tennis, le volley-ball
8. jouer, gagner, aller à la pêche, pratiquer
9. rarement, maintenant, parfois, jamais
10. chanter, gagner, aider, rarement

Nom Riley Love Date Sept 17

4 **Quoi?** Complete this paragraph according to the illustrations to find out what Dalil and his friends are planning to do this weekend. Don't forget to use a preposition or an article when necessary.

Ce week-end, je vais jouer (1)  le foot avec des amis. Nous allons (2)  stade à 15h00. Nous allons aussi jouer (3)  basketball.

J'aime les sports de plein air (*outdoors*), mais je n'aime pas (4)  golf. Je n'aime pas (5)  football americain non plus. Ce soir, nous allons jouer (6)  cartes (je n'aime pas (7)  echecs).

5 **Les célébrités** What sports do these people play?

1. Shaquille O'Neil basketball
2. Derek Jeter baseball
3. Misty May-Treanor volley(ball)
4. Tiger Woods le golf
5. Peyton Manning football americain
6. Venus et Serena Williams tennis

6 **Les loisirs** Write a sentence indicating what these people do and how often they do it, based on the cues provided.

Modèle

Stéphane / once a month

Stéphane aime lire (*to read*) une bande dessinée une fois par mois.

Sandrine / often

1. Sandrin practique chante souvent.

David and Rachid / twice a week

2. David et Rachid jouer echecs 2 fois par Semain!

David and Rachid / right now

3. Ils jouer le foot maintant.

David and Sandrine / sometimes

4. David et Sandrine aller a marchent

Nom ________________________ Date ________________________

Workbook

ESPACE STRUCTURES

5A.1 The verb faire

1 **La famille de Karine** Complete this paragraph with the correct forms of the verb **faire**.

Ma famille est très active. Moi, je (1) ______________ de l'aérobic le week-end. La semaine, ma sœur et moi, nous (2) ______________ du jogging dans le parc. Mon frère n'aime pas (3) ______________ de la gym, mais il (4) ______________ la cuisine. Mes parents (5) ______________ aussi attention à leur santé (*health*). Ils (6) ______________ souvent du vélo. Et dans ta famille, qu'est-ce que vous (7) ______________? Est-ce que tu (8) ______________ du sport?

2 **Choisissez** Complete this conversation with the correct prepositions or articles.

SOPHIE Quels sont vos passe-temps préférés?

KHALED Je fais (1) ______________ aérobic tous les week-ends. Et toi, Luc?

LUC Je fais (2) ______________ cheval ou (3) ______________ planche à voile.

SOPHIE Moi, je ne fais pas beaucoup (4) ______________ sport, mais j'aime bien faire (5) ______________ camping. Maintenant, je vais faire (6) ______________ promenade dans le parc. Qui veut venir (*wants to come*) avec moi?

KHALED Moi, pourquoi pas! Il faut bien faire (7) ______________ sport.

SOPHIE Parfait. Tu vas faire (8) ______________ connaissance de ma sœur, Frédérique.

LUC Ma sœur et moi, nous y allons aussi. On va faire un pique-nique!

3 **Le mot juste** Complete this brochure with **jouer** or **faire** and the appropriate articles or prepositions.

De nombreux sports sont proposés à nos étudiants. Dans notre nouveau gymnase, vous pouvez (*can*) (1) ______________ aérobic ou (2) ______________ basket ou (3) ______________ volley.

Dans notre stade, vous pouvez (4) ______________ jogging, (5) ______________ vélo ou (6) ______________ baseball.

Il y a également des clubs qui organisent des activités en dehors de (*outside of*) l'université. Vous pouvez (7) ______________ ski ou (8) ______________ randonnée selon (*according to*) la saison. Vous pouvez également (9) ______________ échecs, (10) ______________ planche à voile ou (11) ______________ football.

Avec toutes les activités proposées, vous allez (12) ______________ connaissance de beaucoup de personnes!

Nom ____________ Date ____________

4 **Que font-ils?** Look at these pictures and say what these people are doing using the verb faire.

Modèle

Il fait *un tour en voiture.*

1. ____________

2. ____________

3. ____________

4. ____________

5. ____________

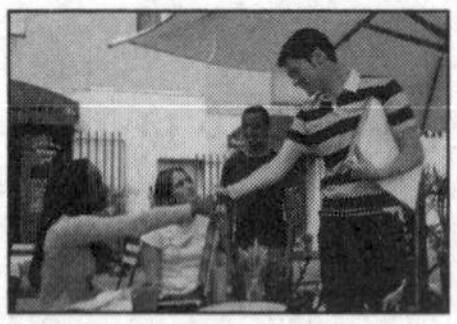

6. ____________

5 **Qu'est-ce qu'il faut faire?** Give these people advice about activities they might enjoy.

Modèle

J'aime les animaux. Il faut faire *du cheval.*

1. J'aime la montagne et marcher.
   ____
2. Je suis nouvelle à l'université.
   ____
3. J'aime courir (*run*).
   ____
4. J'adore le cyclisme (*cycling*).
   ____
5. J'aime dîner chez moi avec des amis.
   ____

Nom Rilg Lowe Date Oct 1

5A.2 Irregular -ir verbs

1 **Les vacances** Complete this paragraph with the correct forms of the verbs in parentheses to say what Miriam does when she is on vacation.

Pendant les vacances (*vacation*), si je ne voyage pas, je (1) dormis (dormir) toujours tard le matin, mais mes parents (2) Sortent (sortir) tôt pour aller marcher dans le parc. En général, je (3) Sors (sortir) de la maison à 11h00 et je (4) cours (courir) un peu avec des amis. Ils (5) court (courir) très vite. Le parc (6) sent (sentir) bon avec toutes les fleurs (*flowers*).

Pour les vacances d'hiver (*winter*), je vais (7) parts (partir) en Algérie. Nous (8) partons (partir) la semaine prochaine. Je (9) Sents (sentir) que le voyage va être intéressant. J'adore un petit restaurant à Alger où on (10) Servs (servir) un excellent couscous.

2 **Décrivez** Describe what the people in these pictures are doing using irregular -ir verbs. Write in complete sentences and use a dictionary if necessary.

1. 
2. 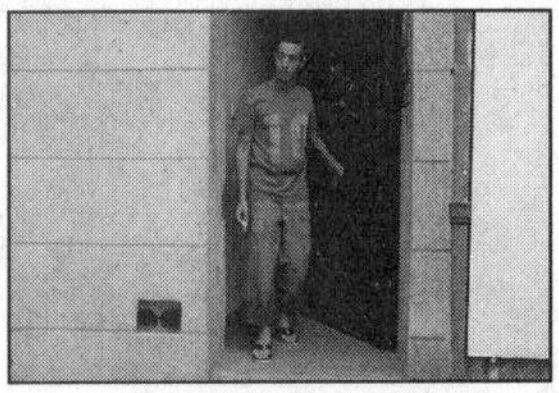
3. 
4. 
5. 
6. 

1. il dormit sur la telephone.
2. il port la toilet.
3. elle sent la fruits a la marche.
4. elle part la station sur la train.
5. elles servent la madam a la cafe.
6. ils courient a la parc.

Workbook

3 **Que font-ils?** For each sentence, choose the logical verb from those in parentheses. Then complete the sentence by writing the verb in the present.

1. Vous ______________ (sortir, dormir, sentir) de l'université à 6h00 du soir.
2. Nous ______________ (servir, partir, sentir) pour Paris pour aller visiter les musées.
3. Maintenant, le département de français ______________ (dormir, sentir, servir) du café et du thé après les conférences.
4. Les athlètes ______________ (servir, courir, partir) dans le stade tous les matins.
5. Ton camarade de chambre ne ______________ (dormir, servir, sentir) pas assez parce qu'il étudie beaucoup.
6. Je ______________ (servir, sentir, partir) que mon examen de physique va être facile.
7. Tu ne ______________ (servir, sentir, sortir) plus avec Hélène.
8. Caroline ______________ (servir, partir, courir) pour la France le mois prochain.

4 **Répondez** Answer these questions in complete sentences.

1. Partez-vous pour un lieu intéressant cette année? Où allez-vous?

   ____

2. Combien d'heures votre camarade de chambre dort-il/-elle? Et vous?

   ____

3. Sortez-vous souvent pendant le week-end?

   ____

4. Que servez-vous à vos amis?

   ____

5. Qui sort avec vous en boîte, le week-end?

   ____

6. Courez-vous dans le parc? Avec qui?

   ____

Nom ______________________ Date ______________________

Unité 5

Leçon 5B

ESPACE CONTEXTES

Workbook

1 **Les saisons** Name the season that best matches each description.

1. Nous allons à la plage. ______________
2. Il neige et nous faisons du ski. ______________
3. Il fait très chaud. ______________
4. Il pleut souvent. ______________
5. Il fait frais et il fait du vent. ______________
6. C'est la fin des cours à l'université. ______________
7. Il faut utiliser un imperméable et un parapluie. ______________
8. Les cours commencent à l'université. ______________
9. C'est la fin de l'année. ______________
10. Nous célébrons la fête (*holiday*) nationale en France et aux États-Unis. ______________

2 **Le temps** Here is a weather forecast. Say what the weather is like and what the highest and lowest temperatures are.

Modèle

Il fait froid et le temps est nuageux à New York.
La température minimum est de 1 degré.
La température maximum est de 15 degrés.

New York
1°C / 15°C

1. Chambéry 2°C / 5°C

2. Abidjan 22°C / 25°C

3. Papeete 27°C / 31°C

4. Marseille 12°C / 20°C

1. ____

____

2. ____

____

3. ____

____

4. ____

____

Nom Rily Love Date Oct 5 2023

Workbook

3 **Les vacances** Farida and Thomas are going to visit Paris. Complete their conversation with the words and expressions from the list.

~~anniversaire~~	beau	~~degrés~~	imperméable	~~soleil~~
avril	~~date~~	frais	~~printemps~~	~~temps~~

FARIDA Quel (1) temps fait-il à Paris demain?

THOMAS Il fait beau. Il fait 17 (2) degrés.

FARIDA J'ai besoin d'un (3) frais?

THOMAS Non, il ne va pas pleuvoir. Il va faire (4) soleil toute la journée.

FARIDA Parfait. C'est vrai que c'est le (5) printemps.

THOMAS N'oublie pas que le matin, il fait (6) avril. Nous sommes en (7) imperméable.

FARIDA Quelle est la (8) date de l' (9) anniversaire de ton oncle?

THOMAS C'est le 5.

FARIDA J'espère (*hope*) qu'il va faire (10) beau.

THOMAS Oui, moi aussi.

4 **Vrai ou faux?** Read these statements and indicate whether they are **vrai** or **faux**. Correct the false statements.

1. Quand il pleut, j'utilise un imperméable.
   Vrai
2. Il fait un temps épouvantable en été.
   faux, le temps est superbe en été.
3. Quand le temps est nuageux, il fait soleil.
   faux, Quand le temps est nuageux, il ne fait pas soleil.
4. En hiver, il fait froid et il neige.
   Vrai
5. La Saint-Valentin est en février.
   Vrai
6. Avril, c'est en hiver.
   faux, avril, cest en printemps.
7. Quand il fait 30 degrés, il fait froid.
   Vrai
8. Mars est ma saison préférée.
   été est ma saison préférée

Nom ______________________ Date ______________________

Workbook

ESPACE STRUCTURES

5B.1 Numbers 101 and higher

1 **Les prix** Write out these prices in words.

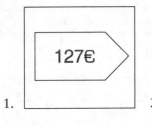

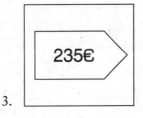

1. 127€
2. 199€
3. 235€
4. 451€
5. 300€
6. 202€
7. 480€
8. 373€

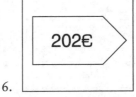

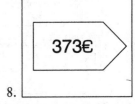

1. ______________________
2. ______________________
3. ______________________
4. ______________________
5. ______________________
6. ______________________
7. ______________________
8. ______________________

2 **Québec** Read these sentences about the French-speaking province of Quebec, Canada. Write the digits for the numbers in each sentence.

1. Jacques Cartier arrive à Gaspé en mille cinq cent trente-quatre. __________
2. La province du Québec est établie en mille sept cent quatre-vingt-onze. __________
3. La population francophone du Québec est de cinq millions huit cent mille personnes. __________
4. La population anglophone du Québec est de cinq cent quatre-vingt-onze mille personnes. __________
5. La superficie de la province du Québec est d'un million cinq cent quarante mille six cent quatre-vingt-dix kilomètres carrés. __________
6. La population totale du Québec est de sept millions cinq cent quarante-deux mille huit cents habitants. __________
7. Le Québec produit (*makes*) quatre-vingt-six millions quatre cent seize mille cinquante-sept livres (*pounds*) de sirop d'érable (*maple syrup*). __________
8. Il y a cent trois mille huit cent treize étudiants à l'Université du Québec, à Montréal. __________

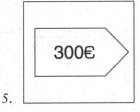

Workbook

3 **Résolvez** Solve these math problems. Use **plus** to add, and **moins** to subtract.

Modèle
200 + 350 **Deux cents plus trois cent cinquante font cinq cent cinquante.**

1. 199 + 801
2. 28.000 – 13.000
3. 1.248.391 + 1.609
4. 576 + 424

4 **L'inventaire** You are working in the bookstore on campus. To make sure the inventory is accurate, you have been asked to spell the numbers.

Modèle
Il y a cent trente-sept livres de Jules Verne.

Articles	Nombre d'articles
Livres de Jules Verne	137
Livres d'Ampâté Bâ	101
Dictionnaires français-anglais	299
Crayons	2.435
Cahiers	3.123
Stylos	6.782

1.
2.
3.
4.
5.

5 **La loterie** Imagine that you have won a million euros. List what you would like to buy and how much each item costs. Write out the prices.

Nom Riley Love Date Sun Oct 29

Workbook

5B.2 Spelling change -er verbs

1 **À la fac** To complete Jean's e-mail, choose the logical verb for each sentence and write its correct form in the space provided.

Salut!

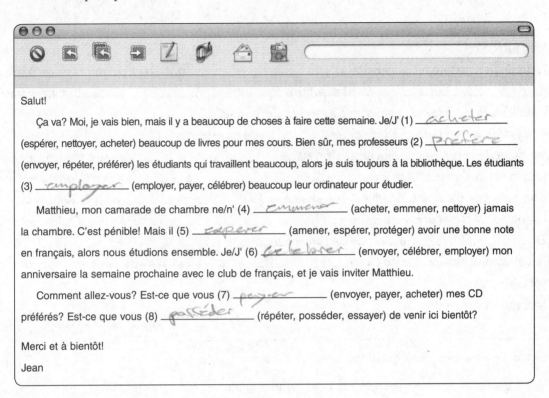

Ça va? Moi, je vais bien, mais il y a beaucoup de choses à faire cette semaine. Je/J' (1) acheter (espérer, nettoyer, acheter) beaucoup de livres pour mes cours. Bien sûr, mes professeurs (2) préfère (envoyer, répéter, préférer) les étudiants qui travaillent beaucoup, alors je suis toujours à la bibliothèque. Les étudiants (3) employer (employer, payer, célébrer) beaucoup leur ordinateur pour étudier.

Matthieu, mon camarade de chambre ne/n' (4) emmener (acheter, emmener, nettoyer) jamais la chambre. C'est pénible! Mais il (5) esperer (amener, espérer, protéger) avoir une bonne note en français, alors nous étudions ensemble. Je/J' (6) celebrer (envoyer, célébrer, employer) mon anniversaire la semaine prochaine avec le club de français, et je vais inviter Matthieu.

Comment allez-vous? Est-ce que vous (7) payer (envoyer, payer, acheter) mes CD préférés? Est-ce que vous (8) posséder (répéter, posséder, essayer) de venir ici bientôt?

Merci et à bientôt!

Jean

2 **Que font-ils?** Write sentences to describe what the people in the photos are doing. Use a variety of verbs from the list.

buy acheter	to try essayer	pay payer
envoyer send	nettoyer to clean	répéter repeat

1.  2.  3.  4. 

1. il est envoyer un letre, il essayer atteindre son mere.
2. elle nettoyer la table avec un serviette.
3. il essayer etudier, mais c'est difficile.
4. elle payer le evo, elle achetet un chapeau.

Workbook

3 **La lettre** A classmate from your French class asks you to help with the letter he or she is writing to a pen-pal. Help by filling in the blanks with the appropriate verbs in the present tense.

acheter	considérer	espérer	payer	protéger
célébrer	envoyer	essayer	préférer	répéter

Bonjour!

J'étudie le français à l'université. J' (1) ______________ que tu vas comprendre la lettre que j' (2) ______________. Ici, les autres étudiants (3) ______________ utiliser leur e-mail, mais je pense qu'une lettre est plus personnelle.

Moi, j'aime la musique. J'adore chanter. Mes amis et moi, nous (4) ______________ dans une salle de la résidence universitaire. Nous (5) ______________ de préparer un concert pour la fin de l'année. Mes parents (6) ______________ que ce n'est pas important, mais je ne suis pas d'accord. En plus, l'université va (7) ______________ pour le concert!

J'aime aussi la nature. Est-ce que tu (8) ______________ la nature aussi? Ici, nous (9) ______________ la journée de l'environnement.

Et toi, quand est-ce que tu (10) ______________ ton billet d'avion pour venir me rendre visite?

Bon, au revoir!

4 **Répondez** Answer these questions using the cues provided.

1. À qui est-ce que vous envoyez des e-mails? (à mes amis et à mes professeurs)
____
2. Qui vous amène à la fac tous les jours? (mes camarades de chambre)
____
3. Qu'est-ce que votre professeur emploie? (des livres en français)
____
4. Qui préfère étudier à la bibliothèque? (les étudiants sérieux)
____
5. Qui achète des CD de musique française? (mon camarade de chambre et moi)
____
6. Qui essaie d'avoir un bon accent? (tu)
____
7. Qui envoie des lettres à votre frère? (mes parents)
____
8. Qui célèbre la Révolution française? (nous)
____

Nom ______________________ Date ______________________

Unité 5

PANORAMA

Savoir-faire

Workbook

1 **La carte** Label the map of West Africa. Write the name of the country and its capital city.

1. ______________________
   ____
2. ______________________
   ____
3. ______________________
   ____
4. ______________________
   ____
5. ______________________
   ____

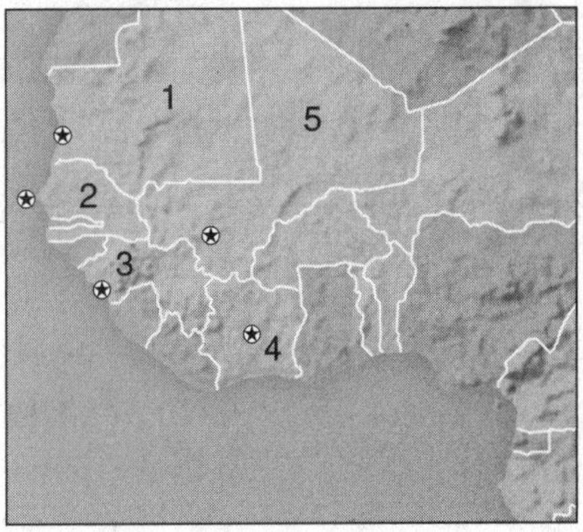

2 **Complétez** Complete these sentences with words or expression from **PANORAMA**.

1. Angélique Kidjo est née au ______________________.
2. ______________________ est le plus célèbre des chanteurs ivoiriens de reggae.
3. Ismaël Isaac dénonce ______________________ dans le monde.
4. Le FESPACO a été créé en ______________________.
5. En 2003, Bineta Diop crée un ______________________ au Mozambique.
6. Bineta Diop a appris ______________________ de sa mère.
7. Le bogolan est un tissu en ______________________ fait à la main.

3 **Vrai ou faux?** Indicate whether these statements are **vrai** or **faux**.

1. Yamoussoukro est la capitale du Sénégal.
2. Didier Drogba est né en Côte d'Ivoire.
3. Le tissu bogolan est une tradition originaire du Mali, du Burkina Faso et de Guinée.
4. Le FESPACO est le Festival Panafricain du Cinéma et de la télévision à Ouagadougou.
5. Alpha Blondy fait souvent des commentaires sociopolitiques dans sa musique.
6. Le reggae africain est identique au reggae jamaïcain.

4 **Les mots en désordre** Unscramble the words according to the cues.

1. ETUAMIANRI ______________________

   (C'est le nom d'un pays d'Afrique de l'Ouest.)

2. GHOUONBO ______________________

   (C'est un des noms de la capitale du Bénin.)

4. UVEUTORRE ______________________

   (C'est la cérémonie qui réunit 40.000 spectateurs.)

5. BJNADAI ______________________

   (C'est une ville en Côte d'Ivoire.)

6. TSNGVUROEAN ______________________

   (Critiqués souvent par Tiken Jah Fakoly dans sa musique.)

5 **L'Afrique de l'Ouest** Answer these questions in complete sentences.

1. Quand est Malouma Mint El Meidah née (*born*)?

   ____

2. Combien y a-t-il d'habitants au Togo?

   ____

3. Quelle est la couleur de la teinture du tissu bogolan?

   ____

4. Quels autres noms donne-t-on à la capitale du Bénin?

   ____

5. Qui nomme Bineta Diop comme l'une des cent personnalités les plus influentes au monde en 2011?

   ____

6. Quel est le nom du plus grand festival de cinéma africain du monde?

   ____

Nom ______________________ Date ______________________

Workbook

Unité 5

PANORAMA

Savoir-faire

1 **Qu'est-ce que c'est?** Label each photograph in French.

1. ______________

2. ______________

3. ______________

4. ______________

2 **L'Afrique centrale** Write the name of the capital of each country. Note that not all words will be used.

Bangui	Bujumbura	Kigali	Libreville	Port-Gentil
Brazzaville	Douala	Kinshasa	N'Djamena	Yaoundé

1. le Burundi: ______________
2. le Cameroun: ______________
3. le Congo: ______________
4. le Gabon: ______________
5. la République centrafricaine: ______________
6. la République démocratique du Congo: ______________
7. le Rwanda: ______________
8. le Tchad: ______________

3 **Complétez** Complete these sentences with words or expression from **PANORAMA**.

1. Françoise Mbango-Etone est née au ______________.
2. ______________ est le plus ancien parc d'Afrique.
3. La civilisation Sao perdure jusqu'au ______________ siècle.
4. La ______________ existe depuis 1973.
5. Les masques du Gabon sont des objets ______________.
6. Le parc national des Virunga se trouve en ______________.
7. Il y a 4.620.000 d'habitants au ______________.

Workbook

4 Vrai ou faux? Indicate whether these statements are vrai or faux.

	Vrai	Faux
1. Libreville est la capitale du Rwanda.	❍	❍
2. Samuel Eto'o est né en 1986.	❍	❍
3. Les masques du Gabon ont des formes très variées.	❍	❍
4. La SAPE est une véritable philosophie de vie.	❍	❍
5. le Mont Cameroun est le plus haut point de la région.	❍	❍
6. Les sapeurs ont un comportement raciste.	❍	❍

5 Des mots associés Match each entry on the left with the one that is associated with it on the right.

_______ 1. des hippopotames
_______ 2. Bangui
_______ 3. Rwanda
_______ 4. Lacs d'Ounianga
_______ 5. musées européens
_______ 6. SAPE
_______ 7. 42 kilomètres
_______ 8. N'Djamena

a. Tchad
b. mosaïque de couleurs
c. parc national des Virunga
d. masques du Gabon
e. République centrafricaine
f. personnes bien habillées
g. Sonia Rolland
h. Course de l'espoir

6 L'Afrique centrale Answer these questions in complete sentences.

1. Combien d'habitants y a-t-il au Burundi?

____

2. Quelles sont les formes des masques du Gabon?

____

3. Qui organise la Course de l'espoir?

____

4. Combien d'athlètes participent à la Course de l'espoir en 2016?

____

5. Quand commence la colonisation européenne en Afrique centrale?

____

6. Quelle est l'originalité des lacs d'Ounianga?

____

Nom Riley Zane Date Oct 30, Mon

Unité 6

Leçon 6A

ESPACE CONTEXTES

1 **Trouvez des paires** List pairs of words that are related in meaning. Do not repeat the items from the model.

~~la bière~~	~~un gâteau~~	la mort
~~un biscuit~~	un hôte	la vie
~~célibataire~~	des invités	la vieillesse
~~le divorce~~	~~le mariage~~	~~le vin~~
l'enfance	~~marié(e)~~	

Modèle

le mariage, le divorce

1. la bière, le vin
2. un biscuit, un gâteau
3. célibataire, marie
4. l'enfance, la vieillesse
5. un hôte, des invités
6. la mort, la vie

2 **Logique ou illogique?** Indicate whether each one of these sentences is **logique** or **illogique.**

	Logique	Illogique
1. Noémie va faire une surprise à sa sœur pour son anniversaire.	●	○
2. Gilles est amoureux d'une feuille de papier.	○	●
3. Abdel et Nora ne sont plus ensemble; ils sont divorcés.	○	●
4. M. Lominé va prendre rendez-vous avec sa copine pour aller au cinéma.	●	○
5. On prend sa retraite à l'âge de 13 ans.	○	●
6. Quel est votre état civil: célibataire, marié(e), veuf/veuve ou divorcé(e)?	○	●
7. Y a-t-il des glaçons pour le punch?	●	○
8. La fiancée du chat est un oiseau.	●	○

3 **Les étapes de la vie** Label each of these drawings with the appropriate stage of life.

1. ~~l'enfance~~ la naissance

2. ~~la jeunesse~~ l'enfance

3. ~~l'adolescence~~ la jeunesse

4. l'adolesance

5. l'age adulte

6. la vieillesse

Workbook

Nom Riley Lean Date

Workbook

4 **Une invitation** Laurent is organizing a celebration for his birthday. Complete the e-mail he wrote to his friend Marguerite, making any necessary changes.

bière beer	cadeau gift	fêter	gâteau cake
bonheur happyness	férié holiday	fiancé fiance	organiser organized

Marguerite,

Vendredi est un jour (1) bonheur et donc, c'est l'occasion de (2) fêter mon anniversaire. C'est moi qui (3) ferie, alors, est-ce que tu peux apporter des cannettes (*cans*) de Coca et des bouteilles de (4) bière? Eh, pas besoin d'apporter un (5) cadeau ou un (6) gâteau, d'accord?

Merci d'avance et à bientôt,

Laurent

tél. 01.87.95.23.41

5 **Proverbes et citations** Choose an appropriate word from the list to complete each saying.

d 1. L'argent ne fait pas le bonheur.

b 2. L'amour est le poison de la vie. L' amitie est son remède.

c 3. L' amour est aveugle (*blind*).

G 4. Le mariage est un dîner (*dinner*) qui commence par le dessert.

a 5. La jeunesse semble bien moins (*seems a lot less*) terrible quand on est fatigué.

e 6. La mort est courte. C'est la vie qui est longue.

f 7. C'est facile comme de prendre un bonbon à un bébé.

a. jeunesse youth
b. amitié friendship
c. amour lover
d. bonheur happy
e. mort death
f. bonbon candy
g. dessert dessert

6 **Des questions** Answer these questions in complete sentences.

1. Est-ce que vous faites souvent la fête en semaine (*on weekdays*)?
   oui, Je celebrater en semaine souvent
2. Est-ce que vous organisez des fêtes pour vos copains?
   Oui, Je organisez des fêtes parfois.
3. Comment fêtez-vous votre anniversaire?
   Je inviter mes amis et mon famille
4. Buvez-vous du champagne? Quand?
   non, Je jaimes buver champagne
5. Est-ce que vous avez parfois des invités chez vous? Quand?
   Oui, Je invites mes amis en mon maison en semainer

ESPACE STRUCTURES

6A.1 Demonstrative adjectives

1 **Vive la retraite!** Complete Annick and Pascal's conversation about an upcoming retirement party for their grandfather by selecting **ce, cet, cette,** or **ces.**

ANNICK Et si on fêtait la retraite de pépé avec ses amis?

PASCAL C'est génial comme idée! Il faut aussi inviter maman et papa à (1) _______ (ce / cette) fête.

ANNICK Ah, oui, bien sûr. Alors, quand? (2) _______ (Ce / Cette) week-end?

PASCAL Bon, d'accord. On va faire une surprise! Samedi après-midi, à quatre heures?

ANNICK À (3) _______ (cet / cette) heure-là, on n'a pas faim. Pourquoi pas à six heures du soir?

PASCAL Bonne idée. Si on invitait (*What if we invited*) son ami du bureau?

ANNICK (4) _______ (Cet / Ce) ami, il s'appelle Laurent Tallieu, non? Je vais téléphoner au bureau.

PASCAL Tous les invités peuvent lui donner (*can give him*) des cadeaux.

ANNICK Ah, non, tous (5) _______ (ce / ces) cadeaux! C'est trop! Tout le groupe va acheter un cadeau collectif.

PASCAL D'accord. Mais c'est toi qui va faire la collecte auprès de (*collect from*) tous (*everybody*) (6) _______ (ces / cet) invités!

2 **Impressions sur la fête** Complete what people are saying at a party with an expression using a form of **ce** and a noun. Refer to the photos for clues about which nouns to use.

Modèle

Cette fête est super! Il y a plein de monde (*lots of people*) ici.

1. Et _______________-ci, c'est pour Apolline?

2. Beurk! _______________ n'est pas bonne!

3. _______________-ci a l'air très bonne!

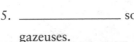

4. _______________ sont des caramels.

5. _______________ sont gazeuses.

6. _______________ est vraiment extraordinaire.

Workbook

3 Ci et là

Complete each sentence with either ci or là.

1. Cette année-__________, on va fêter l'anniversaire de Nino au Café Cézanne.
2. Vous payez le loyer (*rent*) de ce mois- __________ ou du mois prochain?
3. Sandra, quel gâteau est-ce que tu préfères: ce gâteau-ci ou ce gâteau- __________?
4. Nous achetons cette glace-__________, au chocolat; non, cette glace-là, à la vanille.
5. Ce champagne-ci est bon, mais ce champagne-__________ est mauvais.

4 Faites des phrases

Use the expressions in the columns to write logical sentences. Use each entry at least once.

ce	après-midi	on va fêter l'anniversaire d'Hervé
cet	cadeau	vont sur la table
cette	choses	est petit mais il est sympa
ces	glace	est parfumée (*flavored*) au chocolat
	glaçons	sont pour les boissons

1. ______________________________
2. ______________________________
3. ______________________________
4. ______________________________
5. ______________________________

5 À vous!

Answer the questions with information about yourself. Write complete sentences.

1. Est-ce que vous allez fêter votre anniversaire cette année?

____

2. Sortez-vous avec des copains ce week-end?

____

3. Est-ce que vous allez assister à une fête cette semaine?

____

4. Invitez-vous des copains chez vous ce soir?

____

5. Est-ce que vous allez suivre (*take*) des cours, travailler ou faire la fête cet été?

____

Nom Riley Jon   Date Nov 30

6A.2 The passé composé with avoir

1 **À la fête de Julie** Decide whether each sentence describes something that could have happened at Julie's party or if it is more likely to have happened elsewhere (**ailleurs**).

C'est arrivé...	**à la fête de Julie**	**ailleurs**
1. Sylvain et Cristelle ont dansé toute la nuit.	●	○
2. Julie a adoré ses cadeaux d'anniversaire.	●	○
3. Julie a passé un examen.	○	●
4. David a joué de la guitare et moi, j'ai chanté.	●	○
5. Tu as nettoyé toutes les fenêtres de la maison.	○	●
6. Nous avons fait du ski.	○	●
7. Vous avez rencontré tous les amis de Julie.	○	●
8. J'ai laissé un pourboire à Julie.	○	○
9. Augustin a pris des photos de tout le monde.	●	○
10. Quelle surprise! Julie n'a pas compris tout de suite que c'était (*it was*) une fête pour elle.	●	○

2 **À votre tour** Now say what else happened at Julie's party, using the drawings as clues.

Modèle

Rémy et Dylan n'ont pas  ***bu de champagne.***

1. Nous avons  le cadeau à Julie.

2. Tu n'as pas  le gateau.

3. Marguerite a  dormit dans la chambre de Julie pendant que nous dansions (*while the rest of us danced*).

4. Il a  pleut toute la nuit. On n'a pas pu (*couldn't*) sortir dans le jardin.

5. Vous avez  un photo de Martine et d'Angèle.

6. Théo et Jean-Paul ont trop  a la champagne.

Workbook

3 **La sortie catastrophique** Complete the paragraph with appropriate past participles from the list.

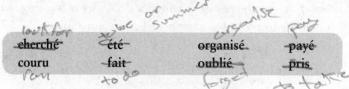

cherché	été	organisé	payé
couru	fait	oublié	pris

J'ai (1) __________ une sortie (*outing*) pour mes copains, samedi dernier. Pour commencer, Fred a (2) __________ jusqu'au restaurant parce qu'il était en retard (*was late*). On a tous (3) __________ des pizzas. Josiane et Simon n'ont pas aimé. Nous avons (4) __________ une surprise à Fred avec un gâteau au chocolat pour son anniversaire. Et bien, il paraît (*it appears*) qu'il est allergique au chocolat. C'est moi qui ai (5) __________ ce gâteau et ces pizzas. Après (*Afterwards*), Chloé a (6) __________ son sac au restaurant et nous avons (7) __________ ce sac pendant (*for*) une heure! Marlène n'a pas (8) __________ très sympa avec Chloé, et puis (*then*) tout le monde est rentré (*returned*) en colère (*angry*) à la maison.

4 **Des questions** Write out a question that could elicit each response.

Modèle

Vous n'avez pas aimé la fête de l'année dernière?
Mais si! J'ai beaucoup aimé cette fête.

1. ______________________________

   J'ai apporté une bouteille de champagne et des glaçons pour le refroidir (*to chill it*).

2. ______________________________

   On a dîné dans un resto, et puis (*then*) on a regardé un film au ciné.

3. ______________________________

   Ah, non, malheureusement. Et j'ai eu une mauvaise note!

4. ______________________________

   Oui, nous avons nettoyé toute la maison.

5. ______________________________

   Non, j'ai pris une part (*piece*) de gâteau.

6. ______________________________

   Oui, mais il a plu cet après-midi.

Unité 6

Leçon 6B

ESPACE CONTEXTES

1 **Chassez l'intrus** In each set, two of the articles of clothing usually touch each other when they're being worn. Circle the item in each set that doesn't normally touch the others.

1. des baskets, un sac à main, des chaussettes
2. une ceinture, un pantalon, des lunettes de soleil
3. une casquette, un jean, un tee-shirt
4. une jupe, un chemisier, une chaussure
5. un chapeau, un sous-vêtement, une robe
6. des gants, un manteau, des chaussettes

2 **En quelle saison?** Name five articles of clothing that you would typically wear in the summer and five that you would typically wear in the winter.

En été, on porte...	En hiver, on porte...
1. ____________________	1. ____________________
2. ____________________	2. ____________________
3. ____________________	3. ____________________
4. ____________________	4. ____________________
5. ____________________	5. ____________________

3 **Qu'est-ce que vous portez?** Say what items of clothing you would wear to these places. List as many articles as you can.

Modèle

sur le campus: *un short, un tee-shirt, des chaussettes, des baskets, une montre et un sac à dos*

1. au bureau: ____________________
2. à l'église: ____________________
3. à la piscine: ____________________
4. sur les pistes (*slopes*) de ski: ____________________
5. à une fête: ____________________
6. au gymnase: ____________________

Nom ________________ Date ________________

Workbook

4 **Une personne raisonnable** Indicate whether a reasonable person likes or doesn't like these things.

	Elle aime...	Elle n'aime pas...	
1.	❍	❍	les soldes.
2.	❍	❍	les vêtements bon marché.
3.	❍	❍	les vêtements trop chers.
4.	❍	❍	porter un pull trop large avec un blouson serré.
5.	❍	❍	les vendeurs polis.
6.	❍	❍	porter des vêtements à sa taille.

5 **De quelle couleur?** Complete each description with a logical color.

1. Les ballons de basket sont ________________.
2. Le chocolat est ________________.
3. Les ordinateurs sont souvent ________________.
4. Les canaris sont souvent ________________.
5. Le lait est ________________.
6. Les fruits sont souvent ________________.
7. Le ciel (*sky*) est ________________.
8. Les fleurs sont parfois ________________.

6 **Les goûts des autres** Describe what Mme Blay and M. Morande are wearing at the park today. Do you think they have good taste (**bon goût**) or bad taste (**mauvais goût**)? Justify your opinion. Write at least six complete sentences using the expressions from the list.

aller avec | trop | court(e) | large | porter | laid | long

____

____

____

____

____

____

____

Nom ______________________ Date ______________________

Workbook

ESPACE STRUCTURES

6B.1 Indirect object pronouns

1 **Des devinettes** Solve these riddles (**devinettes**). Answers may be used more than once.

_______ 1. Vous leur envoyez des e-mails.
_______ 2. On lui pose des questions.
_______ 3. Ils vous donnent des cadeaux d'anniversaire.
_______ 4. Vous leur demandez d'apporter des vêtements.
_______ 5. Elle vous a donné le jour (*brought you into the world*).
_______ 6. Il vous donne des notes.
_______ 7. Ils vous prêtent de l'argent parfois.
_______ 8. Vous leur donnez de l'argent pour payer vos vêtements.

a. vos amis
b. des vendeurs
c. votre mère
d. le prof de français

2 **Des objets indirects** Circle the indirect objects in these sentences. If a sentence has an indirect object (not all of them do), rewrite it using the appropriate indirect object pronoun.

1. Chaque hiver, j'envoie un pull à ma sœur par la poste (*mail*).
   ____
2. Isabelle et moi, nous essayons parfois des robes de mariées à la Boutique Blanche.
   ____
3. Nous posons des questions aux vendeurs.
   ____
4. Il faut payer les vêtements à la caisse (*at the register*).
   ____
5. Tu montres ton nouveau pantalon à ta mère?
   ____
6. Je donne cette montre à mon père pour son anniversaire.
   ____

3 **Des extraits de conversations** Complete these conversations in a department store with appropriate indirect object pronouns.

1. **LE PÈRE** Ah, non, il n'est pas beau, ce pantalon!
   KEVIN Et bien, je ne ______________ ai pas demandé ton avis (*opinion*).
2. **VIRGINIE** Non, c'est non. Je ne vais pas te prêter de l'argent pour acheter ça!
   RODRIGUE Mais tu ______________ as prêté de l'argent hier, pourquoi pas aujourd'hui?
3. **LA MÈRE** Alors, tu lui demandes de ______________ apporter une taille plus grande (*larger*).
   KEVIN Mais, non, maman! Je ne vais pas lui demander de faire ça.
4. **MÉLANIE** Mais, maman, papa! Vous ne m'achetez pas la jupe? Pourquoi?
   LA MÈRE Tu ______________ as parlé hier d'une jupe, non d'une micro-jupe!
5. **LA VENDEUSE** Madame, est-ce que je ______________ montre la robe en taille 40?
   MME NOIRET Oui. J'aimerais (*I would like*) l'essayer.
6. **LE VENDEUR** Vous ______________ avez posé une question, Monsieur?
   M. PINEAU Ah, oui. Je voulais savoir si (*I wanted to know if*) vous avez ça en 48?

Nom ______________________ Date ______________________

Workbook

4 **Méli-mélo** Unscramble each of these sentences.

1. téléphones / ne / souvent / pas / tu / très / me

____

2. va / expliquer / il / le / nous / problème

____

3. tu / parles / lui / ne / pourquoi / pas

____

4. Rodrigue / n' / prêter / de / aime / l' / pas / argent / leur

____

5. ne / laissé / pourboire / Mireille / a / pas /de / lui

____

6. quelque chose / je / montrer / te / vais

____

5 **Vos habitudes** Answer these questions about your personal habits. In each sentence, use the expression depicted by the illustration, and replace the indirect object with an indirect object pronoun.

1. Est-ce que vous  souvent à vos parents?

____

2. Est-ce que vous  à votre meilleur(e) (*best*) ami(e)?

____

3. Est-ce que vous  à vos amis?

____

4. Est-ce que vous 

au prof de français quand vous êtes en classe?

____

6 **Victimes de la mode?** Carine and Lolo are talking about how they and their friends like to dress. Complete their conversation with appropriate disjunctive pronouns.

1. Tu kiffes (*like*) les blousons en jean? ____________ aussi, je kiffe!
2. Sylvain, il est vachement (*terribly*) beau avec son pantalon en cuir! Tu ne trouves pas, ____________?
3. Marie-Line? C'est bien ____________ qui porte cette jupe hyper mignonne?
4. Mais leurs tee-shirts sont débiles (*lame*)! Ils n'ont aucun goût (*no taste*), ____________!
5. Sylvain a plein de trucs (*lots of things*) sympas! Il a bon goût, ____________.
6. Ouais (*Yeah*), Stéphanie et Christine ont des fringues (*threads*) géniales, ____________.

Nom Riley Lane Date Feb 5

Workbook

6B.2 Regular and irregular -re verbs

1 **À l'arrêt de bus** Guillaume is talking to Mme Lominé at the bus stop. Decide whether these sentences could be a logical part of their conversation (**oui**) or not (**non**).

	Oui	Non
1. Ça fait 45 minutes qu'on attend ici!	●	○
2. Ils ne répondent pas au téléphone avant 10h00 du matin.	○	●
3. Vous vendez des boissons, Madame?	●	○
4. Mais il n'arrive pas! Nous perdons notre temps ici.	●	○
5. On m'a dit qu'il est souvent en retard.	●	○
6. Je rends souvent visite à mon grand-père qui habite au Canada.	●	○

2 **Le samedi d'Adama** The illustrations show what Adama did last Saturday. Complete each description with the past participle of a verb.

1.

2.

3.

4.

1. Il a mis un blouson avant de sortir.
2. Il a abandonné l'horaire (*schedule*) des bus devant sa maison.
3. Il a attend le bus pendant une heure mais il n'est pas venu (*didn't come*).
4. Il a conduit jusqu'à la maison de sa tante.

3 **Qu'est-ce qu'on met?** Complete each sentence with an appropriate form of **mettre** and an article of clothing.

Modèle

Quand il neige, je **mets un manteau.**

1. Quand il fait du soleil, Nadège ______________________.
2. Quand il pleut, Farid et moi ______________________.
3. Quand vous sortez avec des copains, vous ______________________.
4. Quand il fait froid, les filles ______________________.
5. Quand tu as une mauvaise coupe de cheveux (*haircut*), tu ______________________.
6. Quand je vais à la piscine, je ______________________.

Nom ______________________ Date ______________________

Workbook

4 **C'est fou!** Choose a verb from the list for each sentence about crazy things people do. Then give the appropriate present-tense form of the verb to complete the sentence. Each verb may be used more than once.

conduire (drive)	détruire (destruct)	réduire (reduce)
construire (build)	produire (produce)	traduire (translate)

1. Ma grand-mère ne met pas ses lunettes quand elle conduires.
2. Nous construire une voiture en plastique dans notre garage.
3. Vous traduire un dictionnaire pour apprendre le français?
4. Ce n'est pas le mois des soldes, mais le grand magasin reduire ses prix.
5. Les enfants construire leur petite maison dans un arbre (*tree*)?
6. On detruire ta maison pour construire un parking?
7. Marlène permet à ses enfants de conduire sa voiture.
8. Nous detruire 50 piñatas par jour dans notre maison.

5 **Qu'est-ce qui vous fait sourire?** Complete each statement about what makes people smile by filling in the appropriate present-tense form of **sourire**.

1. Nous Sourions quand nous jouons avec notre chat, Minou.
2. Les étudiants Soreent quand ils ont de bonnes notes.
3. Le bébé Souri quand ses parents lui sourient.
4. Vous Sourrez quand il fait beau le samedi.
5. Je Souri quand je regarde des sitcoms à la télé.

6 **Forum questions-réponses** Answer these questions about yourself in complete sentences.

1. Est-ce que vous vendez vos affaires (*possessions*) sur eBay?

____

2. Quelle sorte de voiture conduisez-vous?

____

3. Répondez-vous souvent aux questions du prof de français?

____

4. Est-ce que vous riez parfois quand vous ne devez pas (*shouldn't*) rire?

____

5. Vous prenez le bus, n'est-ce pas?

____

6. Est-ce que vous rendez visite à vos amis qui habitent dans d'autres villes (*that live in other towns*)?

____

Nom ______________________ Date ______________________

Unité 6

PANORAMA

Savoir-faire

1 **Sélectionnez les légendes** Select an appropriate caption for each photo.

a. 

b. 

c. 

d. 

e. 

_____ 1. Le Théâtre d'Oran est entré en activité depuis 1907.
_____ 2. Les Touareg ont une vie traditionnellement nomade.
_____ 3. On apprécie beaucoup les terrasses de café en Tlemcen.
_____ 4. La Casbah d'Alger est patrimoine mondial de l'Unesco depuis 1992.
_____ 5. Le couscous est le plat traditionnel de la cuisine algérienne.

2 **Vrai ou faux?** Indicate whether these statements are **vrai** or **faux**.

	Vrai	**Faux**
1. L'Algérie fait partie de l'Organisation internationale de la Francophonie.	❍	❍
2. Le fennec est plus grand qu'un chat.	❍	❍
3. Assia Djebar présente le point de vue féminin dans ses œuvres.	❍	❍
4. Les Touareg ne sont pas un peuple nomade.	❍	❍
5. Le couscous se prépare toujours avec des légumes.	❍	❍
6. La Casbah d'Alger est située au nord de la ville d'Alger.	❍	❍
7. L'Algérie est le second plus grand pays francophone du monde	❍	❍

Workbook

3 Choisissez

Choisissez Choose the name of the famous Algerian person or tradition described in each statement.

____ 1. C'est un chanteur.
a. Mohamed Fellag b. Khaled c. Assia Djebar d. Albert Camus

____ 2. C'était une écrivaine et cinéaste qui donnait le point de vue des Algériennes dans ses œuvres.
a. Mohamed Fellag b. Khaled c. Assia Djebar d. Albert Camus

____ 3. C'est l'animal symbolique de l'Algérie.
a. Le couscous b. Le fennec c. Le chameau (*camel*) d. La Casbah d'Alger

____ 4. C'est un des foyers de la culture populaire algérienne.
a. Le couscous b. Le fennec c. Le chameau (*camel*) d. La Casbah d'Alger

4 L'Algérie

L'Algérie Answer these questions in complete sentences.

1. Quel est le nom du désert situé au sud du territoire?
____
2. Quelles sont les principales industries du pays?
____
3. Quelles sont les langues parlées en Algérie?
____
4. Quelle est la monnaie?
____
5. Quel quartier est le symbole de la ville d'Alger?
____
6. Quand est né Albert Camus?
____
7. Où est-ce que les Touareg emmènent leurs troupeaux pendant l'été?
____
8. Quelle est l'origine du couscous?
____

Nom ____________________ Date ____________________

Workbook

Unité 6

PANORAMA

Savoir-faire

1 Complétez Complete these sentences with words or expression from **PANORAMA**.

1. Nezha Chekrouni est née en ____________ au Maroc.
2. ____________ est décrit comme le Jerry Seinfeld français.
3. Le ____________ a été classé au patrimoine mondial de l'Unesco depuis 1989.
4. ____________ est un des plus importants centres urbains d'Afrique.
5. Albert Memmi est un ____________ tunisien.
6. Les hammams ou ____________ sont des bains de vapeur.

2 Le Maghreb Answer these questions on the Maghreb in complete sentences.

1. Dans quelle partie de l'Afrique se trouve le Maghreb?
   ____
2. De quels pays le Maghreb se compose-t-il?
   ____
3. À quelle époque les Arabes se sont-ils installés au Maghreb?
   ____
4. En quelle année les pays du Maghreb ont-ils retrouvé leur indépendance?
   ____
5. Avant de gagner leur indépendance, les pays du Maghreb étaient des colonies de quel pays?
   ____
6. La population du Maghreb se compose de quels groupes ethniques?
   ____
7. Qui étaient les premiers résidents du Maghreb?
   ____
8. Comment s'appelle l'union politique et économique du Grand Maghreb?
   ____

3 Nommez-en quatre Name four examples for each category.

Des villes du Maghreb:	Des industries du Maghreb:	Des sites touristiques du Maghreb:
1. ____________	1. ____________	1. ____________
2. ____________	2. ____________	2. ____________
3. ____________	3. ____________	3. ____________
4. ____________	4. ____________	4. ____________

Nom ______________________ Date ______________________

Workbook

4 **Sélectionnez les légendes** Select an appropriate caption for each photo.

a. 

b. 

c. 

d. 

e. 

_____ 1. La Tour Hassan se trouve à Rabat, au Maroc.
_____ 2. Humoriste et acteur né à Casablanca
_____ 3. On vend de tout sur ce marché à Douz, en Tunisie.
_____ 4. Site archéologique sur la côte de la Tunisie.
_____ 5. Bains de vapeur inventés par les Romains

5 **Le Maroc et la Tunisie** Answer these questions in complete sentences.

1. Où est-ce que Gad Elmaleh a fait des études de sciences politiques?

____

2. Quelles sont les principales industries des deux pays?

____

3. Qui a réussi à détruire la ville de Carthage dans l'Antiquité?

____

4. Quelle est la monnaie au Maroc?

____

5. Quelle est la plus grande métropole du Maghreb?

____

6. Quand est né Hicham El Guerrouj?

____

Nom Riley Love Date

Unité 7

Leçon 7A

ESPACE CONTEXTES

Workbook

1 **Chassez l'intrus** Circle the item that does not belong in each set.

1. un arrêt de bus, une sortie, une station de métro, un aéroport
2. la station de ski, la mer, la plage, bronzer
3. un départ, une arrivée, un vol, un journal
4. faire les valises, bronzer, acheter un billet, prendre un train
5. la ville, la campagne, les vacances, la mer
6. le voyage, l'aéroport, la douane, l'avion
7. partir en vacances, prendre un jour de congé, travailler, faire un séjour
8. la douane, l'aéroport, le plan, le billet aller-retour

2 **Des mots brouillés** Unscramble the letters to reveal a nationality or country. Write each unscrambled name on the line after the clue.

Modèle

Au sud, le pays voisin des États-Unis, c'est le **EQMXIEU**. MEXIQUE

1. On associe les pandas et Jackie Chan à la **IHCEN**. la Chine
2. Aux **TSÉAT-SUIN**, on fête le 4 juillet. les Etats Unis
3. Les habitants de l'**AILIET** mangent beaucoup de spaghettis. l'Italie
4. Berlin est la capitale de l'**LAEGNAMLE**. l'allemagne
5. Au **PNAJO**, on prend des trains ultramodernes pour visiter des temples anciens. Japon
6. Madrid est la capitale de l'**EPENGSA**. l'Espagne
7. La **ESSISU** est connue (*known*) pour ses montres, sa fondue et ses pistes (*slopes*) de ski. la Suisse
8. Les **SAILARDNI** ont souvent les cheveux roux. ?
9. L'**LNIARDE** est une île (*island*) très verte, située à l'ouest de l'Angleterre. Ireland
10. La **QEBLEIGU** est un petit pays situé au nord-est (*northeast*) de la France. le Belgique
11. Les **GSLBEE** apprécient beaucoup la bière, le chocolat, les moules (*mussels*) et les frites. ?
12. Les **NSIOIHC** ont inventé l'acuponcture. ?
13. Les **RISBNÉSLIE** fêtent leur célèbre carnaval à Rio, chaque année. ?
14. Le **LBSIÉR** est un pays d'Amérique du Sud où l'on parle portugais. Brésil
15. Le **NDACAA** est situé au nord des États-Unis. Canada
16. En **EREETRNGLA**, on mange du «*fish and chips*», mais aussi du curry. ?

Nom ______________________ Date ______________________

Workbook

3 Les moyens de transport

Write the means of transportation the Lefèvres took while on vacation. Use the drawings as cues.

Ils ont pris...

1. le bus 2. un avion 3. la bateau 4. la bus 5. voiture

4 Une carte postale

Complete the postcard from Alexis with the logical expressions in parentheses.

Je t'écris (*I'm writing you*) de Cassis! On est en (1) vacances (valises / vacances) depuis vendredi matin. On a (2) pris (perdu / pris) le train jusqu'à Marseille, et puis on a (3) roulé (roulé / pris) en voiture jusqu'ici. On s'est bien perdus (*We got really lost*) sur l'autoroute! On a utilisé un (4) journal (journal / plan), mais bon… Les (5) pays (gens / pays) d'ici sont sympas! Il n'y a pas de métro ici et donc, on prend le (6) bus (bus / voiture) quand on n'a pas envie de conduire. Demain, on va visiter les fameuses calanques (*inlets*) et puis après-demain, on va visiter les plages de St-Tropez, en (7) voiture (voiture / voyage). Mercredi après-midi, on va faire du (8) shopping (shopping / séjour) à Nice.

À plus!

Alexis

5 En vacances, que préférez-vous?

Complete each of these statements with information about your preferences.

1. J'ai envie de visiter ______________________ (deux pays à l'étranger).
2. Quand je suis en vacances, j'aime ______________________ (trois activités) ______________________.
3. Pour faire des voyages, je préfère prendre ______________________ (moyen de transport).
4. Je n'aime pas prendre ______________________ (moyen de transport).
5. Cette année, on a une semaine de congé du ____________ (date) au ____________ (date).
6. Cette semaine-là, je vais ______________________ (une activité).

Nom ______________________ Date ______________________

ESPACE STRUCTURES

7A.1 The passé composé with être

1 **Avoir ou être?** Decide whether to use **avoir** or **être** as an auxiliary for each of the verbs in Gisèle's e-mail about her spring break.

Je (1) ______________ (suis / ai) allée à Marseille, avec Micheline, pour les vacances de printemps. Samedi matin, on (2) ______________ (est / a) passé au moins trois heures dans de beaux embouteillages (*traffic jams*) sur l'autoroute! Tout le monde (3) ______________ (est / a) quitté Paris pour la province. On (4) ______________ (est / a) arrivé chez mon cousin Régis, samedi soir. Il habite au centre-ville de Marseille, donc on en a profité (*took advantage of it*) pour visiter le Vieux Port et la basilique Notre-Dame de la Garde. Le système de transports publics à Marseille est très développé et donc, on (5) ______________ (a / est) pris le métro tous les jours. On (6) ______________ (est / a) fait plusieurs sorties (*outings*) dans la région, pendant la deuxième semaine des vacances. On (7) ______________ (est / a) visité les gorges du Verdon et Saint-Paul de Vence, par exemple. On (8) ______________ (est / a) rentré dimanche soir et nous voilà de retour.

2 **Ah, les belles vacances!** Complete each sentence using the auxiliary verb **être**. Then indicate whether each statement would describe something that probably happened during vacation (**lors des vacances**) or at another time (**à un autre moment**).

	lors des vacances	à un autre moment
1. Nous ______________ parties pour la plage samedi matin.	❍	❍
2. L'auteur ______________ né à Marseille le 22 mai 1986.	❍	❍
3. Karine et Christine ______________ retournées au parc Disneyland.	❍	❍
4. Nico ______________ resté chez lui mais il a passé la semaine à dormir et à bronzer dans son jardin (*yard*).	❍	❍
5. Vous ______________ resté à l'hôtel Caron de Beaumarchais pour être près du bureau?	❍	❍
6. Je ______________ allée à Venise, où j'ai passé trois superbes journées en gondole.	❍	❍

Workbook

Workbook

3 **Les rumeurs qui courent** Surya is not the type to gossip, but her friends sure are! She knows what's really going on, so she corrects them. For each piece of gossip, write Surya's response.

Modèle
J'ai entendu dire qu'Ahmed est allé en Tunisie pour rendre visite à sa copine!
Sa copine habite à Montpellier. Ahmed n'est pas allé en Tunisie pour lui rendre visite.

1. Le président est mort hier soir!
   ____
2. Josette est partie pour l'Espagne ce matin. Elle a quitté son mari.
   ____
3. Jean-Marie est tombé dans un trou (*hole*) la semaine dernière. Il est à l'hôpital maintenant.
   ____
4. Et tu sais (*And you know*), Vincent est le premier d'une famille de dix enfants!
   ____
5. L'année dernière, Samuel est sorti avec la copine de Luc.
   ____
6. Émilie n'est pas rentrée hier soir.
   ____

4 **Méli-mélo** Unscramble each of the sentences, taking care to put the adverb in the correct place.

1. nous / sont / chez / Olivier / pas / encore / passés / ne / et / Joëlle
   ____
2. tes / tu / fait / devoirs / bien / as
   ____
3. rentrés / vacances / sont / de / élèves / les / déjà
   ____
4. sortie / Mathilde / est / pas / de / école / n' / encore / l'
   ____
5. Samia / vite / appris / a / leçon / la
   ____

5 **Que de questions!** Answer these questions in complete sentences.

1. À quelle heure êtes-vous sorti(e) de la maison aujourd'hui?
   ____
2. À quelle heure êtes-vous arrivé(e) à la fac?
   ____
3. Êtes-vous passé(e) par un café sur le chemin (*on the way*)?
   ____
4. Si oui, combien de minutes avez-vous passées au café?
   ____
5. Êtes-vous entré(e) dans un magasin aujourd'hui?
   ____
6. À quelle heure êtes-vous rentré(e) chez vous hier soir?
   ____

Nom ______________________ Date ______________________

Workbook

7A.2 Direct object pronouns

1 **Des échanges** Complete these exchanges with appropriate direct object pronouns.

1. **AMÉLIE** Nous avons faim, papa.
   LE PÈRE Je ____________ invite à partager une pizza, les filles!
2. **CAROLINE** Serge, est-ce que tu ____________ aimes?
   SERGE Je ne t'aime pas, je t'adore!
3. **LA MÈRE** Marie-Louise, je te parle!
   MARIE-LOUISE Je ____________ entends, maman.
4. **M. NOTHOMBE** Je ____________ ai rencontrée quelque part (*somewhere*), Madame?
   MME HAN Ah, non, Monsieur. Je ne pense pas.
5. **NATHALIE** Je ____________ ai attendu pendant deux heures au café, Alex.
   ALEX Désolé, j'ai oublié notre rendez-vous.
6. **M. LESAGE** C'est vous qui adorez la photographie, M. Descombes?
   M. DESCOMBES Ah oui, je ____________ adore.

2 **Des énigmes** The direct object pronouns in these sentences are underlined. Suggest an antecedent (the noun that the pronoun refers to) for each sentence. There are no set answers, so be creative.

Modèle

Sébastien, tu la regardes trop! **la télévision**

1. C'est Cédric qui me le donne, pour mon anniversaire! ____________
2. Est-ce que vous les faites tous les jours (*every day*)? ____________
3. Vous les rendez aujourd'hui? Mais la bibliothèque est fermée. ____________
4. Tu ne la mets pas? Mais il fait froid dehors (*outside*)! ____________
5. Où est-ce qu'il les achète? ____________
6. Régine la nettoie une fois par semaine. ____________

3 **Transformez** Rewrite these sentences with direct object pronouns in place of the direct objects.

1. Nous préférons faire les valises mercredi matin.
   ____
2. On ne va pas visiter le musée Matisse?
   ____
3. Au Café Grenoblois, on va essayer la fameuse fondue au chocolat.
   ____
4. Il faut regarder le film de Truffaut pour notre cours de français.
   ____
5. Vous aimez fréquenter ce café, Mademoiselle?
   ____

Nom Riley Jane Date April 30

4 **Des énigmes (suite)** Match each caption with its photo. Use each answer only once.

a. 
b. 
c. 
d. 
e. 
f. 
g. 
h. 

a 1. On l'a visitée l'année dernière.
d 2. Tu l'as déjà regardé?
b 3. On les a mangés!
h 4. On les a faites avant de partir.
g 5. Je l'ai perdue à l'école.
c 6. Nous l'avons pris pour aller au musée.
e 7. Hélène les a invités.
f 8. C'est Hector qui les a bues.

5 **Faites l'accord** Two twins, Robert and Richard, are about to leave on a trip together. Complete their conversation by writing the appropriate endings for the past participles. If no change is required, leave a blank line.

ROBERT Où sont les billets?
RICHARD Je les ai (1) oublié ______ dans mon bureau.
ROBERT Ah, non! Bon, on va passer par ton bureau sur le chemin de l'aéroport.
RICHARD Tu as fait les valises, au moins (*at least*)?
ROBERT C'est toi qui as promis de les faire.
RICHARD Mais non. C'est toi qui as promis. Ah non, tu ne les as pas (2) fait ______!
ROBERT Bon, moi, je vais mettre quelques trucs (*things*) pour nous deux dans une valise, et puis on part!
RICHARD Je vais mettre mon écharpe noire pour le voyage.
ROBERT C'est mon écharpe à moi, ça! Mais tu l'as (3) mis ______, toi? Bon, je te la donne. On part!
RICHARD Heureusement que tu as promis d'apporter le plan.
ROBERT Quel plan? Je n'ai pas de plan, moi.
RICHARD Tu ne l'as pas (4) pris ______? Bon, on va trouver un plan là-bas.
ROBERT Je n'ai pas eu le temps de regarder la météo (*weather report*) avant de partir. Tu ne l'as pas (5) regardé ______ non plus?
RICHARD Mais non. Tu sais (*You know*) que je n'aime pas la télé.
ROBERT Tu n'as pas oublié ton passeport, j'espère?
RICHARD Euh...
ROBERT Mais bien sûr que tu l'as (6) oublié ______.
RICHARD Ce n'est pas possible.
ROBERT Mais je rêve! (*I must be dreaming!*)

Unité 7

Leçon 7B

ESPACE CONTEXTES

Workbook

1 **À l'hôtel** Label this illustration of a hotel lobby with appropriate French words.

1. ______________________
2. ______________________
3. ______________________
4. ______________________
5. ______________________
6. ______________________

2 **Vrai ou faux?** Indicate whether each statement about the illustration of the hotel lobby in Activité 1 is vrai or faux.

	Vrai	Faux
1. C'est la réception d'une auberge de jeunesse.	❍	❍
2. C'est une chambre d'hôtel.	❍	❍
3. C'est la réception d'un hôtel.	❍	❍
4. La réception est au rez-de-chaussée.	❍	❍
5. Il y a un lit au rez-de-chaussée.	❍	❍
6. Il y a des chambres au premier étage.	❍	❍
7. L'hôtelier redonne (*is giving back*) son passeport à la femme.	❍	❍
8. Un passager prend la valise du client.	❍	❍

3 **À l'agence de voyages** There are five strange details in this passage about Charles' trip to a travel agency. Rewrite the passage with corrections so that it makes sense.

Ce matin, Charles est passé par une agence de voyages pour faire des réservations. Un hôtelier très sympa l'a aidé à organiser le voyage. Pour commencer, ils ont trouvé des billets aller-retour Paris-Nice et ils les ont annulés. Puis, l'agent a téléphoné à des hôtels à Grenoble pour demander s'il y avait (*if there were*) des chambres complètes pour son client et il a fait une réservation pour une chambre individuelle à l'hôtel Matisse. Après, Charles a demandé le numéro de téléphone de l'auberge de jeunesse et l'agent le lui a donné. Finalement, Charles est reparti (*left*) très content. Une semaine à Nice!

____

____

____

____

____

____

____

____

Nom Riley Love Date 4/15/24

4 **Une petite histoire** Complete the sentences below with appropriate expressions from the list. The words may be used more than once. Some do not have to be used at all.

alors	avant	donc	ensuite	pendant	tout à coup
après	d'abord	enfin	finalement	puis	tout de suite

(1) d'abord d'aller chez sa grand-mère, le Petit Chaperon Rouge (*Little Red Riding Hood*) fait une promenade dans le bois (*woods*). (2) pendant qu'elle regarde de belles fleurs, un grand méchant loup (*wolf*) arrive. (3) tout á coup, le loup commence à lui parler. Elle trouve le loup beau et charmant. Il lui fait des compliments (il adore sa cape rouge!) et il l'invite à partir avec lui. Elle lui explique qu'elle est désolée, mais qu'elle va rendre visite à sa grand-mère cet après-midi. Le loup trouve ça intéressant et demande où habite la grand-mère. Elle lui donne l'adresse de sa grand-mère, (4) puis elle reprend sa route (*continues walking*). (5) après sa rencontre avec le grand loup, le Petit Chaperon Rouge commence à avoir des doutes. Mais elle oublie ces sentiments (*feelings*) bizarres quand elle voit (*sees*) la maison de sa grand-mère. Elle ouvre la porte et elle laisse son panier plein de (*basket full of*) fleurs à côté du lit. Elle se met au (*gets in*) lit avec sa grand-mère qui n'a pas l'air d'aller très bien aujourd'hui. Elle ne remarque (6) tout de suite pas (*doesn't notice*) que la grand-mère ressemble fort à un grand méchant loup. Elle lui parle de sa journée quand, (7) enfin, elle s'aperçoit (*perceives*) qu'elle est au lit avec un loup déguisé en grand-mère! (8) finalement, le grand méchant loup la mange et met son petit chaperon (*hooded cape*) rouge pour faire une balade dans le bois (*to take a walk in the woods*).

5 **À quel étage?** Use the building directory as a reference to tell which floor each business is on. Write out each ordinal number in letters.

0	EUROPOSTE	19	CADORAMA	38	EUROENTREPRISE
1	ALLÔPORTABLE	20	AFSA LIMITÉE	39	CÉDÉROM.COM
2	CRÉDI-BANQUE	21	B.B. INTERNATIONAL	40	CÉDÉROM.COM
3	COGITO ERGO COM	22	NICE MULTISERVICES	41	AMNESTIE.FR
4	GIRAUD ET CIE	23	AGENCE EUROVOYAGES	42	SOCIÉTÉ FRANÇAISE
5	ACTISPORT	24	COMPTOIRS DE NICE	43	ENFANTILLAGES
6	NUTRITEL	25	NOSTALGIE ET CIE	44	FONDATION NATHAN
7	BOUVARD ET ASSOCIÉS	26	ÉDITIONS DU NORD	45	MÉDICO-TAXI
8	GROUPE ALITEL	27	SUPER-LOTO	46	GIRAUD PÈRE ET FILS
9	GALERIES DUFAYEL	28	BANQUE GÉNÉRALE	47	SERVEUR INTERNET
10	CRÉMAUX ET FILS	29	NOUVEAU MILLÉNAIRE	48	SERVEUR INTERNET

1. Crémaux et Fils est au ____________ étage.
2. Europoste est au ____________.
3. Le serveur Internet est au ____________ et au ____________ étages.
4. B.B. International est au ____________ étage.
5. Éditions du Nord est au ____________ étage.
6. Nostalgie et Compagnie est au ____________ étage.
7. Cadorama est au ____________ étage.
8. Allôportable est au ____________ étage.
9. Comptoirs de Nice est au ____________ étage.
10. Enfantillages est au ____________ étage.

ESPACE STRUCTURES

7B.1 Adverbs

1 **Associez** Match the items given with a synonym or antonym from the list.

activement	discrètement	intelligemment	méchamment
dernièrement	généreusement	mal	vite

1. bien ≠ _______________
2. brillamment = _______________
3. égoïstement ≠ _______________
4. modestement = _______________
5. paresseusement ≠ _______________
6. poliment ≠ _______________
7. premièrement ≠ _______________
8. rapidement = _______________

2 **Ma nouvelle vie** Complete this e-mail by choosing the logical adverb.

Chère Nathalie,

La vie à l'université, c'est génial. Pour te parler (1) _______________ (absolument, franchement, évidemment), j'adore ma nouvelle vie ici. Dans la classe de français, nous parlons (2) _______________ (agréablement, gentiment, constamment) en français. J'espère parler (3) _______________ (fortement, couramment, activement) à la fin de l'année.

Ma chambre est (4) _______________ (joliment, indépendamment, heureusement) décorée. La vue (*view*) est (5) _______________ (faiblement, absolument, seulement) magnifique. Mes voisins sont sympas; je parle (6) _______________ (discrètement, fortement, souvent) avec eux. Ma voisine Annette m'a invité au club de randonnée, et maintenant, je participe (7) _______________ (absolument, facilement, activement) au club.

Viens (8) _______________ (heureusement, bien, vite) me voir.

Bon, @+!*
Louis

@+! *À plus tard!*

Workbook

3 **Déchiffrez** Unscramble these questions and answer them with the cues provided.

1. vous / fréquemment / est-ce que / parlez / ? / français (tous les jours)

____

____

2. ? / avec / - / étudiez / vos amis / vous / à la bibliothèque (de temps en temps)

____

____

3. étudiez / pour / sérieusement / est-ce que / l'examen / vous / ? (très)

____

____

4. trouvé / un hôtel / avez / facilement / - / vous / ? (vite)

____

____

5. vous / la fête / fréquemment / faites / vos voisins / - / avec / ? (rarement)

____

____

6. toujours / à coté de / ? / vous / la chambre / l'ascenseur / prenez / - (souvent)

____

____

4 **La résidence universitaire** Complete the sentences by changing the adjective in the first sentence into an adverb in the second.

Modèle

Olivier est très lent. Il travaille *lentement*.

1. Les étudiants sont nerveux. Ils attendent ________________ leur professeur en classe.
2. C'est vrai que l'hôtelière est belle. L'hôtelière est ________________ belle.
3. Elles étudient de manière indépendante. Elles étudient ________________.
4. Marilène est une mauvaise chanteuse. Marilène chante ________________.
5. C'est un bon quartier. Il est ________________ situé.
6. Les clients sont très impatients. Les clients attendent ________________ à la réception.

5 **Ma vie à Paris** Complete the sentences with the adverbs from the list. Not all adverbs will be used.

bien	difficilement	mal	modestement	récemment
couramment	fréquemment	malheureusement	rarement	vraiment

J'ai (1) ________________ fait un séjour à Paris pendant trois mois. J'ai (2) ________________ touvé un travail dans un restaurant près des Tuileries. (3) ________________, malgré ça (*inspite of that*), je n'avais pas beaucoup d'argent et mes parents m'envoyaient (4) ________________ de l'argent. Alors, je vivais (*used to live*) (5) ________________ et je ne sortais pas (6) ________________ avec mes amis. Mais la chose que j'adorais (7) ________________ faire le soir, c'était de marcher le long de la Seine. J'ai (8) ________________ aimé mon séjour à Paris.

7B.2 The impératif

1 **Des suggestions** Complete these exchanges with the appropriate command forms of the verbs in the list. Make sure to pay attention to the person or people (**tu, vous,** or **nous**) for each verb. There may be more than one correct answer.

acheter	avoir	être	finir	mettre
aller	donner	faire	marcher	prendre

1. **FRÉDÉRIQUE** Je vais sortir maintenant, maman.
   LA MÈRE Frédérique, ______________ ton manteau et ton écharpe.
2. **ÉRIC** Je n'ai pas de cadeau pour Matthieu.
   LE PÈRE ______________ ce stylo pour lui.
3. **MARIANNE** Francine, on va être en retard.
   FRANCINE ______________ plus vite (*faster*) alors!
4. **SOPHIE** Il y a une piscine à l'hôtel!
   LE PÈRE ______________ vos maillots de bain, les filles.
5. **SAMIR** On fait quelque chose cet après-midi?
   ABDEL ______________ au cinéma.
6. **APOLLINE** Papy a été très désagréable ce soir.
   LE PÈRE ______________ sympa avec lui. Il ne va pas bien en ce moment.

2 **Des conseils** Give a piece of advice using a command form of the verb given for each image.

Modèle
faire *Faisons de la gym!*

acheter

1. ______________
   ____

(ne pas) manger

2. ______________
   ____

aller

3. ______________
   ____

prendre

4. ______________
   ____

(ne pas) arriver

5. ______________
   ____

commander

6. ______________
   ____

3 **Toujours des conseils** Sophie is about to go on a trip. Rewrite each piece of advice that her friends give her using a direct or indirect object pronoun.

1. Fais tes valises la veille (*day before*) de ton départ.
   ____
2. Ne parle pas à des gens bizarres.
   ____
3. N'oublie pas tes billets.
   ____
4. Téléphone à tes parents une fois par semaine.
   ____
5. Prends ton sac quand tu quittes ta chambre.
   ____
6. Demande à l'hôtelier s'il y a (*if there is*) un ascenseur à l'hôtel.
   ____

4 **Lire ou dire?** Choose the verb that correctly completes each sentence.

1. Tu ____________ des journaux en ligne (*online*) parfois?
   a. lisons b. lis c. disons d. dis
2. Mes fils ne ____________ pas beaucoup, malheureusement (*unfortunately*). Ils préfèrent la télé aux livres.
   a. lisent b. lit c. disent d. dit
3. Mais, qu'est-ce qu'il ____________? Il ne parle pas assez fort.
   a. lit b. lisent c. dit d. disent
4. Je ____________ au lit quand il pleut.
   a. dis b. dit c. lis d. lit
5. Je t' ____________ que je suis allergique au chocolat, et tu m'as fait un gâteau au chocolat?
   a. avons lu b. ai lu c. avons dit d. ai dit

5 **Écrire ou décrire?** Write the correct forms of **écrire** and **décrire** to complete these sentences. Pay close attention to whether the verbs should be in the present or the **passé composé**.

1. La semaine dernière, Sam m' ____________ une lettre.
2. Je/J' ____________ des e-mails à mes copains plusieurs fois par semaine.
3. S'il vous plaît, ____________ le suspect que vous avez vu (*saw*) dans le train, M. Jouvet.
4. Le passage ____________ la vie des Français sous l'Occupation.
5. Vous ____________ des guides de voyages?
6. Je te/t' ____________ la voiture que je vais acheter, non?

Nom ______________________ Date ______________________

Unité 7

PANORAMA

Savoir-faire

1 **La carte** Label the map from **les Antilles**. Write the name of each numbered place.

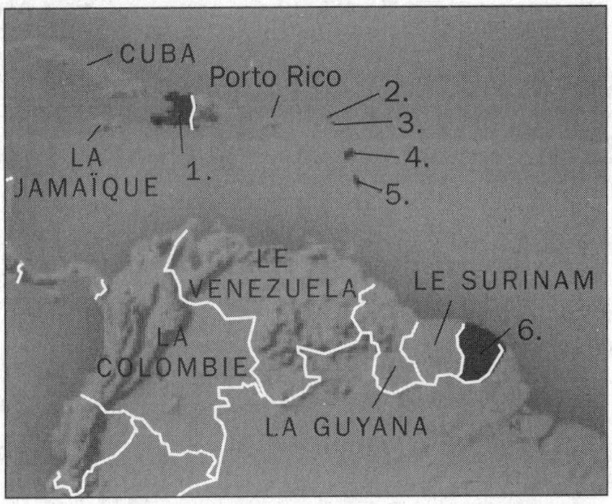

1. ______________
2. ______________
3. ______________
4. ______________
5. ______________
6. ______________

Workbook

2 **Les chiffres et les dates** Complete these sentences with the appropriate date or number from **PANORAMA**.

1. La montagne Pelée est entrée en éruption en ______________.
2. L'éruption de la montagne Pelée a laissé ______________ survivants.
3. Paul Gauguin a déménagé à Tahiti en ______________.
4. Paul Gauguin est mort en ______________.
5. Toussaint Louverture a mené une rébellion en ______________.
6. Haïti gagne son indépendance en ______________.
7. Maryse Condé a commencé sa carrière d'écrivain en ______________.
8. On trouve une perle noire dans une huître sur ______________.

3 **L'agence de voyages** Complete this conversation you overheard at a travel agency with words or expressions from the section **PANORAMA**.

AGENT DE VOYAGES Si vous allez en Polynésie, vous pouvez voir des courses (1) ______________.

CLIENT Et où est-ce que je peux voir les paysages que (2) ______________ a peints?

AGENT DE VOYAGES Ça, c'est à Tahiti. Vous savez que vous pouvez aussi faire du wakeboard dans les îles de la (3) ______________ et peut-être même rencontrer (4) ______________.

CLIENT Fantastique!

AGENT DE VOYAGES Si vous vous intéressez à l'industrie (5) ______________, vous pourrez acheter des perles noires à Tahiti. Vous savez que (6) ______________ est un grand centre de la perliculture.

CLIENT Et la Martinique?

AGENT DE VOYAGES C'est magnifique. Vous pouvez explorer (7) ______________.

CLIENT Ce n'est pas dangereux?

AGENT DE VOYAGES Non, les éruptions sont rares, même si (8) ______________ a été dévastée en 1902.

Nom ______________________ Date ______________________

4 **Vrai ou faux?** Indicate whether these statements are **vrai** or **faux**. Correct the false statements.

1. L'île de Saint-Martin est entièrement française.

   ____

2. Les historiens doutent de l'authenticité de l'histoire d'un homme qui dit que la prison l'a protégé de l'éruption de la montagne Pelée.

   ____

3. Gauguin a fini sa vie en Polynésie française.

   ____

4. Gauguin est inspiré par la vie et la science modernes.

   ____

5. Les îles Marquises font partie de l'archipel des Antilles.

   ____

6. Toussaint Louverture est élu gouverneur d'Haïti et de Saint-Domingue.

   ____

7. Haïti est la première République noire du monde.

   ____

8. L'industrie perlière a poussé des gens à abandonner certains endroits ruraux pour aller en ville.

   ____

5 **Les personnalités** Fill in the crossword puzzle with the names of famous people from **les Antilles** and **la Polynésie française**.

1. C'est le nom d'un ancien esclave qui a mené une rébellion pour l'abolition de l'esclavage.
2. Elle a écrit le roman *Moi, Tituba Sorcière*.
3. C'est le nom d'un chanteur de rap.
4. C'est le nom de la personne qui a proclamé l'indépendance d'Haïti.
5. C'est le nom d'un grand poète des Antilles.
6. Ce peintre est connu pour ses peintures de femmes.
7. Cette actrice est également célèbre aux États-Unis.
8. C'est le nom d'un écrivain martiniquais.

Unité 8

Leçon 8A

ESPACE CONTEXTES

1 **La maison** Label the rooms and items indicated.

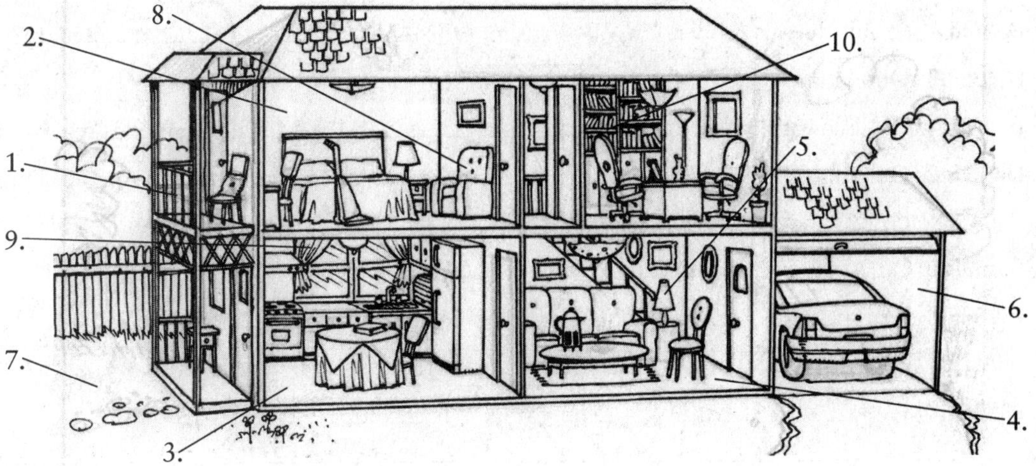

1. _______________
2. _______________
3. _______________
4. _______________
5. _______________
6. _______________
7. _______________
8. _______________
9. _______________
10. _______________

2 **Les règles** Complete each of these rules (**règles**) for the French language house on your campus with the most appropriate option.

RÈGLES DE LA MAISON

- Les étudiants (1) _______________ (emménagent, déménagent, louent) dans la résidence au début du mois de septembre.
- Leur (2) _______________ (chambre, loyer, studio) est payé le premier de chaque mois.
- Le week-end, tous les étudiants se réunissent dans (3) _______________ (le balcon, le garage, le salon) pour parler français.
- Chaque étudiant partage (4) _______________ (sa commode, sa chambre, sa pièce) avec un autre étudiant.
- Il y a (5) _______________ (une salle de bains, une salle de séjour, une salle à manger) pour deux étudiants.
- Les étudiants peuvent (*can*) utiliser la piscine dans (6) _______________ (le garage, le jardin, le sous-sol), derrière la maison, de 8h00 à 18h00.
- Il est interdit (*forbidden*) de laisser les vélos dans le jardin. Si vous avez un vélo, il y a (7) _______________ (un quartier, un escalier, un garage) pour tous les étudiants.
- Si vous avez d'autres questions, il y a du papier et un crayon dans (8) _______________ (le fauteuil, le tiroir, le rideau) sur votre droite.

Workbook

3 **La résidence** Complete this conversation with logical words and expressions.

DJAMILA Quand vas-tu (1) ______________ dans la résidence?

FRÉDÉRIC La semaine prochaine, mais j'ai déjà la clé.

DJAMILA Et quand (2) ______________-tu de la maison de tes parents?

FRÉDÉRIC Demain.

DJAMILA Parfait. Je vais t'aider. On va voir (*see*) ta (3) ______________ maintenant?

FRÉDÉRIC Oui. Voilà.

DJAMILA Oh! Elle est grande. Cette (4) ______________ est idéale pour tous tes livres.

FRÉDÉRIC Oui, mais l' (5) ______________ pour mes vêtements est un peu petite. J'aime bien la douche dans la (6) ______________.

DJAMILA Où est-ce que tu vas préparer tes repas (*meals*)?

FRÉDÉRIC La (7) ______________ est au rez-de-chaussée.

DJAMILA Et pour ta voiture. Qu'est-ce que tu vas faire?

FRÉDÉRIC Je (8) ______________ un garage pas très loin d'ici.

4 **Où ça?** Read these statements and say in which part of the house the action is most likely taking place.

Modèle

Je prends une douche.
Je suis dans la salle de bains.

1. Sarah prépare le dîner.

____

2. Farid dort.

____

3. Catherine et Jacques lisent des romans et étudient.

____

4. Jean-Philippe sort de sa voiture.

____

5. Amadou cherche une bouteille de vin.

____

6. Le petit Cédric joue dans la baignoire.

____

7. Vous célébrez l'anniversaire de votre ami.

____

8. Nous nageons dans la piscine.

____

Nom ______________________ Date ______________________

Workbook

ESPACE STRUCTURES

8A.1 The imparfait

1 **Quand j'étais jeune** Complete this story by conjugating the verbs in parentheses in the **imparfait**.

Quand nous (1) ______________ (être) jeunes, il n'y (2) ______________ (avoir) pas beaucoup d'étudiants à l'université. Beaucoup de personnes (3) ______________ (finir) leurs études à la fin du collège ou du lycée parce qu'elles (4) ______________ (aller) travailler. À l'université, j' (5) ______________ (étudier) tout le temps. J'ai rencontré ta maman là-bas. Elle (6) ______________ (travailler) à la bibliothèque. Elle (7) ______________ (être) sympathique. Nous (8) ______________ (parler) beaucoup ensemble. Mes parents (9) ______________ (dire) qu'il (10) ______________ (falloir) finir mes études avant d'épouser ta mère. Ils (11) ______________ (avoir) tort, mais ils (12) ______________ (penser) à mon avenir (*future*).

2 **Les vacances** Your friends are telling you what they used to do on vacation. Complete each of these sentences with the **imparfait** of a logical verb from the list.

aller à la pêche	emmener	pleuvoir
apprendre	faire une randonnée	regarder un film
bavarder	louer	skier
dormir	passer	travailler

1. Ma sœur et moi, nous ______________ en montagne tous les jours.
2. Je ______________ jusqu'à midi parce que j'étais très fatigué(e).
3. Jasmine ______________ dans un magasin du centre commercial.
4. En hiver, nous ______________ tous les jours.
5. Marc ______________, car (*because*) il aime manger du poisson frais.
6. J'______________ quelque chose de nouveau.
7. Quand il ______________, je ______________ à la télévision.
8. Je ______________ chez mes amis et nous ______________.

Nom ________________________ Date ________________________

Workbook

3 **L'enfance** Your roommate would like to know you better and has asked you to talk about your childhood. Complete this paragraph with the cues provided. Conjugate the verbs in the **imparfait**.

Quand j'étais petit(e), je (1)  ________________________ beaucoup, surtout des croissants avec du beurre. Je (2)  ________________________ toujours du chocolat chaud avec ça. Je n' (3)  ________________________ pas beaucoup à l'école. Pendant mon temps libre, je (4)  ________________________ à la piscine de mon quartier ou bien je (5)  ________________________ avec des amis. Je (6)  ________________________ de temps en temps. Je (7)  ________________________ aussi, mais je n'étais pas très bon(ne). Et toi, qu'est-ce que tu faisais quand tu étais petit(e)?

4 **Répondez** You want to participate in an exchange program. Answer these questions about your past using the cues provided. Use the present and **imparfait** tenses.

Modèle

Où habitez-vous? (Boston / New York)
Maintenant, j'habite à Boston. Avant, j'habitais à New York.

1. Qu'est-ce que vous étudiez? (le français / l'économie)
____
2. Combien de langues parlez-vous? (le français et l'espagnol / seulement le français)
____
3. Comment êtes-vous? (travailleur/travailleuse / naïf/naïve)
____
4. Qu'est-ce que vous aimez faire pendant vos loisirs? (faire des randonnées / patiner)
____
5. Pourquoi souhaitez-vous (*do you wish*) partir? (avoir envie de connaître [*to know*] le Sénégal / avoir peur de voyager)
____
6. Que pensez-vous du Sénégal? (être un pays intéressant / être un pays comme les autres)
____
7. Qui paie vos études? (je / mes parents)
____
8. Quand finissez-vous l'année universitaire? (en mai / en juin)
____

Workbook

8A.2 The passé composé vs. the imparfait (Part 1)

1 **Souvenirs d'enfance** Sylvain and his friends are talking about some childhood memories. Complete their statements by choosing the appropriate past tense.

1. Mon ancienne maison n' _______________ pas très grande.
   a. était b. a été
2. Nous _______________ trois garages dans notre maison.
   a. avons eu b. avions
3. Mes sœurs _______________ toujours beaucoup d'affiches sur les murs de leurs chambres.
   a. mettaient b. ont mis
4. Nous _______________ trois fois dans la même année.
   a. déménagions b. avons déménagé
5. Mes parents _______________ souvent une chambre aux étudiants de l'université.
   a. louaient b. ont loué
6. Un jour, mon frère _______________ du balcon.
   a. est tombé b. tombait
7. Papa _______________ le vieux fauteuil de mon grand-père.
   a. a adoré b. adorait
8. Tout à coup, je/j' _______________ un bruit (*noise*) au sous-sol.
   a. ai entendu b. entendais
9. Quand j'avais treize ans, je/j' _______________ dans un beau quartier à Chicago.
   a. ai habité b. habitais
10. Mes voisins ne/n' _______________ pas mon chat.
   a. ont aimé b. aimaient

2 **Raconte!** Complete this conversation between Coralie and Sarah about a date that the latter had with her new boyfriend Romain by choosing an appropriate verb from the list and putting it in the passé composé or the imparfait.

aimer	avoir	décider	faire	rentrer
aller	commencer	être	préparer	sortir

CORALIE Tu (1) _______________ avec Romain samedi dernier?

SARAH Oui, nous (2) _______________ voir le nouveau film de Daniel Craig.

CORALIE Ah oui? Tu l' (3) _______________?

SARAH Beaucoup! Ce/C' (4) _______________ vraiment super, surtout la fin!

CORALIE Qu'est-ce que vous (5) _______________ après le film?

SARAH Romain (6) _______________ faim, alors on (7) _______________ d'aller au Café Margot. Mais il (8) _______________ à pleuvoir. Alors, nous (9) _______________ chez moi et je/j' (10) _______________ un sandwich au jambon pour lui.

Nom ______________________ Date ______________________

3 **Décrivez** Write a complete sentence in the past tense to describe each picture by choosing the phrase that matches the image. Be sure to pay attention to the cues to help you decide which past tense to use.

Modèle

Hier, Madame Boiteux *n'a pas couru.*

acheter des vêtements	beaucoup manger	ne pas courir	ne pas prendre de boisson (*drink*)
arriver en retard	commander une salade	faire de la gym	

1. Hier matin, ils  ______________________________.

2. Dimanche dernier, Julie  ______________________________.

3. Quand il était jeune, Hervé  ______________________________.

4. Vous  ______________________________ le week-end.

5. À la soirée chez Nadine samedi soir, je/j'  ______________________________.

6. Nous  ______________________________ tous les soirs.

4 **Pas de camping!** Pascal is writing an e-mail to Amadou about his camping experiences. Complete his e-mail with the **passé composé** or the **imparfait** of the verbs in parentheses.

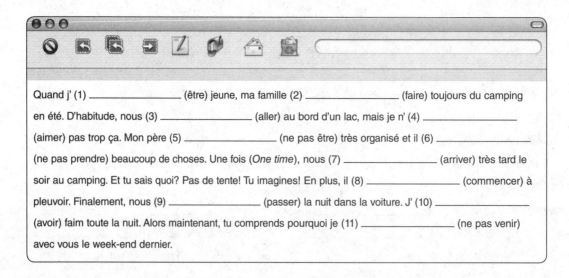

Quand j' (1) ______________ (être) jeune, ma famille (2) ______________ (faire) toujours du camping en été. D'habitude, nous (3) ______________ (aller) au bord d'un lac, mais je n' (4) ______________ (aimer) pas trop ça. Mon père (5) ______________ (ne pas être) très organisé et il (6) ______________ (ne pas prendre) beaucoup de choses. Une fois (*One time*), nous (7) ______________ (arriver) très tard le soir au camping. Et tu sais quoi? Pas de tente! Tu imagines! En plus, il (8) ______________ (commencer) à pleuvoir. Finalement, nous (9) ______________ (passer) la nuit dans la voiture. J' (10) ______________ (avoir) faim toute la nuit. Alors maintenant, tu comprends pourquoi je (11) ______________ (ne pas venir) avec vous le week-end dernier.

Unité 8

Leçon 8B

ESPACE CONTEXTES

1 **Chassez l'intrus** Circle the item that does not belong in each group.

1. balayer, passer l'aspirateur, un balai, salir
2. débarrasser la table, enlever la poussière, faire la vaisselle, faire la cuisine
3. faire la lessive, repasser le linge, faire le ménage, un lave-linge
4. un oreiller, une couverture, les draps, un frigo
5. un appareil électrique, une cafetière, un oreiller, un grille-pain
6. un congélateur, un frigo, une cuisinière, une tâche ménagère
7. un balai, un évier, faire la vaisselle, laver
8. une cafetière, un grille-pain, un four à micro-ondes, un sèche-linge

2 **Que font-ils?** Write a sentence describing the domestic activity in each drawing.

1. ______________________________

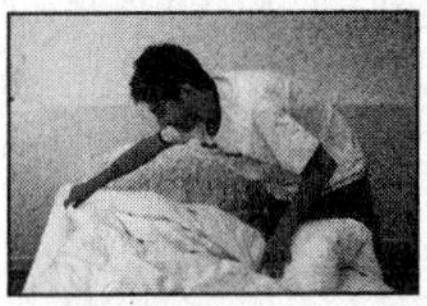

2. ______________________________

3. ______________________________

4. ______________________________

3 **Les tâches ménagères** Tell who does what in Farid's household by completing the sentences below.

1. Après le dîner, ma sœur ______________________.
   a. fait la poussière b. met la table c. fait la vaisselle
2. Pour faire la cuisine, ma mère n'utilise jamais de ______________________.
   a. frigo b. four à micro-ondes c. congélateur
3. Je ______________________ ma chambre une fois par semaine.
   a. salis b. range c. repasse
4. Après la lessive, mon frère ______________________. ses vêtements.
   a. lave b. repasse c. balaie
5. Ma sœur change ______________________ toutes les semaines.
   a. la couverture b. l'oreiller c. les draps
6. Mon père ______________________ avant le dîner.
   a. met la table b. sort la poubelle c. passe l'aspirateur
7. Pour faire la vaisselle, j'utilise toujours ______________________.
   a. le lave-linge b. le balai c. le lave-vaisselle
8. Quand la poubelle est pleine, mon père la ______________________.
   a. range b. sort c. débarrasse

4 **Mots croisés** Complete the crossword puzzle. Some of the words will have accents missing; write out those words with their accents in place in the spaces provided.

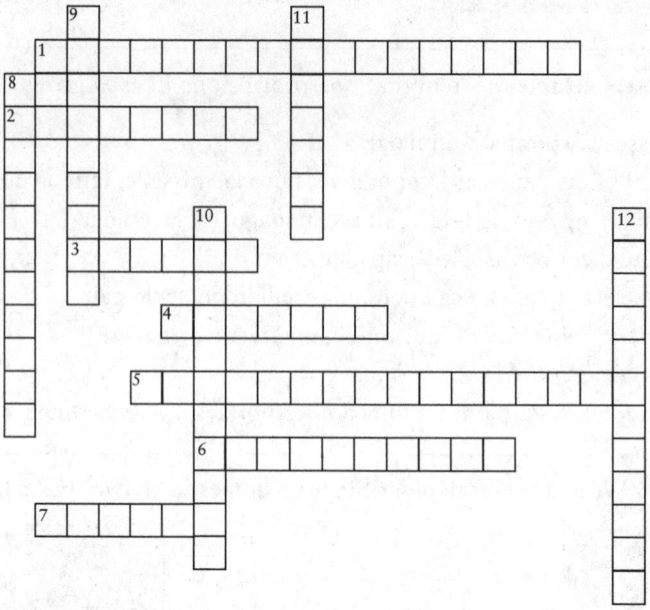

1. C'est l'action de nettoyer quand on n'utilise pas de balai.
2. On met sa tête dessus pour dormir.
3. Quand votre chambre est en désordre, il faut la...
4. Utiliser un balai, c'est...
5. On le fait au moins une fois par semaine quand il y a beaucoup d'ordures (*garbage*).
6. Après la lessive, on l'utilise. _______________
7. C'est le contraire de sale.
8. On l'utilise pour conserver (*keep*) longtemps la nourriture. _______________
9. On l'utilise pour faire du café. _______________
10. C'est le contraire de mettre la table. _______________
11. Quand vous avez fait la vaisselle, il faut l'...
12. Si vous n'aimez pas avoir de plis (*folds*) sur vos vêtements, vous l'utilisez. _______________

5 **Racontez** You are getting a new roommate. Write a letter explaining how you are going to divide up the housework. Suggest who should do each chore and how frequently.

____

____

____

____

____

____

____

____

Nom ______________________ Date ______________________

Workbook

ESPACE STRUCTURES

8B.1 The passé composé vs. the imparfait (Part 2)

1 **Comme d'habitude?** There have been some changes in the organization of the chores in your dorm. Complete each pair of sentences by using the **imparfait** or the **passé composé** of the verb in parentheses.

1. D'habitude, je/j' ______________ le couloir. (balayer)
2. Hier, Serge ______________ le couloir avant moi.
3. Je/J' ______________ de temps en temps. (faire le ménage)
4. Mardi, Hassan ______________.
5. La nouvelle étudiante ______________ deux fois. (mettre la table)
6. Deux étudiantes ______________ tous les jours.
7. Je/J' ______________ toujours ma chambre avant de partir. (ranger)
8. Ce matin, Sylvain ______________ la chambre.
9. Ils ______________ ce matin, à 6h00. (sortir la poubelle)
10. Autrefois, mon camarade de chambre ______________.

2 **Que faisaient-ils?** Complete these descriptions of what the people in the photos were doing yesterday afternoon and where each activity took place.

1. 
2. 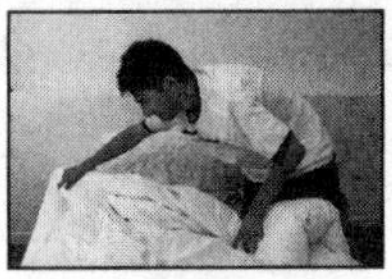
3. 
4. 
5. 
6. 

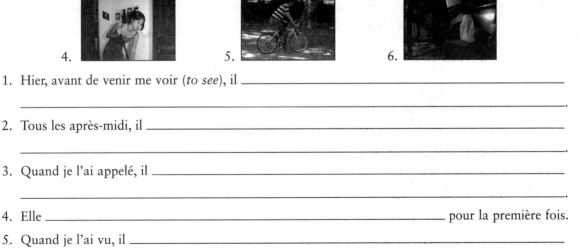

1. Hier, avant de venir me voir (*to see*), il ______________________________.
2. Tous les après-midi, il ______________________________.
3. Quand je l'ai appelé, il ______________________________.
4. Elle ______________________________ pour la première fois.
5. Quand je l'ai vu, il ______________________________.
6. Comme elle fêtait l'anniversaire de ses parents, elle ______________________________.

Workbook

3 **Quoi de neuf?** Complete Marc's letter to his parents by selecting the appropriate form of each verb in parentheses.

La semaine dernière, quand je (1) _____________ (rentrais / suis rentré) à la résidence universitaire, il (2) _____________ (faisait / a fait) très froid. Il (3) _____________ (neigeait / a neigé). Ma chambre (4) _____________ (était / a été) sale et en désordre, et mon camarade de chambre (5) _____________ (passait / a passé) l'aspirateur. Je lui (6) _____________ (demandais / ai demandé) ce qui s'était passé (*had happened*). Il me/m' (7) _____________ (disait / a dit) que nos voisins avaient fait la fête dans notre chambre. J' (8) _____________ (étais / ai été) très inquiet car (*because*) il (9) _____________ (fallait / a fallu) tout ranger rapidement avant la nuit. Les voisins nous (10) _____________ (aidaient / ont aidés) quand même un peu. Quelle histoire!

4 **Racontez** There was a burglary in your dorm and the police have asked you what people were doing when it happened. Write questions and answers based on the cues provided. Ask where these people were or what they were doing that night.

Modèle

Tao Jules / téléphoner // dans sa chambre / faire le ménage
Que faisait Tao quand Jules (lui) a téléphoné?
Elle était dans sa chambre. Elle faisait le ménage.

1. Karim Éric / sortir la poubelle à 9h00 // dans la cuisine / nettoyer l'évier
____
2. vous Tao / sortir avec ses amis // dans le salon / repasser le linge
____
3. Xavier Amadou / aller au cinéma // dans la bibliothèque / lire
____
4. Françoise Stéphanie / partir pour le gymnase // dans sa chambre / faire la poussière
____
5. Maïté Anne / balayer le garage pour la première fois // dans le salon / ranger les magazines
____
6. Béatrice Malika / essuyer rapidement la table // dans le garage / faire la lessive
____
7. Jacques Tristan / rentrer // dans la cuisine / balayer
____
8. Hassan Véronique / quitter la résidence // dans la salle de bains / laver la baignoire
____

5 **Une aventure** Here is the account of what happened to Cédric during his stay in Yamoussoukro in Côte d'Ivoire. Complete his story by conjugating the verbs in parentheses in the **imparfait** or the **passé composé**.

L'été dernier, je/j' (1) _____________ (être) en Côte d'Ivoire. Je/J' (2) _____________ (rendre) visite à mon ami Amadou. Le jour de mon arrivée, je/j' (3) _____________ (passer) sept heures dans l'avion. Comme il (4) _____________ (faire) très chaud à Yamoussoukro, nous (5) _____________ (décider) de visiter la basilique. C'est la plus grande du monde! Ça/C'(6) _____________ (être) formidable. Malheureusement, nous (7) _____________ (ne pas tout visiter) parce que nous (8) _____________ (ne pas avoir) assez de temps. Ensuite, nous (9) _____________ (aller) au café, et puis nous (10) _____________ (rentrer) à la maison.

Nom ______________________ Date ______________________

8B.2 The verbs savoir and connaître

1 **Savoir ou connaître?** Describe what these people know using the verbs **savoir** and **connaître**.

1. Il ______________________.

2. Il ______________________.

3. Il ______________________.

4. Rachid ______________________.

5. Elle ______________________.

6. Ils ______________________.

2 **Choisissez** Complete these sentences using the present tense of **savoir** or **connaître**.

1. Ma camarade de chambre ______________________ où sont les draps.
2. Hassan ______________________ quand il faut sortir la poubelle.
3. Je ______________________ le fonctionnement du congélateur.
4. Vous ______________________ les étudiants des autres chambres.
5. Ils ______________________ comment repasser le linge.
6. Elle ______________________ conduire.
7. Tu ______________________ le propriétaire de la maison.
8. Nous ______________________ bien le quartier et le supermarché.

3 **Écrivez** Write sentences with **savoir** or **connaître** based on the cues provided.

1. Chuyên / mon camarade de chambre, Marc

____

2. mon camarade de chambre / conduire

____

3. je / le garage où il gare (*parks*) sa voiture

____

4. Marc / le propriétaire du garage

____

5. le propriétaire du garage / parler français et vietnamien

____

6. Chuyên / le centre franco-vietnamien

____

7. je / nager

____

8. nous / Tûan

____

4 **Mon correspondant** Complete this paragraph by selecting the appropriate verbs in parentheses.

Quand je suis arrivé(e) en France, je (1) ______________ (savais, connaissais) un peu Paris, mais je ne (2) ______________ (savais, connaissais) pas bien parler français et je ne (3) ______________ (savais, connaissais) pas non plus mon correspondant. Je (4) ______________ (savais, connaissais) seulement qu'il était grand et brun et que nous avions le même âge. Les premiers jours, j'ai visité les grands monuments. Mon correspondant (5) ______________ (savait, connaissait) où aller. Je (6) ______________ (savais, connaissais) déjà les monuments, mais je ne (7) ______________ (savais, connaissais) pas qu'il y aurait (*would be*) des centaines de touristes là-bas. Heureusement que mon correspondant était avec moi parce que je ne (8) ______________ (savais, connaissais) pas le quartier et je ne (9) ______________ (savais, connaissais) pas qu'il était difficile de trouver certains endroits. Maintenant, je (10) ______________ (sais, connais) bien Paris et mon correspondant.

5 **Un accident** Séverine and Malika run into their friend, Bénédicte. Complete their conversation with the correct forms of the verbs **savoir, connaître**, or **reconnaître** in the present or the **imparfait**.

BÉNÉDICTE Est-ce que vous (1) ______________ ce qui s'est passé?

SÉVERINE Non, raconte.

BÉNÉDICTE Eh bien, vous (2) ______________ Yannick, n'est-ce pas?

SÉVERINE Oui, je le/l' (3) ______________ en cours de français l'année dernière. Et toi, Malika, tu le/l' (4) ______________?

MALIKA Non, je ne pense pas.

BÉNÉDICTE Il a eu un accident et il ne (5) ______________ plus personne. Il a perdu la mémoire!

MALIKA Je ne/n' (6) ______________ pas que ça arrivait comme ça.

SÉVERINE Tu (7) ______________ dans quel hôpital il est?

BÉNÉDICTE Oui, mais je ne/n' (8) ______________ pas les heures de visite.

SÉVERINE et MALIKA Appelons l'hôpital.

Nom ______________________ Date ______________________

Workbook

Unité 8

PANORAMA

Savoir-faire

1 **Vrai ou faux?** Indicate whether each statement is **vrai** or **faux**. Correct the false statements.

1. On peut visiter Paris très facilement à pied.
____
2. Paris est divisée en vingt arrondissements.
____
3. Il y a cent cinq musées à Paris.
____
4. Charles Baudelaire est un célèbre chanteur français.
____
5. Les catacombes sont sous les rues de Paris.
____
6. La tour Eiffel a été construite en 1889 pour l'Exposition universelle.
____
7. Paris-Plages consiste en plusieurs kilomètres de sable et de pelouse installés sous la tour Eiffel.
____
8. L'architecte américain I. M. Pei a créé le musée du Louvre.
____
9. Des entrées du métro sont construites dans le style rococo.
____
10. Le métro est un système de transport très efficace.
____

2 **Qu'est-ce que c'est?** Label each image shown below.

1. ______________________

2. ______________________

3. ______________________

4. ______________________

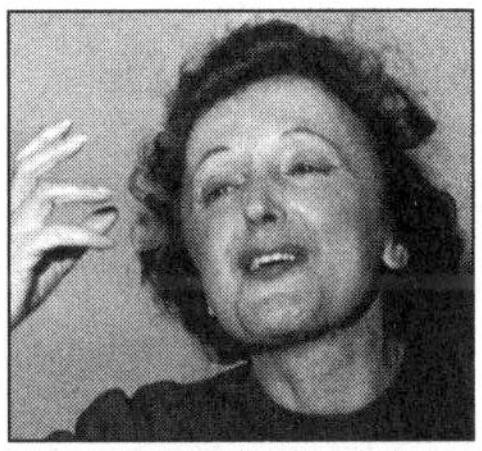

5. ______________________

6. ______________________

Workbook

3 **Complétez** Complete these sentences about Paris with the correct information from **PANORAMA**.

Paris est la (1) ________________ de la France. Sa population est de (2) ________________ d'habitants. Paris est divisée en vingt (3) ________________.

Le Louvre, un des plus grands musées du monde, est un ancien palais royal. L'œuvre la plus célèbre de sa collection est (4) ________________.

Avec plus de sept millions de visiteurs par an, (5) ________________ est un autre monument célèbre. Elle attire le plus grand nombre de visiteurs en France.

(6) ________________ les rues de Paris, dans (7) ________________, il y a environ (8) ________________ de squelettes provenant d' (9) ________________ de Paris et de ses environs.

Pour visiter Paris, le métro est un système de transport efficace. Les premières entrées du métro de style Art Nouveau datent de (10) ________________. Elles sont l'œuvre de l'architecte Hector Guimard.

4 **Déchiffrez** Use what you've learned about Paris in **PANORAMA** on pages 350–351 of your textbook to decipher the code and fill in the missing letters. Then, use the code to discover three of France's main industries.

A	B	C	D	E	F	G	H	I	J	K	L	M	N	O	P	Q	R	S	T	U	V	W	X	Y	Z
					10									1											

1. C'est le nom d'un écrivain et activiste célèbre.

   _ _ _ _ _ _   _ _ _ _
   15 8 24 13 1 12   25 23 20 1

2. Chaque arrondissement en a un (*has one*).

   _ _   _ _ _ _ _
   23 11   17 14 8 12 7

3. C'est le nom d'un célèbre sculpteur.

   _ _ _ _ _
   12 1 3 8 11

4. Dans les catacombes, il y a...

   _ _ _   _ _ _ _ _ _ _ _ _ _
   3 7 2   2 26 23 7 16 7 13 13 7 2

5. La tour Eiffel a été construite (*was built*) pour cette (*this*) occasion.

   _ ' _ _ _ _ _ _ _ _ _ _   _ _ _ _ _ _ _ _ _ _ _
   16 7 22 5 1 2 8 13 8 1 11   23 11 8 15 7 12 2 7 16 16 7

6. C'est le nom du style de certaines (*some*) entrées du métro.

   _ _ _   _ _ _ _ _ _ _
   14 12 13   11 1 23 15 7 14 23

7. Voici trois des industries principales de la France:

   _ _ _   _ _ _ _ _ _ _ _
   16 7 2   10 8 11 14 11 24 7 2

   _ _   _ _ _ _ _ _ _ _ _ _ _
   16 14   13 7 24 25 11 1 16 1 20 8 7

   _ _   _ _ _ _ _ _ _ _
   16 7   13 1 23 12 8 2 17 7

Nom ______________________ Date ______________________

Unité 8

PANORAMA

Savoir-faire

1 **Photos de l'Île-de-France** Label each photo.

1. ______________

2. ______________

3. ______________

4. ______________

2 **Des Franciliens célèbres** Match each person from **PANORAMA** with the appropriate description.

______ 1. C'est une femme politique qui a été sénatrice du département de la Seine-Saint-Denis.
______ 2. Ses jardins, comme les jardins de Versailles, sont précis et méticuleux.
______ 3. C'est un acteur connu pour son rôle dans le film *Intouchables*.
______ 4. Cet artiste a créé la closerie Falbala entre 1971 et 1973.
______ 5. Ce poète, scénariste et artiste a contribué au mouvement du réalisme poétique.
______ 6. Il a réalisé (*created*) sa peinture *Le pont d'Argenteuil* en 1874.

a. Dominique Voynet
b. Jacques Prévert
c. André Le Nôtre
d. Omar Sy
e. Jean Dubuffet
f. Claude Monet

3 **Lieux** Select the place that each statement describes.

1. On peut y voir (*see*) des remparts (*walls*) du Moyen Âge et des foires avec des spectacles sur la thématique médiévale.
   a. Disneyland Paris b. Provins c. Fontainebleau
2. Il y a plus de 1.600 kilomètres de chemins de randonnée.
   a. Disneyland Paris b. Provins c. Fontainebleau
3. Ce complexe avec deux parcs à thèmes et plus de soixante attractions est situé à 32 kilomètres de Paris.
   a. Disneyland Paris b. Provins c. Fontainebleau
4. On y pratique un type d'escalade sans corde, appelé «le bloc.»
   a. Disneyland Paris b. Provins c. Fontainebleau
5. Il y a un royaume (*kingdom*) enchanté et un parc sur les thèmes du cinéma et de l'animation.
   a. Disneyland Paris b. Provins c. Fontainebleau
6. On y peut faire de l'accrobranche.
   a. Disneyland Paris b. Provins c. Fontainebleau

4 **Jardinier extraordinaire** Fill in the missing words or expressions to complete the paragraph.

(1) ______________ est connu pour ses jardins à la française. Son père était jardinier aux (2) ______________, et Le Nôtre a passé sa jeunesse avec lui. Puis, il a étudié (3) ______________ et est devenu jardinier du (4) ______________ en 1637. Il est considéré comme un (5) ______________ parce que ses créations précises et méticuleuses sont souvent caractérisées par des plantes aux formes (6) ______________.

5 **Vrai ou faux?** Indicate whether each statement is **vrai** or **faux**. Correct the false statements.

1. Les grands espaces de l'Île-de-France ont inspiré des peintres surréalistes.
____
2. Thierry Henry est un chanteur français.
____
3. La closerie Falbala est située sur l'île Saint-Germain.
____
4. Provins est devenu la ville avec les plus grandes foires de Champagne.
____
5. Le Nôtre est mort pauvre.
____
6. PAH signifie (*means*) «pratique d'activités hasardeuses».
____
7. La forêt de Fontainebleau est une réserve de biosphère avec un paysage varié.
____
8. Le royaume enchanté est le symbole le plus connu de Disneyland Paris.
____

6 **Répondez** Answer the following questions in complete sentences.

1. Quelles sont les industries principales de l'Île-de-France?
____
2. Qu'est-ce qu'on a dédié aux impressionnistes dans les Yvelines?
____
3. Pourquoi Jean Dubuffet a-t-il construit la closerie Falbala?
____
4. Pourquoi les foires à Provins étaient-elles importantes au Moyen Âge?
____
5. Qu'a fait Le Nôtre avant d'être jardinier du roi Louis XIV?
____
6. Comment fait-on de l'accrobranche?
____
7. Pourquoi l'escalade naturelle est-elle populaire à Fontainebleau?
____
8. Comment le château à Disneyland Paris est-il différent des autres châteaux Disney?
____

Unité 9

Leçon 9A

ESPACE CONTEXTES

1 **Qu'est-ce que c'est?** Read these definitions and write the appropriate words or expressions in the spaces provided.

1. C'est un plat typiquement français. On les prépare avec du beurre et de l'ail. Ce sont ______________.
2. C'est un fruit. On boit souvent son jus au petit-déjeuner. C'est ______________.
3. Ce sont des légumes orange et longs. Ce sont ______________.
4. On les utilise pour faire des omelettes. Ce sont ______________.
5. Ce sont de petits légumes verts et ronds. Ce sont ______________.
6. On l'utilise comme condiment. C'est petit et blanc. C'est ______________.
7. C'est un fruit long et jaune. C'est ______________.

2 **Chassez l'intrus** Circle the word that does not belong in each group.

1. une salade, une laitue, une tomate, l'ail
2. le bœuf, le porc, le pâté, le riz
3. un poivron, une carotte, des petits pois, des haricots verts
4. un petit-déjeuner, une pomme de terre, un pâté, les fruits de mer
5. une poire, une pomme, une pêche, un champignon
6. faire les courses, une cantine, un supermarché, une épicerie
7. un déjeuner, un aliment, un repas, un goûter
8. une pomme de terre, une fraise, une poire, une pêche

3 **Au marché** The new employee can't get anyone's order right. Say what each customer asked for and what the employee gave him or her instead.

Modèle
je / des frites
J'ai demandé des frites, mais il m'a donné du pain.

1. Malika / une pêche
____
____

2. Soraya / une tomate
____
____

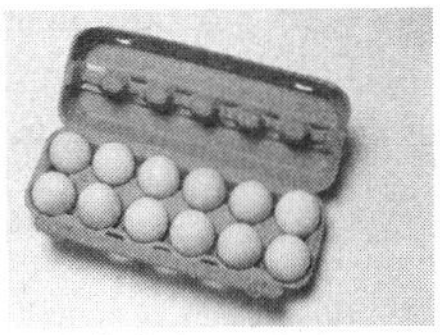

3. Daniel / du pâté
____
____

4. Raphaël / un poivron rouge
____
____

Nom ______________________ Date ______________________

Workbook

4

Cherchez In the grid, find eleven more food-related words from the list, looking backward, forward, vertically, horizontally, and diagonally.

aliment
cuisiner
escargot
fraise
fruits de mer
haricots verts
nourriture
oignon
pâté de campagne
petit-déjeuner
pomme de terre
~~repas~~

E	E	F	U	T	N	S	C	T	P	V	S	L	S	O
C	N	V	R	O	N	U	V	R	G	G	F	R	T	V
C	X	G	N	U	I	E	Y	U	Z	Z	E	N	R	W
Q	V	G	A	S	I	X	M	Y	W	N	E	E	E	N
E	I	T	I	P	Z	T	J	I	U	E	S	K	V	O
O	F	N	D	T	M	G	S	E	L	I	I	L	S	U
R	E	P	A	S	B	A	J	D	P	A	A	P	T	R
R	S	C	I	E	A	É	C	N	E	F	R	F	O	R
X	V	S	Z	G	D	M	A	E	J	M	F	H	C	I
T	H	O	D	T	J	E	A	K	D	O	E	Q	I	T
Q	B	P	I	V	H	N	E	O	I	É	E	R	R	U
F	O	T	T	O	G	R	A	C	S	E	T	W	A	R
X	E	E	N	P	A	E	Y	R	K	I	W	Â	H	E
P	O	M	M	E	D	E	T	E	R	R	E	W	P	Z
X	F	X	B	G	L	L	D	K	D	Z	O	A	Y	E

5

Complétez Complete this conversation by choosing the most appropriate words from the list below.

bœuf	escargots	poivrons	tarte
champignons	haricots	salade	thon
cuisiner	poires	supermarché	tomate

FRANCK J'adore la (1) ______________ que tu as préparée. Qu'est-ce que tu utilises?

MARINA De la laitue, une (2) ______________ et des (3) ______________ de Paris.

FRANCK Vraiment? Et tu n'utilises pas de (4) ______________ rouges?

MARINA Non, mais tu peux ajouter (*can add*) du (5) ______________ si tu aimes le poisson. Dis, qu'est-ce que tu vas (6) ______________ pour la fête de la semaine prochaine?

FRANCK Je pensais servir des (7) ______________ pour commencer et puis, comme viande, du (8) ______________ avec des (9) ______________ verts. En dessert, je pensais à une (10) ______________ aux (11) ______________.

MARINA Mmm! Ça a l'air vraiment délicieux. Je vais aller au (12) ______________ et acheter quelque chose à apporter.

FRANCK Merci, c'est gentil.

ESPACE STRUCTURES

9A.1 The verb venir and the passé récent

1 **Quel était le menu?** You are reviewing some local restaurants for the student association. Say what the diners have just eaten using the cues provided.

Modèle
Karim et Nadia — Karim et Nadia viennent de manger des champignons.

1. 
2. 
3. 
4. 

1. Sonia ____________________
2. Vous ____________________
3. Tu ____________________
4. Thomas et Sylvia ____________________

2 **Hier et aujourd'hui** Fill in the blanks with the correct forms of the verb **venir (de)**. Pay particular attention to the cues and the context to determine whether you should use the infinitive, the present tense, the **passé composé**, or the **imparfait**.

Quand j'étais plus jeune, je (1) ____________ souvent rendre visite à mes grands-parents qui habitent à côté du campus. Ils (2) ____________ me chercher à la gare et on allait faire une promenade sur le campus. Un jour, je (3) ____________ en voiture: je (4) ____________ acheter ma première voiture. Cette année, avant de (5) ____________ étudier à l'université, j'ai décidé d'habiter chez mes grands-parents. Le problème, c'était qu'ils (6) ____________ transformer mon ancienne chambre en salle de gym. Maintenant que je (7) ____________ emménager dans ma résidence universitaire, mes amis et moi, nous (8) ____________ les voir (*to see*) souvent.

3 **La bibliothèque** Fill in each blank with a correct form of one of these verbs: **venir, venir de, devenir, revenir,** or **tenir.** Choose from these tenses: present, **imparfait,** and **passé composé.**

1. Quand nous ____________ de vacances il y a quelques semaines, la bibliothèque était toujours fermée (*closed*).
2. Je ____________ interviewer le président de l'université ce matin, à 9h00.
3. Le président a annoncé que la bibliothèque avait tellement de (*so many*) problèmes de fondation (*structure*) qu'elle ____________ dangereuse pour les étudiants.
4. ____________, prenez la section des livres étrangers. C'est une catastrophe!
5. Ce matin, le président de l'université ____________ annoncer qu'il a reçu beaucoup d'argent pour la réparation de la bibliothèque.
6. La bibliothèque va ____________ la plus grande du campus.

4 **Souvenirs de Côte d'Ivoire** Soulimane is thinking about his life since he left Abidjan. Write complete sentences with the elements provided. Use the cues and the context to determine whether you should use the present or the **passé composé.**

1. je / étudier / à l'Université d'Abidjan-Cocody / pendant trois ans
______
2. je / décider / de venir ici / il y a quatre ans
______
3. je / étudier / ici / depuis deux ans
______
4. je / retourner / chaque année / en vacances chez moi / depuis deux ans
______
5. je / téléphoner à / mes amis d'enfance / tous les week-ends / depuis septembre
______
6. mes amis / promettre / de venir me rendre visite / depuis mon départ
______
7. nous / choisir / la date de leur visite / il y a deux mois déjà
______
8. mon camarade de chambre / apprendre le baoulé (une langue ivoirienne) / pendant le semestre dernier
______

5 **L'entretien** You have applied for an exchange program between your home university and a university in Nice. You need to prepare for the upcoming interview. Here are some sample questions for you to practice. Answer using the cues provided. Use the same tense as in the questions.

1. Depuis combien de temps étudiez-vous le français? (quatre ans)
______
2. Quand avez-vous entendu parler de notre programme? (il y a deux mois)
______
3. Pendant combien de temps étudiez-vous chaque jour? (plusieurs heures)
______
4. Pendant combien de temps avez-vous habité dans un pays francophone? (un mois)
______
5. Quand avez-vous décidé de partir en France? (il y a un mois)
______
6. Depuis combien de temps attendez-vous votre entretien? (une demi-heure)
______

Nom ________________ Date ________________

Workbook

9A.2 The verbs devoir, vouloir, pouvoir

1 **Que se passe-t-il?** You are trying to see if your friends want to go to the French film festival. Complete the sentences with the present-tense forms of the verbs in parentheses.

1. Jean ____________ (ne pas vouloir) venir parce qu'il ____________ (devoir) préparer l'examen de maths.
2. Thao et Jun ____________ (vouloir) venir, mais ils ____________ (ne pas pouvoir) rester longtemps.
3. Mathilde me ____________ (devoir) de l'argent et elle ____________ (devoir) faire des courses.
4. Vous ____________ (bien vouloir) venir, mais vous ____________ (devoir) rentrer tôt.
5. Tu ____________ (pouvoir) venir et tu ____________ (vouloir) inviter ta petite amie.
6. Ils ____________ (devoir) rester ici parce qu'ils ____________ (vouloir) finir leurs devoirs.

2 **La camarade de chambre** Here is the account of what happened this morning to Sylvie's roommate, Farida. Complete the paragraph by choosing the correct verbs.

Je (1) ____________ (devais / pouvais) faire des courses ce matin au supermarché, mais je (2) ____________ (n'ai pas dû / n'ai pas pu) y aller parce que ma camarade de chambre était malade. J' (3) ____________ (ai dû / ai pu) rester avec elle. Elle (4) ____________ (n'a pas dû / n'a pas voulu) appeler le docteur. Elle n'aime pas les médecins. Heureusement, j' (5) ____________ (ai pu / ai voulu) cuisiner une bonne soupe pour elle. Elle (6) ____________ (a bien dû / a bien voulu) la manger. Après, elle (7) ____________ (devait / a pu) dormir pendant quelques heures. Je pense qu'elle (8) ____________ (a dû / devoir) trop travailler.

3 **Les hypothèses** Look at the pictures and tell what the people must have done or what they must be doing. Use the expressions from the list.

Modèle

être amies *Elles doivent être amies.*

faire du sport
regarder un film amusant
regarder avant de traverser (*to cross*) la rue
revenir de vacances

1. 
2. 
3. 
4. 

1. ____
2. ____
3. ____
4. ____

Workbook

4 **Les absents** Many students were missing from your French class today. You are now trying to find out why. Create sentences to say what happened or must have happened.

1. Laëtitia / devoir / partir / à 7h00 / pour rendre visite à ses parents
2. Marc / devoir / venir / mais / il / être malade
3. Charlotte et Vincent / devoir / faire un exposé (*presentation*) / mais / ils / ne pas étudier
4. vous / ne pas vouloir / venir / parce que / vous / être fatigués
5. elles / ne pas pouvoir / arriver à l'heure / parce que / le train / être / en retard
6. tu / vouloir / venir / mais / tu / ne pas entendre / le réveil (*alarm clock*)
7. Hakhmed / pouvoir / venir / mais / il / oublier
8. Karine / vouloir / venir / mais / elle / manquer le bus (*miss the bus*)

5 **Le repas** You have been talking with friends about an upcoming dinner. Here are some of the questions they asked you. Answer in complete sentences using the cues provided. Use the present tense or the **passé composé.**

1. Que veut dire «aliment»? («nourriture»)
2. Qu'est-ce que tu dois faire avant de cuisiner? (faire les courses)
3. Qu'est-ce qui doit être délicieux? (les fruits)
4. Qu'est-ce que vous avez dû oublier d'acheter? (des oignons)
5. Qui a dû trop manger hier? (Fatima et Karim)
6. Qui n'a pas voulu manger les escargots? (Marc)
7. Est-ce qu'ils veulent bien dîner avec Chloé? (oui)
8. Quand pouvons-nous manger? (à 7h00)

Unité 9

Leçon 9B

ESPACE CONTEXTES

1 **Qu'est-ce que c'est?** Look at this illustration and label the numbered items.

1. ______________
2. ______________
3. ______________
4. ______________
5. ______________
6. ______________

2 **Dans quels magasins?** Where can you buy these items? Fill in this chart with words from the list.

une baguette	un éclair	un gâteau	du pâté	une saucisse
du bœuf	des fruits de mer	du jambon	du porc	un steak
un croissant		du pain	un poulet	du thon

à la boucherie	à la boulangerie	à la charcuterie	à la pâtisserie	à la poissonnerie
______	______	______	______	______
______	______	______	______	______
______	______	______		
______				

Workbook

3 **Chassez l'intrus** Circle the word that does not belong in each group.

1. la crème, l'huile, la mayonnaise, être au régime
2. une carte, une entrée, un hors-d'œuvre, un plat
3. une charcuterie, une boucherie, une poissonnerie, une pâtisserie
4. un morceau, un menu, un kilo, une tranche
5. le sel, le poivre, une nappe, la moutarde
6. un bol, un couteau, une fourchette, une cuillère
7. un menu, commander, une carte, une serviette
8. une nappe, une serviette, une tranche, une carafe

4 **Le repas** Complete these sentences with words from the list. Not all the words will be used.

À table	une carte	une cuillère	une pâtisserie
une boîte de conserve	commander	une entrée	régime
	compris	une nappe	une serviette

1. Avant de manger, les parents disent toujours «_______________».
2. Pour protéger la table, on met _______________.
3. Pour m'essuyer la bouche (*mouth*) après le repas, j'ai besoin d' _______________.
4. On commence le repas avec _______________.
5. Pour manger de la soupe, j'ai besoin d' _______________.
6. Pour finir le repas, on peut manger _______________.
7. S'il n'y a pas de légumes frais, on peut utiliser _______________.
8. Demain, au restaurant, je vais _______________ du thon.
9. Au restaurant, le service est _______________, n'est-ce pas?
10. J'aime beaucoup manger. Heureusement que je ne suis pas au _______________.

5 **Au restaurant** Complete these conversations in a restaurant with the appropriate words or expressions.

1. —Voici (a) _______________, Madame.
   —Merci.
   —Voulez-vous commencer par (b) _______________?
   —Non, merci.
   —Qu'est-ce que vous allez boire?
   —Juste (*Only*) (c) _______________, s'il vous plaît.
2. —Tenez, faites attention. (d) _______________ est très chaude.
   —Merci. Est-ce que je peux avoir de (e) _______________ de Dijon et quelques (f) _______________ de pain ?
   —Oui, bien sûr.
3. —Mademoiselle, excusez-moi. Est-ce que je peux avoir (g) _______________ pour ma viande?
   —Oui, bien sûr. Tout de suite. ... Voici le couteau. Autre chose?
   —(h) _______________ et du poivre, s'il vous plaît.

Nom ______________________ Date ______________________

ESPACE STRUCTURES

9B.1 Comparatives and superlatives of adjectives and adverbs

1 **Les achats** You are new in town and you don't quite know where to shop. To help you reach a decision, you are comparing the supermarket to your local grocery store. Choose the correct words to compare the different items.

1. Le supermarché est plus grand ______________ (de / que / plus / moins) l'épicerie.
2. L'épicerie a une ______________ (plus / de / moins / meilleur) grande sélection que le supermarché.
3. Je pense quand même que le service est ______________ (plus / mal / meilleur / que) à l'épicerie. Le commerçant connaît mon nom.
4. Les fruits sont ______________ chers à l'épicerie ______________ (plus … qu' / moins … de / meilleur … qu' / meilleures … qu') au supermarché.
5. L'épicerie est le magasin ______________ (le plus / plus / moins / le mieux) petit du quartier.
6. L'épicerie est ______________ (mal / bien / aussi / pire) fréquentée que le supermarché.
7. Le supermarché est moins cher ______________ (que / de / plus / mal) l'épicerie.
8. L'épicerie est le magasin ______________ (plus / moins / mieux / le plus) proche de mon appartement.

2 **L'université** Your friend is telling you about her experience at a university in Tunisia and at your university. Fill in the blanks with words from the list. Do not use the same word twice.

aussi	facilement	longtemps	mieux	que/qu'
bien	la plus	meilleur(e)	pays	Tunisie

L'Université de Tunis est (1) ______________ grande que mon université ici. Chacune a près de 30.000 étudiants. Cependant, l'Université de Tunis n'est pas (2) ______________ grande du (3) ______________. C'est celle de Tunis El Manar. Ici, les étudiants ont plus (4) ______________ un travail qu'en (5) ______________, mais ils étudient aussi (6) ______________. J'aime (7) ______________ l'Université de Tunis, mais j'aime (8) ______________ l'université ici. La vie ici est plus facile (9) ______________ en Tunisie. Néanmoins (*However*), beaucoup de mes amis tunisiens pensent que la vie en Tunisie est (10) ______________.

Workbook

3 **Ma famille** Compare your family to your friend Thao's. Write sentences based on the elements provided. Note: Thao is a girl.

1. La famille de Thao est petite. Ma famille est petite aussi.
____
2. La grand-mère de Thao a 80 ans. Ma grand-mère a 86 ans.
____
3. Thao mesure 1m69. Je mesure 1m69.
____
4. Thao a les cheveux longs. J'ai les cheveux courts.
____
5. La maison de Thao a huit pièces. Ma maison a cinq pièces.
____
6. Les parents de Thao boivent du café une fois par jour. Mes parents boivent du café trois fois par jour.
____
7. La famille de Thao est très heureuse. Ma famille est très heureuse.
____

4 **Comparez** Look at these pictures and write as many comparisons as possible using the adjectives or verbs provided. Use the comparative and superlative forms.

1. (grand)

2. (sportif)

3. (manger vite)

4. (courir rapidement)

1. ______________________
____
____
2. ______________________
____
____
3. ______________________
____
____
4. ______________________
____
____

9B.2 Double object pronouns

1 **Au restaurant** Here are some statements you overheard at a restaurant. Match the underlined pronouns with the nouns they might refer to.

_______ 1. Je vous la recommande.	a. à Jacques; le menu
_______ 2. Apporte-le-moi.	b. à vous; la soupe
_______ 3. Je viens de le lui montrer.	c. à Mme Colbert; la serviette
_______ 4. Il nous les a commandées.	d. à Bertrand et Sabine; le café
_______ 5. Donne-la-lui.	e. à nous; les entrées
_______ 6. Je vais le leur servir.	f. à moi; le sel

2 **Les plats** You and your friends are trying to plan your meals before going grocery shopping. Rewrite each sentence, replacing the direct objects with direct object pronouns.

1. Lundi, Caroline me prépare les escargots. _______________
2. Mardi, Fatima t'offre le déjeuner. _______________
3. Mardi, Nadine lui apporte le dîner. _______________
4. Mercredi, Nordine nous cuisine les fruits de mer. _______________
5. Jeudi, Marc vous donne la salade de champignons. _______________
6. Vendredi, Mélanie leur prépare la soupe de légumes. _______________
7. Samedi, vous nous donnez les fruits. _______________
8. Dimanche, ils lui font les courses. _______________

3 **Les souvenirs d'école** You and your friends are studying and reminiscing about your school days. Complete this conversation with the appropriate pronouns.

NICHOLAS Est-ce que tes profs donnaient directement les résultats des examens aux parents?

DANIELLE Non, il ne (1) _______________ donnaient pas directement, mais ils nous les donnaient parce que nous les demandions. Et toi, dans ta classe, le prof de maths expliquait l'algèbre aux élèves en difficulté?

NICHOLAS Oui, il (2) _______________ expliquait. Moi, je le comprenais facilement. J'ai toujours aimé les maths.

MARC Pas moi. Dis, est-ce que tu connais le résultat de cette équation?

NICHOLAS Oui.

MARC Donne- (3) _______________, alors.

NICHOLAS Non, c'est à toi de le trouver tout seul. Tu apportais les devoirs à tes amis malades?

DANIELLE Oui, je (4) _______________ apportais toujours.

MARC Ce n'est pas vrai. Tu ne (5) _______________ as jamais apportés!

DANIELLE Bien sûr. Tu habitais trop loin!

Workbook

4

Qui le fait? Use the cues provided to say who is buying what. Use double object pronouns in your sentences.

Modèle
tu / acheter / les légumes / Fabien et Bénédicte
Tu les leur achètes.

1. je / acheter / les fruits / à Marc
2. Marc et Mélanie / aller acheter / les poivrons rouges / à nous
3. tu / aller prendre / les fruits de mer / à Nordine
4. vous / prendre / le thon / à elle
5. Farida / acheter / l'huile d'olive / à vous
6. ils / aller acheter / les œufs / à Marc
7. je / prendre / la crème / à toi
8. nous / acheter / la laitue / à vous

5

Les vacances You are preparing for a family vacation in Europe. Rewrite each sentence using two pronouns. Pay particular attention to the agreement of the past participles.

Modèle
L'agence de voyages a envoyé les billets d'avion à mes parents.
L'agence de voyages les leur a envoyés.

1. Mes parents ont acheté ces grandes valises rouges à ma sœur et à moi.
2. Nous avons demandé nos visas aux différents consulats.
3. J'ai donné mon appareil photo numérique (*digital camera*) à mon père.
4. Je vais apporter le cadeau que j'ai acheté à mon correspondant français.
5. J'ai proposé la visite des châteaux de la Loire à mes parents.
6. Mon amie a prêté son caméscope à ma sœur.
7. Mes grands-parents ont offert le Guide du Routard à mes parents.

Unité 9

PANORAMA

Savoir-faire

1 **Où ça?** Complete these sentences with the correct information.

1. La cathédrale de/d' ________________ est un chef-d'œuvre (*masterpiece*) du style gothique.
2. À ________________, en Bretagne, il y a 3.000 menhirs et dolmens.
3. ________________ sont des mannequins gigantesques.
4. Les crêpes sont une spécialité culinaire de la ________________.
5. Le camembert est une spécialité culinaire de la ________________.
6. ________________ est une station balnéaire de luxe.

2 **Qu'est-ce que c'est?** Label each image correctly.

1. ________________

2. ________________

3. ________________

4. ________________

3 **Vrai ou faux?** Indicate whether each statement is **vrai** or **faux**. Correct the false statements.

1. La cathédrale d'Amiens est plus petite que Notre-Dame de Paris.
   ____
2. La cathédrale d'Amiens a été construite entre 1220 et 1269.
   ____
3. Viollet-le-Duc a restauré la cathédrale d'Amiens au dix-neuvième siècle.
   ____
4. Le camembert est vendu dans une boîte ovale en papier.
   ____
5. Les géants du Nord sont des modèles pour les gens de leur communauté.
   ____
6. Les géants du Nord représentent toujours des héros historiques ou légendaires.
   ____
7. Il y a 300 menhirs et dolmens à Carnac.
   ____
8. Les plus anciens menhirs datent de 4.500 ans avant J.-C.
   ____

Workbook

4 **Répondez** Answer these questions in complete sentences.

1. Où est Carnac?
2. Comment sont disposés (*positioned*) les menhirs?
3. Quelle est la fonction des menhirs?
4. À quoi est associée la fonction des menhirs?
5. Comment est-ce que les dolmens sont utilisés?
6. Pourquoi Deauville est-elle célèbre?

5 **Les mots croisés** Use the clues below to complete this crossword puzzle.

1. À Deauville, il y a un festival du...
2. C'est le nom d'un fromage.
3. On peut manger des crêpes dans une...
4. C'est le nom d'un lieu où il y a des falaises.
5. Rouen et Caen sont des villes situées (*located*) dans cette région.
6. C'est le nom d'une reine de France.
7. C'est un type d'élevage en Normandie.
8. Deauville est une station...

Nom ______________________ Date ______________________

Unité 9

PANORAMA

Savoir-faire

1 **Les photos** Label each photo.

1. ____________ 2. ____________ 3. ____________ 4. ____________

2 **Les Pays de la Loire** Answer these questions in complete sentences.

1. Quand le château de Chambord est-il construit (*built*)?
____
2. Combien de pièces le château de Chambord possède-t-il?
____
3. Quelle est la caractéristique des deux escaliers du logis central?
____
4. Quel est l'autre nom de la vallée de la Loire?
____
5. Qui inaugure le siècle des «rois voyageurs»?
____
6. Quel est le nom des trois châteaux les plus visités (*the most visited*)?
____

3 **Les attractions** Complete the sentences with the correct words.

1. Le Printemps de ____________ est un festival de musique.
2. À ce festival de musique, il y a des ____________ de spectacles et des ____________ de spectateurs.
3. Les 24 heures du ____________ est une course d'____________.
4. Cette course existe depuis ____________.
5. La vigne est cultivée dans la vallée de la Loire depuis l'an ____________.
6. Les vignerons produisent ____________ de bouteilles par an.

4 **Vrai ou faux?** Indicate whether these statements are **vrai** or **faux**. Correct the false statements.

1. L'agriculture est l'industrie principale du Centre-Val de Loire.

______

2. La ville des Sables-d'Olonne est située dans un département des Pays de la Loire.

______

3. George Sand est un homme. C'est un inventeur.

______

4. Louis XIV influence l'architecture du château de Chambord.

______

5. François Ier va de château en château avec sa famille.

______

6. Au Printemps de Bourges, tous les styles de musique sont représentés.

______

7. Yves Montand est un écrivain.

______

8. Les vins rouges représentent 75% de la production dans la vallée de la Loire.

______

5 **Le mot mystère** Complete these definitions and fill in the corresponding spaces in the grid to find out the mystery word.

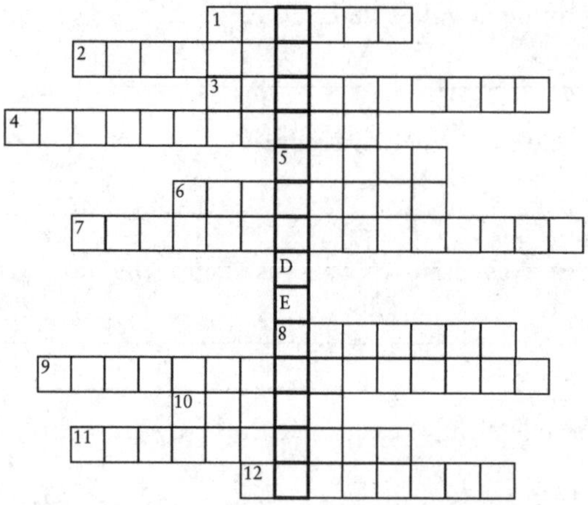

1. C'est le nom d'une dynastie de rois.
2. C'est une célèbre marque de voiture; ce n'est pas Ferrari.
3. C'est une femme écrivain du XIXe siècle.
4. C'est le style de nombreux châteaux de la vallée de la Loire.
5. C'est le mois du Printemps de Bourges.
6. C'est l'industrie principale du Centre-Val de Loire.
7. C'est un acteur célèbre.
8. C'est une ville dans la région du Centre-Val de Loire.
9. C'est le nom d'un chanteur au Printemps de Bourges.
10. C'est une sorte de vin.
11. C'est le nom d'un château de la Loire.
12. C'est le nom de la personne qui fait le vin.

Mot mystère: C'est le nom d'un célèbre peintre du XVIe siècle. Il a travaillé (*worked*) pour François Ier.

Nom ______________________ Date ______________________

Workbook

Unité 10

Leçon 10A

ESPACE CONTEXTES

1 **Les photos** Write the actions depicted in these photos. Use the infinitive form of each verb.

Modèle
se maquiller

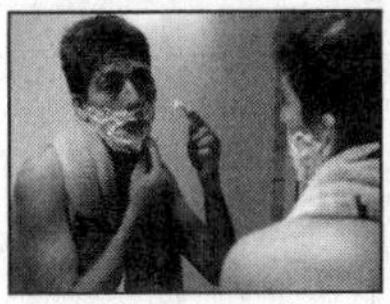

1. ____________

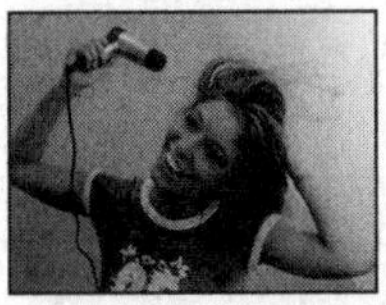

2. ____________

3. ____________

4. ____________

5. ____________

2 **Chassez l'intrus** Circle the item that doesn't belong in each set.

1. se brosser, la joue, les dents
2. les mains, se laver, le peigne
3. se coiffer, un savon, une brosse à cheveux
4. se regarder, s'endormir, se coucher
5. s'habiller, se déshabiller, se sécher
6. le shampooing, la pantoufle, le savon
7. une serviette de bain, se sécher, une brosse à dents
8. se raser, se brosser les cheveux, se coiffer
9. la crème à raser, le maquillage, le rasoir
10. se regarder, le miroir, la serviette de bain

3 **Mettez en ordre** Indicate the order in which the activities in each set are typically done by numbering them **1** and **2**.

Modèle
2 prendre une douche
1 se déshabiller

1. ______ s'endormir
   ______ se coucher
2. ______ faire sa toilette
   ______ sortir de la maison
3. ______ se sécher
   ______ se laver les cheveux
4. ______ se lever
   ______ se brosser les dents
5. ______ se lever
   ______ se réveiller
6. ______ se déshabiller
   ______ se coucher

Nom ______________________ Date ______________________

4 **Des outils** Complete each of the statements below with the name of the item(s) used for the task.

Modèle

On se brosse les cheveux avec *une brosse à cheveux*.

1. On se brosse les dents avec ______________ et ______________.
2. On se rase avec ______________ et ______________.
3. On se lave le corps avec ______________.
4. On se lave les cheveux avec ______________.
5. On se coiffe avec une brosse à cheveux ou avec ______________.
6. On se sèche avec ______________.

5 **Les parties du corps** Label the body parts in the illustration.

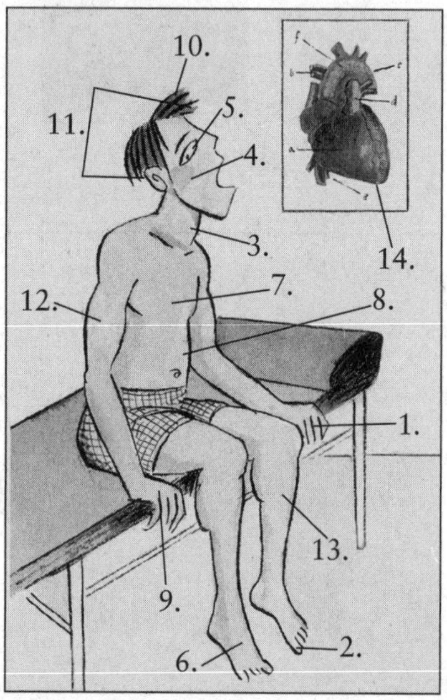

1. ______________
2. ______________
3. ______________
4. ______________
5. ______________
6. ______________
7. ______________
8. ______________
9. ______________
10. ______________
11. ______________
12. ______________
13. ______________
14. ______________

6 **Les préférences** Complete these sentences with appropriate expressions from the lesson.

1. Loïc aime ______________ à onze heures tous les soirs.
2. En général, Liliane n'aime pas ______________. Elle met parfois un peu de mascara, mais c'est tout.
3. Thomas a souvent froid aux pieds parce qu'il n'aime pas mettre ses ______________.
4. M. Noirot a une barbe (*beard*) parce qu'il n'aime pas ______________.
5. Mais quelle vanité! Françoise aime bien ______________ dans le miroir.
6. Les enfants n'aiment pas ______________; on leur donne donc des bains (*baths*).
7. Les cheveux de Nino sont en désordre! Il n'aime pas ______________.
8. Les enfants ont souvent des caries (*cavities*) parce qu'ils n'aiment pas ______________.

Nom ______________________ Date ______________________

ESPACE STRUCTURES

10A.1 Reflexive verbs

1 **La routine** Complete each sentence with the present tense of the reflexive verb illustrated.

Modèle

Nous  *nous brossons* les cheveux avant de quitter la maison.

1. Je  ______________________ le visage.
2. Vous  ______________________ tous les matins, Mme Aziz?
3. M. Tuan  ______________________ souvent devant la télé, pas devant le miroir.
4. Nous chantons pendant que nous  ______________________ sous la douche.
5. Elles  ______________________ les cheveux tous les jours.
6. Est-ce que tu  ______________________ les dents après chaque repas?

2 **Complétez** Complete the sentences with appropriate reflexive verbs.

1. Quand on a sommeil, on... ______________________.
2. Après chaque repas, mes enfants... ______________________.
3. Je dors mal la nuit; alors je... ______________________.
4. Quand nous faisons la cuisine, nous... ______________________.
5. Quand elle va sortir avec des copains, elle... ______________________.
6. Avant d'aller à une fête, tu... ______________________.
7. Avant de vous coucher, vous... ______________________.
8. Quand elles ont beaucoup de travail à faire, elles... ______________________.

Workbook

3 **Donnez des ordres** Suggest what these people should do in each situation. Use command forms of verbs including some negative command forms.

Modèle

Il est tard et Francine dort encore.
Réveille-toi, Francine!

1. Le maquillage de Mme Laclos est franchement bizarre.
2. Nous avons cours à huit heures demain matin.
3. Hector a les cheveux mouillés (*wet*).
4. Sami et moi avons les mains sales.
5. M. Rougelet est en costume au match de basket-ball.
6. Grand-père ne dort pas assez.
7. Les cheveux de Christine sont un peu en désordre aujourd'hui.
8. Nous avons bu trois cocas chacun (*each*) cet après-midi.

4 **Vos habitudes** Write a paragraph about your own personal habits using expressions from the list.

se brosser les dents	se coucher	se lever	quitter la maison
se coiffer	s'habiller	prendre une douche/un bain	se réveiller

10A.2 Reflexives: Sens idiomatique

1 **Les caractères** Complete the caption for each illustration demonstrating a personality type. Use reflexive verbs in the present tense.

1. 
2. 
3. 
4. 
5. 
6. 
7. 
8. 

1. Marc et Farid ______________________ presque chaque jour. Ils ne s'entendent pas bien.
2. Mme Lamartine ______________________ facilement. Elle est toujours fâchée (*angry*).
3. Sylvain ______________________ souvent. Ses jeux ne l'intéressent pas.
4. Chloé ______________________ toujours bien. Elle est contente même quand elle est seule.
5. Céline et Rémy ______________________ bien avec tout le monde. Ils sont très gentils.
6. Magali ______________________ à tout. Elle est très intellectuelle.
7. Papa ______________________ tout le temps. Il a toujours peur des accidents.
8. Sophie ______________________ tout le temps parce qu'elle est en retard.

2 **Des verbes réfléchis** Complete these sentences with the appropriate verbs. Use each verb once.

1. Tu ________ au bord du lac tous les jours, Rémy?
2. Abdel ________ souvent au café pour acheter un thé à emporter (*to go*).
3. Mais non, tu ________ ! M. Tahar n'est pas né en Tunisie.
4. Le jour de Thanksgiving, on mange et on ________ sur le canapé.
5. Mathilde ________ pour sortir avec ses copains.
6. Et le supermarché, il ________ où, exactement?
7. Maman a dit que nous ________ trop des affaires (*business*) des autres.
8. Cédric est stressé parce qu'il ne prend pas le temps de ________.
9. Le prof ________ ici, devant la classe.
10. Ma fille rentre de l'école et elle ________ tout de suite à faire ses devoirs.

a. se repose
b. s'arrête
c. s'assied
d. se trouve
e. se détendre
f. se met
g. te promènes
h. se prépare
i. nous occupons
j. te trompes

3 **Complétez** Complete these sentences with appropriate present-tense forms of **s'appeler**, **s'ennuyer**, **s'inquiéter**, and **se souvenir**.

1. Tu ______________________ de l'anniversaire de Sullivan? C'est le onze décembre, non?
2. Christophe ______________________ à mourir au cinéma. Il préfère jouer à des jeux vidéo.
3. Ne ______________________ pas, Madame. On va retrouver votre chat.
4. Comment ______________________ -vous, Monsieur?
5. Ma mère ______________________ beaucoup quand on rentre très tard dans la nuit.
6. Nous ______________________ beaucoup en classe, Monsieur. On préfère regarder la télé.
7. Vous ______________________ de moi, Mme Pineau? J'étais dans votre classe, en sixième B.
8. Elle ______________________ comment, déjà? Denise? Danielle?

Workbook

4 **Des impératifs** Give an appropriate command for each situation. Use reflexive verbs, and include some negative commands.

Modèle

On va au cinéma ce soir, maman. *Amusez-vous bien, mes enfants!*

1. Ah, non… Martine est en retard!

____

2. Mme Lemarchand n'arrive pas à trouver son sac. Elle est très inquiète.

____

3. Nous nous mettons en colère quand nous sommes ensemble.

____

4. Tony commence à s'énerver.

____

5. Y a-t-il une chaise pour Laurence?

____

6. L'année dernière, j'ai oublié l'anniversaire de mon père.

____

5 **Des défauts de caractère!** Complete the judgments Marine is making about her friends and relatives by choosing the correct expressions. If no expression is necessary, choose X.

1. Samuel s'intéresse trop _______ (que / X / aux) voisins. Ils les regarde par la fenêtre avec des jumelles (*binoculars*).
2. Anne ne se rend pas compte _______ (que / X / de) Luc ne l'aime pas. Elle n'arrête pas de lui téléphoner.
3. Pépé s'énerve _______ (X / que / de) souvent quand mémé (*Grandma*) ne lui donne pas son journal.
4. Simon ne se souvient pas _______ (que / X / de) je suis végétarienne. Il me propose des steaks et du jambon quand je suis chez lui.
5. Ma mère se met trop facilement _______ (X / que / en) colère. Elle est souvent énervée.

6 **Et vous?** Answer these questions in complete sentences with information about yourself. Use at least one reflexive verb in each sentence.

1. Comment vous détendez-vous, d'habitude?

____

2. Qu'est-ce que vous faites pour vous amuser?

____

3. Est-ce que vous vous entendez bien avec vos amis? Avec les membres de votre famille?

____

4. Est-ce que vous vous inquiétez souvent? Si oui, quand et pourquoi?

____

5. Quand vous mettez-vous en colère?

____

Nom ______________________ Date ______________________

Unité 10

Leçon 10B

ESPACE CONTEXTES

Workbook

1 **Des nouvelles** Indicate whether each piece of news is good (**une bonne nouvelle**) or bad (**une mauvaise nouvelle**).

	une bonne nouvelle	une mauvaise nouvelle
1. La semaine dernière, Jacques s'est cassé le pied.	❍	❍
2. Jeanne, tu as l'air en pleine forme.	❍	❍
3. Hier soir, Isabelle est allée aux urgences pour une douleur abdominale.	❍	❍
4. Aïe! Je me suis blessée à la cheville.	❍	❍
5. Samia se porte mieux depuis son opération.	❍	❍
6. Antoine est rentré cet après-midi parce qu'il se sentait très mal.	❍	❍
7. Mme Leclerc est tombée malade lors de son voyage en Thaïlande.	❍	❍
8. M. Lépine a bien guéri de sa grippe.	❍	❍
9. Mes enfants sont tous en bonne santé.	❍	❍
10. Nous avons mangé à la cantine à midi, et maintenant nous avons tous mal au cœur.	❍	❍

2 **Des maux** What is each of these people complaining about to the doctor today? Write at least one sentence for each illustration.

Modèle

J'éternue. Je pense que j'ai des allergies.

1.  2.  3. 

4. 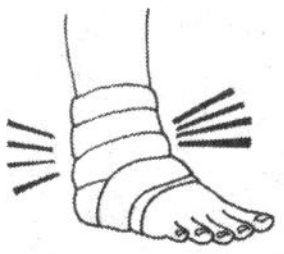 5.  6. 

1. ______________________________
2. ______________________________
3. ______________________________
4. ______________________________
5. ______________________________
6. ______________________________

3 **Chez le médecin** Write an appropriate response that a doctor would give to each complaint.

1. J'ai mal aux dents.
2. Je n'arrive pas à garder la ligne.
3. Ah, j'ai mal au bras aujourd'hui.
4. J'ai mal au cœur quand je mange des éclairs au chocolat.
5. Je me suis cassé la jambe. Aïe! Ça fait mal.

4 **Méli-mélo** Unscramble these sentences.

1. une / travaille / Van-Minh / dans / pharmacie
2. au / Hélène-Louise / douleur / a / une / terrible / ventre
3. Simone / une / a / jambe / à / blessure / la
4. des / j' / allergies / printemps / ai / au
5. quels / vos / symptômes / sont / Madame
6. l' / est / patient / infirmière / avec / le

5 **C'est grave, docteur?** Write a conversation between a hypochondriac and his or her doctor. The patient should have multiple complaints.

Coup de main

Use these words to help you complete this activity.

aller chez un psychologue (*to a psychologist's office*)
avoir mal partout (*everywhere*)
se mettre au lit (*stay in bed*)
respirer mal (*to breathe poorly*)

Nom ________________ Date ________________

ESPACE STRUCTURES

10B.1 The passé composé of reflexive verbs

1 **Qu'est-ce qu'ils ont fait?** Complete these statements about what the people in the illustrations did recently. Use reflexive verbs in the **passé composé**.

1.
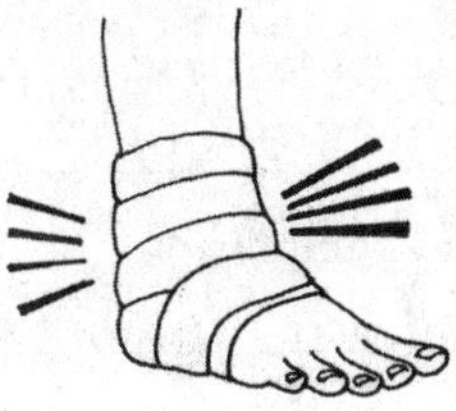
2.

3.

4.

5.

6.

1. Marc ________________ avec Farid.
2. Émilie ________________ la cheville.
3. Pépé ________________ le bras.
4. Notre prof ________________ en colère!
5. Éric et Noémie ________________ au fond (*in the back*) de la classe.
6. Juliette ________________ les dents avant de se coucher.

2 **Faites l'accord** Add the appropriate ending for each past participle in this e-mail that Jamel wrote about the terrible weekend he just had. If no additional letters are needed to complete an ending, leave the line blank.

Quelle poisse (*What bad luck*)! Ce week-end, Nathalie et moi sommes (1) rentré______ à Genève. C'est Nathalie qui a (2) conduit______. Sur la route de Genève, on s'est (3) disputé______. Après, Nathalie était en colère et on a (4) eu______ un accident. Moi, je me suis (5) cassé______ le bras gauche et Nathalie s'est (6) blessé______ au pied. On a dû attendre l'ambulance pendant quarante minutes. Dans la salle des urgences, Nathalie s'est (7) assis______ sur ma main droite par accident et elle l'a (8) blessé______. Aïe! Comme ça m'a (9) fait______ mal! L'infirmier a (10) mis______ mon bras gauche et ma main droite dans le plâtre (*in casts*). Pendant qu'il soignait (*treated*) le pied blessé de Nathalie, on s'est encore (11) mis______ à se disputer. Finalement, la mère et la tante de Nathalie sont (12) venu______ à l'hôpital pour nous chercher et pour récupérer la voiture. En ce moment, Nathalie est en train d'écrire cet e-mail pour moi.

3 **Qu'est-ce qui est arrivé?** Write a question that would elicit each response. Use a different reflexive verb in the **passé composé** in each question.

1. ______________________
   Oui, maintenant il a la cheville enflée.
2. ______________________
   Oui, et maintenant j'ai la jambe dans le plâtre (*in a cast*).
3. ______________________
   C'est vrai. Maintenant ils ne se parlent pas.
4. ______________________
   Non, elle ne s'en est pas rendu compte.
5. ______________________
   Oui, et nous sommes arrivés avec seulement cinq minutes de retard.

4 **Quels sont les antécédents?** Decide which noun in the group is the antecedent for each direct object pronoun. Pay attention to meaning and to the gender and number of each direct object.

____ 1. Je me le suis cassé quand j'étais petite.
a. le livre b. le bras c. la jambe

____ 2. Ils se les sont lavées il y a dix minutes.
a. les mains b. le visage c. les allergies

____ 3. Mathilde se les est brossées ce matin.
a. les mains b. le chien c. les dents

____ 4. Nous nous le sommes lavé hier soir.
a. le cœur b. les dents c. le visage

____ 5. Tu te les es brossés aujourd'hui?
a. le visage b. les cheveux c. les peignes

5 **Votre enfance** Write an eight-sentence paragraph about your life when you were eight to ten years old. Use expressions from the list, and remember that most verbs will be in the **imparfait**.

s'amuser	s'énerver	s'inquiéter
se disputer	s'entendre bien avec	s'intéresser

Quand j'étais petit(e), ... ______________________

____

____

____

____

____

____

____

Nom ______________________ Date ______________________

10B.2 The pronouns y and en

1 **Choisissez** Match each illustration with its caption.

a. 

b. 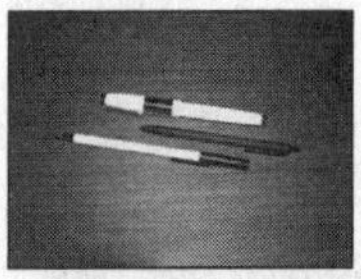

c. 

d. 

e. 

f. 

___ 1. Tu en as mangé cinq?!

___ 2. Jojo en met dans ses sandwichs.

___ 3. Nous en avons acheté pour l'école.

___ 4. J'y suis allée l'été dernier pendant les vacances.

___ 5. On y va le dimanche matin.

___ 6. Vous en faites tous les jours, Mme Lepic?

2 **Les questions** Write an appropriate question for each answer.

1. ______________________

   Nous en avons fait deux pour la fête chez Serge.

2. ______________________

   J'y vais du lundi au vendredi.

3. ______________________

   Oui, on en parle souvent.

4. ______________________

   Franck en a mangé deux; moi, j'en ai mangé un.

5. ______________________

   Oui, et on s'y est bien amusé samedi dernier.

3 **Des échanges** Complete these exchanges with **y** or **en** and an infinitive in each answer.

Modèle

ÉLODIE Vous allez prendre des pizzas?
RODRIGUE Oui, nous allons *en prendre* deux.

1. **LA MÈRE** Tu vas manger dans ta chambre?

   DIDIER Je suis très énervé contre toi; je préfère donc ______________.

2. **Mme DUCROS** Vous allez passer par la boulangerie en rentrant (*on the way home*)?

   M. SABATIER Oui, je vais ______________. Je vous rapporte quelque chose?

3. **CAMILLE** Nous pouvons acheter des biscuits, maman?

   LA MÈRE Non, nous ne pouvons pas ______________ cette fois-ci, ma chérie.

4. **CARINE** J'ai entendu qu'ils vont commander une tarte pour l'anniversaire du prof.

   BENOÎT Oui, ils vont ______________ une. On va la manger en classe mardi.

Workbook

4 **Des conseils** Rewrite each of these pieces of advice from your mother. Write complete sentences that use the pronouns y and en.

Modèle
Mange une orange chaque jour.
Manges-en une chaque jour.

1. Prends deux aspirines.
2. Va directement au lit.
3. Parle-moi de tes problèmes quand tu en as.
4. Fais de l'exercice tous les jours.
5. Ne dépense pas trop d'argent pour tes vêtements.
6. Souviens-toi de l'anniversaire de ton frère.
7. Fais attention aux prix quand tu es au supermarché.
8. Écris-moi un e-mail de temps en temps pour demander des conseils (*advice*).

5 **Méli-mélo** Unscramble these sentences.

1. en / m' / donnez / six / s'il vous plaît
2. lui / parlé / ai / je / en / hier
3. je / dois / en / cinq / t'
4. achète / dix / -en / -lui
5. y / vous / souvent / allez
6. ils / nous / parlent / ne / pas / en
7. va / on / y
8. elle / y / intéresse / s' / beaucoup

Unité 10

PANORAMA

Savoir-faire

Workbook

1 **Des mots associés** Match each entry on the left with the one that is associated with it on the right.

_______ 1. une grotte découverte en 1940 a. un roi (*king*) de France

_______ 2. un sport typique du Pays Basque b. la pelote

_______ 3. une industrie importante c. Lascaux

_______ 4. Henri IV d. le Périgord

_______ 5. la truffe noire e. l'aéronautique

2 **Cherchez** Find the expressions described by the clues below in the grid, looking backward, forward, vertically, horizontally, and diagonally. Circle them in the puzzle, then write the words in the blanks.

C	D	S	R	W	N	O	I	Q	L	J	B	E	I	M
J	H	L	É	F	T	R	I	H	C	O	J	U	J	D
T	A	I	Y	Y	D	T	F	E	R	N	M	Q	N	Y
N	X	F	S	X	G	C	G	D	G	Y	A	S	O	N
V	G	U	M	T	U	D	E	G	S	D	G	A	T	Y
R	C	T	A	U	E	A	M	A	M	B	V	B	S	V
W	U	U	M	S	U	R	C	Z	K	V	A	E	A	M
E	P	R	X	X	K	C	A	S	C	V	M	N	J	V
H	L	O	X	P	D	R	A	C	A	Î	Y	A	J	A
R	Z	S	O	W	K	H	F	F	N	L	R	U	B	T
A	C	C	I	Q	N	H	U	H	M	V	F	L	J	Q
S	H	O	S	A	N	O	H	C	O	C	Y	P	V	É
X	D	P	F	K	Z	D	K	B	P	W	V	F	G	R
D	I	E	U	M	R	D	Y	Î	E	Û	C	V	L	A
Z	I	L	Q	N	D	C	V	W	M	C	Q	C	Y	O

1. C'est une grande ville de Nouvelle-Aquitaine.

   ____

2. On appelle cette grotte «la chapelle Sixtine préhistorique».

   ____

3. C'est une petite île sur la côte atlantique.

   ____

4. On utilise cet objet quand on joue à la pelote basque.

   ____

5. Le Pays ______________________ est la région qui est à la frontière entre la France et l'Espagne.

6. Ce parc d'attractions attire beaucoup de visiteurs.

   ____

7. Cet animal est utilisé pour trouver des truffes.

   ____

Nom ______________________ Date ______________________

Workbook

3 Qu'est-ce que c'est? Label each photograph in French.

1. ______________

2. ______________

3. ______________

4. ______________

4 Complétez les phrases Supply the expression that is missing in each sentence about southwestern France.

1. ______________, c'est le nom d'un architecte connu (*famous*) de la région Nouvelle-Aquitaine.
2. Les fresques de la grotte de Lascaux ont pour sujet des ______________.
3. On vend des ______________ sur les marchés de la région.
4. Périgueux est une ville de la région ______________.
5. ______________ est le nom d'un explorateur de la région Nouvelle-Aquitaine.
6. L'île de Ré est située près de la ville de ______________.

5 Des fautes! Your Canadian friend Norbert isn't good with details. Circle five mistakes in the e-mail that he wrote to you from France and correct the sentences by rewriting them on the lines that follow.

Ouaou! Je t'écris de Bordeaux, une ville de la région qu'on appelle Nouvelle-Aquitaine. Cette semaine, on va visiter des sites touristiques du sud-ouest (*southwest*) de la France. Pour commencer, jeudi, on va visiter la fameuse grotte de Lascaux, où l'on va apprécier des fresques mystérieuses qui sont vieilles de plus de 1.700 ans. Des adolescents ont découvert la grotte en 1940. Vendredi, on va assister à un match de rugby. (C'est un sport originaire de la région qu'on joue avec une balle en cuir et une raquette.) Samedi, on va aller au marché pour essayer de trouver un produit de la région: le camembert. Et puis dimanche, on visiter un grand parc d'attractions qui s'appelle la dune du Pilat. J'espère que tu vas bien.

À bientôt,
Norbert

1. ____
2. ____
3. ____
4. ____
5. ____

Nom ______________________ Date ______________________

Unité 11

Leçon 11A

ESPACE CONTEXTES

1 **Des composants informatiques** Identify the numbered parts and accessories of a desktop computer.

1. ______________
2. ______________
3. ______________
4. ______________
5. ______________
6. ______________
7. ______________
8. ______________

2 **Bien ou pas bien?** Evaluate each of the situations described and decide whether it is good (**C'est bien**) or bad (**Ce n'est pas bien**).

	C'est bien!	Ce n'est pas bien!
1. Adèle passe au moins (*at least*) sept heures par jour à surfer sur Internet.	❍	❍
2. Il marche très bien, mon nouveau moniteur.	❍	❍
3. Je suis connectée avec mon frère et ma sœur par un service de messagerie instantanée. On se «parle» tous les jours.	❍	❍
4. Clothilde est en ligne avec un type (*guy*) bizarre qui veut faire sa connaissance.	❍	❍
5. J'ai oublié de sauvegarder le document avant d'éteindre mon ordinateur.	❍	❍
6. Jérémie a donné son mot de passe à tous ses copains.	❍	❍
7. Ma mère a trouvé un logiciel qui va l'aider à faire son travail.	❍	❍
8. Mes parents m'ont donné un smartphone pour mes DVD.	❍	❍
9. J'envoie un e-mail à ma grand-mère pour lui dire bonjour.	❍	❍
10. Ma nièce aime bien le jeu vidéo éducatif que je lui ai donné pour son anniversaire.	❍	❍
11. Mon camarade de chambre a perdu la télécommande, et maintenant on ne peut pas changer de chaîne.	❍	❍
12. Mon réveil n'a pas sonné ce matin, mais le téléphone m'a réveillé et je ne suis donc pas arrivé en retard au travail.	❍	❍

3 **Des associations** Give one direct object (a noun) that is often associated with each verb. Do not repeat answers.

Modèle

composer *un numéro de téléphone*

1. fermer ______________
2. sauvegarder ______________
3. allumer ______________
4. éteindre ______________
5. imprimer ______________
6. télécharger ______________
7. effacer ______________
8. recharger ______________

Workbook

4 **Complétez les phrases** Complete these sentences with appropriate expressions from the lesson.

1. Pour prendre des photos, on a besoin d' ______________.
2. On peut écouter des CD avec ______________.
3. Pour regarder des films à la maison, on a besoin d'une télévision et d' ______________ ou d' ______________.
4. Pour accéder à (*gain access to*) son e-mail, on a souvent besoin de donner ______________.
5. Mes amis et moi, nous restons en contact grâce (*thanks to*) aux ______________ sociaux.
6. Quand un ordinateur se plante (*crashes*), on doit le faire ______________.
7. Parfois, on ______________ tous les e-mails de son ex-copain/copine.
8. Il faut ______________ des documents électroniques importants.

5 **Des conseils** Give advice to Max for each situation using commands. Use vocabulary from the lesson.

Modèle

J'ai oublié que c'est l'anniversaire de ma copine aujourd'hui et je n'ai pas de carte.
Envoie-lui un *e-mail*.

1. Je n'aime pas payer pour faire développer (*have developed*) mes photos.
____
2. Mon moniteur est branché (*plugged in*), mais l'écran est noir.
____
3. Je vais partir en vacances pendant deux semaines.
____
4. J'oublie toujours mes mots de passe.
____
5. Mon lecteur MP3 ne fonctionne pas.
____

6 **La technologie et vous** Answer these questions in complete sentences with information about how to use technology.

1. Est-ce que vous envoyez des e-mails à vos profs et à vos camarades de classe?
____
2. Avez-vous un téléphone traditionnel, un portable ou les deux? Si vous avez un portable, est-ce qu'il sonne très fort?
____
3. Est-ce que vous avez un appareil photo numérique? Si oui, est-ce que vous retouchez (*edit*) vos photos avec un logiciel?
____
4. Faites-vous des achats (*purchases*) en ligne? Quels sites web marchands est-ce que vous visitez?
____
5. Est-ce que vous téléchargez de la musique (des fichiers audio)?
____
6. Préférez-vous surfer sur Internet ou regarder la télévision?
____

Nom ______________________________ Date ______________________________

ESPACE STRUCTURES

11A.1 Prepositions with the infinitive

1 **Des problèmes technologiques** Complete the e-mail that M. Roussel wrote about problems he had recently with his computer by selecting from the prepositions in parentheses. If no preposition is needed, choose X.

Je dois (1) ______ (à / de / X) commencer par dire que je ne suis pas une personne violente, mais que… mon ordinateur m'énerve beaucoup! L'autre jour, je m'amusais (2) ______ (à / de / X) envoyer des cartes électroniques à tous mes amis quand j'ai entendu «clic clic» et mon écran s'est éteint. J'ai réussi (3) ______ (à / de / X) le rallumer (*restart*) sans trop d'effort. Quelques minutes après, je venais (4) ______ (à / de / X) fermer un document quand soudain, j'ai entendu à nouveau (*again*) le «clic clic» mystérieux, et puis j'ai commencé (5) ______ (à / de / X) sentir une odeur bizarre. Ça sentait le brûlé (*burned*)! J'ai voulu (6) ______ (à / de / X) éteindre, mais j'ai oublié (7) ______ (à / de / X) fermer les logiciels. Eh bien, l'ordinateur a refusé (8) ______ (à / de / X) s'éteindre! Un petit message sur l'écran m'a informé: «Je ne peux pas (9) ______ (à / de / X) vous permettre (10) ______ (à / de / X) m'éteindre, M. Roussel, parce que vous n'avez pas fermé les logiciels, et puis je ne vous aime pas de toute façon (*anyway*), la la la!» Mais comment est-ce possible?! J'ai tout de suite décidé (11) ______ (à / de / X) téléphoner à un copain qui est expert en informatique. Il m'a dit que mon ordinateur avait attrapé (*had caught*) un virus et qu'il voulait bien (12) ______ (à / de / X) m'aider, mais qu'il était au travail jusqu'à six heures ce soir-là. En résumé, je n'arrivais pas (13) ______ (à / de / X) éteindre l'ordinateur et ça sentait le brûlé. Mais j'hésitais (14) ______ (à / de / X) le débrancher (*unplug it*). Donc, la seule option qui me restait, c'était de le jeter par la fenêtre. À six heures et demie, mon copain informaticien est arrivé chez moi et je lui ai dit qu'il pouvait m'aider (15) ______ (à / de / X) choisir un nouvel ordinateur dans deux semaines mais que, pour le moment, j'étais en congé technologie (*technology leave*).

2 **Qu'est-ce qu'on a fait?** Complete these sentences by telling what these people are doing. Use verbs from the lesson.

Modèle

Patrick
Patrick aide sa mère à faire la cuisine de temps en temps.

1. 

2. 

3. 

4. 

5. 

1. Anne ______________________________
2. Jean-Loup ______________________________
3. Nadine ______________________________
4. M. Saint-Martin ______________________________
5. Luc et Daniel ______________________________

Workbook

3 Composez des phrases

Combine elements from each of the three columns to make sentences. Use all the elements at least once.

Seydou est parti	pour	regarder le plan
Ma fille m'a téléphoné	sans	maigrir
Le couple est allé au Mexique		nous dire au revoir
Il a trouvé le café		danser
Zoé et Florianne sont allées au club		passer quelques jours au soleil
Comment va-t-il répondre		gagner à la loterie
Ils achètent des tickets		me dire joyeux anniversaire
Nous faisons de l'exercice		comprendre la question

1. ______________________
2. ______________________
3. ______________________
4. ______________________
5. ______________________
6. ______________________
7. ______________________
8. ______________________

4 À vous!

Write eight sentences about yourself, using the expressions from the list.

apprendre à	éviter de/d'	se préparer à	rêver de/d'
ne pas arriver à	se permettre de/d'	refuser de/d'	savoir + *inf.*

1. ______________________
2. ______________________
3. ______________________
4. ______________________
5. ______________________
6. ______________________
7. ______________________
8. ______________________

Nom ______________________ Date ______________________

Workbook

11A.2 Reciprocal reflexives

1 **Sens réfléchi ou sens réciproque?** Indicate whether, in the context given, each underlined verb is réfléchi (*reflexive*) or réciproque (*reciprocal*).

	Réfléchi	Réciproque
1. Todd et Linda se connaissent depuis cinq ans.	❍	❍
2. Mon frère et ma sœur s'écrivent des e-mails pour se dire bonjour.	❍	❍
3. Depuis que nous nous sommes disputés, nous ne nous parlons pas.	❍	❍
4. Il se dit qu'il a bien travaillé.	❍	❍
5. Noémie et Odile se regardent pendant qu'elles se parlent.	❍	❍
6. Noémie se regarde souvent dans le miroir et elle se trouve très belle.	❍	❍
7. On se donne des cadeaux à Noël (*Christmas*).	❍	❍
8. Les deux amoureux s'adorent.	❍	❍
9. On dit que mon frère est bizarre parce qu'il se parle beaucoup à lui-même (*himself*).	❍	❍
10. Vous vous êtes retrouvés au café Les Deux Magots?	❍	❍
11. Tu sais qu'Aurélie et Samir se sont quittés?	❍	❍
12. Parfois on s'écrit une petite note pour se souvenir de quelque chose.	❍	❍

2 **Complétez les phrases** Complete these sentences with the verbs from the list. Conjugate the verbs in the present tense using each one once.

s'aider	s'écrire	s'entendre	se retrouver
se connaître	s'embrasser	se parler	se téléphoner

1. Mes deux meilleurs amis ______________________ très bien.
2. On ______________________ tous les jours au téléphone.
3. Elles ______________________: elles se font la bise.
4. D'habitude, Nina et Emmanuelle ______________________ devant la bibliothèque.
5. Est-ce que vous ______________________ des e-mails de temps en temps?
6. Nous ______________________ une fois par an pour nous dire «joyeux anniversaire», c'est tout.
7. Est-ce que vous ______________________ déjà? J'allais vous présenter!
8. Mes deux petites sœurs ______________________ à faire leurs devoirs.

3 **Les sœurs jumelles** Aude and Rosalie are twins (**jumelles**). Complete what Aude wrote about her relationship with Rosalie. Use verbs from this lesson in the present tense.

Ma sœur et moi, on (1) ______________ bien. On (2) ______________ beaucoup dans la vie: moi, je l'aide à faire ses devoirs (c'est moi, l'intello!) et elle, elle partage ses copains avec moi (elle est très sociable). On (3) ______________ tellement bien que quand elle est un peu déprimée, je le sais et je lui téléphone pour dire que ça va aller mieux. On (4) ______________ assez souvent, mais on (5) ______________ encore plus (*even more*) souvent des e-mails depuis qu'on habite des villes différentes. On (6) ______________ bonjour presque tous les jours. Pendant les vacances, on (7) ______________ chez nos parents, à Anvers. On (8) ______________ comme des folles et on (9) ______________ jusqu'aux petites heures du matin dans notre chambre. Après, on (10) ______________ et on est triste pendant qu'on s'habitue à (*get used to*) la solitude.

4 **L'amour** Complete each sentence with a past participle of one of the verbs listed. Make the participle agree with the subject unless the subject is also the indirect object of the verb.

se dire	s'écrire	se parler	se rencontrer
se donner	s'embrasser	se quitter	se retrouver

Marthe et Étienne se sont (1) ______________ pour la première fois en mai dernier, au club de sport. Ils se sont (2) ______________ des centaines (*hundreds*) d'e-mails l'été dernier. Ils se sont aussi (3) ______________ au téléphone tous les jours. En août, ils se sont (4) ______________ au club de sport encore une fois. Comme ils ne s'étaient pas vus (*hadn't seen each other*) depuis longtemps, ils se sont (5) ______________. Puis, ils se sont (6) ______________ des bagues de fiançailles (*engagement rings*) et ils se sont (7) ______________ qu'ils seraient (*would be*) ensemble pour toujours. Eh bien, ils se sont (8) ______________ la semaine dernière, et Marthe a déjà trouvé un nouveau copain!

5 **Votre meilleur(e) ami(e)** Answer these questions with complete sentences about you and your best friend.

1. Est-ce que vous vous connaissez bien? Vous vous connaissez depuis combien de temps?
____
2. Est-ce que vous vous entendez bien? Est-ce que vous vous disputez de temps en temps?
____
3. Où vous retrouvez-vous d'habitude pour passer du temps ensemble?
____
4. Est-ce que vous vous donnez des cadeaux pour vos anniversaires?
____
5. Vous parlez-vous souvent au téléphone? À quelle fréquence?
____
6. Est-ce que vous vous aidez dans la vie? Comment?
____
7. Comment vous êtes-vous rencontré(e)s la première fois?
____
8. Est-ce que vous vous êtes écrit des e-mails cette semaine?
____

Nom ______________________ Date ______________________

Unité 11

Leçon 11B

ESPACE CONTEXTES

1 **Logique ou illogique?** Indicate whether these statements are **logique** or **illogique**.

	Logique	Illogique
1. Marcel a freiné trop tard et il est rentré dans le pare-chocs de la voiture de devant.	❍	❍
2. M. Djebbar a des accidents parce qu'il respecte la limitation de vitesse.	❍	❍
3. Ma sœur attache sa ceinture de sécurité pour éviter des blessures en cas d'accident.	❍	❍
4. Antoine ne faisait pas attention au voyant allumé, et puis il est tombé en panne. Il n'y avait presque pas d'huile dans le réservoir.	❍	❍
5. Arrête de rouler si vite! On va avoir un accident.	❍	❍
6. Le mécanicien a réparé notre voiture. Maintenant, elle n'a pas de freins.	❍	❍
7. Le mécanicien m'a aidé(e) à remplacer (*replace*) le pneu crevé.	❍	❍
8. Mémé dépasse toujours la limitation de vitesse. Quand elle est au volant, on sait qu'on va rouler très lentement.	❍	❍
9. Je dois payer une amende parce que j'ai vérifié la pression des pneus.	❍	❍
10. La circulation est dense et difficile ce matin à cause d'un accident.	❍	❍

2 **Chassez l'intrus** Circle the item that doesn't belong in each set.

1. attacher, le capot, la ceinture de sécurité
2. l'huile de vidange, vérifier, ouvrir le coffre
3. un parking, un rétroviseur, se garer
4. vérifier la pression des pneus, dépasser, faire le plein
5. une station-service, un capot, un coffre
6. rouler, rentrer dans une voiture, vérifier l'huile
7. recevoir une amende, découvrir, dépasser la limitation de vitesse
8. l'essence, l'huile, les phares
9. les essuie-glaces, l'embrayage, le pare-brise
10. la rue, l'autoroute, le moteur

3 **Qu'est-ce que c'est?** Label the parts of the car.

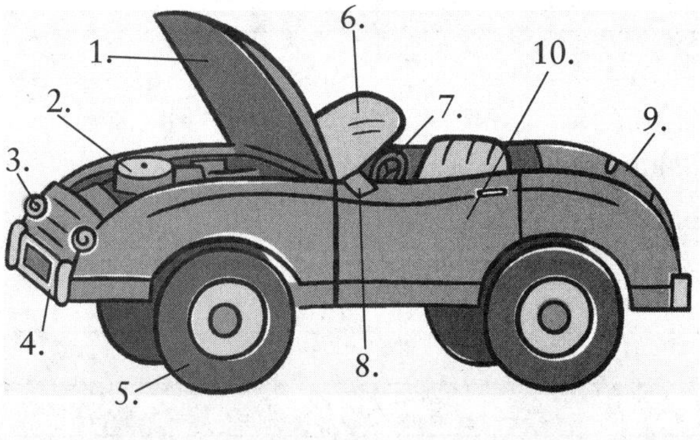

1. ______________ 6. ______________

2. ______________ 7. ______________

3. ______________ 8. ______________

4. ______________ 9. ______________

5. ______________ 10. ______________

Workbook

4 **Complétez** Complete Adèle's description of the day she took her driving test with appropriate expressions from the lesson.

Le jour où j'ai passé mon (1) ______________ de conduire, j'étais très nerveuse! Je n' (2) ______________ pas de poser des questions à mon père: Et si (*What if*) l'inspecteur est très sévère? Et si j'ai un (3) ______________? Mon père était très calme, comme d'habitude. Moi, j'étais pressée, mais lui, non. Sur (4) ______________, il a remarqué (*noticed*) qu'il n'y avait presque pas d'essence dans la voiture et il s'est donc arrêté pour (5) ______________. À la (6) ______________, il a bien sûr demandé à (7) ______________ l'huile et la pression des pneus. J'ai crié (*shouted*) «Mais arrête de faire le mécanicien! Allons-y!» et on s'est remis en route. Dix minutes plus tard, un de nos (8) ______________ a crevé sur la route. On a passé une heure à le remplacer par la roue (9) ______________. Et puis, on a remarqué qu'on avait un (10) ______________ cassé. Je me suis mise à crier «Comment est-ce possible?!» On est retourné à la station-service, où un (11) ______________ a (12) ______________ la voiture. Deux heures après, on est reparti. Je vous ai dit que mon père est très calme, n'est-ce pas? Eh bien, ce jour-là, il prenait son temps! Toutes les autres voitures nous (13) ______________, et on entendait des klaxons (*honking horns*). Un policier a dû remarquer que mon père roulait en dessous de (*under*) la limitation (14) ______________, et il nous a retenus pendant trente minutes avec des questions incrédules (*incredulous*). Il nous a donné une (15) ______________ et il est parti en rigolant (*laughing*). Après tout ce tralala, je n'étais plus (*anymore*) nerveuse du tout. J'ai eu mon permis sans difficulté.

5 **Des solutions** Thierry isn't the best driver. For each of his complaints, suggest a way for him to avoid the problem the next time. Use imperative forms.

Modèle
Je suis rentré dans la voiture de devant.
La prochaine fois, *freine plus tôt*!

1. Je suis tombé en panne d'essence.
   La prochaine fois, ______________________________
2. J'ai un pneu crevé!
   La prochaine fois, ______________________________
3. J'ai eu trois accidents aujourd'hui. Je n'arrivais pas à freiner à temps (*in time*).
   La prochaine fois, ______________________________
4. Je suis tombé en panne parce qu'il n'y avait presque pas d'huile dans le réservoir.
   La prochaine fois, ______________________________
5. Je suis en retard parce que la voiture de devant roulait très lentement.
   La prochaine fois, ______________________________

6 **De mauvais conducteurs!** Think of someone you know who drives very badly. Write five complete sentences about his or her driving habits using the present tense.

1. ______________________________
2. ______________________________
3. ______________________________
4. ______________________________
5. ______________________________

Nom ______________________ Date ______________________

Workbook

ESPACE STRUCTURES

11B.1 The verbs ouvrir and offrir

1 **Sélectionnez** Select the appropriate verb for each sentence.

______	1. Est-ce que vous ____________ la fenêtre quand il fait chaud ici?	a. offrons
______	2. D'habitude, nous ____________ une cravate à notre père pour son anniversaire.	b. souffre
______	3. À quel âge les petits ____________-ils le chocolat?	c. couvrez
______	4. Elle se ____________ la tête quand elle est à l'église.	d. ouvre
______	5. Ce que (*How*) je ____________ quand on me fait des piqûres!	e. offrent
______	6. Le restaurant ____________ à quelle heure?	f. ouvrez
______	7. Nous ____________ du stress pendant les examens.	g. souffrons
______	8. Puis, ____________ le poulet et laissez cuire (*cook*) pendant 20 minutes.	h. découvrez
______	9. Vous ____________ les films de Truffaut, Mme Récamier?	i. couvre
______	10. Qu'est-ce qu'ils ____________ comme cadeau à leur mère?	j. découvrent

2 **Complétez** Complete these sentences with appropriate present-tense forms of **couvrir, découvrir, offrir, ouvrir,** and **souffrir.**

1. Vous ne ____________ pas trop de la chaleur (*heat*), j'espère?
2. Je n'____________ pas la porte avant de savoir qui est de l'autre côté.
3. Mes enfants ____________ les jeux vidéo, malheureusement.
4. Mesdames, messieurs, nous vous ____________ les deux pour le prix d'un!
5. Tu ____________ la France en voiture?
6. Mon père ____________ sa voiture de sport d'une bâche (*tarp*) pendant la nuit.
7. Mes enfants ____________ terriblement quand ils n'ont pas accès à l'e-mail.
8. Vous m'____________ la porte, s'il vous plaît?

3 **Des conseils** Give advice to your friend Gisèle for each situation she describes to you. Use command forms of the verbs **couvrir, découvrir, offrir, ouvrir,** and **souffrir.** Note that some commands have plural subjects (**nous** or **vous**).

Modèle

C'est l'anniversaire de ma mère aujourd'hui. *Offre-lui des fleurs.*

1. Il va pleuvoir; mes cheveux vont être mouillés (*wet*).

____

2. Il fait trop chaud dans cette pièce!

____

3. Quand on rentre de vacances, les meubles sont pleins de poussière.

____

4. J'ai souvent mal à la tête.

____

5. Toi et moi, nous nous ennuyons quand nous sommes à Paris.

____

6. Il y a un type (*guy*) bizarre derrière la porte.

____

4 **Qu'est-ce qu'ils ont fait?** Complete the caption for each illustration showing what these people did recently by providing a past participle of **couvrir, découvrir, offrir, ouvrir,** or **souffrir.**

1. Martine a cassé (*broke off*) avec son copain. Elle a beaucoup ____________ après.

2. Josette et Alex ont ____________ la fondue suisse au restaurant.

3. Pauline et Samira ont regardé un film d'horreur. Elles se sont souvent ____________ les yeux.

4. Nathan a ____________ un cadeau à une de ses camarades de classe.

5. Les Calande ont ____________ une bouteille de champagne vieille de 100 ans.

5 **Méli-mélo** Unscramble these sentences. Provide the appropriate **passé composé** form of each verb in the place of the infinitive.

1. découvrir / vieille / qu'est-ce qu' / dans / ils / valise / la

   ____

2. cette / nous / restaurant / année / ouvrir / un

   ____

3. la / couvrir / d' / nappe / serveur / le / une / table

   ____

4. mais / ça / beaucoup / nous / va / souffrir / mieux / maintenant

   ____

5. pour / mon / frères / offrir / un / anniversaire / m' / mes / appareil photo

   ____

6. ouvrir / porte / qui / la

   ____

Nom ______________________ Date ______________________

11B.2 Le conditionnel

1 **Soyons sympas** Fill in the blanks with the conditional forms of these verbs.

1. Je ____________ (vouloir) une baguette, s'il vous plaît.
2. Est-ce que vous ____________ (avoir) la gentillesse (*kindness*) de m'envoyer une brochure?
3. Dis, tu n' ____________ (avoir) pas un stylo? Je n'en ai pas.
4. Bonjour, Madame. Est-ce que je ____________ (pouvoir) parler à Jean-Yves?
5. On ____________ (aimer) regarder un film ce soir. Papa, est-ce qu'on peut aller au cinéma?
6. Mme Ducharme, est-ce que vous ____________ (venir) nous chercher à la gare?
7. Tu ne ____________ (devoir) pas mettre la sonnerie de ton portable si fort. Ça fait mal aux oreilles.
8. Nous ____________ (vouloir) des jeux vidéo pour Noël (*Christmas*).
9. J' ____________ (aimer) savoir pourquoi tu es parti sans me dire au revoir.
10. Vous ____________ (devoir) mettre de beaux vêtements pour la fête.

2 **Écrivez des légendes** Write a caption for each illustration telling what the person or people would do if there were one more day of vacation a year.

Modèle

Tu nettoierais ta chambre.

1. 

2. 

3. 

4. 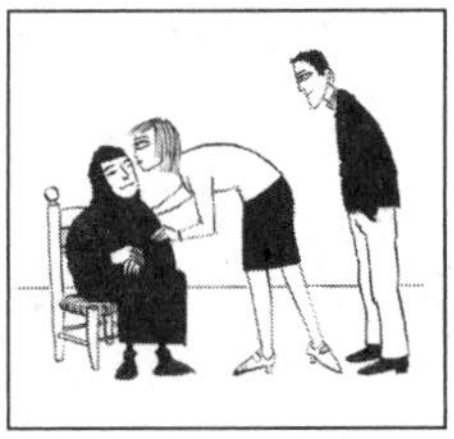

5. 

1. Je ____
2. Tu ____
3. Nous ____
4. Amira et son frère Hassan ____
5. Vous ____

Workbook

3 **Complétez** Complete these sentences telling what people would do if they won the lottery. Conjugate the verbs from the list so that they are in the conditional.

acheter	construire	dîner	partager
aider	devenir	donner	voyager

1. Vous _______________ tous les jours au restaurant.
2. On _______________ les chats et les chiens de notre ville qui n'ont pas de maison.
3. Patrick et moi _______________ le gros lot (*jackpot*) 50/50.
4. Je _______________ artiste ou poète.
5. Tu _______________ en Chine et au Japon.
6. Mes frères _______________ une nouvelle télé et un lecteur de DVD.
7. Sœur Marie-Thérèse _______________ tout l'argent à des organismes de charité.
8. Les Jacob _______________ une nouvelle maison.

4 **Réécrivez** Rewrite these sentences so that they describe what *would happen* rather than what *is happening*. Replace the verb in the indicative with one in the conditional.

Modèle

Samir peut imprimer le document chez lui.
Samir pourrait imprimer le document chez lui.

1. Tu envoies de temps en temps des e-mails à Rodrigue.
____
2. Les étudiants choisissent un mot de passe.
____
3. Nous éteignons les moniteurs avant de quitter la salle de classe.
____
4. Je sauvegarde souvent le document.
____
5. Maman achète un appareil photo numérique pour la famille.
____
6. Vous êtes en ligne tous les soirs pendant des heures.
____

5 **Des scénarios** Complete each of these statements by indicating what would or should happen in each scenario. Use verbs in the conditional, and remember that the verb **devoir** in the conditional means *should*.

1. Dans un monde idéal, il n'y _______________.
2. Vous n'avez pas d'argent? À votre place (*In your place*), je/j' _______________.
3. On n'a pas cours lundi. On _______________.
4. Dans un monde parfait, les gens _______________.
5. C'est ton anniversaire aujourd'hui! Tu _______________.

Nom ______________________ Date ______________________

Unité 11

PANORAMA

Savoir-faire

1 **Associations** Match each entry on the left with the one that is associated with it on the right.

_______ 1. des spectacles de gladiateurs	a. un chanteur célèbre
_______ 2. Castelnaudary	b. le cassoulet
_______ 3. «Los cats fan pas de chins.»	c. les arènes de Nîmes
_______ 4. Georges Brassens	d. une bastide
_______ 5. Montauban	e. l'occitan

2 **Mots mêlés** Find the expressions described by the clues below in the grid, looking backward, forward, vertically, horizontally, and diagonally. Circle them in the puzzle, then write the words in the blanks.

L	T	S	R	W	N	O	I	Q	L	J	B	E	I	M
J	A	O	É	F	T	R	I	H	C	O	O	U	J	O
T	A	N	U	Y	D	T	F	E	R	C	M	Q	N	N
N	X	C	G	L	G	C	G	D	C	Y	A	S	O	T
V	G	A	M	U	O	D	E	I	S	D	G	A	T	P
R	C	S	A	U	E	U	T	A	M	B	V	B	S	E
W	U	S	M	S	U	A	S	Z	K	V	A	E	A	L
E	P	O	X	X	N	C	O	E	C	V	M	N	J	L
H	L	U	X	I	D	R	A	C	A	Î	Y	A	J	I
R	Z	L	E	W	K	H	F	F	N	L	R	U	B	E
A	C	E	Î	Q	N	H	U	H	M	V	F	L	J	R
S	H	T	S	A	D	I	R	R	O	C	Y	P	V	É
X	D	K	F	K	Z	D	K	B	P	W	V	F	G	R
D	B	A	S	T	I	D	E	S	E	Û	C	V	L	A
Z	I	L	Q	N	D	C	V	W	M	C	Q	C	Y	O

1. C'est une grande ville d'Occitanie.

   ____

2. Ces villes sont organisées autour d'une place centrale.

   ____

3. Les arènes de cette ville ressemblent au Colisée de Rome.

   ____

4. La langue d'Oc a donné son nom à cette région.

   ____

5. La Faculté de Médecine de ______________________ est la plus ancienne de France.
6. Ce plat populaire ressemble un peu au «*pork and beans*» américain.

   ____

7. Ces spectacles ont lieu (*take place*) aujourd'hui dans les arènes de Nîmes.

   ____

Workbook

Workbook

3 **Qu'est-ce que c'est?** Label each photograph in French.

1. ____________________

2. ____________________

3. ____________________

4. ____________________

4 **Complétez les phrases** Supply the expression that is missing in each sentence about l'Occitanie.

1. ____________________, c'est le nom d'un peintre célèbre de la région.
2. ____________________ est un monument qui date du 1er siècle.
3. On trouve le plus grand ____________________ de l'ère romaine en France, à Nîmes.
4. Castelnaudary, Carcassone et ____________________ ont chacune (*each*) leur version du cassoulet.
5. ____________________ est le nom d'un homme politique célèbre de la région.
6. La ville de Revel, construite en 1342, est un exemple de ____________________.

5 **Vrai ou faux?** Indicate whether these statements are **vrai** or **faux**. Correct the false statements.

	Vrai	Faux
1. Le cassoulet est composé de haricots blancs, de viande de porc et de canard, de saucisses, de tomates, et d'ail et d'herbes.	❍	❍
____________________		
2. Paul Valéry est un peintre de la région Occitanie.	❍	❍
____________________		
3. Le Pont du Gard apportait l'eau de la ville d'Uzès jusqu'à Perpignan.	❍	❍
____________________		
4. Il existe plusieurs dialectes de l'occitan.	❍	❍
____________________		
5. Les bastides ont été construites pour des raisons politiques, économiques et de sécurité.	❍	❍
____________________		
6. L'agriculture est une des industries principales en Occitanie.	❍	❍
____________________		
7. L'Occitanie regroupe les anciennes régions Languedoc-Roussillon et Midi-Pyrénées.	❍	❍
____________________		
8. Aujourd'hui, on peut voir des spectacles de gladiateurs dans les arènes de Nîmes.	❍	❍
____________________		

Unité 12

Leçon 12A

ESPACE CONTEXTES

1 **À la banque** There is a long line at the bank, so you have plenty of time to see what is going on around you. Fill in the blanks with the appropriate words and expressions. Make all the necessary changes and agreements.

accompagner	emprunter
un compte bancaire	remplir un formulaire
un compte d'épargne	retirer de l'argent
une dépense	signer

1. La vieille dame a des difficultés à ____________________ parce que c'est écrit trop petit et qu'elle n'a pas ses lunettes.
2. Une étudiante va ouvrir ____________________ afin de pouvoir recevoir de l'argent de ses parents.
3. Un homme demande des explications sur ____________________ qu'il n'a pas faite, mais qui apparaît sur son relevé de compte (*statement*). Il pense qu'il doit y avoir plus d'argent sur son compte.
4. Une petite fille ____________________ sa maman.
5. Un homme d'affaires ____________________ de l'argent pour créer une nouvelle entreprise (*start a new business*).
6. Une adolescente veut ____________________ de son compte, mais elle a besoin de l'autorisation de ses parents.
7. Un homme n'a pas ____________________ son chèque avant de le donner au banquier.
8. Moi, je veux déposer de l'argent sur ____________________ parce que j'économise (*save*) pour les vacances.

2 **Les publicités** You are reading a Canadian newspaper, but you are not quite sure which stores are advertised. Fill in the blanks with the type of store each ad could promote.

1. «N'oubliez pas de faire vos réservations pour les fêtes et venez déguster nos plats spéciaux.»
____
2. «Vous avez besoin d'un crayon, d'un cahier ou bien de fournitures (*supply*) pour votre bureau? Nous sommes toujours à votre service.» ____________________
3. «Vous n'avez pas d'ordinateur à la maison? Pas de problème. Nous sommes ouverts 7 jours sur 7 (*7 days a week*).» ____________________
4. «Besoin d'un cadeau qu'elle ne va jamais oublier? Venez voir (*to see*) notre nouvelle collection.»
____
5. «Nous proposons maintenant des soins du visage (*skincare*) pour les hommes.»
____
6. «Quand vous venez acheter des timbres, demandez ceux pour la commémoration du premier 'rendez-vous' à Fort Williams.» ____________________

Workbook

3 **Au bureau de poste** Look at the drawing and write a caption (a word or a sentence) for each numbered item or action.

1. ______________________
2. ______________________
3. ______________________
4. ______________________
5. ______________________
6. ______________________
7. ______________________
8. ______________________

4 **Vrai ou faux?** Read these statements and indicate whether they are **vrai** or **faux**. Correct the false statements.

1. Quand il y a beaucoup de personnes dans un magasin, il faut remplir un formulaire.
____
2. On peut avoir un compte bancaire à la mairie.
____
3. Si on veut se marier, il faut aller à la mairie.
____
4. On peut acheter un magazine à la laverie.
____
5. Quelquefois, les magasins sont fermés le dimanche.
____
6. On ne peut boire que (*one can only drink*) du café dans une brasserie.
____
7. On peut envoyer un colis dans une boîte aux lettres.
____
8. On peut retirer de l'argent à un distributeur automatique.
____

Nom ______________________ Date ______________________

ESPACE STRUCTURES

12A.1 Voir, recevoir, apercevoir, and croire

1 **En ville** Use the following elements to create complete sentences. Conjugate the verbs in the present tense.

1. tu / apercevoir / la boîte aux lettres / devant / la mairie / ?
____
2. nous / ne pas voir / le distributeur automatique
____
3. je / croire / que / la poste / se trouver / en face de / le commissariat de police
____
4. vous / ne pas voir / que / la banque / être / fermé / ?
____
5. on / croire / que / vous / pouvoir / payer / par chèque / à / le bureau de poste
____
6. Apolline et Fouad / ne pas recevoir / les e-mails / de l'association des étudiants
____
7. le marchand de journaux / ne pas voir / les pièces de monnaie
____
8. tu / croire / que / la laverie / être / ouvert / le dimanche / ?
____

2 **Le courrier** Conjugate the verb **recevoir** in the appropriate tense to know what everyone has received or is receiving.

Modèle

hier / Magali

Hier, Magali a reçu des photos.

il y a deux jours / nous

1. ______________________________

elle / maintenant

2. ______________________________

le matin / je

3. ______________________________

vous / chaque semaine

4. ______________________________

Workbook

3 **Reliez** Make complete sentences by matching the items on the left to the items on the right.

______	1. Est-ce que vous	a. reçois parfois des cartes postales de ma nièce.
______	2. D'ici, on	b. aperçoivent le marchand de glaces.
______	3. Mme Ben Brahim a	c. vu le nouveau cybercafé en ville?
______	4. Nous	d. s'aperçoit que la banque est fermée.
______	5. Je	e. cru voir le facteur passer, mais elle n'a pas reçu de courrier.
______	6. Nous nous sommes	f. apercevons la boîte aux lettres devant le bureau de poste.
______	7. Ah, non! Les enfants	g. recevez beaucoup de clients dans votre boutique?
______	8. Tu n'as pas	h. revus samedi à la brasserie.

4 **Au commissariat** Amélie has been asked by the police to come to the station. Fill in the blanks with the correct forms of the verb **recevoir**, **apercevoir**, or **s'apercevoir** to know why.

L'AGENT Je suis heureux de voir que vous (1) ______________ votre convocation (*notification*). Pouvez-vous me dire quand vous (2) ______________ le suspect?

AMÉLIE Je le/l' (3) ______________ lundi dernier à 9h30 devant le marchand de journaux.

L'AGENT Est-ce que le suspect (4) ______________ de votre présence?

AMÉLIE Non, je ne crois pas, mais nous (5) ______________ un courrier bizarre ce matin: une lettre blanche.

L'AGENT Est-ce que je peux voir la lettre que vous (6) ______________?

AMÉLIE Non, malheureusement, mon mari l'a jetée (*threw it away*) immédiatement.

L'AGENT Si vous en (7) ______________ une autre, il faut nous l'apporter. N'hésitez pas à nous contacter si vous (8) ______________ une personne suspecte près de chez vous.

5 **Un dimanche matin** You are writing to your roommate about your vacation at home with your family. Here are some of the notes you wrote for your letter. Conjugate the verb in parentheses in the appropriate tense.

1. Ce matin, je/j' ______________ (s'apercevoir) que j'avais oublié de t'écrire.
2. Ce matin, il y avait beaucoup de brouillard (*fog*) et je ne pouvais même pas ______________ (apercevoir) les maisons de l'autre côté de la rue.
3. La lettre que tu as envoyée il y a un mois, je la/l' ______________ (recevoir) seulement hier.
4. Quand est-ce que je te/t' ______________ (recevoir) ici? Tu sais que tu peux venir quand tu veux (*want*).
5. Je crois que je/j' ______________ (apercevoir) un ami d'enfance à la poste, hier.
6. Je ne retrouve pas mon livre de Maupassant. Écris-moi si tu le/l' ______________ (apercevoir) quelque part dans l'appartement.

12A.2 Negative/affirmative expressions

1 **Les antonymes** Choose the appropriate negative expression for each item.

1. toujours ≠ ______________
2. encore ≠ ______________
3. quelqu'un ≠ ______________
4. quelque chose ≠ ______________
5. tout ≠ ______________
6. et… et ≠ ______________

2 **Un travail difficile** Your friend is writing to you about his new job at the student activities office, organizing weekend trips. Complete each sentence with the most appropriate negative word or expression from the list.

aucun(e)… ne/n'	ne/n'… ni… ni…	personne ne/n'
ne/n'… aucun(e)	ne/n'… plus personne	rien ne/n'
ne/n'… jamais	ne/n'… que/qu'	

1. Je ______________ aime ______________ mes horaires ______________ mon salaire.
2. Je ______________ ai ______________ une demi-heure pour déjeuner.
3. Je ______________ ai ______________ le temps de manger à midi.
4. ______________ est content des activités proposées.
5. Il ______________ y a ______________ à l'accueil (*reception*).
6. Je ______________ ai ______________ aide pour préparer les sorties (*field trips*).
7. ______________ étudiant ______________ veut travailler ici.
8. ______________ est vraiment bien ici.

3 **Les différences d'opinion** You and your little brother are talking about errands you ran this morning, yet you don't seem to agree on what happened. Here is what your brother said. Make these sentences negative to give your opinion.

1. Nous avons trouvé tous les cadeaux que nous cherchions.

   ____

2. Il nous reste toujours de l'argent.

   ____

3. Nous avons parlé à tous nos amis.

   ____

4. Tout était cher.

   ____

5. Tout le monde faisait les magasins.

   ____

4 **À la poste** You are waiting in line at the post office. You need help from the clerk for a few things, but he is in a really bad mood and always answers in the negative. Complete each sentence by selecting the appropriate negative word or expression in parentheses.

1. Nous n'avons ____________ (pas / rien / aucun) guichet automatique (*ATM*) qui fonctionne.
2. Il ne me reste ____________ (plus / que / aucun) de timbres de cette collection.
3. Votre colis ne va ____________ (que / rien / jamais) arriver à temps pour les fêtes.
4. ____________ (Aucun / Jamais / Personne) d'autre ne peut vous aider.
5. Nous n'acceptons ____________ (rien / aucun / que) les billets de moins de 50 euros.
6. Il n'y a ____________ (pas / rien / jamais) d'autre à faire.
7. Nous ne faisons ____________ (rien / personne / pas) ce genre (*kind*) de chose.
8. ____________ (Pas / Rien / Aucune) enveloppe n'est en vente ici.

5 **L'entretien** Your friend gave negative responses to all of the questions she was asked during a job interview. Write her answers in complete sentences.

1. Est-ce que vous avez un diplôme en économie d'entreprise?

   ____
2. Avez-vous déjà travaillé dans une grande entreprise?

   ____
3. Faites-vous toujours du volontariat (*voluntary service*)?

   ____
4. Êtes-vous intéressé(e) par des heures supplémentaires?

   ____
5. Est-ce que quelque chose vous dérange (*disturb*) dans le travail de nuit?

   ____
6. Est-ce que vous connaissez quelqu'un qui travaille dans cette entreprise?

   ____
7. Savez-vous utiliser le logiciel *Excellence* et le logiciel *Magenta*?

   ____
8. Est-ce qu'il y a quelque chose d'autre que je dois savoir?

   ____

Nom ______________________ Date ______________________

Unité 12

ESPACE CONTEXTES

Leçon 12B

1 **Les définitions** Read these definitions and write the corresponding words.

1. En France, la plus célèbre est celle des Champs-Élysées. C'est ______________________.
2. Si on conduit, il faut s'arrêter quand il est rouge. C'est ______________________.
3. Si on veut traverser une rivière sans se mouiller (*getting wet*), on doit l'utiliser. C'est ______________________.
4. C'est la direction opposée au sud. C'est ______________________.
5. Ne plus savoir où on est, c'est ______________________.
6. Quand on est dehors et qu'on n'a pas de téléphone portable, on peut l'utiliser. C'est ______________________.
7. On peut s'y asseoir dans un parc. C'est ______________________.
8. C'est l'intersection de deux routes. C'est ______________________.

2 **Où ça?** Identify the final destination for each set of directions.

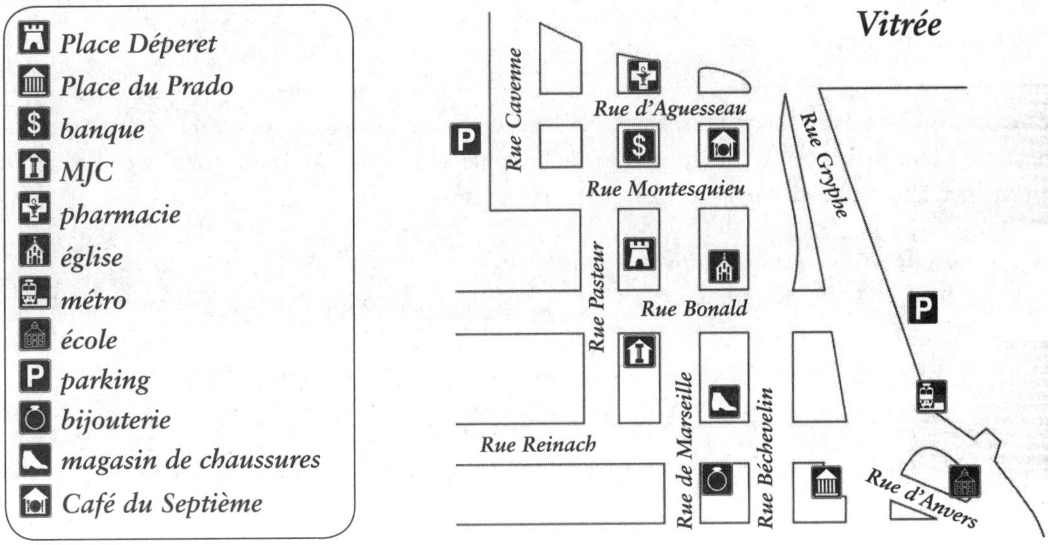

1. Vous êtes sur la place du Prado. Prenez la rue Reinach vers l'ouest. Tournez à droite dans la rue Pasteur. Continuez jusqu'à la rue Montesquieu. Tournez à gauche. Vous ne pouvez pas le manquer.

   ____

2. Quand vous sortez de la banque, prenez la rue Montesquieu jusqu'à la rue Béchevelin. Tournez à droite et continuez jusqu'à la rue Reinach. Tournez à gauche. Pour aller à l'endroit que vous cherchez, traversez la rue Gryphe. Ce n'est pas très loin de l'école.

   ____

3. Quand vous sortez du parking rue Gryphe, prenez la rue Bonald en face de vous. Continuez jusqu'au carrefour de la rue de Marseille. Traversez la rue de Marseille. C'est sur votre droite. Vous ne pouvez pas la manquer.

   ____

4. Quand vous êtes à la bijouterie, remontez la rue de Marseille toujours tout droit jusqu'à la rue d'Aguesseau. Tournez à gauche. Elle se trouve sur votre droite, en face de la banque.

   ____

Workbook

3 **L'orientation**

Look at the illustration on pp. 514–515 of your textbook and complete each sentence by selecting the most appropriate verb in parentheses. Conjugate it in the appropriate tense.

1. Je pense que la voiture va ______________________ (tourner / se déplacer / traverser) le pont.
2. Un homme ______________________ (tourner / descendre / continuer) l'escalier. Peut-être qu'il va pouvoir nous aider.
3. L'homme ______________________ (tourner / suivre / continuer) la femme car (*because*) il ne sait pas comment ______________________ (être perdu / traverser / s'orienter).
4. ______________________ (se déplacer / tourner / monter) l'escalier pour avoir une meilleure vue du parc.
5. Regardons le plan. Il faut aller vers l'est. Nous devons donc ______________________ (tourner / traverser / suivre) à droite.
6. Regarde l'homme qui entre dans la cabine téléphonique. Il est disqualifié pour avoir utilisé des patins à roulettes (*roller skates*) et il ne ______________________ (monter / continuer / tourner) pas la course (*race*).

4 **C'est par où?**

Alexandre and his sister, Nadège, have been driving around for ten minutes and they cannot find their friends' house. Fill in each blank with the most appropriate word or expression from the list, and make all the necessary changes and agreements.

à droite	une cabine téléphonique	être perdu	suivre
le banc	continuer	jusqu'à	traverser

ALEXANDRE Tu m'as bien dit de (1) ______________________ le pont et de (2) ______________________ la rue de Provence.

NADÈGE Oui, mais après le pont, il faut tourner (3) ______________________ dans la rue de Strasbourg.

ALEXANDRE Tu ne pouvais pas le dire plus tôt?! Bon. Maintenant, on est en face du marchand de journaux, au numéro 44. Qu'est-ce que je fais?

NADÈGE Est-ce qu'il y a (4) ______________________?

ALEXANDRE Non, pourquoi?

NADÈGE Je veux appeler Ousmane et lui demander comment aller (5) ______________________ son appartement. Je crois bien que nous (6) ______________________.

ALEXANDRE Mais non, (7) ______________________ jusqu'au carrefour. Je suis certain qu'on va tomber sur la bonne rue.

NADÈGE Arrête-toi. Je vais aller demander au monsieur assis sur (8) ______________________ là-bas. Je pense qu'il va pouvoir nous aider.

ALEXANDRE D'accord.

ESPACE STRUCTURES

12B.1 Le futur simple

1 **Dans dix ans** You are with a group of friends discussing where you see yourselves in ten years. Conjugate the verbs in parentheses in the future tense to find out what everybody is thinking.

1. Je ______________________ (travailler) pour une grande entreprise française à Paris.
2. Il ______________________ (épouser) Stéphanie.
3. Vous ______________________ (acheter) une île dans les Caraïbes.
4. Elle ______________________ (écrire) des romans pour les enfants.
5. Tu ______________________ (offrir) une voiture à tes parents.
6. Elles ______________________ (se rendre) compte que l'université était facile.
7. J' ______________________ (ouvrir) mon propre restaurant français.

2 **Les obligations** Look at these pictures and write complete sentences using the cues provided. Use the future tense.

1. lundi / poster des lettres

____

____

2. mercredi / retirer de l'argent au distributeur automatique

____

____

3. jeudi / explorer Aix-en-Provence

____

____

4. mardi / se promener en ville

____

____

5. vendredi / payer sa facture en liquide

____

____

6. samedi / acheter des timbres pour envoyer des cartes postales

____

____

Workbook

3 **La lettre** Your friend has written a letter to her French pen pal, telling her what she is about to do. However, she is not satisfied with it. Help her by rewriting this paragraph in the future tense.

Pendant les vacances d'été, je vais partir en Europe pendant un mois. Je vais visiter les principaux monuments et les grandes villes. Je pense aussi essayer la nourriture locale. Je n'ai jamais mangé d'escargots ni de haggis. Je vais prendre beaucoup de photos avec l'appareil photo numérique que je vais acheter le mois prochain. Je vais te les montrer quand je vais passer te rendre visite. J'espère que nous allons bien nous amuser ensemble. Je vais t'apporter quelque chose de spécial, mais je ne vais pas te dire ce que c'est. Ça doit être une surprise. Vivement (*I can't wait*) les vacances!

4 **Répondez** Your roommate would like to know what your plans are. Answer these questions with the future tense and the words in parentheses.

1. Quand vas-tu partir? (à 8h30)

2. Quand allons-nous déjeuner ensemble? (à 1h00)

3. Qui va manger avec nous? (Caroline et Serge)

4. À quelle heure est-ce que tu vas retourner travailler? (à 2h30)

5. Qui va acheter des légumes pour le dîner? (tu)

6. Qui va nettoyer la cuisine? (l'étudiant du premier étage)

7. Qu'est-ce que nous allons faire ce soir? (regarder un film français)

8. À quelle heure est-ce que tu vas te lever demain? (à 7h00)

12B.2 Irregular future forms

1 **En ville** Karim and Sandra are discussing what they will do tomorrow when they go into town. Complete their conversation with the appropriate forms of the verbs in parentheses.

SANDRA Demain, j' (1) _______________ (aller) au cybercafé, à côté de la papeterie.

J' (2) _______________ (envoyer) enfin mon formulaire électronique.

KARIM Je (3) _______________ (venir) peut-être avec toi.

SANDRA Tu (4) _______________ (pouvoir) m'aider avec ça.

KARIM J' (5) _______________ (essayer), mais je ne te promets rien.

SANDRA Comme nous (6) _______________ (être) en ville, nous

(7) _______________ (pouvoir) passer chez Yannick.

KARIM Je ne suis pas sûr de pouvoir le faire parce que je (8) _______________ (revenir)

par le train de 15h00.

2 **La voyante** You and your friends are at the fair and go to see a fortune teller (**voyante**). Create sentences with the elements provided to know what she has predicted for you. Use the future form of the verbs.

1. vous / devoir / partir / dans un pays lointain (*distant*)

   ____

2. un homme / recevoir / une bonne nouvelle

   ____

3. elles / faire / quelque chose d'extraordinaire

   ____

4. vous / avoir / beaucoup de chance / la semaine prochaine

   ____

5. il / falloir / faire très attention / vendredi 13

   ____

6. il / devenir / très vulnérable / après le 21 de ce mois

   ____

7. elle / savoir / comment résoudre (*resolve*) vos problèmes

   ____

8. ils / être / très heureux / samedi prochain

   ____

3 **L'avenir** Complete this paragraph by choosing the best verb and writing its correct form in the future tense.

En juin, je (1) ________________ (recevoir / prendre / apercevoir) mon diplôme et je/j' (2) ________________ (être / avoir / savoir) 21 ans le mois suivant. Avant l'été, je/j' (3) ________________ (vouloir / pouvoir / envoyer) mon CV pour trouver un emploi. Je pense que ça (4) ________________ (faire / venir / aller) bien et que je/j' (5) ________________ (pouvoir / savoir / avoir) commencer à travailler en septembre. Pendant l'été, je (6) ____________ (retenir / devenir / partir) faire le tour de l'Europe. Je (7) ________________ (savoir / faire / devenir) la connaissance de beaucoup de nouvelles personnes et peut-être que je/j' (8) ________________ (apercevoir / recevoir / rencontrer) même mon âme sœur (*soulmate*)! En tout cas, je (9) ________________ (devenir / revenir / retenir) avec des souvenirs. Et toi, qu'est-ce que tu (10) ________________ (tenir / pouvoir / faire) pendant ce temps?

4 **La confusion** Your roommate is very confused today. He is telling you about things that will happen as though they have already happened. Correct his mistakes by rewriting each sentence, using the subject in parentheses and putting the verb in the future tense.

1. Ton cousin est venu te rendre visite. (ma sœur)
   ____
2. Ton professeur de français t'a envoyé un e-mail. (mon professeur de français et celui d'espagnol)
   ____
3. Le propriétaire a maintenu notre loyer au même prix. (l'agence immobilière)
   ____
4. Hassan a reçu la visite du doyen (*dean*) de l'université. (Malika et Hassan)
   ____
5. Tu es allé(e) à l'exposition Marc Chagall. (tous les étudiants du cours d'art)
   ____
6. Le professeur de mathématiques est revenu de sa conférence à Toulouse. (le professeur de physique)
   ____
7. Stéphanie a eu un nouveau chat. (nos voisins)
   ____
8. Il faut balayer. (sortir la poubelle)
   ____

Nom ______________________ Date ______________________

Unité 12

PANORAMA

Savoir-faire

Workbook

1 **Des gens célèbres** Match each description with the name of a famous person.

_______ 1. C'est un chanteur originaire de Corse.

_______ 2. Cet écrivain et cinéaste de Marseille a écrit *La Gloire de mon père.*

_______ 3. Cette championne de patinage artistique (*figure skating*) est née à Nice.

_______ 4. Cet homme est surtout connu pour ses travaux d'astrologie.

_______ 5. Cette actrice corse a joué dans de nombreux films.

_______ 6. Cet homme politique corse est mort en 1807.

a. Nostradamus
b. Surya Bonaly
c. Marie-Josée Nat
d. Tino Rossi
e. Pasquale Paoli
f. Marcel Pagnol

2 **Des diapos** Write a one-sentence caption in French to accompany each of these slides (**diapos**).

1. 

2. 

3. 

4. 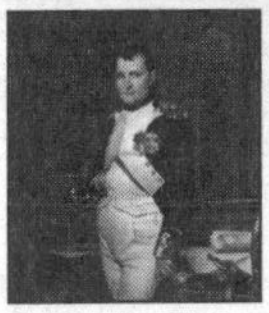

5. 

6. 

1. ____

2. ____

3. ____

4. ____

5. ____

6. ____

3 **Vrai ou faux?** Indicate whether each of these statements is **vrai** or **faux**.

	Vrai	Faux
1. La Camargue se situe en Corse.	❍	❍
2. Napoléon Bonaparte est né à Ajaccio, en Corse.	❍	❍
3. On cultive des fleurs dans la réserve de Scandola.	❍	❍
4. La ville de Grasse donne accès à plusieurs stations de ski.	❍	❍
5. Le Festival International du Film a lieu (*takes place*) chaque année, en mai.	❍	❍
6. Napoléon Bonaparte a été roi de France.	❍	❍
7. Chaque année, il y a environ vingt films en compétition au Festival International du Film.	❍	❍
8. Le Festival International du Film a lieu à Grasse.	❍	❍

Workbook

4 **Des couleurs et des arômes** Complete each of these statements about the cultivation of flowers in the South of France.

1. ______________ est l'une des industries principales du sud-est de la France.
2. On cultive des fleurs à Grasse depuis le ______________.
3. Parmi les fleurs cultivées à Grasse, on compte la ______________, la ______________ et la ______________.
4. ______________ est un des grands fabricants (*makers*) de parfum du sud de la France.

5 **Les villes de la région** Write the names of the towns described by the clues.

1. C'est la ville où l'on trouve le palais des Papes. ___ V ___ ___ N ___ N
2. Cette très grande ville de la côte se situe entre la Camargue et Toulon.
   M ___ ___ ___ E ___ L ___ ___
3. Cette ville est la capitale mondiale de la parfumerie. G ___ ___ S ___ ___
4. Napoléon Bonaparte est né dans cette ville en 1769. ___ J A ___ ___ I O
5. De riches vacanciers anglais ont donné leur nom à la célèbre promenade de cette ville. ___ I C ___
6. Cette ville organise le festival du film le plus connu du monde. ___ ___ N N ___ S

6 **Des mots cachés camarguais** First, use the clues to identify some expressions related to the Camargue. Then find the words in the puzzle.

1. On appelle les ______________ les cow-boys camarguais.
2. C'est l'un des oiseaux exotiques qu'on trouve en Camargue: le ______________.
3. En Camargue, on voit (*sees*) ces ______________ noirs.
4. Le meilleur ami du cow-boy camarguais est un cheval ______________.

F	A	R	E	B	C	D	U	Î	G	A	E	J	G	F
X	L	B	K	T	L	F	Y	M	P	J	S	Z	A	W
Z	P	A	I	F	F	H	L	M	U	W	O	C	R	J
S	N	C	M	B	Â	Y	J	G	Q	J	R	N	D	B
G	Z	W	N	A	E	N	F	J	Q	I	P	A	I	X
A	R	N	X	S	N	C	P	T	S	É	A	L	A	A
T	Y	O	A	A	H	T	A	L	M	U	O	B	N	U
R	V	T	Q	H	Z	U	R	L	B	K	U	C	S	L
O	C	H	B	O	R	S	Q	O	M	E	N	P	Z	V
H	J	M	E	E	C	T	C	B	S	J	F	S	R	X
Q	Z	J	A	N	C	D	U	U	U	E	Q	P	Q	B
J	H	U	K	C	X	A	I	Z	H	U	L	Y	X	O
I	X	W	É	T	A	N	G	S	V	E	R	Z	A	Q
S	U	Y	A	X	G	Y	G	A	W	H	W	M	O	C
C	D	X	I	O	I	W	D	O	S	I	A	R	A	M

Nom ______________________ Date ______________________

Unité 13

Leçon 13A

ESPACE CONTEXTES

1 **Choisissez** Complete these sentences by selecting the appropriate expressions.

1. Thomas gagne un salaire ____________ (élevé / modeste). Il est homme d'affaires.
2. Leïla a obtenu un ____________ (poste / domaine) de vendeuse au magasin du Monde.
3. Vous allez l'embaucher? Mais il n'a pas de ____________ (références / conseil)!
4. Nathalie veut faire un(e) ____________ (stage / messagerie) dans la finance.
5. Un bon patron donne des ____________ (conseils / combinés) à ses employés de temps en temps.
6. C'est une entreprise qui ____________ (embauche / postule) beaucoup de personnes.
7. Je refuse de ____________ (patienter / faire des projets) plus de cinq minutes au téléphone.
8. Il y a combien de ____________ (candidats / chefs du personnel) pour le poste de secrétaire?

2 **Complétez les phrases** Complete these sentences with appropriate expressions from the lesson.

1. Hassan a pris ________________ avec le chef du personnel pour passer un entretien.
2. Yoline a appelé son ancien (*former*) patron pour demander une lettre ________________.
3. Gilles ne trouve pas de travail parce qu'il n'a pas d'________________ professionnelle.
4. Vous avez reçu plusieurs ________________ à l'université? C'est impressionnant (*impressive*).
5. Et votre ________________, c'est le management?
6. Christelle a trouvé un ________________! On va faire la fête ce soir.
7. Dans quel ________________ est-ce que vous voulez travailler?
8. Et vous avez fait un stage dans quelle ________________?

3 **À la recherche d'un travail** Describe these illustrations that show steps one often takes to find work. Use expressions from the lesson.

Modèle

On doit appeler le chef du personnel.

Je voudrais me proposer comme candidate...

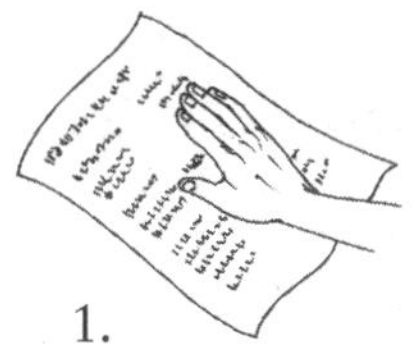
1.

2.

Vous êtes disponible mercredi?

3.

4.

1. ____
2. ____
3. ____
4. ____

Workbook

4 **Un appel téléphonique** Put this phone conversation in order by numbering the lines.

_______ Le chef du personnel n'est pas là en ce moment, mais je peux lui laisser un message. Quel est votre numéro de téléphone?
_______ C'est Hélène Bonnaire à l'appareil.
_______ Euh, oui, c'est ça.
_______ C'est de la part de qui?
_______ Très bien. Au revoir, mademoiselle.
_______ Allô?
_______ Bonjour, je peux parler au chef du personnel, s'il vous plaît?
_______ C'est le zéro, un, dix-sept, quatre-vingts, quatorze, vingt.
_______ Merci, au revoir monsieur.
_______ Alors, vous appelez pour prendre rendez-vous avec lui, c'est ça?

5 **Répondez** Answer some typical questions that one encounters while looking for work. Use complete sentences and provide some information besides a simple *yes* or *no* answer. The expressions listed might be helpful to you.

Coup de main

les affaires (*business*)	le produit (*product*)
l'éducation (*education*)	la restauration (*the restaurant business*)
la finance (*finance*)	la santé (*healthcare*)
le marketing (*marketing*)	les ventes (*sales*)

1. Vous avez une expérience professionnelle? Dans quels domaines?

____

____

2. Qu'avez-vous comme références?

____

____

3. Pourquoi voulez-vous travailler pour notre compagnie?

____

____

4. Qu'avez-vous envoyé avec votre CV?

____

____

5. Qui est à l'appareil?

____

____

6. Vous voulez laisser un message?

____

____

Nom ______________________ Date ______________________

ESPACE STRUCTURES

13A.1 Le futur simple with quand and dès que

1 **Complétez** There are several possible logical endings for each of these sentences. Pick the most appropriate one for each sentence so that each answer is used only once.

_______ 1. J'irai chez Cédric pour regarder un film...	a. quand elle m'appellera ce soir.
_______ 2. Je dirai «Joyeux anniversaire» à maman...	b. dès que papa nous donnera la permission d'y aller.
_______ 3. J'aurai un château et une collection de voitures de sport...	c. quand on aura dix-huit ans.
_______ 4. On ira au concert...	d. dès qu'il m'appellera pour dire qu'il est rentré.
_______ 5. Léna viendra nous chercher à la gare...	e. quand je serai riche!
_______ 6. On prendra des leçons de conduite (*driving lessons*) à l'auto-école...	f. quand ils seront plus gentils avec moi.
_______ 7. On mangera au restaurant chinois...	g. dès que le train arrivera.
_______ 8. Je donnerai des bonbons aux enfants...	h. quand on ira à San Francisco.

2 **Qu'est-ce qu'ils feront?** Use the illustrations as a reference to complete these sentences.

1. Elle décrochera dès que 

______________________.

2. Elle  ______________________ quand elle aura le nouveau logiciel.

3. Elle nous téléphonera dès qu'elle 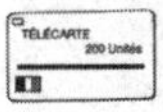

______________________.

4. Elle  ______________________ dès qu'elle aura le journal de ce matin.

3 **Faites des phrases** Use these cues to write sentences. Make sure to conjugate the verbs and make other changes (add articles, make contractions, etc.) so that the sentences are grammatically correct.

1. elle / donner / CV / à / chef du personnel / quand / elle / être / à / bureau

____

2. je / écrire / lettre de recommandation / dès que / je / avoir / temps

____

3. je / parler / à / Thierry / de / salaire / quand / je / le / appeler

____

4. il / chercher / travail / quand / il / avoir / voiture

____

5. elle / avoir / salaire / élevé / dès que / elle / obtenir / nouveau / poste

____

6. Thomas / prendre / rendez-vous / quand / il / appeler

____

7. je / acheter / télécarte / quand / je / être / en / ville

____

8. Amir / raccrocher / dès que / il / entendre / message

____

Workbook

4 **Quel temps?** Complete these sentences by choosing verbs in the correct tense.

1. En général, quand elle ______________ (se dispute / se disputera) avec son copain au téléphone, elle lui ______________ (raccroche / raccrochera) au nez.
2. Il ______________ (laisse / laissera) un message pour réserver une chambre à l'hôtel dès qu'il ______________ (entend / entendra) le bip sonore (*beep*).
3. D'habitude, les employés ______________ (se mettent / se mettront) à travailler quand le patron ______________ (arrive / arrivera).
4. Je ______________ (passe / passerai) un entretien dès que je ______________ (prends / prendrai) rendez-vous avec le chef du personnel.
5. Les Ducasse ______________ (visitent / visiteront) des médinas quand ils ______________ (sont / seront) au Maroc, en avril.
6. Le plus souvent (*Most often*), Alex ne ______________ (travaille / travaillera) que quand il ______________ (a / aura) envie de se détendre.

5 **Des pronostics** Make predictions about what these people are going to do. Use complete sentences with **quand** and **dès que**.

Modèle

Bientôt, Cédric aura son diplôme.
Dès qu'il aura son diplôme, il trouvera un travail.

1. Bientôt, Mme Djebali obtiendra un nouveau poste avec un salaire élevé.

   ____
2. Dans deux ans, Alexandre sera marié.

   ____
3. Lundi prochain, j'arriverai à Alger.

   ____
4. Bientôt, M. Jeunet sera de retour de vacances.

   ____
5. Le week-end prochain, nous achèterons un lecteur de DVD.

   ____
6. Bientôt, M. Le Floch aura une promotion.

   ____
7. Le mois prochain, j'aurai un abonnement (*subscription*) au *Journal du soir*.

   ____
8. Dans quelques semaines, j'enverrai mon CV au chef du personnel.

   ____

Nom ______________________________ Date ______________________________

13A.2 The interrogative pronoun lequel

1 **Lequel?** Match each image to an appropriate caption. Pay attention to the gender and number.

a. 

b. 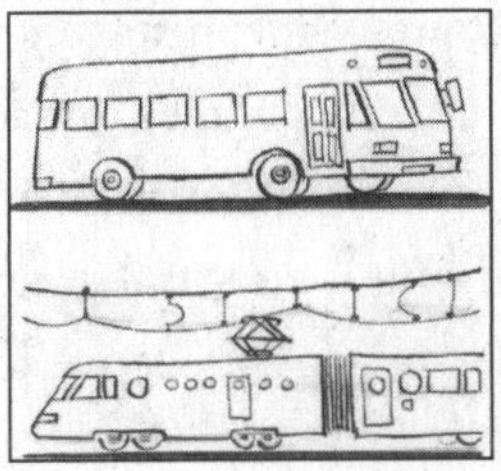

c. 

d. 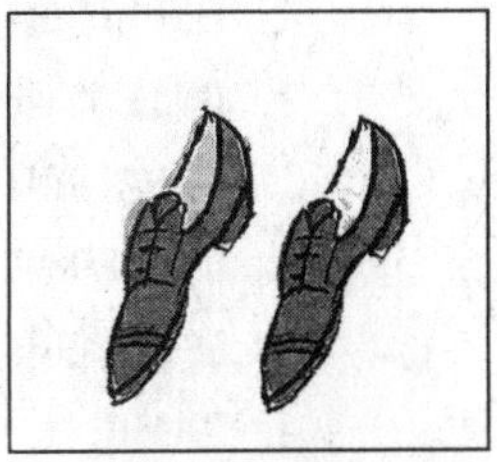

e. 

f. 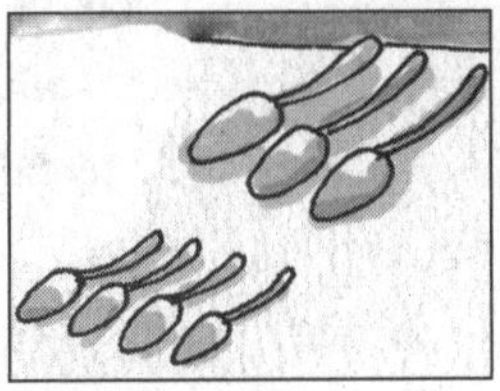

g. 

h. 

_______ 1. Lequel est ton cousin?

_______ 2. Laquelle avez-vous écrite, M. Lemeur?

_______ 3. Lesquels sont pour la poste aérienne (*air mail*)?

_______ 4. Lesquelles vont avec ces chaussettes?

_______ 5. Lequel est-ce que tu vas prendre?

_______ 6. Laquelle est la meilleure de l'équipe?

_______ 7. Lesquels est-ce que tu vas lire ce semestre?

_______ 8. Lesquelles sont pour la soupe?

2 **Rédigez les phrases** Use forms of **lequel** to replace the underlined words so that these sentences are less repetitive.

> **Modèle**
>
> Il y a deux profs dans le couloir. Quel prof est ton prof de français?
>
> *Lequel*

1. On a interviewé deux candidates ce matin. Quelle candidate avez-vous préférée? _______________
2. Je veux travailler dans le domaine des affaires. Dans quel domaine est-ce que vous voulez travailler? _______________
3. On a reçu des lettres de recommandation hier. Quelles lettres est-ce que vous voulez lire cet après-midi? _______________
4. Des employés sont arrivés en retard. Quels employés sont arrivés cet après midi? _______________
5. Mais il y a plusieurs numéros de téléphone écrits sur cette feuille de papier. Quel numéro est le tien (*yours*)? _______________
6. Les CV sont sur mon bureau. Quels CV est-ce qu'on va mettre à la poubelle? _______________

Nom ______________________ Date ______________________

Workbook

3 **Complétez** Complete these conversations overheard at the office with appropriate forms of **lequel**.

1. **CATHERINE** Je veux faire un stage à Tahiti.
   LE PATRON Mais ____________? Je ne connais aucun stage proposé à Tahiti.
2. **GILLES** Ce candidat a travaillé pour plusieurs compagnies informatiques.
   LE PATRON Pour ____________? Il habitait en Californie, n'est-ce pas?
3. **CATHERINE** Sa lettre de recommandation dit qu'il a reçu plusieurs mentions.
   LE PATRON ____________ avez-vous vue? Je n'ai vu aucune lettre de recommandation.
4. **SAMIR** Ce candidat a laissé dix messages sur le répondeur.
   LE PATRON ____________ avez-vous gardés? C'est un peu agressif, non?
5. **SAMIR** Gilles a cassé un des combinés en raccrochant (*while hanging up*) avec trop de force.
   LE PATRON ____________ a-t-il cassé? Mais dites-lui de se calmer!
6. **GILLES** Le candidat nous a donné ses références.
   LE PATRON ____________ a-t-il données? Sa mère et son père? Il n'a pas d'expérience professionnelle!

4 **Des questions** Write a set of two questions for each answer that say the same thing. The first question should use the formula **quel(le)(s)** + *noun* and the second should use a form of **à** + **lequel** or **de** + **lequel**.

Modèle

Je rêve d'un poste à Tahiti.
De quel poste est-ce que tu rêves?
Duquel est-ce que tu rêves?

1. J'ai répondu aux questions faciles!

____

____

2. Il s'intéresse aux métiers de médecin et de vétérinaire.

____

____

3. On parle de l'employée habillée en rouge.

____

____

4. Il a peur du chef qui a une moustache.

____

____

5. Je pense à la lettre de recommandation qu'on a lue ce matin.

____

____

Nom ______________________ Date ______________________

Unité 13

Leçon 13B

ESPACE CONTEXTES

Workbook

1 **Qu'est-ce qu'ils font dans la vie?** Complete these statements by indicating what these people do according to their job description.

1. Il sauve des personnes lors d'accidents et il lutte contre le feu (*fights fires*). Il est ______________.
2. Elle transporte des clients dans son taxi. Elle est ______________.
3. Elle est à la tête d'une grande entreprise. Elle est ______________.
4. Il a beaucoup de responsabilités envers ses subordonnés (*subordinates*), mais il n'est ni cadre ni chef d'entreprise. Il est ______________.
5. Ma mère travaille à la maison. Elle n'a pas de salaire, sa récompense est le bonheur de notre famille. Elle est ______________.
6. Il dirige une compagnie avec d'autres personnes de même niveau. Il est ______________.
7. Elle a un travail manuel. Elle est ______________.
8. Il donne des conseils dans un domaine spécifique. Il est ______________.

2 **Quel métier?** Write a caption to indicate what each person pictured does as a profession. Use the wording in the model.

Modèle

Elle *est* vétérinaire.

1. ______________________

2. ______________________

3. ______________________

4. ______________________

5. ______________________

6. ______________________

3 **Des énigmes** Solve these riddles with expressions from the lesson.

1. C'est un synonyme de «profession». ____________
2. Cette personne ne travaille pas, mais elle n'est pas en vacances. ____________
3. C'est un groupe qui s'oppose souvent aux cadres. ____________
4. Ça arrive quand plusieurs personnes se mettent ensemble pour parler. ____________
5. C'est un synonyme de «succès». ____________
6. Quand on travaille 40 heures par semaine, on a un emploi de ce type. ____________
7. Les gérants font ça. ____________
8. Quand quelqu'un est déjà mort, il est trop tard pour en trouver. ____________

4 **Évaluez la situation** Indicate what these people need according to their situations. Use expressions from the lesson.

Modèle

Maman travaille trop. *Elle a besoin de prendre un congé.*

1. Antoine est mal payé.

   ____
2. Mme Ménard travaille au même poste depuis des années.

   ____
3. Papa ne trouve pas le temps de s'occuper de nous parce qu'il travaille 40 heures par semaine.

   ____
4. M. Fournet a des problèmes de santé et il n'arrive pas à payer ses factures (*bills*).

   ____
5. Depuis quelques temps, Caroline a envie de travailler pour une autre compagnie.

   ____

5 **Votre carrière** Write a paragraph about your present or future career. Give your job title, a description of job tasks, your schedule, and any other relevant information. You may find the expressions listed useful.

Coup de main

dans (nombre) ans *in (number) years*
être au plus haut niveau *to be at the top level*
je suis / serai (poste) *I am / will be a(n) (job title)*

____
____
____
____
____
____

Nom ______________________ Date ______________________

Workbook

ESPACE STRUCTURES

13B.1 Si clauses

1 **Trouvez des terminaisons** There are several possible logical endings for each of these sentences. Pick the most appropriate one for each sentence so that each answer is used only once.

______ 1. Si vous ne faites pas vos devoirs, ...	a. elle sera en colère contre moi.
______ 2. Si on va au restaurant ce soir, ...	b. il ne pourra pas faire les magasins parce qu'ils seront tous fermés pour les vacances.
______ 3. Si nous achetons un château, ...	c. ils auront des caries (*cavities*) dans un an.
______ 4. S'ils arrêtent de manger des éclairs, ...	d. nous aurons des dettes (*debts*).
______ 5. Si ton cousin vient à Paris en août, ...	e. vous aurez de mauvaises notes.
______ 6. Si vous prenez des leçons de conduite (*driving lessons*) cet été, ...	f. vous aurez votre permis à l'automne.
______ 7. Si je ne téléphone pas à ma mère, ...	g. ils maigriront.
______ 8. Si tu donnes des bonbons aux enfants, ...	h. on pourra manger les fameuses crêpes.

2 **Complétez les légendes** Complete the captions for these illustrations with appropriate expressions. Note that some verbs are in the present tense and others are in the future.

Modèle

Si tu lis *ce livre* trop longtemps, tu auras mal aux yeux!

1. 

2. 

3. 

4. 

5. 

1. Si on ______________________, on aura des problèmes de santé plus tard.
2. Si je n'étudie pas pour cet examen, je/j' ______________________.
3. Si vous ______________________, vous aurez un accident!
4. Si nous ne mettons pas nos manteaux, nous ______________________.
5. Si tu ______________________ ce soir, tu te réveilleras tôt demain matin.

Workbook

3 **Logique ou illogique?** Decide whether each sentence is **logique** or **illogique**.

	logique	illogique
1. Si je perdais mon travail, j'aurais plus d'argent.	❍	❍
2. Si vous étiez plus sympa avec vos collègues, ils seraient plus sympas avec vous.	❍	❍
3. Si le patron nous donnait une augmentation, on pourrait acheter plus de cadeaux.	❍	❍
4. Si tu arrivais à l'heure tous les matins, le patron se mettrait en colère.	❍	❍
5. Si vous aviez moins de travail, vous auriez plus de temps pour faire de l'exercice.	❍	❍
6. Si elle parlait anglais, elle aurait moins de possibilités professionnelles.	❍	❍
7. Si M. Ibrahim était mieux payé, il ne pourrait pas avoir une voiture aussi chère.	❍	❍
8. Si nous revenions plus tôt au bureau après le déjeuner, on pourrait partir plus tôt le soir.	❍	❍

4 **Mettez des verbes** Provide verbs for this evaluation that Mr. Buisson made of his subordinates by providing appropriate verbs in the **imparfait**.

KHALIL, ABDEL: Cet employé doué (*talented*) fait bien son travail. S'il (1) ______________ au bureau avant midi, il serait un meilleur employé.

SOUBISE, ADRIEN: C'est un employé moyen (*average*) qui ne s'intéresse pas beaucoup au travail. Il est pourtant (*however*) très capable dans le domaine de l'informatique. Si on lui (2) ______________ un meilleur ordinateur, il accepterait de nouvelles responsabilités.

LAMARTINE, NOÉMIE: Une performance catastrophique dans le dernier trimestre de l'année. Elle est souvent absente et ne présente pas d'excuse. Si elle (3) ______________ au bureau de temps en temps, elle pourrait éventuellement s'excuser.

COULIBALY, ADAMA: La qualité de son travail est exceptionnelle. S'il (4) ______________ un stage dans un pays anglophone pour perfectionner son anglais, il irait loin!

NGUYEN, MARIE-ANGE: Un travail très assidu (*diligent*). Elle se dispute pourtant avec ses collègues. Si elle (5) ______________ mieux avec les autres, elle pourrait monter au plus haut niveau.

LECLERC, HÉLÈNE: Cette employée a beaucoup de talent mais elle a aussi trop de responsabilités pour son rang (*rank*). Si elle (6) ______________ moins de travail à faire, elle accepterait peut-être plus facilement qu'on ne lui donne pas de promotion cette année.

5 **À vous!** Complete these sentences in an appropriate way. Note that some verbs should be in the future and some in the conditional.

1. Si j'étais riche, ______________.
2. S'il pleut demain, ______________.
3. Si nous n'avons pas cours lundi prochain, ______________.
4. Si les chats pouvaient voler (*fly*), ______________.
5. Si on avait plus de jours de vacances, ______________.
6. Si je parlais couramment le français, ______________.
7. Si je peux rentrer plus tôt que prévu (*expected*) aujourd'hui, ______________.
8. Si je trouvais une lettre d'amour dans la rue, ______________.

13B.2 Relative pronouns **qui, que, dont, où**

1 **Des questions difficiles** Get ready for the tough questions people ask when you're looking for work! Select the appropriate relative pronoun to complete the sentences.

—Quelle formation faites-vous?

—La formation (1) ______________________ (que / qui) je fais est celle de (*that of*) chef cuisinier.

—Vous rêvez d'une profession dans le domaine de l'éducation?

—La profession (2) ______________________ (dont / où) je rêve n'est pas dans le domaine de l'éducation, mais dans le domaine des médias.

—Quels métiers trouvez-vous intéressants?

—Les métiers (3) ______________________ (que / qui) je trouve intéressants sont dans l'industrie de la mode.

—Avez-vous besoin d'un emploi qui offre des augmentations régulières?

—L'emploi (4) ______________________ (que / dont) j'ai besoin offre des augmentations de temps en temps et des opportunités de promotion.

—Y a-t-il quelqu'un qui vous a influencé dans votre choix (*choice*) de carrière?

—La personne (5) ______________________ (qui / que) m'a influencé dans mon choix de carrière est mon professeur d'histoire-géographie au lycée.

—Vous comptez obtenir votre diplôme cette année? De quelle université?

—Oui, je compte obtenir mon diplôme en mai. L'université (6) ______________________ (que / où) je fais mes études est Vanderbilt University, dans le Tennessee.

—Il vous est déjà arrivé d'être (*Have you ever been*) au chômage?

—Non, c'est une expérience (7) ______________________ (que / dont) je ne connais pas. Heureusement.

2 **Quelle description?** Match each image to its caption.

a. 

b. 

c. 

d. 

e. 

f. 

_______ 1. C'est une personne dont tout le monde connaît le nom (*name*).

_______ 2. C'est une personne qui donne des amendes.

_______ 3. C'est un endroit que beaucoup de touristes visitent chaque année.

_______ 4. C'est un endroit où l'on va pour manger.

_______ 5. C'est un animal qui adore faire la sieste.

_______ 6. C'est un animal dont les dents sont terrifiantes.

Workbook

Workbook

3 **Complétez** Complete each sentence with the appropriate relative pronoun **qui, que, dont,** or **où.**

1. Le métier de psychologue est un métier ______________ m'intéresse (*interests me*).
2. Les chefs d'entreprise sont des personnes ______________ j'admire.
3. Les candidats ______________ on embauche sont toujours les meilleurs.
4. Une profession ______________ on ne parle pas beaucoup est celle de (*that of*) femme au foyer.
5. Un endroit ______________ je ne voudrais pas travailler est l'université.
6. Ce sont les cadres ______________ ont le moins de stress.
7. Les professions ______________ on rêve sont toujours les mieux payées.
8. Les villes ______________ je voudrais vivre offrent beaucoup d'opportunités.

4 **Que dites-vous?** Use a relative pronoun to answer each question about your life in college.

Modèle

Vous parlez de quelle personne?
La personne dont je parle est notre professeur de français.

1. Vous avez quel(s) cours aujourd'hui?

   ____

2. À quel endroit est-ce que vous déjeunez les jours où vous avez cours?

   ____

3. Vous avez des cours particulièrement difficiles ce semestre?

   ____

4. Avez-vous besoin de quelque chose pour mieux faire votre travail?

   ____

5. Quels livres est-ce que vous lisez pour vos cours en ce moment?

   ____

6. Est-ce que quelqu'un vous aide financièrement?

   ____

Nom ______________________ Date ______________________

Unité 13

PANORAMA

Savoir-faire

1 **Des gens célèbres** Match each description with the name of a famous person.

_______ 1. Cet écrivain à l'imagination extraordinaire a écrit *Le Petit Prince.*
_______ 2. Cet homme est connu pour ses travaux dans le domaine scientifique.
_______ 3. Cette célèbre actrice française est née en 1976.
_______ 4. Cet homme est un gastronome célèbre.
_______ 5. Cette humoriste est aussi actrice.

a. Brillat-Savarin
b. Audrey Tautou
c. Florence Foresti
d. Antoine de Saint-Exupéry
e. André-Marie Ampère

2 **Des diapos** Write a one-sentence caption in French to accompany each of these slides (**diapos**).

1. 

2. 

3. 

4. 

5. 

6. 

1. ____
2. ____
3. ____
4. ____
5. ____
6. ____

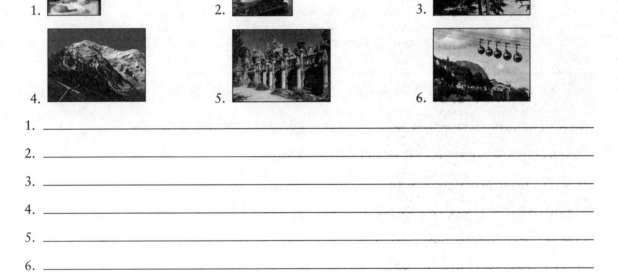

3 **Vrai ou faux?** Indicate whether each of these statements is **vrai** or **faux**.

	Vrai	Faux
1. Grenoble se situe dans les Pyrénées.	❍	❍
2. La raclette et la fondue sont des spécialités à base de fromage fondu.	❍	❍
3. Le synchrotron est un club à Grenoble.	❍	❍
4. ViaRhôna est une route cyclable entre Clermont-Ferrand et Valence.	❍	❍
5. Grenoble est un grand centre de recherche français.	❍	❍
6. Des pommes de terre accompagnent le fromage de la raclette.	❍	❍
7. La Fête des Lumières est un événement important à Lyon.	❍	❍
8. Des musiciens donnent des concerts pendant la Fête des Lumières.	❍	❍

4 Tous à vélo! Complete each of these statements about cycling in the region.

1. ________________ est un itinéraire cyclable de 815 kilomètres.
2. ViaRhôna traverse la région ________________.
3. Cette route commence au ________________, en ________________ et se termine sur la côte ________________ française.
4. L'étape ________________ est inaugurée en juin 2016.

5 Les villes de la région Write the names of the towns described by the clues.

1. Le Mont Blanc est près de cette ville. ___ N ___ E ___ ___
2. Depuis 1852, cette ville s'illumine tous les ans vers le 8 décembre. L ___ ___ ___
3. Cette ville est à l'ouest de Lyon. ___ L ___ R ___ ___ N ___ - ___ E R ___ ___ N ___
4. Cette ville est un grand centre de recherche scientifique. ___ R E ___ ___ B ___ ___
5. ViaRhôna a une étape entre cette ville suisse et Lyon. ___ E ___ ___ V E
6. Lyon et cette ville sont situées le long (*along*) du Rhône. ___ A ___ E ___ ___ E

6 Le Palais Idéal First, complete the clues about the **Palais Idéal**. Then find the words in the puzzle.

1. Joseph Ferdinand ________________ a construit ce palais féerique.
2. Cet homme était ________________ rural près de Lyon.
3. Pendant ses tournées, il collectionnait des ________________.
4. La ________________ de ce palais a duré 33 ans.

F	A	R	E	B	C	D	U	Î	G	A	E	J	G	F
X	L	B	K	T	H	F	Y	M	P	J	S	Z	A	W
Z	P	A	I	F	E	H	L	M	U	W	O	C	R	J
S	N	C	M	B	V	Y	J	G	Q	J	R	N	D	B
G	Z	W	N	A	A	N	F	J	Q	I	P	A	I	X
A	R	N	X	S	L	C	P	T	S	É	A	L	A	A
T	Y	O	A	A	H	T	A	L	M	S	O	B	N	U
R	V	T	Q	H	Z	F	A	C	T	E	U	R	S	L
O	C	H	B	O	R	S	Q	O	M	R	N	P	Z	V
H	J	M	E	E	C	T	C	B	S	R	F	S	R	X
Q	Z	J	A	N	C	D	U	U	U	E	Q	P	Q	B
J	C	O	N	S	T	R	U	C	T	I	O	N	X	O
I	X	W	É	T	A	N	G	S	V	P	R	Z	A	Q

Nom ______________________ Date ______________________

Unité 14

Leçon 14A

ESPACE CONTEXTES

Workbook

1 **Cherchez** Find eleven more environmentally related words listed in the grid, looking backward, forward, vertically, horizontally, and diagonally.

- abolir
- améliorer
- catastrophe
- covoiturage
- déchets toxiques
- écologique
- effet de serre
- en plein air
- ~~environnement~~
- gaspillage
- pluie acide
- protection

D	R	R	S	A	U	V	O	N	A	S	E	C	P	L
A	É	I	E	P	L	A	N	B	E	R	G	A	L	T
E	E	C	A	R	J	I	O	J	R	O	A	T	U	F
E	G	F	H	N	O	L	B	E	V	E	R	A	I	W
É	P	A	M	E	I	I	S	M	L	L	U	S	E	Y
C	C	R	L	R	T	E	L	X	S	S	T	T	A	X
J	T	O	O	L	D	S	L	É	N	N	I	R	C	I
V	Y	I	L	T	I	W	T	P	M	L	O	O	I	Q
A	C	F	E	O	E	P	E	O	N	A	V	P	D	D
M	U	F	H	G	G	C	S	X	X	E	O	H	E	V
L	F	E	L	T	I	I	T	A	Y	I	C	E	G	L
E	H	H	U	F	W	W	Q	I	G	I	Q	E	P	N
G	Z	T	Q	O	J	R	J	U	O	U	Q	U	I	J
B	F	U	R	J	X	I	U	F	E	N	Y	N	E	D
E	N	V	I	R	O	N	N	E	M	E	N	T	K	S

2 **Que recyclent-ils?** Look at this illustration and write a complete sentence to indicate what each person is recycling.

1. ______________________________
2. ______________________________
3. ______________________________

3 **Chassez l'intrus** Indicate the word that does not belong in each group.

1. améliorer, gaspiller, préserver, sauver
2. une catastrophe, l'effet de serre, un glissement de terrain, le recyclage
3. l'écologie, une centrale nucléaire, la surpopulation, des déchets toxiques
4. la pluie acide, le recyclage, le ramassage des ordures, un emballage
5. écologique, propre, sale, pur
6. le gaspillage, la pollution, une solution, la surpopulation
7. un trou dans la couche d'ozone, un nuage de pollution, un glissement de terrain, l'effet de serre
8. l'écologie, la protection, une solution, polluer

Workbook

4 À chaque problème sa solution

À chaque problème sa solution Match each problem with its solution in complete sentences.

les problèmes	les solutions
la pollution de l'air	prévenir les incendies de forêts
les glissements de terrain	recycler plus
les déchets toxiques	développer des emballages écologiques
la surpopulation	donner une amende aux pollueurs
le gaspillage	faire du covoiturage
la pollution	éviter une population croissante

Modèle

l'effet de serre / interdire la pollution de l'air

Pour trouver une solution au problème de l'effet de serre, on doit commencer par interdire la pollution de l'air.

1. ____

____

2. ____

____

3. ____

____

4. ____

____

5. ____

____

6. ____

____

5 En 2050

En 2050 A new scientific study has revealed some of the problems that we will face in the future. Fill in each blank with a word or expression from the list. Make all the necessary changes and agreements. Note that not all the words will be used.

abolir	énergie	gouvernement	réchauffement
catastrophe	environnement	population croissante	sauver
effet de serre	espace	protection	solution

Le (1) ______________ climatique peut conduire à une véritable (2) ______________ d'ici 2050. Si (3) ______________ ne développent pas une politique de (4) ______________ de l'environnement, nous ne sauverons pas la planète.

L'(5) ______________ est un des principaux problèmes. Nous devons avoir plus d' (6) ______________ propres comme l'énergie solaire. Ce problème est lié à (*linked to*) une (7) ______________: elle a été multipliée par 2,5 en 50 ans.

On doit rapidement penser à une (8) ______________ si nous voulons (9) ______________ la planète. L' (10) ______________ nous concerne tous.

ESPACE STRUCTURES

14A.1 Demonstrative pronouns

1 **La réunion** You are attending a student committee meeting on the environment for the first time. Your friend Bertrand is explaining to you who people are and what is going on. Fill in the blanks with the appropriate demonstrative pronoun.

1. L'étudiant à droite, ____________ avec l'écharpe marron, c'est Cédric.
2. La personne qui parle en ce moment, c'est ____________ qui dirige l'association.
3. Les étudiants les plus actifs, ce sont ____________ que tu vois (*see*) là-bas.
4. La question la plus importante ce soir, c'est ____________ du recyclage sur le campus.
5. Les débats les plus importants, ce sont ____________ qui ont lieu (*take place*) à l'assemblée (*meeting*) générale.
6. ____________ qui porte des lunettes, c'est Anne-Marie Lombard.
7. On ne sait toujours pas qui sera élu (*elected*) président cette année. Peut-être que ce sera l'ancien secrétaire, ____________ qui est parti étudier l'Amazonie pendant un an.
8. Moi, je suis plutôt d'accord avec ____________ qui pensent qu'il faut proposer une loi au directeur de l'université.

2 **Les problèmes écologiques** Rewrite these sentences using demonstrative pronouns to avoid repetitions.

Modèle

Je pense à tes idées et aux idées de Nouria.
Je pense à tes idées et à celles de Nouria.

1. Le recyclage du papier est plus important que le recyclage du verre.
   ____
2. L'augmentation de la pollution en Europe est moins grande que l'augmentation de la pollution aux États-Unis.
   ____
3. Le problème de l'effet de serre est lié (*linked*) au problème du trou de la couche d'ozone.
   ____
4. Les amendes que l'industrie paie sont moins importantes que les amendes que le gouvernement donne.
   ____
5. Les produits d'aujourd'hui sont moins polluants que les produits des années cinquante.
   ____
6. Le danger causé par les déchets toxiques est aussi grave que le danger causé par la pluie acide.
   ____
7. Le ramassage des ordures du campus est meilleur que le ramassage des ordures de la ville.
   ____
8. La loi sur la protection de l'environnement est plus sévère que la loi contre le gaspillage de l'énergie.
   ____

Workbook

3 **Lequel?** You have just come back from your semester abroad and you need to do some catching up with your roommate about what has been going on in your absence. Choose the appropriate demonstrative pronoun.

1. Ce bâtiment, c'est ____________ (celui de / celui que / celui qui) avait été détruit par le feu.
2. Les examens, ____________ (celles de / ceux de / ceux que) décembre, étaient très difficiles.
3. Le professeur de physique, ____________ (celui qui / celle qui / celle-ci) a reçu un prix, va être mon prof le semestre prochain.
4. Les soirées de la Maison Française sont ____________ (celles qui / celles que / celles de) j'ai le plus fréquentées.
5. L'étudiant sénégalais, ____________ (celui en / celui qui / celui de) l'étage du dessous, est parti pour un semestre en Argentine.
6. J'ai perdu mon portefeuille (*wallet*) en cuir, ____________ (celui de / celui que / celui-là) que tu m'as donné pour mon anniversaire.
7. J'ai lu deux romans d'Émile Zola, ____________ (celui qui / ceux dont / ceux que) tu m'as tant parlé.
8. La nouvelle directrice du département de français est d'origine canadienne. Elle est très différente de ____________ (celle-là / celle qu' / celle d') avant.

4 **Au café** Complete the conversation from a café terrace with the appropriate demonstrative pronoun and any other necessary elements.

SYLVIE Dis, tu connais cet étudiant?

DAMIEN Lequel? (1) ____________ avec le pull rouge ou (2) ____________ avec la veste noire?

SYLVIE Mais non, (3) ____________, à l'entrée de la librairie.

DAMIEN Non, désolé. Est-ce que tu as lu les livres pour la classe de français?

SYLVIE J'ai lu (4) ____________ Victor Hugo, mais pas (5) ____________ George Sand a écrit en 1846.

MALIKA Moi, j'ai aimé la nouvelle (*short novel*). Tu sais, (6) ____________ est intitulée *La fille aux yeux d'or*.

DAMIEN Ah oui, c'est de Maupassant.

MALIKA Mais non, (7) ____________, elle est de Balzac.

SYLVIE Moi, je n'aime pas les livres qu'on nous a demandé de lire. Je préfère (8) ____________ je choisis.

14A.2 The subjunctive (Part 1)

1 **Les obligations** Your friend Patrice is planning a party. Complete each sentence with the subjunctive forms of the verbs in parentheses to know how the planning is going.

1. Farida ne peut pas venir parce qu'il est indispensable qu'elle ______________ (finir) son devoir de français.
2. Il faut que Michel me ______________ (dire) à quelle heure il peut venir.
3. Il faut que j'______________ (attendre) la réponse de Karim.
4. Il est possible que les invités ______________ (apporter) de la nourriture.
5. Il vaut mieux que mes colocataires ______________ (prévenir—*to tell*) les voisins.
6. Il est dommage que Mariam ne ______________ (prendre) pas un train plus tôt.
7. Il est nécessaire que j'______________ (acheter) des boissons.
8. Il est essentiel que nous ______________ (recycler) les verres en plastique.

2 **Avant les vacances** You and your housemates are about to go on spring break, but there are still a few things that you need to do before leaving. Write complete sentences with the elements provided to know who has to do what. Make all necessary changes and agreements.

1. il / être / important / Mathilde / parler / professeur de français

   ____

2. il / être / nécessaire / Florence / et / son petit ami / acheter / leurs billets d'avion

   ____

3. il / être / bon / je / partir / mercredi matin / au plus tard

   ____

4. il / être / essentiel / tu / vendre / ta vieille voiture

   ____

5. il / falloir / nous / nettoyer / la maison

   ____

6. il / valoir mieux / vous / appeler / le propriétaire

   ____

7. il / être / important / Farid / enlever / son vélo / du garage

   ____

8. il / être / essentiel / je / obtenir / un visa / pour la Tunisie

   ____

Workbook

3 **Les résolutions** The student committee for the environment on campus has written a pledge. It asks students to follow certain rules to help preserve the environment. Complete the sentences with the present subjunctive of the verbs from the list.

comprendre	éviter	partager	préserver	ne pas réduire
éteindre	ne pas interdire	prendre	recycler	remplir

Il est maintenant essentiel que les étudiants (1) _______________ l'environnement. Si nous voulons sauver la planète, il faut que nous (2) _______________ le gaspillage et que nous (3) _______________ le papier et les emballages en plastique. Il est nécessaire que nous (4) _______________ mieux les mécanismes du réchauffement climatique si nous voulons changer les choses. La conférence sur le climat de Montréal a montré qu'il vaut mieux qu'on (5) _______________ les transports en commun ou que nous (6) _______________ notre voiture. Il est également bon que chacun (7) _______________ la lumière quand il n'y a personne dans une pièce.

Ici, à l'université, nous pensons qu'il est dommage que le président de l'université (8) _______________ l'utilisation des voitures sur le campus et que l'université (9) _______________ sa consommation d'eau. Il est essentiel que l'université (10) _______________ les conditions de la charte que nous proposons.

4 **Une lettre** Write a letter for the next meeting of the environmental committee using the words and phrases from the list.

améliorer	développer	il est important que	polluer
une catastrophe	écologique	il est nécessaire que	la protection
un danger	un emballage	il faut que	le recyclage

____
____
____
____
____
____
____
____
____
____
____
____
____
____

Nom ______________________ Date ______________________

Workbook

Unité 14

Leçon 14B

ESPACE CONTEXTES

1 **Chassez l'intrus** Indicate the word that does not belong in each group.

1. un écureuil, un lapin, un sentier, un serpent
2. un fleuve, une plante, l'herbe, une fleur
3. une côte, un fleuve, une falaise, un lac
4. un lapin, une vache, un écureuil, un serpent
5. une étoile, le ciel, une région, la Lune
6. un arbre, un bois, une pierre, l'herbe
7. la chasse, détruire, un écotourisme, jeter
8. la préservation, une espèce menacée, une extinction, un lac

2 **Classez** Label these words as belonging to one or more of these categories: **le ciel, la terre,** or **l'eau.**

	le ciel	la terre	l'eau
1. une côte	________	________	________
2. une étoile	________	________	________
3. une falaise	________	________	________
4. un fleuve	________	________	________
5. un lac	________	________	________
6. la Lune	________	________	________
7. une pierre	________	________	________
8. une rivière	________	________	________
9. une vallée	________	________	________
10. un volcan	________	________	________

3 **La randonnée** Read this letter from your friend Camille about her latest walk in the **Parc naturel de la Chartreuse.** Fill in each blank with an appropriate word or expression. Notice that not all the words or expressions will be used. Make all the necessary changes and agreements.

le ciel	une falaise	un lac	une plante	un sentier
détruire	une forêt	la nature	une région	une vallée
un écureuil	jeter	un pique-nique	une rivière	

Le week-end dernier, j'ai fait une randonnée dans le Parc naturel de la Chartreuse. C'est une réserve naturelle dans (1) ______________ de Grenoble. Là, la protection de (2) ______________, c'est une chose sérieuse. Il faut marcher sur (3) ______________ pour ne pas (4) ______________ les (5) ______________. Il est bien sûr interdit de (6) ______________ des ordures par terre. Alors, quand on a fait (7) ______________ à midi, nous avons gardé nos déchets.

On a traversé (8) ______________ de pins. Je voulais voir (*to see*) des (9) ______________ mais, ici, il est difficile de les voir. Ce sont des animaux sauvages. Néanmoins (*Nevertheless*), la vue sur (10) ______________ est magnifique. Ensuite, nous avons dû traverser (11) ______________ sur un tronc d'arbre, mais je n'ai pas perdu l'équilibre. Nous avons fini la randonnée au (12) ______________ de Paladru où nous avons un peu nagé.

Nom ______________________ Date ______________________

Workbook

4 **Le mot mystère** Using these definitions, fill in the corresponding spaces in the grid to find out the mystery word.

1. C'est l'endroit où Tarzan habite.
2. C'est un endroit où il n'y a pas beaucoup de plantes et où il pleut très peu.
3. C'est un petit animal qui vit (*lives*) dans les arbres.
4. C'est l'action de protéger la nature et les ressources naturelles.
5. On en parle quand une espèce est menacée.
6. Il y en a 22 en France, par exemple, la Normandie et l'Alsace.
7. C'est un synonyme du mot «environnement».
8. C'est quand on tue (*kills*) les animaux pour le sport ou pour les manger.
9. C'est le côté d'une haute montagne près de la mer ou de l'océan.
10. Il y en a des milliers pour les animaux et les plantes.
11. C'est l'action de couper les arbres de la forêt.
12. C'est un synonyme du mot «chemin».

Le mot mystère, c'est le nom d'une forme de vacances qui ne détruit pas la nature. ______________

5 **Décrivez** Describe these photos, giving as many details as possible.

1. ______________________________

2. ______________________________

3. ______________________________

4. ______________________________

ESPACE STRUCTURES

14B.1 The subjunctive (Part 2)

1 **La réunion** You are reading the minutes from last week's student meeting on student activities. Complete each sentence with the subjunctive of the verb in parentheses to find out what students have suggested.

1. Solange suggère qu'on _______________ (organiser) plus de randonnées en montagne.
2. Damien désire que plus d'étudiants _______________ (venir) aux réunions.
3. Isabelle souhaite que les sorties _______________ (être) plus fréquentes.
4. Thao recommande que nous _______________ (visiter) les grottes (*caves*) qui sont près d'ici.
5. Sophie veut que l'association _______________ (faire) plus de publicité (*advertisement*).
6. Pavel propose que nous _______________ (être) plus actifs.
7. Malik demande que le président de l'université _______________ (soutenir) (*to support*) nos actions.
8. Renée exige que de nouvelles élections _______________ (avoir) lieu (*take place*) bientôt.

2 **Le film** You are writing a movie review for the college newspaper on the latest French movie released at your local movie theater. You have interviewed people at the end of the movie. Use these cues to write complete sentences using the subjunctive.

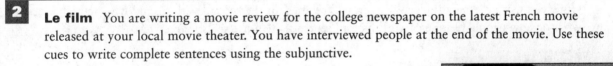

1. je / aimer / le film / finir / bien

____

2. je / regretter / les acteurs / ne pas être / plus connus

____

3. je / être surpris / le film / remplir (*to fill*) / la salle

____

4. nous / être heureux / un film français / venir / dans notre ville

____

5. elles / être triste / les acteurs / ne pas discuter du film / avec le public

____

6. il / être désolé / il / ne pas y avoir / de sous-titres (*subtitles*)

____

7. elle / avoir peur / les gens / ne pas comprendre / toutes les références culturelles

____

8. ils / être content / l'histoire / faire / rire

____

Workbook

3

Les nouvelles You have just received your former high school's newsletter. Express your emotions about the news, using the cues provided.

Modèle

Martine part vivre en France. (surpris) *Je suis surpris(e) que Martine parte vivre en France.*

1. Catherine a un bébé de deux mois. (content)
2. Sylvain est prof de maths. (heureux)
3. Marie fait des compétitions de ski. (surpris)
4. Notre professeur de français n'est plus là. (regretter)
5. La directrice travaille maintenant au Japon. (triste)
6. L'équipe de foot perd le championnat. (furieux)

4

Qui est-ce? You are talking to some friends, but you keep on mixing up their names. Write new sentences, using the new subject given in parentheses for the second verb to find who actually does what or how people feel. Be careful! Not all sentences will use the subjunctive.

Modèle

Isabelle souhaite faire un pique-nique. (nous)
Isabelle souhaite que nous fassions un pique-nique.

Jacques souhaite qu'ils aillent au parc. (Jacques)
Jacques souhaite aller au parc.

1. Je suis heureux de faire quelque chose pour l'environnement. (vous)
2. Ils veulent que je fasse une randonnée en montagne. (ils)
3. Vous désirez prévenir les incendies. (elle)
4. Vous êtes contents qu'ils recyclent plus d'emballages. (vous)
5. Elles préfèrent interdire les voitures sur le campus. (le président de l'université)
6. Tu veux abolir l'énergie nucléaire. (le gouvernement)
7. Nous n'aimons pas que les gens aient des animaux domestiques. (nous)
8. Il est surpris de ne pas être contre le déboisement. (vous)

Workbook

14B.2 Comparatives and superlatives of nouns

1 **L'urbanisme** You have been asked to write a paper tracing the evolution of your city over the last fifty years. Here are some notes you have written when doing research in the library. Put these cues back in order to write complete sentences.

1. 1960 / a / il / habitants / qu' / y / d' / plus / en
____
2. autant / animaux domestiques / qu' / ont / les habitants / avant / d'
____
3. en / a / écureuils / le parc / qu' / plus / d' / 1960
____
4. moins d' / le tourisme de masse / l'écotourisme / que / avait / adeptes (*enthousiasts*)
____
5. arbres / sur le bord / y / il / dans le parc / des routes / que / d' / plus / a
____
6. voitures / vélos / la ville / plus / que / de / a / de / maintenant
____
7. avant / le parc / sentiers / plus / qu' / de / a
____
8. toujours / vaches / la ville / habitants / a / de / que / plus / d'
____

2 **Le stage** You are about to do an internship and you have to choose between two offers. One is from a big software company, **Logiciel**, and the other is from a local environmental lobby group, **Nature**. Look at the table and use it to write six comparisons between them.

Catégories	Logiciel	Nature
les employés	150	20
les heures de travail	60	45
les semaines de vacances	1	2
les stagiaires (*trainees*)	3	3
l'influence sur la société	X	✓
les problèmes avec l'environnement	X	X

1. ______________________
2. ______________________
3. ______________________
4. ______________________
5. ______________________
6. ______________________

Workbook

3 **Votre camarade de chambre** Your family wants to know more about your roommate. Before writing the letter, you have written elements of comparison. Write a comparison based on the elements provided.

Modèle

Je dors six heures. Il dort 10 heures.
Il *dort plus d'heures que moi.*

1. J'ai beaucoup de livres. Il a beaucoup de livres aussi.
   ____
2. J'ai une sœur et deux frères. Il a une sœur et un frère.
   ____
3. Je prends quatre cours ce semestre. Il prend deux cours ce semestre.
   ____
4. Je reçois vingt e-mails de mes amis chaque semaine. Il reçoit vingt e-mails de ses amis chaque semaine.
   ____
5. J'ai beaucoup de devoirs chaque jour. Il fait seulement ses devoirs pendant une heure par jour.
   ____
6. J'ai beaucoup de patience. Il a beaucoup de patience.
   ____
7. Je n'ai pas beaucoup d'humour. Il a beaucoup d'humour.
   ____
8. J'ai du temps libre. Il a du temps libre.
   ____

4 **La nouvelle étudiante** You have just met a new exchange student from Côte d'Ivoire, Diarietou. You have never been there but you would like to know more about her country and her background. Choose the correct word from those in parentheses to complete the comparisons in the most logical way. Make all the necessary changes.

Il y a (1) ________________ (autant de / moins de / le plus de) étudiants à l'Université de Bouaké qu'ici parce que les deux universités sont de la même taille. Néanmoins (*However*), il y a (2) ________________ (moins de / plus de / le moins de) étudiants étrangers ici. En Côte d'Ivoire, je n'ai rencontré qu'une fois un étudiant de Nice.

Pour ce qui est des cours, j'en prenais quatre le semestre dernier, et maintenant, j'en prends cinq. J'ai donc (3) ________________ (moins de / plus de / le moins de) travail maintenant et (4) ________________ (le plus de / plus de / moins de) temps libre qu'avant.

Comme je suis nouvelle ici et que mes amis sont au pays, j'ai (5) ________________ (le plus de / le moins de / moins de) amis que la plupart des étudiants. Néanmoins, je suis celle qui reçoit (6) ________________ (le plus de / le moins de / moins de) e-mails de mes amis: certains jours, j'en reçois dix!

Nom ______________________ Date ______________________

Unité 14

PANORAMA

Savoir-faire

Workbook

1 **Qui est-ce?** Give the name and the profession of each of these people. Answer in complete sentences.

1. 
2. 
3. 
4. 

1. ______________________
2. ______________________
3. ______________________
4. ______________________

2 **Un peu de géographie** Identify these places according to what you read in **PANORAMA**.

1. C'est le nom des montagnes où on peut faire du ski: ______________________
2. C'est le berceau de l'horlogerie: ______________________
3. C'est le pays d'origine des horlogers qui s'installent en Franche-Comté: ______________________
4. Ce sont les sources d'inspiration pour les toits de Bourgogne: ______________________
5. C'est la ville où se situe l'Hôtel-Dieu: ______________________
6. C'est la ville où est né Louis Pasteur: ______________________
7. C'est la ville où se trouve l'Institut Pasteur: ______________________
8. Ce sont les lieux où se situent les filiales de l'Institut Pasteur: ______________________

3 **Complétez** Fill in the blank with a word or expression from **PANORAMA**.

1. La ______________________ de Dijon est produite en Bourgogne.
2. Le Jura est le paradis du ______________________.
3. La ______________________ est la deuxième course d'endurance du monde.
4. L'artisanat de l'horlogerie a commencé au ______________________ siècle.
5. L'Hôtel-Dieu a été construit pour recevoir ______________________ et ______________________.
6. Louis Pasteur a découvert ______________________ et ______________________.
7. La recette bourguignonne des ______________________ devient populaire au 19e siècle.

4 **Vrai ou faux?** Indicate whether these statements are **vrai** or **faux**. Correct the false statements.

1. Au Moyen Âge, les escargots servaient à la fabrication de sirops contre la toux.
   ____
2. La France consomme de grosses quantités d'escargots.
   ____
3. Guillaume Meurice est un inventeur célèbre.
   ____
4. La Transjurassienne a un parcours de 100 kilomètres.
   ____
5. On peut faire de la planche à voile sur neige dans le Jura.
   ____
6. Les femmes s'occupaient de la finition et de la décoration des horloges.
   ____
7. Aujourd'hui, l'Hôtel-Dieu est un des hôpitaux les plus modernes de France.
   ____
8. Une école d'horlogerie est créée au 18e siècle.
   ____

5 **Comparez** Using information from **PANORAMA**, make comparisons that use the appropriate forms of adjectives from the list. **Attention!** Some adjectives may be used more than once or not at all.

célèbre	grand	jeune	petit
court	important	long	populaire

Modèle

la vie de Gustave Eiffel / la vie de Claude Jade
La vie de Gustave Eiffel est plus longue que la vie de Claude Jade.

1. le nombre d'horlogers à Montbéliard / le nombre d'horlogers à Besançon
   ____
2. le nombre d'appellations d'origine en Bourgogne / le nombre d'appellations d'origine dans les autres régions
   ____
3. la longueur de la vie de Louis Lumière / la longueur de la vie d'Auguste Lumière
   ____
4. la consommation d'escargots au 19e siècle / la consommation d'escargots au Moyen Âge
   ____
5. le ski alpin dans le Jura / le ski de fond dans le Jura
   ____
6. le parcours pour les jeunes dans la Transjeune / les parcours pour les adultes dans la Transjurassienne
   ____
7. le nombre d'horlogers au 18e siècle / le nombre d'horlogers au 19e siècle
   ____
8. la vente aux enchères de vins de l'Hôtel-Dieu / les ventes de vins dans le reste du monde
   ____

Nom ______________________ Date ______________________

Unité 15

Leçon 15A

ESPACE CONTEXTES

Workbook

1 **Quelle forme d'art?** Look at these illustrations and say which art form they represent.

1. ____________________

2. ____________________

3. ____________________

4. ____________________

2 **Chassez l'intrus** Indicate the word that does not belong in each group.

1. jouer de la batterie, jouer de la guitare, faire de la musique, jouer un rôle
2. un billet, une place, un membre, un spectacle
3. une sorte, un concert, un compositeur, un orchestre
4. une comédie musicale, une danseuse, un orchestre, le début
5. un personnage, une séance, un membre, un dramaturge
6. une chanson, un chœur, un compositeur, un metteur en scène
7. une troupe, une tragédie, une comédie, une pièce de théâtre
8. un réalisateur, un spectateur, un metteur en scène, un genre

3 **Les définitions** Write the word or expression that corresponds to each definition in the space provided.

1. C'est quand une pièce de théâtre ou un concert s'arrête pendant quelques minutes et que les spectateurs peuvent sortir pour une boisson ou pour bavarder. ____________________
2. C'est la personne qui écrit des pièces de théâtre. ____________________
3. C'est un groupe de personnes qui chantent. ____________________
4. C'est là où on s'assied dans un théâtre. ____________________
5. C'est une sorte de spectacle qui combine le théâtre, la danse et la musique. ____________________
6. C'est l'instrument joué par Eric Clapton et Jimmy Hendrix. ____________________
7. C'est ce qu'on fait à la fin d'un concert. ____________________
8. C'est l'instrument joué par Ringo Starr et Tommy Lee. ____________________

Nom ____________________ Date ____________________

Workbook

4 **Cherchez** In the grid, find eleven more art-related words from the list, looking backward, forward, vertically, horizontally, and diagonally.

applaudir	compositeur	~~jouer un rôle~~	pièce de théâtre
célèbre	dramaturge	metteur en scène	spectacle
chœur	entracte	orchestre	tragédie

E	Q	D	L	H	M	L	E	V	O	Z	A	E	A	E
F	N	S	R	C	S	R	F	R	P	E	P	I	T	R
E	Q	È	E	A	B	B	C	M	U	X	P	D	N	T
E	T	N	C	È	M	H	M	Q	P	R	L	É	A	Â
T	W	C	L	S	E	A	F	R	U	W	A	G	S	É
F	F	É	A	S	N	T	T	E	P	F	U	A	K	H
Q	C	W	T	R	B	E	T	U	N	Z	D	R	D	T
O	I	R	R	W	T	I	R	C	R	L	I	T	H	E
I	E	Z	P	Y	S	N	K	U	C	G	R	L	X	D
D	E	N	Z	O	G	W	E	U	E	Z	E	J	B	E
L	D	B	P	C	H	O	E	U	R	T	X	J	J	C
R	I	M	M	X	M	E	S	F	S	B	T	L	F	È
J	O	U	E	R	U	N	R	Ô	L	E	O	E	E	I
C	E	L	C	A	T	C	E	P	S	L	N	Z	M	P
D	C	B	B	H	U	V	M	B	L	B	J	U	M	P

5 **Le film** Your French penpal, Séverine, has just emailed you about the latest movie she has seen, but your computer cannot display her message accurately. Fill in the blanks with an appropriate word or expression to know exactly what she wrote to you.

Hier soir, je voulais aller à (1) ____________________ de 22h00 pour voir (*to see*) le dernier film de François Ozon. Comme il a fallu du temps pour acheter mon (2) ____________________ et trouver une (3) ____________________, j'ai manqué (4) ____________________ du film. J'ai été surprise qu'il y ait autant de (5) ____________________ à cette heure-là.

J'aime beaucoup les films de ce (6) ____________________, François Ozon. Melvil Poupaud était (7) ____________________, Romain, un jeune photographe de 30 ans. Jeanne Moreau (8) ____________________ de sa grand-mère. Je ne me souviens plus du titre de (9) ____________________ à (10) ____________________ du film, juste avant le générique (*credits*), mais elle est vraiment bien; j'adore cette sorte de musique.

Je sais que ce n'est pas (11) ____________________ de film que tu préfères, mais je suis sûre que tu vas l'aimer. Tu devrais aussi (12) ____________________ l'occasion pour voir d'autres films de lui.

Nom ______________________ Date ______________________

Workbook

ESPACE STRUCTURES

15A.1 The subjunctive (Part 3)

1 **Le pessimiste** Your friend Marc has a very pessimistic outlook on life. He has many academic and social pressures. Plus, he is organizing a film festival. Complete each sentence with the present subjunctive or indicative form of the verbs in parentheses to know exactly what he thinks.

1. Il doute que nous ______________ (réussir) notre examen final.
2. Il croit que je ______________ (ne pas pouvoir) partir en France l'été prochain.
3. Il ne pense pas qu'elles ______________ (vouloir) venir à notre réveillon (*party*) du Nouvel An.
4. Pour Marc, il est douteux que les professeurs ______________ (aller) au festival du film français que nous organisons.
5. Pour lui, il est évident que nous ______________ (aller) avoir des difficultés.
6. Marc doute que les spectateurs ______________ (venir) nombreux.
7. Pour Marc, il est sûr que le festival ______________ (être) un désastre.
8. Il n'est pas certain que les étudiants ______________ (savoir) que le festival existe.

2 **Le festival** You have just come out of a movie at the film festival Marc organized. You are listening to what people have to say about it. Use these cues to write complete sentences using the subjunctive or indicative and find out everybody's opinion.

1. je / douter / ce film / réussir ici

   ____
2. nous / croire / ce / être / le meilleur film / de l'année

   ____
3. il / être certain / les acteurs / être / des professionnels

   ____
4. il / ne pas être vrai / le personnage principal / pouvoir / être sympathique

   ____
5. elle / ne pas penser / beaucoup de spectateurs / aller voir / le film

   ____
6. vous / savoir / le réalisateur / vouloir / faire une tournée de promotion ici

   ____
7. il / ne pas être sûr / le traducteur / savoir / comment traduire / tous les mots d'argot (*slang*)

   ____
8. il / être douteux / ce film / ne pas pouvoir / gagner un oscar

   ____

Workbook

3 **Le Nouvel An** You are at a New Year's party. Many of your friends are making resolutions and wishes for the New Year. Write complete sentences using the cues provided and the subjunctive or the future tense to know the opinion of other people on those resolutions.

Modèle

Nadja souhaite pouvoir aller en vacances à la Martinique. (Martin / croire)
Martin croit que Nadja pourra aller en vacances à la Martinique.

1. Je souhaite aller en Côte d'Ivoire pendant un semestre. (il / ne pas être sûr)

   ____

2. Malika souhaite partir au Maroc. (il / être évident)

   ____

3. Nous souhaitons savoir parler couramment français en juin. (Tarik / douter)

   ____

4. Vous voulez faire un régime. (je / ne pas penser)

   ____

5. Ils veulent pouvoir travailler à Montréal pendant l'été. (tu / ne pas penser)

   ____

6. Tu souhaites avoir un nouveau camarade de chambre. (il / être douteux)

   ____

7. Stéphanie et Martine souhaitent venir aux soirées de la Maison française. (il / ne pas être vrai)

   ____

8. Martin veut acheter un nouvel ordinateur. (il / être sûr)

   ____

4 **Le concours** Your younger sister wants to be a singer and she is eager to participate in a local contest. Complete this paragraph with the most appropriate verbs from the list. There may be more than one possibility.

aller	être	finir	pouvoir	venir
avoir	faire	gagner	savoir	vouloir

Ma sœur veut être chanteuse. Je sais que c'(1) ________________ difficile et qu'il faut qu'elle (2) ________________ de la chance.

Elle souhaite que nous (3) ________________ à un concours pour jeunes talents. Je doute qu'elle (4) ________________ vraiment combien de personnes vont venir, mais je pense qu'elle (5) ________________ y aller quand même (*anyway*). Il est sûr que certaines personnes (6) ________________ gagner ce concours facilement et qu'elles (7) ________________ tout pour gagner.

Il n'est pas certain que ma petite sœur (8) ________________ rivaliser (*compete*) avec elles. Je ne crois pas qu'elle (9) ________________ parmi les finalistes, mais il est vrai qu'elle (10) ________________ juste d'avoir la grippe. Enfin, on verra bien. Que le meilleur gagne!

Nom ______________________ Date ______________________

15A.2 Possessive pronouns

1 **Reformulez** The following sentences sound repetitive. Circle the words that make them sound repetitive. Then indicate how those words could be replaced by writing an appropriate possessive pronoun.

Modèle

Vous avez passé votre examen et j'ai passé (mon examen) aussi. *le mien*

1. Notre piano est petit, mais leur piano est assez grand. ______________________
2. Mes amis vont de temps en temps au théâtre, et tes amis? ______________________
3. J'ai réussi à retrouver mes lunettes, mais où sont vos lunettes? ______________________
4. Votre professeur de danse est très sévère, mais notre professeur est sympa. ______________________
5. Ta pièce est médiocre; ma pièce est superbe. ______________________
6. J'ai apporté mon violon, mais il a laissé son violon chez lui. ______________________
7. Mes voisins sont très sociables. Et tes voisins, ils sont sociables, aussi? ______________________
8. Nous avons nos clés, mais eux, ils ont oublié leurs clés. ______________________
9. Votre classe de français ne sort jamais, mais notre classe de français va de temps en temps au café. ______________________
10. Je n'aime pas mon dentiste. Est-ce que vous aimez votre dentiste? ______________________

2 **De quoi parle-t-on?** Decide which thing is being talked about according to the possessive pronoun used. Use each answer only once.

a. 

b. 

c. 

d. 

e. 

f. 

_______ 1. Les siens ne sont pas encore lavés.
_______ 2. La vôtre est petite!
_______ 3. La leur est rue Charlot.
_______ 4. Les tiennes sont trop bonnes, maman!
_______ 5. Les nôtres sont en vacances en ce moment.
_______ 6. Le mien est encore jeune.

Workbook

3 **En d'autres termes** Rewrite the following sentences using possessive pronouns.

Modèle

C'est mon parapluie, pas ton parapluie.
C'est le mien, pas le tien.

1. Ce sont mes chaussettes ou les chaussettes de Suzanne?
   ____
2. Ce ne sont pas les tickets des étudiants, ce sont nos tickets.
   ____
3. C'est ta montre?
   ____
4. Ce n'est pas ta place, c'est la place de Sébastien.
   ____
5. C'est mon portable ou votre portable?
   ____
6. Ce sont vos films préférés.
   ____

4 **Répétitions** Choose the correct possessive pronoun needed in the second sentence to rephrase the first sentence.

Modèle

Ce sac est à mon copain Lionel. C'est (la sienne / le sien).

1. Cette peinture est à mes parents. C'est (la leur / la sienne).
2. Ces livres sont à toi. Ce sont (les tiens / les tiennes).
3. Cette guitare est à vous, Madame Bonnefoy? C'est (la nôtre / la vôtre)?
4. Ces croissants sont à moi! Ce sont (les miens / les miennes).
5. Ce colis est à nous. C'est (la nôtre / le nôtre).
6. Ces gants sont à Monsieur Lepage. Ce sont (les siens / la sienne).

5 **Des remplaçants** For each sentence on the left, select an appropriate replacement for the underlined words from the column on the right.

_______ 1. Nous devons parler <u>à tes parents</u>, Mathilde!

_______ 2. On pourrait demander <u>à mon colocataire</u> s'il veut venir avec nous.

_______ 3. Vous parlez <u>des petits-enfants</u> de Madame Bertrand?

_______ 4. Ma petite sœur va s'occuper <u>de ton chien</u> pendant que tu es en vacances.

_______ 5. On a besoin <u>de leur voiture</u> pour aller à la gare.

_______ 6. Je pense souvent <u>à vos parents</u> quand je suis à Lyon.

a. du tien
b. aux vôtres
c. de la leur
d. au mien
e. aux tiens
f. des siens

Unité 15

Leçon 15B

ESPACE CONTEXTES

1 **Quel genre de film?** Label the type of movie shown on each screen.

1. ____________________

2. ____________________

3. ____________________

4. ____________________

2 **Quelle émission?** Write each item on the list under the type of program where you would most likely hear them.

les beaux-arts	une exposition	la météo
un chef-d'œuvre	un feuilleton	les nouvelles
un dessin animé	les infos	une œuvre
un documentaire	un jeu télévisé	les variétés

une émission d'informations	une émission de divertissement	une émission culturelle

Workbook

3 **Chassez l'intrus** Circle the word that does not belong in each group.

1. un conte, un magazine, une histoire, une peinture
2. un peintre, une publicité, une poétesse, un sculpteur
3. à la télévision, une œuvre, une émission, un programme
4. faire les musées, les beaux-arts, un tableau, un conte
5. publier, littéraire, un peintre, une femme écrivain
6. un roman, une œuvre, une peinture, un jeu télévisé
7. un feuilleton, un drame psychologique, les nouvelles, un film policier
8. un tableau, une histoire, une sculpture, une peinture

4 **Anagrammes** Unscramble these words using the clues provided.

1. TUICÉPIBL ______________________
   (C'est un film très court qui nous présente des produits à acheter.)
2. TSAFROINNOIM ______________________
   (C'est une émission qui nous présente ce qui se passe dans notre pays et dans le monde.)
3. MEURTODINACE ______________________
   (C'est une émission qui traite de (*be about*) la nature, de l'histoire ou de la géographie, par exemple.)
4. TRAITUG ______________________
   (C'est quand il n'est pas nécessaire de payer.)
5. EPSOSTEÉ ______________________
   (C'est une femme qui écrit des vers.)
6. EPSOSITINOX ______________________
   (Elles sont permanentes ou temporaires dans les musées.)
7. DUFOVERHECE ______________________
   (C'est une œuvre d'art exceptionnelle.)
8. NEFLOTEUIL ______________________
   (C'est une histoire en plusieurs épisodes.)

5 **La sortie** Complete this conversation about two friends' plans with the most appropriate word or expression.

SOLANGE Je me demande ce qu'on peut faire ce week-end. J'aimerais bien (1) ______________________, mais je ne sais pas quelles expositions il y a en ce moment.

FATIMA J'ai acheté (2) ______________________ hier et j'ai lu (3) ______________________ sur une exposition spéciale au musée Rodin.

SOLANGE C'est une bonne idée, je préfère (4) ______________________ à la peinture et je n'ai jamais vu *le Penseur*.

FATIMA En plus, comme c'est le premier dimanche du mois, c'est (5) ______________________. C'est idéal pour moi parce que j'ai dépensé beaucoup d'argent la semaine dernière.

SOLANGE Qu'est-ce qu'on pourrait bien faire après?

FATIMA J'ai le programme du câble ici. Il y a (6) ______________________ intéressant, *La marche des pingouins*. Ça commence à 9h00, juste après (7) ______________________.

SOLANGE Il n'y a rien d'autres?

FATIMA Si, il y a (8) ______________________ sur plusieurs chaînes, mais ce n'est pas très intéressant puisque nous n'avons pas vu les épisodes précédents.

SOLANGE D'accord. C'est décidé: le musée Rodin et *La marche des pingouins!*

Nom ______________________ Date ______________________

Workbook

ESPACE STRUCTURES

15B.1 The subjunctive (Part 4)

1 **Les conditions** You would like to organize a night out with some of your friends but they all seem to have some issue with the plans. Put the verbs in parentheses in the subjunctive or the infinitive to know under which conditions they will come.

1. Salim viendra avec moi à condition que je le ______________ (conduire) jusqu'au rendez-vous.
2. Pavel veut travailler un peu avant de ______________ (venir).
3. Djamila ne viendra pas à moins que nous ______________ (inviter) aussi sa camarade de chambre.
4. Stéphanie va d'abord aller à la bibliothèque pour ______________ (étudier).
5. Véronique veut que nous commencions la soirée plus tard pour qu'elle ______________ (ne pas être) trop en retard.
6. Nicolas pense apporter quelque chose à manger pour que nous ______________ (ne pas avoir) faim.
7. Florent veut pouvoir venir plus tard sans que Maryse ______________ (faire) de commentaires.
8. Daniel veut partir avant qu'il ______________ (être) trop tard.

2 **Les critiques** You are reading some movie reviews. Choose the best conjunction for these sentences from the options given.

1. Je ne reverrais pas ce film ______________ (avant qu' / pour qu' / à moins qu') on me paie.
2. C'est le film idéal ______________ (avant / à condition que / pour) faire plaisir aux enfants.
3. Je recommande ce film ______________ (pour que / à condition que / à moins que) vous parliez couramment anglais.
4. Lisez le roman ______________ (pour que / avant de / avant que) voir le film, vous ne serez pas déçu.
5. Je ne raconterai pas la fin du film ______________ (jusqu'à ce que / sans que / pour que) vous soyez pleinement surpris.
6. Allez voir ce film ______________ (pour / sans / avant de) attendre.
7. Le film est un peu lent ______________ (jusqu'à ce que / à condition que / pour que) le personnage principal fasse une chose incroyable.
8. Il faut absolument aller voir ce film ______________ (pour qu' / avant qu' / sans qu') il ne soit plus à l'affiche (*on the bill*).

Workbook

3 **L'appartement** You would like to move into a new apartment, but you first have to go through an interview with the people you will be living with. Answer these questions, using the cues provided. Make all the necessary changes and agreements.

1. Allez-vous payer le loyer à temps? (oui / à condition / vous / accepter / les chèques)
   ____
2. Avez-vous besoin d'une place de parking? (non / à moins / elle / être / gratuit)
   ____
3. Utilisez-vous Internet? (oui / pour / étudier)
   ____
4. Quand voulez-vous emménager? (avant / mon propriétaire / faire / des travaux)
   ____
5. Est-ce que vous prenez votre douche le matin? (oui / avant / prendre mon petit-déjeuner)
   ____
6. Est-ce que vous cuisinez souvent? (tous les jours / à moins / je / avoir trop de travail)
   ____
7. Jusqu'à quand pensez-vous rester? (jusqu'à / mon/ma petit(e) ami(e) / obtenir / son diplôme)
   ____
8. De combien de clés avez-vous besoin? (deux / pour / mes parents / pouvoir / en avoir une / en cas d'urgence)
   ____

4 **Samedi** Alexandra and Anatole are planning what they are going to do this coming Saturday. Fill in the blanks with the most appropriate verb from this list. Make all the necessary changes and agreements. Note that not all the verbs will be used.

avoir	être	parler	passer	pouvoir	savoir
connaître	finir	partir	payer	prendre	trouver

ALEXANDRA Je peux aller au cinéma samedi après-midi, à condition que tu (1) ______________ me chercher chez moi après le déjeuner.

ANATOLE Pas de problème. Je serai là-bas avant, à moins qu'il n'y (2) ______________ des embouteillages (*traffic jams*). Est-ce que tu sais où il y a un parking à proximité du cinéma?

ALEXANDRA Je pense que tu peux te garer au parking Ferry sans (3) ______________ si on arrive tôt. Autrement, on peut rouler dans le quartier jusqu'à ce que nous (4) ______________ une place gratuite.

ANATOLE Est-ce que tu peux apporter un plan du quartier pour que je (5) ______________ exactement où aller? Il y a tellement de sens uniques (*one-way streets*)! À moins que tu ne (6) ______________ bien le quartier.

ALEXANDRA Pas vraiment. Avant de (7) ______________ de chez toi, est-ce que tu peux vérifier les horaires (*schedule*)?

ANATOLE Bien sûr. Je voudrais amener un ami. Je voulais te prévenir (*tell*) parce que je n'aime pas inviter des gens sans t'en (8) ______________ avant.

ALEXANDRA Pas de problème. Sans que cela (9) ______________ indiscret, je peux te demander qui c'est?

ANATOLE C'est mon cousin. Il vient d'arriver du Cameroun. Je ne veux pas le laisser seul jusqu'à ce qu'il (10) ______________ se débrouiller (*to get by*) tout seul en ville.

Nom ______________________ Date ______________________

Workbook

15B.2 Review of the subjunctive

1 **Le séjour** Your friend Élisabeth is planning to spend some time in France, but she is asking herself a lot of questions. Combine elements from column A with elements from column B to know exactly what she is thinking.

A

1. Comme mon français n'est pas très bon, j'ai peur ________
2. Je vais visiter les principaux monuments, à moins ________
3. Mon français va s'améliorer, à condition ________
4. Je compte faire les magasins pour ________
5. Je veux aller au Maroc aussi, mais je doute ________
6. Mon petit ami va rester ici. Je suis triste ________
7. Comme je veux goûter aux spécialités locales, il est nécessaire ________
8. Avant de revenir, il est essentiel ________

B

a. que je voyage dans différentes régions de France.
b. que je fasse un effort pour parler uniquement en français.
c. que mon séjour soit assez long pour ça.
d. de ne pas pouvoir communiquer facilement.
e. que j'achète des cadeaux pour tout le monde chez moi.
f. qu'ils soient fermés.
g. qu'il ne puisse pas venir avec moi.
h. acheter de nouveaux vêtements.

2 **Le dernier jour** This is the last day of class. You are gathered with your friends and you are reflecting on what people might be doing in the future. Conjugate the verb in parentheses in the future tense, the present tense, or the subjunctive to express your thoughts.

1. Hélène veut travailler dans le cinéma. Je ne doute pas qu'elle ______________ (réussir).
2. Patrice adore le français. Il est possible qu'il ______________ (habiter) à la Guadeloupe.
3. Farida est partie au Sénégal. Je crois qu'elle ______________ (être) médecin là-bas.
4. Axelle aime beaucoup cuisiner, mais je ne pense pas qu'elle ______________ (vouloir) ouvrir son propre restaurant.
5. Hakim adore la sculpture. Je souhaite qu'il ______________ (faire) bientôt des expositions de ses propres œuvres.
6. Josie ne sait pas quoi faire après ses études. Je pense qu'il est important qu'elle ______________ (prendre) une décision rapidement.
7. Chuyen compte devenir chanteuse. Je pense qu'elle ______________ (pouvoir) le faire.
8. Alexandre veut voyager pendant un an. Je sais qu'il ______________ (aller) à Tahiti en premier.

Workbook

3 **Les beaux-arts** The local art school is opening its doors for the weekend. You and some friends are walking about the school, looking at the students' work. Write complete sentences using the cues provided to know what everybody said. Make all the necessary changes and agreements.

1. je / penser / l'École des beaux-arts / être / très sélectif

   ____

2. nous / ne pas croire / les étudiants / pouvoir / vendre leurs œuvres

   ____

3. il / être nécessaire / les étudiants / savoir / bien dessiner

   ____

4. elle / vouloir / elle / prendre / des cours de sculpture

   ____

5. il / être possible / nous / aller / à la réception / ce soir

   ____

6. vous / croire / les visiteurs / vouloir / connaître le sculpteur / ?

   ____

7. tu / vouloir / l'artiste / savoir / tu / adorer / ses tableaux

   ____

8. il / être essentiel / je / faire la connaissance / de cette artiste

   ____

4 **La conseillère** You are applying for an internship abroad, but you are afraid you have made some mistakes with your application. You are meeting with an advisor to get help. Choose the best option to fill in the blank. Conjugate the verbs in the indicative present or the subjunctive.

à moins que	croire	être essentiel que	ne pas croire que	prendre
avoir peur de	être	finir	préférer	savoir

L'ÉTUDIANT(E) Il faut que je/j' (1) ____________ de remplir le formulaire pour mon stage.

LA CONSEILLÈRE Bien sûr. Tout d'abord, il est essentiel que vous (2) ____________ que votre dossier (*file*) doit être terminé demain.

L'ÉTUDIANT(E) Je ne pense pas que ce (3) ____________ un problème, mais est-ce que vous (4) ____________ que vous pourriez le vérifier? Je/J' (5) ____________ avoir fait des erreurs.

LA CONSEILLÈRE Pas de problème. D'après ce que je vois, votre demande (*request*) ne peut pas être acceptée, (6) ____________ vous ne sachiez parler couramment français. De plus, il (7) ____________ vous puissiez rester pendant trois mois.

L'ÉTUDIANT(E) Je sais, mais je/j' (8) ____________ ce soit un problème car j'ai un bon niveau de français.

LA CONSEILLÈRE Alors, je propose que vous (9) ____________ un café pendant que je vérifie votre dossier.

L'ÉTUDIANT(E) Je/J' (10) ____________ attendre ici si cela ne vous dérange (*disturb*) pas.

Nom ______________________ Date ______________________

Unité 15

PANORAMA

Savoir-faire

1 **Photos du Grand Est** Label each photo.

1. ______________________

3. ______________________

2. ______________________

4. ______________________

2 **Dates importantes** Complete these sentences with dates based on **PANORAMA**.

1. Jeanne d'Arc est née en __________ et a été exécutée en __________.
2. L'Église catholique a canonisé Jeanne d'Arc en __________.
3. Jeanne d'Arc est partie au combat pour libérer la France en __________.
4. Strasbourg est le siège du Conseil de l'Europe depuis __________.
5. Strasbourg est le siège du Parlement européen depuis __________.
6. L'Alsace est rendue à la France en __________.
7. Albert Schweitzer a reçu le prix Nobel de la paix en __________.
8. Un apothicaire de Verdun a créé les dragées en __________.

3 **Un peu d'histoire** Complete these sentences by conjugating the verbs in parentheses in the imparfait or the passé composé.

En 1429, alors qu'elle (1) ______________________ (avoir) 17 ans, Jeanne d'Arc (2) ______________________ (décider) de libérer son pays. Elle (3) ______________________ (prendre) la tête d'une armée et elle (4) ______________________ (libérer) Orléans des Anglais. Plus tard, ses ennemis (5) ______________________ (vendre) Jeanne d'Arc aux Anglais. Quand elle (6) ______________________ (être) leur prisonnière, ils la/l' (7) ______________________ (condamner) à mort pour hérésie.

L'Alsace (8) ______________________ (être) française et allemande. Elle est française depuis 1919, date à laquelle l'Allemagne (9) ______________________ (rendre) la région à la France.

4 **Répondez** Answer these questions in complete sentences.

1. Avec quels ingrédients fait-on les dragées?
2. Quel est le nom du confiseur parisien qui a inventé la dragée lisse en 1750?
3. À quelles occasions offre-t-on des dragées?
4. Qui est devenu roi de France après la victoire de Jeanne d'Arc contre les Anglais?
5. Où est-ce que Jeanne d'Arc a été exécutée?
6. Quelle institution européenne est responsable de la promotion des valeurs démocratiques?
7. D'où vient la langue alsacienne?
8. À quoi contribue le Parlement européen?

5 **Vrai ou faux?** Indicate whether these statements are **vrai** or **faux**. Correct the false statements.

1. Le Grand Est se situe dans le nord-est de la France.
2. Marguerite Thiébold est une écrivaine du 18e siècle.
3. Patricia Kaas est une chanteuse originaire de Paris.
4. L'Alsace a été influencée par la culture allemande.
5. On ne célèbre pas Noël en Alsace.
6. Une des missions du Conseil de l'Europe est de chercher des solutions aux problèmes de société.
7. Les membres du Parlement européen sont élus dans chaque pays de l'Union européenne.
8. L'allemand n'est plus parlé en Alsace aujourd'hui.

Unité 1

ESPACE CONTEXTES

Leçon 1A

1 **Identifiez** You will hear six short exchanges. For each one, decide whether it is a greeting, an introduction, or a leave-taking.

Modèle

You hear: **AUDREY** Bonjour Laura!
LAURA Salut Audrey, ça va?
AUDREY Ça va bien, merci. Et toi?
LAURA Pas mal.
You select: **Greeting**

	Greeting	Introduction	Leave-taking
Modèle	X	________	________
1.	________	________	________
2.	________	________	________
3.	________	________	________
4.	________	________	________
5.	________	________	________
6.	________	________	________

2 **Questions** Listen to each question or statement and respond with an answer from the list. Repeat the correct response after the speaker.

a. Enchanté(e).
b. À demain.
c. Je m'appelle Marie.
d. Il n'y a pas de quoi.
e. Comme ci, comme ça. Et toi?
f. Très bien, merci. Et vous?

3 **Associez** You will hear three conversations. Look at the drawings and select the correct conversation for each group of people.

LES SONS ET LES LETTRES

The French alphabet

The French alphabet is made up of the same 26 letters as the English alphabet. While they look the same, some letters are pronounced differently. Here is the French name of each letter.

lettre	exemple	lettre	exemple	lettre	exemple
a (a)	adresse	j (ji)	justice	s (esse)	spécial
b (bé)	banane	k (ka)	kilomètre	t (té)	table
c (cé)	carotte	l (elle)	lion	u (u)	unique
d (dé)	dessert	m (emme)	mariage	v (vé)	vidéo
e (e)	euro	n (enne)	nature	w (double vé)	wagon
f (effe)	fragile	o (o)	olive	x (iks)	xylophone
g (gé)	genre	p (pé)	personne	y (i grec)	yoga
h (hache)	héritage	q (ku)	quiche	z (zède)	zéro
i (i)	innocent	r (erre)	radio		

Notice that some letters in French words have accents. You'll learn how they influence pronunciation in later lessons. Whenever you spell a word in French, include the name of the accent after the letter.

accent	nom	exemple	orthographe
´	*accent aigu*	identité	*I-D-E-N-T-I-T-E-accent aigu*
`	*accent grave*	problème	*P-R-O-B-L-E-accent grave-M-E*
^	*accent circonflexe*	hôpital	*H-O-accent circonflexe-P-I-T-A-L*
¨	*tréma*	naïve	*N-A-I-tréma-V-E*
¸	*cédille*	ça	*C-cédille-A*

1 **L'alphabet** Practice saying the French alphabet and example words aloud.

2 **Ça s'écrit comment?** Spell these words aloud in French. For double letters, use **deux** (**deux s**).

1. judo
2. yacht
3. forêt
4. zèbre
5. existe
6. clown
7. numéro
8. français
9. musique
10. favorite
11. kangourou
12. parachute
13. différence
14. intelligent
15. dictionnaire
16. alphabet

3 **Dictons** Practice reading these sayings aloud.

1. Grande invitation, petites portions.
2. Tout est bien qui finit bien.

4 **Dictée** You will hear six people introduce themselves. Listen carefully and write the people's names as they spell them.

1. ______________________
2. ______________________
3. ______________________
4. ______________________
5. ______________________
6. ______________________

Nom ______________________ Date ______________________

ESPACE STRUCTURES

1A.1 Nouns and articles

1 **Identifiez** You will hear a series of words. Decide whether each word is masculine or feminine.

Modèle
You hear: librairie
You select: **Féminin**

	Masculin	Féminin
Modèle	______	X
1.	______	______
2.	______	______
3.	______	______
4.	______	______
5.	______	______
6.	______	______
7.	______	______
8.	______	______

2 **Changez** Change each word from the masculine to the feminine or vice versa. Repeat the correct answer after the speaker. (*6 items*)

Modèle
You hear: un ami
You say: **une amie**

3 **Transformez** Change each word from the singular to the plural. Repeat the correct answer after the speaker. (*8 items*)

Modèle
You hear: un stylo
You say: **des stylos**

4 **La classe** What does Sophie see in Professor Martin's French class? Listen to what she says and write the missing words in the spaces provided.

1. ______ bureaux
2. ______ professeur
3. ______ étudiants en ______
4. des ______
5. le ______
6. les ______
7. ______ télévision
8. des ______

Lab Manual

Nom _______________ Date _______________

1A.2 Numbers 0–60

1

Bingo You are going to play two games (**jeux**) of bingo. As you hear each number, mark it with an X on your bingo card.

Jeu 1		
2	17	35
26	52	3
15	8	29
7	44	13

Jeu 2		
18	12	16
34	9	25
0	56	41
27	31	58

2

Numéros You want to know everything about your friend Marc's new university. Write down his answers to your questions.

Modèle

You see: professeurs de littérature
You say: ***Il y a des professeurs de littérature?***
You hear: Oui, il y a dix-huit professeurs de littérature.
You write: 18

1. étudiants américains ___________
2. ordinateurs dans la bibliothèque ___________
3. télévision dans la classe de littérature ___________
4. bureaux dans la classe de sociologie ___________
5. tables dans le café ___________
6. tableaux dans le bureau du professeur de français ___________

3

Les maths You will hear a series of math problems. Write the missing numbers and solve the problems.

Modèle

Combien font deux plus trois?
2 + 3 = 5

plus = *plus* **moins** = *minus* **font** = *equals (makes)*

1. ______ + ______ = __________
2. ______ – ______ = __________
3. ______ + ______ = __________
4. ______ – ______ = __________
5. ______ – ______ = __________
6. ______ + ______ = __________
7. ______ + ______ = __________
8. ______ – ______ = __________

4

Questions Look at the drawing and answer each question you hear. Repeat the correct response after the speaker. (*5 items*)

Lab Manual

Unité 1

Leçon 1B

ESPACE CONTEXTES

1 **Identifiez** Look at the drawing and listen to the statement. Indicate whether each statement is **vrai** or **faux**.

	Vrai	Faux
1.	❍	❍
2.	❍	❍
3.	❍	❍
4.	❍	❍
5.	❍	❍
6.	❍	❍
7.	❍	❍
8.	❍	❍

2 **Les contraires** You will hear a list of masculine nouns. Match the number of each masculine noun to its feminine counterpart.

_____ a. la femme

_____ b. une élève

_____ c. une camarade de classe

_____ d. la fille

_____ e. une étudiante

_____ f. madame

_____ g. l'actrice

_____ h. une copine

3 **Professeur** This professor needs to order new items at the bookstore. You will hear a series of questions. Look at the professor's list and answer each question. Then repeat the correct response after the speaker.

Liste

- 49 crayons	*- 12 dictionnaires*
- 55 stylos	*- 18 cartes*
- 35 cahiers	*- 5 corbeilles à papier*
- 31 livres	*- 54 feuilles*

Nom ______________________ Date ______________________

LES SONS ET LES LETTRES

Silent letters

Final consonants of French words are usually silent.

français   sport   vous   salut

An unaccented -e (or -es) at the end of a word is silent, but the preceding consonant is pronounced.

française   américaine   oranges   japonaises

The consonants -c, -r, -f, and -l are usually pronounced at the ends of words. To remember these exceptions, think of the consonants in the word careful.

parc	bonjour	actif	animal
lac	professeur	naïf	mal

Lab Manual

1 **Prononcez** Practice saying these words aloud.

1. traditionnel
2. étudiante
3. généreuse
4. téléphones
5. chocolat
6. Monsieur
7. journalistes
8. hôtel
9. sac
10. concert
11. timide
12. sénégalais
13. objet
14. normal
15. importante

2 **Articulez** Practice saying these sentences aloud.

1. Au revoir, Paul. À plus tard!
2. Je vais très bien. Et vous, Monsieur Dubois?
3. Qu'est-ce que c'est? C'est une calculatrice.
4. Il y a un ordinateur, une table et une chaise.
5. Frédéric et Chantal, je vous présente Michel et Éric.
6. Voici un sac à dos, des crayons et des feuilles de papier.

3 **Dictons** Practice reading these sayings aloud.

1. Mieux vaut tard que jamais.
2. Aussitôt dit, aussitôt fait.

4 **Dictée** You will hear a conversation. Listen carefully and use the pauses to write what you have heard. The entire conversation will then be repeated so you can check your work.

AMÉLIE ______________________

NICOLAS ______________________

AMÉLIE ______________________

NICOLAS ______________________

AMÉLIE ______________________

NICOLAS ______________________

AMÉLIE ______________________

Nom ______________________ Date ______________________

ESPACE STRUCTURES

1B.1 Subject pronouns and the verb être

1 **Identifiez** For each drawing, you will hear two statements. Choose the one that corresponds to the drawing.

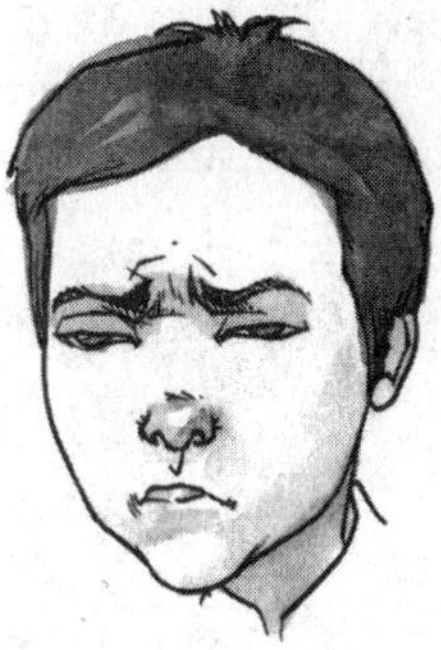

1. a. b. 2. a. b. 3. a. b. 4. a. b.

2 **Complétez** Listen to the following sentences and write the missing verb. Repeat the sentence.

1. Je ______________ étudiante à Boston.
2. Mon amie Maéva ______________ suisse.
3. Nous ______________ des États-Unis.
4. Mes professeurs ______________ intéressants.
5. Vous ______________ Madame Dufour?
6. Tu ______________ en retard.

3 **Questions** Answer each question you hear. Repeat the correct response after the speaker.

Modèle

You hear: Et toi?
You see: timide
You say: **Je suis timide.**

1. égoïste
2. intelligent
3. sincère
4. difficile
5. brillant

1B.2 Adjective agreement

1 **Masculin ou féminin?** Change each sentence from the masculine to the feminine or vice versa. Repeat the correct answer after the speaker. (*6 items*)

Modèle
L'homme est français.
La femme est française.

2 **Singulier ou pluriel?** Change each sentence from the singular to the plural. Repeat the correct answer after the speaker. (*6 items*)

Modèle
Le garçon est sympathique.
Les garçons sont sympathiques.

3 **Mes camarades de classe.** Describe your classmates using the cues you hear. Repeat the correct response after the speaker.

Modèle
You hear: Anissa
You see: amusant
You say: Anissa est amusante.

1. intelligent
2. patient
3. égoïste
4. optimiste
5. élégant
6. sociable
7. poli
8. différent

4 **Complétez** Listen to the following description and write the missing words in the blanks.

Brigitte (1) ____________ (2) ____________. Elle et Paul, un (3) ____________, (4) ____________ étudiants à (5) ____________ Laval. Ils (6) ____________ (7) ____________. Paul est étudiant en (8) ____________ et Brigitte, en (9) ____________ (10) ____________. Dans le cours de français, il y a des (11) ____________ et des (12) ____________; il y a aussi une (13) ____________ et une (14) ____________. Les étudiants sont très (15) ____________, (16) ____________ et (17) ____________.

Unité 2

Leçon 2A

ESPACE CONTEXTES

1 **Classifiez** Indicate whether each word you hear is a person (**personne**), a course (**cours**), an object (**objet**), or a place (**endroit**).

	personne	cours	objet	endroit
1.				
2.				
3.				
4.				
5.				
6.				
7.				
8.				

2 **Décrivez** For each drawing you will hear two statements. Choose the one that corresponds to the drawing.

1. a. b.

2. a. b.

3. a. b.

4. a. b.

3 **Les cours** You will hear six people talking about their favorite topics. Decide which classes they attend.

1. ______ a. chimie
2. ______ b. psychologie
3. ______ c. philosophie
4. ______ d. géographie
5. ______ e. stylisme de mode
6. ______ f. histoire

Lab Manual

LES SONS ET LES LETTRES

Liaisons

In French, the final sound of a word sometimes links with the first letter of the following word. Consonants at the end of French words are generally silent, but are usually pronounced when the word that follows begins with a vowel sound. This linking of sounds is called a liaison.

À tout à l'heure! Comment allez-vous?

An **s** or an **x** in a liaison sounds like the letter *z*.

les étudiants trois élèves six élèves deux hommes

Always make a liaison between a subject pronoun and a verb that begins with a vowel sound; always make a liaison between an article and a noun that begins with a vowel sound.

nous aimons ils ont un étudiant les ordinateurs

Always make a liaison between **est** (a form of **être**) and a word that begins with a vowel or a vowel sound. Never make a liaison with the final consonant of a proper name.

Robert est anglais. Paris est exceptionnelle.

Never make a liaison with the conjunction **et** (*and*).

Carole et Hélène Jacques et Antoinette

Never make a liaison between a singular noun and an adjective that follows it.

un cours horrible un instrument élégant

Lab Manual

1 Prononcez Practice saying these words and expressions aloud.

1. un examen
2. des étudiants
3. les hôtels
4. dix acteurs
5. Paul et Yvette
6. cours important
7. des informations
8. les études
9. deux hommes
10. Bernard aime
11. chocolat italien
12. Louis est

2 Articulez Practice saying these sentences aloud.

1. Nous aimons les arts.
2. Albert habite à Paris.
3. C'est un objet intéressant.
4. Sylvie est avec Anne.
5. Ils adorent les deux universités.

3 Dictons Practice reading these sayings aloud.

1. Les amis de nos amis sont nos amis.
2. Un hôte non invité doit apporter son siège.

4 Dictée You will hear a conversation. Listen carefully and use the pauses to write what you have heard. The entire conversation will then be repeated so you can check your work.

ANNE ______________________________

PATRICK ______________________________

ANNE ______________________________

PATRICK ______________________________

ANNE ______________________________

PATRICK ______________________________

Nom ______________________ Date ______________________

ESPACE STRUCTURES

2A.1 Present tense of regular -er verbs

1

À l'université Describe your activities at the university using the cues. Repeat the correct response after the speaker.

Modèle

You hear: Édouard
You see: manger au resto U
You say: Édouard mange au resto U.

1. adorer la mode
2. détester les examens
3. étudier à la bibliothèque
4. retrouver des amis au café
5. aimer mieux la philosophie
6. penser que la chimie est difficile

2

Changez Listen to the following statements. Using the cues you hear, say that these people do the same activities. Repeat the correct answer after the speaker. (*8 items*)

Modèle

J'étudie l'architecture. (Charles)
Charles étudie l'architecture.

3

Choisissez Listen to each statement and choose the most logical response.

1. a. Nous mangeons. b. Vous mangez.
2. a. Vous travaillez. b. Ils travaillent.
3. a. Nous regardons la télé. b. Nous dessinons la télé.
4. a. Elles habitent à Paris. b. J'habite à Paris.
5. a. Elle aime travailler ici. b. Elles aiment travailler ici.
6. a. Tu adores parler. b. Tu détestes parler.

4

Regardez Listen to the statements and match each one to the illustration it describes.

a. ______

b. ______

c. ______

d. ______

Lab Manual

2A.2 Forming questions and expressing negation

1

Mes camarades de classe Ask your friend Simon questions with **est-ce que**, using the cues. Repeat the correct question after the speaker.

Modèle

You hear: parler en cours
You see: Bertrand
You say: Est-ce que Bertrand parle en cours?

1. Émilie
2. toi
3. Antoine et Ahmed
4. Pierre-Étienne
5. Sophie et toi
6. Sara et Maude

2

Questions Ask your friend Guillaume questions with inversion, using the cues. Repeat the correct question after the speaker.

Modèle

You hear: chercher un livre
You see: Catherine
You say: Catherine cherche-t-elle un livre?

1. toi
2. Marie
3. Michel et toi
4. Martin
5. le professeur
6. vous

3

Répondez Answer each question in the negative. Repeat the correct response after the speaker. (*6 items*)

Modèle

Est-ce que tu habites en France?
Non, je n'habite pas en France.

4

Complétez Listen to the conversation between Mathilde and David. Answer the questions in the spaces provided.

1. Est-ce que Mathilde aime les maths?

____

2. Pourquoi est-ce qu'elle déteste la biologie?

____

3. Est-ce qu'il y a des étudiants sympas?

____

4. Est-ce que le professeur de physique est ennuyeux (*boring*)?

____

5. Y a-t-il des étudiants stupides dans la classe de David?

____

Unité 2

Leçon 2B

ESPACE CONTEXTES

1 **L'emploi du temps** You will hear a series of statements. Look at Élisabeth's schedule and indicate whether the statements are **vrai** or **faux**.

	lundi	mardi	mercredi	jeudi	vendredi	samedi	dimanche
matin	cours de français		téléphoner à Florence		cours de français		
après-midi		examen de maths		cours de danse		visiter Tours avec Carole	
soir	préparer examen de maths		dîner avec Christian			dîner en famille	dîner en famille

	Vrai	Faux		Vrai	Faux
1.	❍	❍	5.	❍	❍
2.	❍	❍	6.	❍	❍
3.	❍	❍	7.	❍	❍
4.	❍	❍	8.	❍	❍

2 **Quel jour?** Olivier is never sure what day of the week it is. Respond to his questions, saying that it is the day before the one he mentions. Then repeat the correct answer after the speaker. (*6 items*)

Modèle

Aujourd'hui, c'est mercredi, n'est-ce pas?

Non, aujourd'hui c'est mardi.

3 **Complétez** Listen to this description and write the missing words in the spaces provided.

Je (1) _______________ Nathalie et j' (2) _______________ en Californie.

J' (3) _______________ le français et j' (4) _______________ la grammaire à

l'Alliance française. Les étudiants (5) _______________ un peu. Ils

(6) _______________ des vidéos et ils (7) _______________ des CD. Ils

(8) _______________ beaucoup, mais ils (9) _______________ la classe amusante.

Après le cours, les étudiants et moi, nous (10) _______________ dans un restaurant français.

Nom ______________________ Date ______________________

LES SONS ET LES LETTRES

The letter r

The French **r** is very different from the English *r*. In English, an *r* is pronounced in the middle and toward the front of the mouth. The French **r** is pronounced in the throat.

You have seen that an **-er** at the end of a word is usually pronounced **-ay**, as in the English word *way*, but without the glide sound.

chanter	**manger**	**expliquer**	**aimer**

In most other circumstances the French **r** has a very different sound. Pronunciation of the French **r** varies according to its position in a word. Note the different ways the **r** is pronounced in these words.

rivière	**littérature**	**ordinateur**	**devoir**

If an **r** falls between two vowels or before a vowel, it is pronounced with slightly more friction.

rare	**garage**	**Europe**	**rose**

An **r** sound before a consonant or at the end of a word is pronounced with slightly less friction.

porte	**bourse**	**adore**	**jour**

1 **Prononcez** Practice saying the following words aloud.

1. crayon	5. terrible	9. rentrer	13. être
2. professeur	6. architecture	10. regarder	14. dernière
3. plaisir	7. trouver	11. lettres	15. arriver
4. différent	8. restaurant	12. réservé	16. après

2 **Articulez** Practice saying the following sentences aloud.

1. Au revoir, Professeur Colbert!
2. Rose arrive en retard mardi.
3. Mercredi, c'est le dernier jour des cours.
4. Robert et Roger adorent écouter la radio.
5. La corbeille à papier, c'est quarante-quatre euros!
6. Les parents de Richard sont brillants et très agréables.

3 **Dictons** Practice reading these sayings aloud.

1. Qui ne risque rien n'a rien.
2. Quand le renard prêche, gare aux oies.

4 **Dictée** You will hear six sentences. Each will be read twice. Listen carefully and write what you hear.

1. ______________________
2. ______________________
3. ______________________
4. ______________________
5. ______________________
6. ______________________

Lab Manual

Nom ______________________ Date ______________________

ESPACE STRUCTURES

2B.1 Present tense of avoir

1

Question d'opinion Listen to the statements and respond by saying what each person needs to do. Repeat the correct answer after the speaker. (*6 items*)

Modèle

Lucie ne mange pas le matin.
Lucie a besoin de manger le matin.

2

Changez Form a new sentence using the cue you hear. Repeat the correct answer after the speaker. (*6 items*)

Modèle

J'ai sommeil. (nous)
Nous avons sommeil.

3

Répondez Listen to the statements and respond by saying what each person needs to do. Repeat the correct answer after the speaker.

Modèle

Tu as chaud? (non)
Non, je n'ai pas chaud.

1. oui
2. non
3. non
4. oui
5. non
6. non

4

Choisissez Listen to each situation and choose the appropriate expression. Each situation will be read twice.

1. a. Elle a honte. b. Elle a de la chance.
2. a. J'ai tort. b. J'ai raison.
3. a. Il a peur. b. Il a froid.
4. a. Nous avons chaud. b. Nous avons sommeil.
5. a. Vous avez de la chance. b. Vous avez l'air gentil.
6. a. Ils ont envie. b. Ils ont tort.

2B.2 Telling time

1 **L'heure** Look at the clock and listen to the statement. Indicate whether the statement is **vrai** or **faux.**

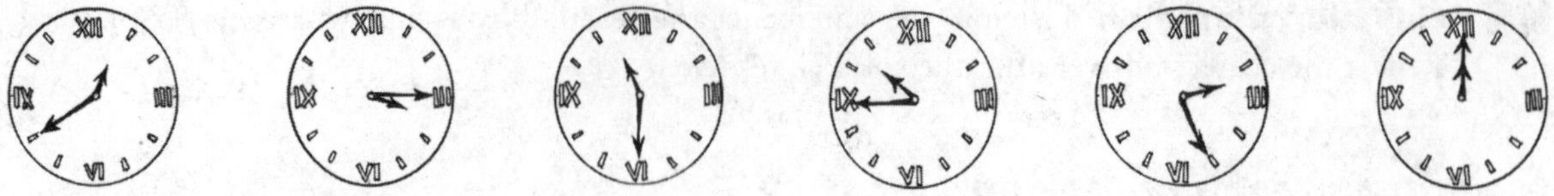

1. vrai ❍ faux ❍	2. vrai ❍ faux ❍	3. vrai ❍ faux ❍	4. vrai ❍ faux ❍	5. vrai ❍ faux ❍	6. vrai ❍ faux ❍

2 **Quelle heure est-il?** Listen to the questions and answer them using the cues. Then, compare your answers with the speaker's.

Modèle

You hear: Quelle heure est-il?
You see: 2:15 p.m.
You say: Il est deux heures et quart de l'après-midi.

1. 10:25 a.m.
2. 12:10 a.m.
3. 7:45 p.m.
4. 3:30 p.m.
5. 9:15 a.m.
6. 10:50 p.m.
7. 5:20 p.m.
8. 12:30 p.m.

3 **À quelle heure?** You are trying to plan your class schedule. Ask your counselor what time these classes meet and write the answer.

Modèle

You see: le cours de géographie
You say: À quelle heure est le cours de géographie?
You hear: Il est à neuf heures et demie du matin.
You write: 9:30 a.m.

1. le cours de biologie ____________
2. le cours d'informatique ____________
3. le cours de maths ____________
4. le cours d'allemand ____________
5. le cours de chimie ____________
6. le cours de littérature ____________

4 **Les trains** Your friend is in Paris and plans to go to the Riviera. He wants to know the train schedule. Using the 24-hour clock, answer his questions using the cues provided. Repeat the correct response after the speaker.

Modèle

You hear: À quelle heure est le dernier train pour Nice?
You see: 7:30 p.m.
You say: Il est à dix-neuf heures trente.

1. 9:05 p.m.
2. 8:15 a.m.
3. 10:30 a.m.
4. 5:25 p.m.
5. 12:23 p.m.
6. 10:27 p.m.

Unité 3

Leçon 3A

ESPACE CONTEXTES

1 **Qui est-ce?** You will hear some questions. Look at the family tree and give the correct answer to each question.

La famille Martin

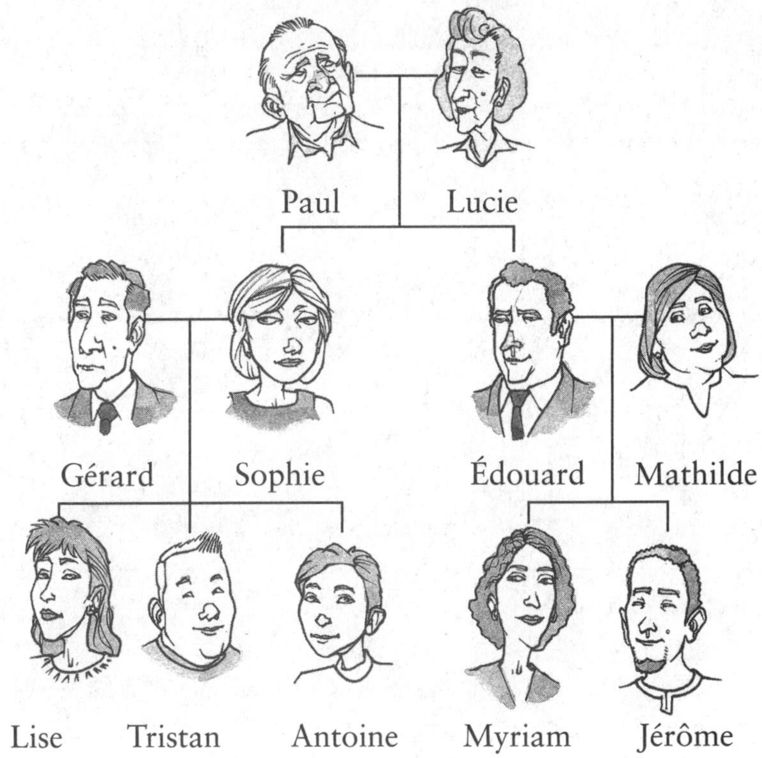

1. ______
2. ______
3. ______
4. ______
5. ______
6. ______
7. ______
8. ______
9. ______
10. ______

2 **La famille Martin** Lise's new friend just met her family and wants to verify the various relationships. Look at the family tree and answer the questions. (6 *items*)

Modèle

Paul est le frère de Gérard, n'est-ce pas?

Non, Paul est le beau-père de Gérard.

3 **Complétez** Listen to this story and write the missing words. Do not forget accents and hyphens.

Je m'appelle Julien. Mes (1) ______ sont divorcés. J'habite avec ma (2) ______ et ma (3) ______. Nous partageons une maison avec le (4) ______ de ma (5) ______. Mon (6) ______ et ma (7) ______ ont trois (8) ______. Mon (9) ______ s'appelle Simon et mes (10) ______ s'appellent Coralie et Sixtine. Mon (11) ______ est marié et ma (12) ______ s'appelle Sabine. J'ai un (13) ______, Théophile.

LES SONS ET LES LETTRES

L'accent aigu and l'accent grave

In French, diacritical marks (accents) are an essential part of a word's spelling. They indicate how vowels are pronounced or distinguish between words with similar spellings but different meanings. **L'accent aigu** (´) appears only over the vowel **e**. It indicates that the **e** is pronounced similarly to the vowel *a* in the English word *cake* but shorter and crisper. The French **é** lacks the *-y* glide heard in English words like *day* and *late*.

étudier	**réservé**	**élégant**	**téléphone**

L'accent aigu also signals some similarities between French words and English words. Often, an **e** with **l'accent aigu** at the beginning of a French word marks the place where the letter *s* would appear at the beginning of the English equivalent.

éponge	**épouse**	**état**	**étudiante**
sponge	*spouse*	*state*	*student*

L'accent grave (`) over the vowel **e** indicates that the **e** is pronounced like the vowel *e* in the English word *pet*.

très	**après**	**mère**	**nièce**

Although **l'accent grave** does not change the pronunciation of the vowels *a* or *u*, it distinguishes words that have a similar spelling but different meanings.

la	**là**	**ou**	**où**
the	*there*	*or*	*where*

Lab Manual

1 Prononcez Practice saying these words aloud.

1. agréable
2. sincère
3. voilà
4. faculté
5. frère
6. à
7. déjà
8. éléphant
9. lycée
10. poème
11. là
12. élève

2 Articulez Practice saying these sentences aloud.

1. À tout à l'heure!
2. Thérèse, je te présente Michèle.
3. Hélène est très sérieuse et réservée.
4. Voilà mon père, Frédéric, et ma mère, Ségolène.
5. Tu préfères étudier à la fac demain après-midi?

3 Dictons Practice saying these sayings aloud.

1. Tel père, tel fils.
2. À vieille mule, frein doré.

4 Dictée You will hear eight sentences. Each will be said twice. Listen carefully and write what you hear.

1. ______________________
2. ______________________
3. ______________________
4. ______________________
5. ______________________
6. ______________________
7. ______________________
8. ______________________

ESPACE STRUCTURES

3A.1 Descriptive adjectives

1 **Féminin ou masculin?** Change each sentence from the masculine to the feminine or vice versa. Repeat the correct answer after the speaker. (*6 items*)

Modèle
L'oncle de Marie est français.
La tante de Marie est française.

2 **Singulier ou pluriel?** Change each sentence from singular to plural and vice versa. Repeat the correct answer after the speaker. (*6 items*)

Modèle
L'élève est jeune.
Les élèves sont jeunes.

3 **Mes camarades de classe** Describe your classmate using the cues. Repeat the correct answer after the speaker.

Modèle
You hear: Jeanne
You see: petit
You say: Jeanne est petite.

1. brun
2. roux
3. beau
4. sympathique
5. grand et gros
6. heureux et intelligent
7. bon et naïf
8. nouveau

4 **La famille Dumoulin** Look at the picture of the Dumoulin family. Listen to these statements and decide whether each statement is **vrai** or **faux**.

	Vrai	Faux
1.	❍	❍
2.	❍	❍
3.	❍	❍
4.	❍	❍
5.	❍	❍
6.	❍	❍
7.	❍	❍
8.	❍	❍

Lab Manual

3A.2 Possessive adjectives

1 Identifiez Listen to each statement and indicate which possessive adjective you hear.

Modèle

You hear: C'est mon professeur de français.
You select: **my**

	my	your (familiar)	your (formal)	his/her	our	their
Modèle	X					
1.						
2.						
3.						
4.						
5.						
6.						
7.						
8.						

2 Choisissez Listen to each question and choose the response with the correct possessive adjective.

1. a. Oui, ton appartement est grand.
   b. Non, mon appartement n'est pas grand.
2. a. Oui, nous habitons avec nos parents.
   b. Non, nous n'habitons pas avec vos parents.
3. a. Oui, c'est ton cousin.
   b. Oui, c'est son cousin.
4. a. Oui, leurs parents rentrent à 10 heures ce soir.
   b. Oui, nos parents rentrent à 10 heures ce soir.
5. a. Non, ma sœur n'étudie pas la chimie.
   b. Non, sa sœur n'étudie pas la chimie.
6. a. Oui, leur nièce est au Brésil.
   b. Oui, ma nièce est au Brésil.
7. a. Non, leurs amis ne sont pas ici.
   b. Non, nos amis ne sont pas ici.
8. a. Oui, leurs grands-parents sont italiens.
   b. Oui, nos grands-parents sont italiens.

3 Questions Answer each question you hear in the affirmative using the appropriate possessive adjective. Repeat the correct response after the speaker. (*6 items*)

Modèle

C'est ton ami?
Oui, c'est mon ami.

Unité 3

Leçon 3B

ESPACE CONTEXTES

1 **Logique ou illogique?** Listen to each statement and indicate whether it is **logique** or **illogique**.

	Logique	Illogique		Logique	Illogique
1.	❍	❍	5.	❍	❍
2.	❍	❍	6.	❍	❍
3.	❍	❍	7.	❍	❍
4.	❍	❍	8.	❍	❍

2 **Associez** Choose the word or combination of words logically associated with each word you hear.

1. actif	sportif	faible
2. drôle	pénible	antipathique
3. cruel	mauvais	gentil
4. modeste	intelligent	prêt
5. favori	lent	homme d'affaires
6. architecte	fou	ennuyeux

3 **Professions** Listen to the statements and match them to the photos they describe. Not all statements correspond to a photo.

a. ____________

b. ____________

c. ____________

d. ____________

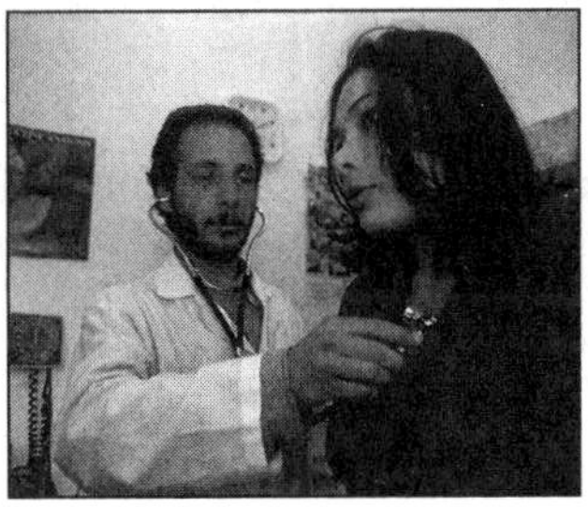

e. ____________

Lab Manual

LES SONS ET LES LETTRES

L'accent circonflexe, la cédille, and le tréma

L'accent circonflexe (ˆ) can appear over any vowel.

aîné	drôle	diplôme	pâté

L'accent circonflexe indicates that a letter, frequently an *s*, has been dropped from an older spelling. For this reason, l'accent circonflexe can be used to identify similarities between French and English words.

hospital → hôpital   forest → forêt

L'accent circonflexe is also used to distinguish between words with similar spellings but different meanings.

mûr	**mur**	**sûr**	**sur**
ripe	*wall*	*sure*	*on*

La cédille (¸) is only used with the letter **c**. It is always pronounced with a soft **c** sound, like the *s* in the English word *yes*. Use a **cédille** to retain the soft **c** sound before an **a**, **o**, or **u**. Before an **e** or an **i**, the letter **c** is always soft, so a **cédille** is not necessary.

garçon	français	ça	leçon

Le tréma (¨) is used to indicate that two vowel sounds are pronounced separately. It is always placed over the second vowel.

égoïste	naïve	Noël	Haïti

1 **Prononcez** Practice saying these words aloud.

1. naïf
2. reçu
3. châtain
4. âge
5. français
6. fenêtre
7. théâtre
8. garçon
9. égoïste
10. château

2 **Articulez** Practice saying these sentences aloud.

1. Comment ça va?
2. Comme ci, comme ça.
3. Vous êtes française, Madame?
4. C'est un garçon cruel et égoïste.
5. J'ai besoin d'être reçu(e) à l'examen.
6. Caroline, ma sœur aînée, est très drôle.

3 **Dictons** Practice reading these sayings aloud.

1. Impossible n'est pas français.
2. Plus ça change, plus c'est la même chose.

4 **Dictée** You will hear six sentences. Each will be read twice. Listen carefully and write what you hear. Make sure you include all necessary accents and capitalization.

1. ______________________
2. ______________________
3. ______________________
4. ______________________
5. ______________________
6. ______________________

Nom ______________________ Date ______________________

ESPACE STRUCTURES

3B.1 Numbers 61–100

1 **Numéros de téléphone** You are at a party and you meet some new people. You want to see them again, but you don't have their telephone numbers. Ask them what their phone numbers are and write down their answers.

Modèle

You see: Julie
You say: Quel est ton numéro de téléphone, Julie?
You hear: C'est le zéro un, vingt-trois, trente-huit, quarante-trois, cinquante-deux.
You write: 01.23.38.43.52

1. Chloé ______________________
2. Justin ______________________
3. Ibrahim ______________________
4. Cassandre ______________________
5. Lolita ______________________
6. Yannis ______________________
7. Omar ______________________
8. Sara ______________________

2 **Inventaire** You and your co-worker are taking an inventory at the university bookstore. Answer your co-worker's questions using the cues. Repeat the correct response after the speaker.

Modèle

You hear: Il y a combien de livres de français?
You see: 61
You say: Il y a soixante et un livres de français.

1. 71
2. 92
3. 87
4. 94
5. 62
6. 96
7. 83
8. 66

3 **Message** Listen to this telephone conversation and complete the phone message with the correct information.

MESSAGE TÉLÉPHONIQUE

Pour: ______________________

De: ______________________

Téléphone: ______________________

Message: ______________________

____

Lab Manual

Nom ______________________ Date ______________________

3B.2 Prepositions of location and disjunctive pronouns

1 **Décrivez** Look at the drawing and listen to each statement. Indicate whether each statement is vrai or faux.

	Vrai	Faux
1.	❍	❍
2.	❍	❍
3.	❍	❍
4.	❍	❍
5.	❍	❍
6.	❍	❍
7.	❍	❍
8.	❍	❍

2 **Où est...?** Using the drawing and the cues, say where these items are located. Repeat the correct response after the speaker.

Modèle

You see: entre
You hear: le cahier
You say: **Le cahier est entre les crayons et les livres.**

1. à côté de
2. à droite de
3. en face de
4. près de
5. devant
6. sur
7. derrière
8. à gauche de

3 **Complétez** Listen to the conversation and correct these statements.

1. Francine habite chez ses parents.
____
2. La résidence est près des salles de classe.
____
3. Le gymnase est loin de la résidence.
____
4. La bibliothèque est derrière le café.
____
5. Le cinéma est en face du café.
____
6. Le resto U est derrière la bibliothèque.
____

Lab Manual

Nom ______________________ Date ______________________

Unité 4

Leçon 4A

ESPACE CONTEXTES

1 **Choisissez** Listen to each question and choose the most logical answer.

1. a. Non, je ne nage pas.
   b. Oui, elle mange à la piscine.
2. a. Oui, j'ai très faim.
   b. Non, il mange au restaurant.
3. a. Non, elle est au bureau.
   b. Oui, elle adore aller au centre commercial.
4. a. Non, il est absent.
   b. Non, ils sont absents.
5. a. Oui, ils ont une maison en banlieue.
   b. Non, ils sont au musée.
6. a. Oui, elle va à la montagne.
   b. Oui, elle danse beaucoup.
7. a. Oui, on va passer.
   b. Non, nous ne sommes pas chez nous ici.
8. a. Non, je n'aime pas aller en ville.
   b. Non, ils sont trop jeunes.

2 **Les lieux** You will hear six people describe what they are doing. Choose the place that corresponds to the activity.

1. ____________	a. au café
2. ____________	b. au musée
3. ____________	c. au centre commercial
4. ____________	d. à la bibliothèque
5. ____________	e. au gymnase
6. ____________	f. au restaurant

3 **Décrivez** You will hear two statements for each drawing. Choose the one that corresponds to the drawing.

1. a. b.

2. a. b.

3. a. b.

4. a. b.

LES SONS ET LES LETTRES

Oral vowels

French has two basic kinds of vowel sounds: oral vowels, the subject of this discussion, and nasal vowels, presented in **Leçon 4B.** Oral vowels are produced by releasing air through the mouth. The pronunciation of French vowels is consistent and predictable.

In short words (usually two-letter words), e is pronounced similarly to the *a* in the English word *about*.

le **que** **ce** **de**

The letter **a** alone is pronounced like the a in *father.*

la **ça** **ma** **ta**

The letter **i** by itself and the letter **y** are pronounced like the vowel sound in the word *bee.*

ici **livre** **stylo** **lycée**

The letter combination **ou** sounds like the vowel sound in the English word *who.*

vous **nous** **oublier** **écouter**

The French **u** sound does not exist in English. To produce this sound, say *ee* with your lips rounded.

tu **du** **une** **étudier**

1 **Prononcez** Répétez les mots suivants à voix haute.

1. je
2. chat
3. fou
4. ville
5. utile
6. place
7. jour
8. triste
9. mari
10. active
11. Sylvie
12. rapide
13. gymnase
14. antipathique
15. calculatrice
16. piscine

2 **Articulez** Répétez les phrases suivantes à voix haute.

1. Salut, Luc. Ça va?
2. La philosophie est difficile.
3. Brigitte est une actrice fantastique.
4. Suzanne va à son cours de physique.
5. Tu trouves le cours de maths facile?
6. Viviane a une bourse universitaire.

3 **Dictons** Répétez les dictons à voix haute.

1. Qui va à la chasse perd sa place.
2. Plus on est de fous, plus on rit.

4 **Dictée** You will hear eight sentences. Each will be read twice. Listen carefully and write what you hear.

1. ______________________
2. ______________________
3. ______________________
4. ______________________
5. ______________________
6. ______________________
7. ______________________
8. ______________________

Nom ______________________ Date ______________________

ESPACE STRUCTURES

4A.1 The verb aller

1 **Identifiez** Listen to each statement and select the subject of the verb you hear.

Modèle

You hear: Il ne va pas au cours de mathématiques aujourd'hui.
You select: **il**

	je	tu	il/elle/on	nous	vous	ils/elles
Modèle	____	____	X	____	____	____
1.	____	____	____	____	____	____
2.	____	____	____	____	____	____
3.	____	____	____	____	____	____
4.	____	____	____	____	____	____
5.	____	____	____	____	____	____
6.	____	____	____	____	____	____
7.	____	____	____	____	____	____
8.	____	____	____	____	____	____

2 **Où vont-ils?** Describe where these people are going using the cues. Repeat the correct answer after the speaker.

Modèle

You hear: Samuel
You see: marché
You say: *Samuel va au marché.*

1. épicerie
2. parc
3. magasin
4. église
5. hôpital
6. café
7. montagne
8. centre-ville

3 **Transformez** Change each sentence from the present to the immediate future. Repeat the correct answer after the speaker. (*6 items*)

Modèle

Régine bavarde avec sa voisine.
Régine va bavarder avec sa voisine.

4 **Présent ou futur?** Listen to each statement and indicate if the sentence is in the present or the immediate future.

	Présent	Futur proche
1.	❍	❍
2.	❍	❍
3.	❍	❍
4.	❍	❍
5.	❍	❍
6.	❍	❍
7.	❍	❍

Lab Manual

4A.2 Interrogative words

1

Logique ou illogique? You will hear some questions and responses. Decide if they are **logique** or **illogique**.

	Logique	Illogique		Logique	Illogique
1.	❍	❍	5.	❍	❍
2.	❍	❍	6.	❍	❍
3.	❍	❍	7.	❍	❍
4.	❍	❍	8.	❍	❍

2

Questions Answer each question you hear, using the cue provided. Repeat the correct answer after the speaker. (*6 items*)

Modèle

You hear: Pourquoi est-ce que tu ne vas pas au café?
You see: aller travailler
You say: Parce que je vais travailler.

1. chez lui
2. avec sa cousine
3. Bertrand
4. à un journaliste
5. absent
6. sérieux

3

Questions Listen to each answer and ask the question that prompted the answer. Repeat the correct question after the speaker. (*6 items*)

Modèle

You hear: Grégoire va au bureau.
You say: *Où va Grégoire?*

4

Conversation Listen to the conversation and answer the questions.

1. Pourquoi est-ce que Pauline aime son nouvel appartement?

____

2. Où est cet appartement?

____

3. Comment est la propriétaire?

____

4. Combien de personnes travaillent au musée?

____

Nom ______________________ Date ______________________

Unité 4

Leçon 4B

ESPACE CONTEXTES

1 **Associez** In each group, select the word that is logically associated with the word you hear.

1. frites	baguette	limonade
2. table	sandwich	pourboire
3. beurre	addition	serveur
4. morceau	coûter	soif
5. verre	éclair	sucre
6. plusieurs	soupe	apporter

2 **Logique ou illogique?** Listen to these statements and indicate whether they are **logique** or **illogique**.

	Logique	Illogique		Logique	Illogique
1.	❍	❍	5.	❍	❍
2.	❍	❍	6.	❍	❍
3.	❍	❍	7.	❍	❍
4.	❍	❍	8.	❍	❍

3 **Décrivez** Listen to each sentence and match the food or drink in the photo to the sentence which mentions it.

a. ______________

b. ______________

c. ______________

d. ______________

4 **Complétez** Listen to this story and write the missing words in the spaces provided.

Bonjour, je m'appelle Raymond. J'aime les journées (1) ______________ *La Rotonde*, près de chez moi. Le matin, je commence un livre avec un bon café au (2) ______________. Le midi, j'adore être à la terrasse. Je mange un sandwich (3) ______________ ou jambon (4) ______________. Quand j'ai froid, j'aime mieux (5) ______________. L'après-midi, je (6) ______________ avec les (7) ______________. Ils sont sympas, alors je laisse toujours un bon (8) ______________.

Lab Manual

LES SONS ET LES LETTRES

Nasal vowels

When vowels are followed by an **m** or an **n** in a single syllable, they usually become nasal vowels. Nasal vowels are produced by pushing air through both the mouth and the nose.

The nasal vowel sound you hear in **français** is usually spelled **an** or **en**.

an fr**an**çais **en**ch**an**té **en**f**an**t

The nasal vowel sound you hear in **bien** may be spelled **en, in, im, ain,** or **aim**. The nasal vowel sound you hear in **brun** may be spelled **un** or **um.**

exam**en** améric**ain** **l****un**di parf**um**

The nasal vowel sound you hear in **bon** is spelled **on** or **om.**

ton all**on**s **com**bien **on**cle

When **m** or **n** is followed by a vowel sound, the preceding vowel is not nasal.

image inutile ami amour

1 **Prononcez** Répétez les mots suivants à voix haute.

1. blond
2. dans
3. faim
4. entre
5. garçon
6. avant
7. maison
8. cinéma
9. quelqu'un
10. différent
11. amusant
12. télévision
13. impatient
14. rencontrer
15. informatique
16. comment

2 **Articulez** Répétez les phrases suivantes à voix haute.

1. Mes parents ont cinquante ans.
2. Tu prends une limonade, Martin?
3. Le Printemps est un grand magasin.
4. Lucien va prendre le train à Montauban.
5. Pardon, Monsieur, l'addition s'il vous plaît!
6. Jean-François a les cheveux bruns et les yeux marron.

3 **Dictons** Répétez les dictons à voix haute.

1. L'appétit vient en mangeant.
2. N'allonge pas ton bras au-delà de ta manche.

4 **Dictée** You will hear eight sentences. Each will be read twice. Listen carefully and write what you hear.

1. ______________________
2. ______________________
3. ______________________
4. ______________________
5. ______________________
6. ______________________
7. ______________________
8. ______________________

Nom ______________________ Date ______________________

ESPACE STRUCTURES

4B.1 The verbs **prendre** and **boire**; Partitives

1

Identifiez Listen to each statement and select the verb that you hear.

Modèle

You hear: Nous n'allons pas apprendre le chinois cette année.
You select: apprendre

	apprendre	prendre	comprendre	boire
Modèle	X			
1.				
2.				
3.				
4.				
5.				
6.				
7.				
8.				

2

Conjuguez Listen to the sentences, then form a new sentence using the cue you hear. Repeat the correct response after the speaker.

Modèle

You hear: Elle prend un café tous les matins. (nous)
You say: **Nous prenons un café tous les matins.**

1. (vous) 2. (elles) 3. (nous) 4. (Jean-Christophe) 5. (ils) 6. (nous)

3

Choisissez Listen to each question and choose the most logical answer.

1. a. Non, elle n'a pas faim.
   b. Non, elle n'a pas soif.
2. a. Parce qu'il n'a pas de jambon.
   b. Parce que je prends un chocolat aussi.
3. a. Je ne prends pas de sucre.
   b. Oui, avec du sucre et un peu de lait.
4. a. Non, je n'aime pas le pain.
   b. Non, je prends du pain.
5. a. Oui, ils prennent ça tous les jours.
   b. Non, ils n'aiment pas le café.
6. a. Je bois un café.
   b. Je prends un éclair au café.
7. a. Quand elles ont soif.
   b. Non, elles n'ont pas soif.
8. a. Pourquoi pas?
   b. Non, je prends un sandwich.

4B.2 Regular -ir verbs

1

Changez Form a new sentence using the cue you hear as the subject. Repeat the correct answer after the speaker. (*8 items*)

Modèle

You hear: Je finis tous les devoirs de français. (nous)
You say: **Nous finissons tous les devoirs de français.**

2

Répondez Answer each question you hear using the cue in your lab manual. Repeat the correct response after the speaker.

Modèle

You hear: Qui choisit le gâteau au chocolat?
You see: mes parents
You say: **Mes parents choisissent le gâteau au chocolat.**

1. dix heures
2. non
3. il fait chaud (*it's hot*)
4. oui
5. Béatrice et Julie
6. oui

3

Logique ou illogique? Listen to each statement and indicate if it is **logique** or **illogique.**

	Logique	Illogique		Logique	Illogique
1.	❍	❍	5.	❍	❍
2.	❍	❍	6.	❍	❍
3.	❍	❍	7.	❍	❍
4.	❍	❍	8.	❍	❍

4

Conversation Listen to Antoine and Léa's conversation and answer the questions.

1. Pourquoi est-ce que Léa est heureuse? ______________________
2. Est-ce qu'elle va réussir ses examens? ______________________
3. Quel restaurant choisissent-ils? ______________________
4. Que prend Antoine à manger? ______________________
5. Antoine a-t-il peur de grossir? ______________________
6. Pourquoi Léa choisit-elle de prendre une salade? ______________________

Lab Manual

Nom ____________________ Date ____________________

Unité 5

Leçon 5A

ESPACE CONTEXTES

1 **Identifiez** You will hear a series of words. Write the word that does not belong in each series.

1. ____________ 5. ____________
2. ____________ 6. ____________
3. ____________ 7. ____________
4. ____________ 8. ____________

2 **Choisissez** Listen to each question and choose the most logical answer.

1. a. Oui, le lundi et le vendredi.
   b. Non, je déteste les bandes dessinées.
2. a. Chez mes parents.
   b. Rarement.
3. a. Avec mon ami.
   b. Une fois par mois.
4. a. Nous jouons pour gagner.
   b. Nous jouons surtout le soir.
5. a. Oui, j'aime le cinéma.
   b. J'aime mieux le golf.
6. a. Non, ils ne travaillent pas.
   b. Ils bricolent beaucoup.
7. a. Oui, son équipe est numéro un.
   b. Oui, c'est son passe-temps préféré.
8. a. Oui, ils jouent aujourd'hui.
   b. Il n'y a pas de spectacle.

3 **Les lieux** You will hear a couple describing their leisure activities on a typical weekend day. Write each activity in the appropriate space.

	la femme	l'homme
le matin	____________	____________
à midi	____________	____________
l'après-midi	____________	____________
le soir	____________	____________

Lab Manual

Nom ______________________ Date ______________________

LES SONS ET LES LETTRES

Intonation

In short, declarative sentences, the pitch of your voice, or intonation, falls on the final word or syllable.

Nathalie est française. **Hector joue au football.**

In longer, declarative sentences, intonation rises, then falls.

À trois heures et demie, j'ai sciences politiques.

In sentences containing lists, intonation rises for each item in the list and falls on the last syllable of the last one.

Martine est jeune, blonde et jolie.

In long, declarative sentences, such as those containing clauses, intonation may rise several times, falling on the final syllable.

Le samedi, à dix heures du matin, je vais au centre commercial.

Questions that require a yes or no answer have rising intonation. Information questions have falling intonation.

C'est ta mère? **Est-ce qu'elle joue au tennis?**
Quelle heure est-il? **Quand est-ce que tu arrives?**

1 **Prononcez** Répétez les phrases suivantes à voix haute.

1. J'ai dix-neuf ans.
2. Tu fais du sport?
3. Quel jour sommes-nous?
4. Sandrine n'habite pas à Paris.
5. Quand est-ce que Marc arrive?
6. Charlotte est sérieuse et intellectuelle.

2 **Articulez** Répétez les dialogues à voix haute.

1. —Qu'est-ce que c'est?
   —C'est un ordinateur.
2. —Tu es américaine?
   —Non, je suis canadienne.
3. —Qu'est-ce que Christine étudie?
   —Elle étudie l'anglais et l'espagnol.
4. —Où est le musée?
   —Il est en face de l'église.

3 **Dictons** Répétez les dictons à voix haute.

1. Si le renard court, le poulet a des ailes.
2. Petit à petit, l'oiseau fait son nid.

4 **Dictée** You will hear eight sentences. Each will be read twice. Listen carefully and write what you hear.

1. ______________________
2. ______________________
3. ______________________
4. ______________________
5. ______________________
6. ______________________
7. ______________________
8. ______________________

Nom ______________________ Date ______________________

ESPACE STRUCTURES

5A.1 The verb faire

1 **Identifiez** Listen to each statement and mark an X in the column of the verb form you hear.

Modèle

You hear: François ne fait pas de sport.

You select: **fait**

	fais	fait	faisons	faites	font
Modèle	______	X	______	______	______
1.	______	______	______	______	______
2.	______	______	______	______	______
3.	______	______	______	______	______
4.	______	______	______	______	______
5.	______	______	______	______	______
6.	______	______	______	______	______
7.	______	______	______	______	______
8.	______	______	______	______	______

2 **Conjuguez** Form a new sentence using the cue you hear as the subject. Repeat the correct response after the speaker. (6 *items*)

Modèle

You hear: Je ne fais jamais la cuisine. (vous)

You say: Vous ne faites jamais la cuisine.

3 **Complétez** You will hear the subject of a sentence. Complete the sentence using a form of **faire** and the cue provided. Repeat the correct response after the speaker.

Modèle

You hear: Mon cousin

You see: vélo

You say: Mon cousin fait du vélo.

1. baseball
2. camping
3. cuisine
4. jogging
5. randonnée
6. ski

4 **Complétez** Listen to this story and write the missing verbs.

Je m'appelle Aurélien. Ma famille et moi sommes très sportifs. Mon père (1) ______________ du ski de compétition. Il (2) ______________ aussi de la randonnée en montagne avec mon oncle. Ma mère (3) ______________ du cheval. Son frère et sa sœur (4) ______________ du foot. Mon grand frère et moi (5) ______________ du volley à l'école et de la planche à voile. Je (6) ______________ aussi du tennis. Ma sœur et notre cousine (7) ______________ du golf. Et vous, que (8) ______________-vous comme sport?

Lab Manual

5A.2 Irregular -ir verbs

1 **Conjuguez** Form a new sentence using the cue you hear as the subject. Repeat the correct answer after the speaker.

Modèle

You hear: Vous ne dormez pas! (tu)
You say: Tu ne dors pas!

1. (nous) 2. (toi et ton frère) 3. (Denis et Anne) 4. (mon chat) 5. (les sandwichs) 6. (leurs chevaux)

2 **Identifiez** Listen to each sentence and write the infinitive of the verb you hear.

Modèle

You hear: L'équipe court au stade Grandjean.
You write: courir

1. ______________________ 5. ______________________
2. ______________________ 6. ______________________
3. ______________________ 7. ______________________
4. ______________________ 8. ______________________

3 **Questions** Answer each question you hear using the cue provided. Repeat the correct answer after the speaker.

Modèle

You hear: Avec qui tu cours aujourd'hui?
You see: Sarah
You say: Je cours avec Sarah.

1. chez ma tante 2. plus tard 3. les enfants 4. mon ami 5. le chocolat 6. une demi-heure

4 **Les activités** Listen to each statement and write the number of the statement below the drawing it describes. There are more statements than there are drawings.

a. ____________

b. ____________

c. ____________

d. ____________

e. ____________

f. ____________

Unité 5

ESPACE CONTEXTES

Leçon 5B

1 Le temps Listen to each statement and write the number of the statement below the drawing it describes. There are more statements than there are drawings.

a. ____________

b. ____________

c. ____________

d. ____________

2 Identifiez You will hear a series of words. Write the word that does not belong in each series.

1. ____________
2. ____________
3. ____________
4. ____________
5. ____________
6. ____________

3 Questions Answer each question you hear using the cues. Repeat the correct response after the speaker.

Modèle

You hear: Qu'est-ce qu'on va faire cet été?
You see: faire du camping et une randonnée
You say: **Cet été, on va faire du camping et une randonnée.**

1. au printemps
2. le 1er février
3. aller souvent au cinéma
4. aimer bricoler
5. aller à un spectacle
6. l'été

Nom ____________________ Date ____________________

LES SONS ET LES LETTRES

Open vs. closed vowels: Part 1

You have already learned that é is pronounced like the vowel *a* in the English word *cake*. This is a closed e sound.

étudiant	**agréable**	**nationalité**	**enchanté**

The letter combinations **-er** and **-ez** at the end of a word are pronounced the same way, as is the vowel sound in single-syllable words ending in **-es**.

travailler	**avez**	**mes**	**les**

The vowels spelled è and ê are pronounced like the vowel in the English word *pet*, as is an **e** followed by a double consonant. These are open **e** sounds.

répète	**première**	**pêche**	**italienne**

The vowel sound in *pet* may also be spelled **et, ai,** or **ei.**

secret	**français**	**fait**	**seize**

Compare these pairs of words. To make the vowel sound in *cake*, your mouth should be slightly more closed than when you make the vowel sound in *pet*.

mes	**mais**	**ces**	**cette**	**théâtre**	**thème**

1 **Prononcez** Répétez les mots suivants à voix haute.

1. thé	4. été	7. degrés	10. discret
2. lait	5. neige	8. anglais	11. treize
3. belle	6. aider	9. cassette	12. mauvais

2 **Articulez** Répétez les phrases suivantes à voix haute.

1. Hélène est très discrète.
2. Céleste achète un vélo laid.
3. Il neige souvent en février et en décembre.
4. Désirée est canadienne; elle n'est pas française.

3 **Dictons** Répétez les dictons à voix haute.

1. Péché avoué est à demi pardonné.
2. Qui sème le vent récolte la tempête.

4 **Dictée** You will hear eight sentences. Each will be read twice. Listen carefully and write what you hear.

1. ____________________
2. ____________________
3. ____________________
4. ____________________
5. ____________________
6. ____________________
7. ____________________
8. ____________________

Lab Manual

Nom ______________________ Date ______________________

ESPACE STRUCTURES

5B.1 Numbers 101 and higher

1 **Dictée** Listen carefully and write each number as numerals rather than as words.

1. ________ 3. ________ 5. ________ 7. ________
2. ________ 4. ________ 6. ________ 8. ________

2 **Les prix** Listen to each statement and write the correct price next to each object.

1. la montre: ________________ €
2. la maison: ________________ €
3. l'équipe de baseball: ________________ €
4. les cours de tennis: ________________ €
5. une randonnée à cheval d'une semaine: ________________ €
6. l'ordinateur: ________________ €

3 **Le sport** Look at the number of members of sporting clubs in France. Listen to these statements and decide whether each statement is **vrai** or **faux**.

	Nombre de membres
basket-ball	427.000
football	2.066.000
golf	325.000
handball	319.000
judo	577.000
natation	214.000
rugby	253.000
tennis	1.068.000

	Vrai	Faux		Vrai	Faux
1.	❍	❍	4.	❍	❍
2.	❍	❍	5.	❍	❍
3.	❍	❍	6.	❍	❍

4 **Questions** Answer each question you hear using the cues. Repeat the correct response after the speaker.

Modèle

You hear: Combien de personnes pratiquent la natation en France?
You see: 214.000
You say: *Deux cent quatorze mille personnes pratiquent la natation en France.*

1. 371 2. 880 3. 101 4. 412 5. 1.630 6. 129

Lab Manual

Nom ______________________ Date ______________________

5B.2 Spelling change -er verbs

1 **Décrivez** You will hear two statements for each drawing. Choose the one that corresponds to the drawing.

1. a. b.   2. a. b.   3. a. b.   4. a. b.

2 **Conjuguez** Form a new sentence using the cue you hear as the subject. Repeat the correct response after the speaker. (*6 items*)

Modèle

You hear: Vous ne payez pas maintenant? (tu)
You say: **Tu ne payes/paies pas maintenant?**

3 **Transformez** Change each sentence from the immediate future to the present. Repeat the correct answer after the speaker. (*6 items*)

Modèle

You hear: Ils vont envoyer leurs papiers.
You say: **Ils envoient leurs papiers.**

4 **Identifiez** Listen to each sentence and write the infinitive of the verb you hear.

Modèle

You hear: Monique promène le chien de sa sœur.
You write: **promener**

1. ______________ 5. ______________
2. ______________ 6. ______________
3. ______________ 7. ______________
4. ______________ 8. ______________

Unité 6

Leçon 6A

ESPACE CONTEXTES

1 **Logique ou illogique?** You will hear some statements. Decide if each one is **logique** or **illogique**.

	Logique	Illogique		Logique	Illogique
1.	❍	❍	5.	❍	❍
2.	❍	❍	6.	❍	❍
3.	❍	❍	7.	❍	❍
4.	❍	❍	8.	❍	❍

2 **Choisissez** For each drawing you will hear three statements. Choose the one that corresponds to the drawing.

1. a. b. c.

2. a. b. c.

3. a. b. c.

4. a. b. c.

3 **L'anniversaire** Listen as Véronique talks about a party she has planned. Then, answer the questions in the spaces provided.

1. Pour qui Véronique organise-t-elle une fête?

____

2. Quand est cette fête?

____

3. Pourquoi est-ce qu'on organise cette fête?

____

4. Qui est-ce que Véronique invite?

____

5. Qui achète le cadeau?

____

6. Qui apporte de la musique?

____

7. Quelle sorte de gâteau est-ce que Christian va acheter?

____

8. Qu'est-ce que les invités vont faire à la fête?

____

Nom ______________________ Date ______________________

LES SONS ET LES LETTRES

Open vs. closed vowels: Part 2

The letter combinations **au** and **eau** are pronounced like the vowel sound in the English word *coat*, but without the glide heard in English. These are closed **o** sounds.

ch**au**d	**au**ssi	b**eau**coup	tabl**eau**

When the letter **o** is followed by a consonant sound, it is usually pronounced like the vowel in the English word *raw*. This is an open **o** sound.

h**o**mme	téléph**o**ne	**o**rdinateur	**o**range

When the letter **o** occurs as the last sound of a word or is followed by a *z* sound, such as a single **s** between two vowels, it is usually pronounced with the closed **o** sound.

tr**o**p	hér**o**s	r**o**se	ch**o**se

When the letter **o** has an **accent circonflexe**, it is usually pronounced with the closed **o** sound.

dr**ô**le	bient**ô**t	p**ô**le	c**ô**té

1 **Prononcez** Répétez les mots suivants à voix haute.

1. rôle	4. chaud	7. oiseau	10. nouveau
2. porte	5. prose	8. encore	11. restaurant
3. dos	6. gros	9. mauvais	12. bibliothèque

2 **Articulez** Répétez les phrases suivantes à voix haute.

1. À l'automne, on n'a pas trop chaud.
2. Aurélie a une bonne note en biologie.
3. Votre colocataire est d'origine japonaise?
4. Sophie aime beaucoup l'informatique et la psychologie.
5. Nos copains mangent au restaurant marocain aujourd'hui.
6. Comme cadeau, Robert et Corinne vont préparer un gâteau.

3 **Dictons** Répétez les dictons à voix haute.

1. Tout nouveau, tout beau.
2. La fortune vient en dormant.

4 **Dictée** You will hear six sentences. Each will be read twice. Listen carefully and write what you hear.

1. ______________________________
2. ______________________________
3. ______________________________
4. ______________________________
5. ______________________________
6. ______________________________

ESPACE STRUCTURES

6A.1 Demonstrative adjectives

1 **La fête** You are at a party. Listen to what the guests have to say about the party, and select the demonstrative adjective you hear.

Modèle

You hear: J'adore ces petits gâteaux au chocolat.
You select: **ces**

	ce	cet	cette	ces
Modèle				X
1.				
2.				
3.				
4.				
5.				
6.				
7.				
8.				

2 **Changez** Listen to each item and form a sentence, using the cue you hear. Repeat the correct answer after the speaker. (*6 items*)

Modèle

des biscuits
Je vais acheter ces biscuits.

3 **Transformez** Form a new sentence using the cue in your lab manual. Repeat the correct response after the speaker.

Modèle

You hear: J'aime ces bonbons.
You see: fête
You say: J'aime cette fête.

1. dessert
2. glace
3. hôte
4. mariage
5. eaux minérales
6. sandwich

4 **Demandez** Answer each question you hear in the negative. Repeat the correct answer after the speaker. (*6 items*)

Modèle

Tu aimes cette glace?
Non, je n'aime pas cette glace-ci, j'aime cette glace-là.

6A.2 The passé composé with avoir

1 **Identifiez** Listen to each sentence and decide whether the verb is in the **présent** or the **passé composé.**

Modèle

You hear: Tu as fait tout ça?
You select: **passé composé**

	présent	passé composé
Modèle	______	X
1.	______	______
2.	______	______
3.	______	______
4.	______	______
5.	______	______
6.	______	______
7.	______	______
8.	______	______

2 **Changez** Change each sentence from the **présent** to the **passé composé**. Repeat the correct answer after the speaker. (*8 items*)

Modèle

J'apporte la glace.
J'ai apporté la glace.

3 **Questions** Answer each question you hear using the cue in your lab manual. Repeat the correct response after the speaker.

Modèle

You hear: Où as-tu acheté ce gâteau?
You see: au marché
You say: ***J'ai acheté ce gâteau au marché.***

1. avec Élisabeth
2. Marc et Audrey
3. oui
4. non
5. non
6. oui
7. oui
8. Christine et Alain

4 **C'est prêt?** Listen to this conversation between Virginie and Caroline. Make a list of what is already done and a list of what still needs to be prepared.

Est déjà préparé ____

____

N'est pas encore préparé ____

____

Nom ______________________ Date ______________________

Unité 6

Leçon 6B

ESPACE CONTEXTES

1 **Logique ou illogique?** Listen to each statement and indicate if it is **logique** or **illogique**.

	Logique	Illogique
1.	❍	❍
2.	❍	❍
3.	❍	❍
4.	❍	❍
5.	❍	❍
6.	❍	❍
7.	❍	❍
8.	❍	❍

2 **Choisissez** Listen as each person talks about the clothing he or she needs to buy, then choose the activity for which the clothing would be appropriate.

1. a. voyager en été — b. faire du ski en hiver
2. a. marcher à la montagne — b. aller à la piscine l'été
3. a. faire de la planche à voile — b. faire du jogging
4. a. aller à l'opéra — b. jouer au golf
5. a. partir en voyage — b. faire une randonnée
6. a. faire une promenade — b. faire de l'aérobic

3 **Questions** Listen to each question, then respond, saying the opposite. Repeat the correct answer after the speaker. (*6 items*)

Modèle

Cette écharpe est-elle longue?
Non, *cette écharpe est courte.*

4 **Quelle couleur?** Respond to each question, using the cues provided. Repeat the correct answer after the speaker.

Modèle

You hear: De quelle couleur est cette chemise?
You see: vert
You say: Cette chemise est verte.

1. gris 2. bleu 3. violet 4. marron 5. blanc 6. jaune

5 **Décrivez** You will hear some questions. Look at the drawing and write the answer to each question.

1. ______________________
2. ______________________
3. ______________________
4. ______________________

Lab Manual

LES SONS ET LES LETTRES

Open vs. closed vowels: Part 3

The letter combination **eu** can be pronounced two different ways, open and closed. Compare the pronunciation of the vowel sounds in these words.

h**eu**re　　meill**eu**r　　chev**eu**x　　nev**eu**

When **eu** is the last sound of a syllable, it has a closed vowel sound, sort of like the vowel sound in the English word *full*. While this exact sound does not exist in English, you can make the closed **eu** sound by saying **é** with your lips rounded.

d**eu**x　　bl**eu**　　p**eu**　　mi**eu**x

When **eu** is followed by a *z* sound, such as a single **s** between two vowels, it is usually pronounced with the closed **eu** sound.

chant**eu**se　　génér**eu**se　　séri**eu**se　　curi**eu**se

When **eu** is followed by a pronounced consonant, it has a more open sound. The open **eu** sound does not exist in English. To pronounce it, say **è** with your lips only slightly rounded.

p**eu**r　　j**eu**ne　　chant**eu**r　　b**eu**rre

The letter combination **œu** is usually pronounced with an open **eu** sound.

s**œu**r　　b**œu**f　　**œu**f　　ch**œu**r

1 **Prononcez** Répétez les mots suivants à voix haute.

1. leur
2. veuve
3. neuf
4. vieux
5. curieux
6. acteur
7. monsieur
8. coiffeuse
9. ordinateur
10. tailleur
11. vendeuse
12. couleur

2 **Articulez** Répétez les phrases suivantes à voix haute.

1. Le professeur Heudier a soixante-deux ans.
2. Est-ce que Matthieu est jeune ou vieux?
3. Monsieur Eustache est un chanteur fabuleux.
4. Eugène a les yeux bleus et les cheveux bruns.

3 **Dictons** Répétez les dictons à voix haute.

1. Qui vole un œuf, vole un bœuf.
2. Les conseilleurs ne sont pas les payeurs.

4 **Dictée** You will hear four sentences. Each will be read twice. Listen carefully and write what you hear.

1. _______________
2. _______________
3. _______________
4. _______________

Lab Manual

ESPACE STRUCTURES

6B.1 Indirect object pronouns

1 **Choisissez** Listen to each question and choose the most logical response.

1. a. Oui, je lui ai montré ma robe.
   b. Oui, je leur ai montré ma robe.
2. a. Oui, je leur ai envoyé un cadeau.
   b. Oui, je vous ai envoyé un cadeau.
3. a. Non, je ne leur ai pas téléphoné.
   b. Non, je ne lui ai pas téléphoné.
4. a. Oui, nous allons leur donner cette cravate.
   b. Oui, nous allons lui donner cette cravate.
5. a. Non, il ne m'a pas prêté sa moto.
   b. Non, il ne t'a pas prêté sa moto.
6. a. Oui, ils vous ont répondu.
   b. Oui, ils nous ont répondu.

2 **Transformez** Aurore is shopping. Say for whom she is buying these items, using indirect object pronouns. Repeat the correct answer after the speaker. (6 *items*)

Modèle
Aurore achète un livre à Audrey.
Aurore lui achète un livre.

3 **Questions** Answer each question you hear, using indirect object pronouns and the cues provided. Repeat the correct response after the speaker.

Modèle
You hear: Tu poses souvent des questions à tes parents?
You see: oui
You say: *Oui, je leur pose souvent des questions.*

1. non
2. une écharpe
3. des gants
4. non
5. non
6. à 8 heures

Lab Manual

Nom ____________________ Date ____________________

6B.2 Regular and irregular -re verbs

1 **Identifiez** Listen to each sentence and write the infinitive form of the verb you hear.

Modèle
You hear: L'enfant sourit à ses parents.
You write: **sourire**

1. ____________
2. ____________
3. ____________
4. ____________
5. ____________
6. ____________
7. ____________
8. ____________

2 **Changez** Listen to the sentences, then form new sentences, using the cue you hear as the subject. Repeat the sentence after the speaker. (*6 items*)

Modèle
You hear: Elle attend le bus. (nous)
You say: **Nous attendons le bus.**

3 **Répondez** Listen to the questions and answer them using the cues given. Repeat the correct answer after the speaker.

Modèle
You hear: Quel jour est-ce que tu rends visite à tes parents?
You see: le dimanche
You say: ***Je rends visite à mes parents le dimanche.***

1. non
2. une robe
3. oui
4. non
5. le mois dernier
6. trois

4 **Complétez** Listen to this description and write the missing words.

Le mercredi, je (1) ____________ à mes grands-parents. Je ne (2) ____________ pas, je prends le train. Je (3) ____________ à Soissons, où mes grands-parents (4) ____________. Quand ils (5) ____________ le train arriver, ils (6) ____________. Nous rentrons chez eux; nous ne (7) ____________ pas de temps et nous déjeunons tout de suite. L'après-midi passe vite et il est déjà l'heure de reprendre le train. Je (8) ____________ à mes grands-parents de leur (9) ____________ bientôt. Ils ne (10) ____________ pas non plus, alors j'appelle un taxi pour aller prendre mon train.

Unité 7

Leçon 7A

ESPACE CONTEXTES

1 **Identifiez** You will hear a series of words. Write the word that does not belong to each series.

1. ______________________ 5. ______________________
2. ______________________ 6. ______________________
3. ______________________ 7. ______________________
4. ______________________ 8. ______________________

2 **Décrivez** For each drawing, you will hear two statements. Choose the one that corresponds to the drawing.

1. a. b.

2. a. b.

3. a. b.

3 **À l'agence** Listen to the conversation between Éric and a travel agent. Then, read the statements below and decide whether they are **vrai** or **faux**.

	Vrai	Faux
1. Éric pense partir en vacances une semaine.	❍	❍
2. Éric aime skier et jouer au golf.	❍	❍
3. Pour Éric, la campagne est une excellente idée.	❍	❍
4. Éric préfère la mer.	❍	❍
5. Il n'y a pas de plage en Corse.	❍	❍
6. Éric prend ses vacances la dernière semaine de juin.	❍	❍
7. Le vol pour Ajaccio est le 9 juin.	❍	❍
8. Le billet d'avion aller-retour coûte 120 euros.	❍	❍

LES SONS ET LES LETTRES

Diacriticals for meaning

Some French words with different meanings have nearly identical spellings except for a diacritical mark (accent). Sometimes a diacritical does not affect pronunciation at all.

ou	où	a	à
or	*where*	*has*	*to, at*

Sometimes, you can clearly hear the difference between the words.

côte	côté	sale	salé
coast	*side*	*dirty*	*salty*

Very often, two similar-looking words are different parts of speech. Many similar-looking word pairs are those with and without an -é at the end.

âge	âgé	entre	entré (entrer)
age (n.)	*elderly* (adj.)	*between* (prep.)	*entered* (p.p.)

In such instances, context should make their meaning clear.

Tu as quel **âge**?	C'est un homme **âgé**.
How old are you? / What is your age?	*He's an elderly man.*

Lab Manual

1 **Prononcez** Répétez les mots suivants à voix haute.

1. la (*the*) là (*there*)
2. êtes (*are*) étés (*summers*)
3. jeune (*young*) jeûne (*fasting*)
4. pêche (*peach*) pêché (*fished*)

2 **Articulez** Répétez les phrases suivantes à voix haute.

1. J'habite dans une ferme (*farm*).
   Le magasin est fermé (*closed*).
2. Les animaux mangent du maïs (*corn*).
   Je suis suisse, mais il est belge.
3. Est-ce que tu es prête?
   J'ai prêté ma voiture à Marcel.
4. La lampe est à côté de la chaise.
   J'adore la côte ouest de la France.

3 **Dictons** Répétez les dictons à voix haute.

1. À vos marques, prêts, partez!
2. C'est un prêté pour un rendu.

4 **Dictée** You will hear six sentences. Each will be said twice. Listen carefully and write what you hear.

1. ______________________
2. ______________________
3. ______________________
4. ______________________
5. ______________________
6. ______________________

ESPACE STRUCTURES

7A.1 The passé composé with être

1

Choisissez Listen to each sentence and indicate whether the verb is conjugated with **avoir** or **être**.

	avoir	être
1.	O	O
2.	O	O
3.	O	O
4.	O	O
5.	O	O
6.	O	O
7.	O	O
8.	O	O

2

Changez Change each sentence from the **présent** to the **passé composé**. Repeat the correct answer after the speaker. (*8 items*)

Modèle

Vous restez au Québec trois semaines.

Vous êtes resté(e)s au Québec trois semaines.

3

Questions Answer each question you hear, using the cues given. Repeat the correct response after the speaker.

Modèle

You hear: Qui est parti en vacances avec toi?

You see: Caroline

You say: Caroline est partie en vacances avec moi.

1. au Canada
2. non
3. mercredi
4. par la Suisse et par l'Italie
5. trois jours
6. oui

4

Ça va? Listen to Patrick and Magali and answer the questions in the spaces provided.

1. Est-ce que Patrick est fatigué? ______________________
2. Avec qui Magali est-elle sortie? ______________________
3. Où sont-ils allés? ______________________
4. Qui Magali a-t-elle rencontré? ______________________
5. Qu'est-ce qu'ils ont fait ensuite? ______________________
6. À quelle heure Magali est-elle rentrée chez elle? ______________________

7A.2 Direct object pronouns

1 **Choisissez** Listen to each question and choose the most logical answer.

1. a. Oui, je la regarde.
   b. Oui, je les regarde.
2. a. Non, je ne l'ai pas.
   b. Non, je ne les ai pas.
3. a. Non, je ne l'attends pas.
   b. Non, je ne t'attends pas.
4. a. Oui, nous vous écoutons.
   b. Oui, nous les écoutons.
5. a. Oui, je l'ai appris.
   b. Oui, je les ai appris.
6. a. Oui, ils vont te chercher.
   b. Oui, ils vont nous chercher.
7. a. Oui, je vais les acheter.
   b. Oui, je vais l'acheter.
8. a. Oui, je l'ai acheté.
   b. Oui, je les ai achetés.

2 **Changez** Restate each sentence you hear, using a direct object pronoun. Repeat the correct answer after the speaker. (*8 items*)

Modèle
Nous regardons la télévision.
Nous la regardons.

3 **Répondez** Answer each question you hear, using the cues given. Repeat the correct answer after the speaker.

Modèle
Qui va t'attendre à la gare? (mes parents)
Mes parents vont m'attendre à la gare.

1. au marché	3. oui	5. sur Internet
2. ce matin	4. midi	6. oui

4 **Questions** Answer each question in the negative, using a direct object pronoun. Repeat the correct response after the speaker. (*6 items*)

Modèle
Est-ce que vos grands-parents vous ont attendus?
Non, ils ne nous ont pas attendus.

Unité 7

Leçon 7B

ESPACE CONTEXTES

1 **Identifiez** You will hear a series of words. Write the word that does not belong in each series.

1. ______________ 5. ______________
2. ______________ 6. ______________
3. ______________ 7. ______________
4. ______________ 8. ______________

2 **La réception** Look at the picture and listen to each statement. Then, decide if the statement is **vrai** or faux.

	Vrai	Faux
1.	❍	❍
2.	❍	❍
3.	❍	❍
4.	❍	❍
5.	❍	❍
6.	❍	❍
7.	❍	❍
8.	❍	❍

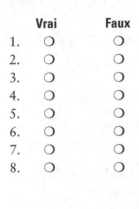

3 **Complétez** Listen to this description and write the missing words in the spaces provided.

Pour les étudiants, les (1) ______________ sont très bon marché quand ils ont envie de voyager. Généralement, elles ont de grandes (2) ______________ avec trois, quatre ou cinq (3) ______________. C'est très sympa quand vous partez (4) ______________ avec vos amis. Les auberges sont souvent petites et il faut faire des (5) ______________. Dans ma ville, l'auberge a une toute petite (6) ______________, vingt chambres et trois (7) ______________. Il n'y a pas d' (8) ______________.

LES SONS ET LES LETTRES

ti, sti, and ssi

The letters **ti** followed by a consonant are pronounced like the English word *tea*, but without the puff released in the English pronunciation.

actif **petit** **tigre** **utiles**

When the letter combination **ti** is followed by a vowel sound, it is often pronounced like the sound linking the English words *miss you*.

dictionnaire **patient** **initial** **addition**

Regardless of whether it is followed by a consonant or a vowel, the letter combination **sti** is pronounced *stee*, as in the English word *steep*.

gestion **question** **Sébastien** **artistique**

The letter combination **ssi** followed by another vowel or a consonant is usually pronounced like the sound linking the English words *miss you*.

passion **expression** **mission** **profession**

Words that end in **-sion** or **-tion** are often cognates with English words, but they are pronounced quite differently. In French, these words are never pronounced with a *sh* sound.

compression **nation** **attention** **addition**

1 **Prononcez** Répétez les mots suivants à voix haute.

1. artiste
2. mission
3. réservation
4. impatient
5. position
6. initiative
7. possession
8. nationalité
9. compassion
10. possible

2 **Articulez** Répétez les phrases suivantes à voix haute.

1. L'addition, s'il vous plaît.
2. Christine est optimiste et active.
3. Elle a fait une bonne première impression.
4. Laëtitia est impatiente parce qu'elle est fatiguée.
5. Tu cherches des expressions idiomatiques dans le dictionnaire.

3 **Dictons** Répétez les dictons à voix haute.

1. De la discussion jaillit la lumière.
2. Il n'est de règle sans exception.

4 **Dictée** You will hear six sentences. Each will be said twice. Listen carefully and write what you hear.

1. ______________________________
2. ______________________________
3. ______________________________
4. ______________________________
5. ______________________________
6. ______________________________

ESPACE STRUCTURES

7B.1 Adverbs

1 **Complétez** Listen to each statement and circle the word or phrase that best completes it.

1. a. couramment	b. faiblement	c. difficilement
2. a. gentiment	b. fortement	c. joliment
3. a. rapidement	b. malheureusement	c. lentement
4. a. constamment	b. brillamment	c. utilement
5. a. rapidement	b. fréquemment	c. patiemment
6. a. activement	b. franchement	c. nerveusement

2 **Changez** Form a new sentence by changing the adjective in your lab manual to an adverb. Repeat the correct answer after the speaker.

Modèle

You hear: Julie étudie.
You see: sérieux
You say: **Julie étudie sérieusement.**

1. poli
2. rapide
3. différent
4. courant
5. patient
6. prudent

3 **Répondez** Answer each question you hear in the negative, using the cue in the lab manual. Repeat the correct answer after the speaker.

Modèle

You hear: Ils vont très souvent au cinéma?
You see: rarement
You say: **Non, ils vont rarement au cinéma.**

1. mal
2. tard
3. rarement
4. méchamment
5. vite
6. facilement

7B.2 The impératif

1 **Identifiez** Listen to each statement and mark an X in the column for the subject of the verb.

Modèle
You hear: Aie de la patience.
You select: **tu**

	tu	nous	vous
Modèle	X		
1.			
2.			
3.			
4.			
5.			
6.			
7.			
8.			

2 **Changez** Change each command you hear to the negative. Repeat the correct answer after the speaker. (*8 items*)

Modèle
Donne-moi ton livre.
Ne me donne pas ton livre.

3 **Ensemble** Your friend does not feel like doing anything, and you suggest working together to accomplish what needs to be done. Listen to each complaint and encourage her by using an affirmative command. Repeat the correct response after the speaker. (*6 items*)

Modèle
You hear: Je n'ai pas envie de faire ces réservations.
You say: *Faisons-les ensemble!*

4 **Suggestions** You will hear a conversation. Use affirmative and negative commands to write four pieces of advice that Marc and Paul should follow.

1. _______________
2. _______________
3. _______________
4. _______________

Nom ______________________ Date ______________________

Unité 8

Leçon 8A

ESPACE CONTEXTES

1 **Décrivez** Listen to each sentence and match its number to the drawing of the household item mentioned.

a. ______

b. ______

c. ______

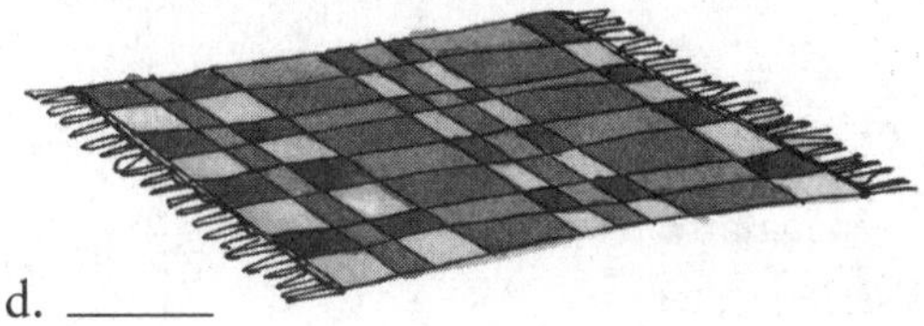

d. ______

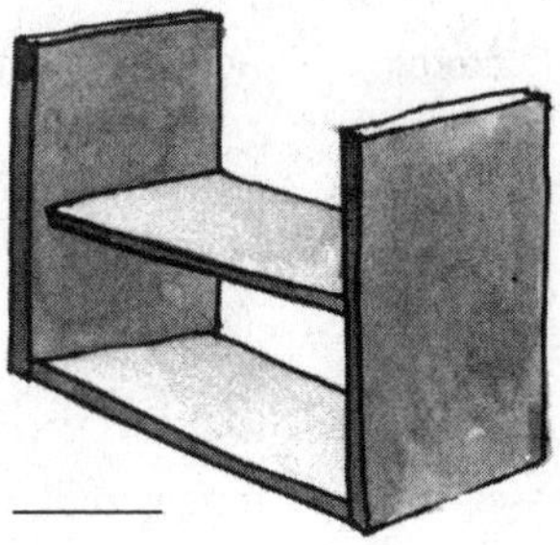

e. ______

f. ______

2 **Identifiez** You will hear a series of words. Write the word that does not belong in each series.

1. ______________________
2. ______________________
3. ______________________
4. ______________________
5. ______________________
6. ______________________
7. ______________________
8. ______________________

3 **Logique ou illogique?** You will hear some statements. Decide if they are **logique** or **illogique**.

	Logique	Illogique
1.	❍	❍
2.	❍	❍
3.	❍	❍
4.	❍	❍
5.	❍	❍
6.	❍	❍
7.	❍	❍
8.	❍	❍

LES SONS ET LES LETTRES

s and ss

You've already learned that an s at the end of a word is usually silent.

lavabos copains vas placards

An s at the beginning of a word, before a consonant, or after a pronounced consonant is pronounced like the *s* in the English word *set*.

soir salon studio absolument

A double *s* is pronounced like the *ss* in the English word *kiss*.

grosse assez intéressant rousse

An s at the end of a word is often pronounced when the following word begins with a vowel sound. An s in a liaison sounds like a *z*, like the *s* in the English word *rose*.

très‿élégant trois‿hommes

The other instance where the French s has a *z* sound is when there is a single s between two vowels within the same word. The s is pronounced like the *s* in the English word *music*.

musée amusant oiseau besoin

These words look alike, but have different meanings. Compare the pronunciations of each word pair.

poison poisson désert dessert

Lab Manual

1 **Prononcez** Répétez les mots suivants à voix haute.

1. sac	4. chose	7. surprise	10. expressions
2. triste	5. bourse	8. assister	11. sénégalaise
3. suisse	6. passer	9. magasin	12. sérieusement

2 **Articulez** Répétez les phrases suivantes à voix haute.

1. Le spectacle est très amusant et la chanteuse est superbe.
2. Est-ce que vous habitez dans une résidence universitaire?
3. De temps en temps, Suzanne assiste à l'inauguration d'expositions au musée.
4. Heureusement, mes professeurs sont sympathiques, sociables et très sincères.

3 **Dictons** Répétez les dictons à voix haute.

1. Si jeunesse savait, si vieillesse pouvait.
2. Les oiseaux de même plumage s'assemblent sur le même rivage.

4 **Dictée** You will hear six sentences. Each will be said twice. Listen carefully and write what you hear.

1. ______________________________
2. ______________________________
3. ______________________________
4. ______________________________
5. ______________________________
6. ______________________________

ESPACE STRUCTURES

8A.1 The imparfait

1 **Identifiez** Listen to each sentence and circle the verb tense you hear.

1. a. présent	b. imparfait	c. passé composé
2. a. présent	b. imparfait	c. passé composé
3. a. présent	b. imparfait	c. passé composé
4. a. présent	b. imparfait	c. passé composé
5. a. présent	b. imparfait	c. passé composé
6. a. présent	b. imparfait	c. passé composé
7. a. présent	b. imparfait	c. passé composé
8. a. présent	b. imparfait	c. passé composé
9. a. présent	b. imparfait	c. passé composé
10. a. présent	b. imparfait	c. passé composé

2 **Changez** Form a new sentence using the cue you hear. Repeat the correct answer after the speaker. (*6 items*)

Modèle

Je dînais à huit heures. (nous)

Nous dînions à huit heures.

3 **Répondez** Answer each question you hear using the cue in your lab manual. Then repeat the correct response after the speaker.

Modèle

You hear: Qu'est-ce que tu faisais quand tu avais 15 ans?

You see: aller au lycée Condorcet

You say: J'allais au lycée Condorcet.

1. jouer au tennis avec François
2. aller à la mer près de Cannes
3. étudier à la bibliothèque de l'université
4. sortir au restaurant avec des amis
5. finir nos devoirs et regarder la télé
6. sortir le chien et jouer au foot
7. partir skier dans les Alpes
8. sortir avec des amis et aller au cinéma

8A.2 The passé composé vs. the imparfait (Part 1)

1 **Identifiez** Listen to each sentence in the past tense and indicate which category best describes it.

1. a. habitual action b. specific completed action c. description of a physical/mental state
2. a. habitual action b. specific completed action c. description of a physical/mental state
3. a. habitual action b. specific completed action c. description of a physical/mental state
4. a. habitual action b. specific completed action c. description of a physical/mental state
5. a. habitual action b. specific completed action c. description of a physical/mental state
6. a. habitual action b. specific completed action c. description of a physical/mental state
7. a. habitual action b. specific completed action c. description of a physical/mental state
8. a. habitual action b. specific completed action c. description of a physical/mental state
9. a. habitual action b. specific completed action c. description of a physical/mental state
10. a. habitual action b. specific completed action c. description of a physical/mental state

2 **Choisissez** Listen to each question and choose the most logical answer.

1. a. Il pleuvait et il faisait froid.
   b. Il a plu et il a fait froid.
2. a. J'ai joué au volley avec mes amis.
   b. Je jouais au volley avec mes amis.
3. a. Nous sommes allés au musée.
   b. Nous allions au musée.
4. a. Super! On a dansé toute la nuit.
   b. Super! On dansait toute la nuit.
5. a. Je les mettais dans ton sac.
   b. Je les ai mises dans ton sac.
6. a. Il a passé les vacances d'été en Espagne.
   b. Il passait les vacances d'été en Espagne.

3 **Complétez** Complete each sentence you hear in the **passé composé** or the **imparfait** using the cue in your lab manual. Repeat the correct response after the speaker.

Modèle

You hear: Ma petite amie adore danser maintenant, mais quand elle était au lycée...
You see: préférer chanter
You say: **elle préférait chanter.**

1. manger un sandwich
2. jouer au football
3. sortir tous les soirs
4. prendre un taxi
5. nettoyer le garage
6. porter des jupes

Unité 8

Leçon 8B

ESPACE CONTEXTES

1 Logique ou illogique? Listen to these statements and indicate whether they are **logique** or illogique.

	Logique	Illogique
1.	❍	❍
2.	❍	❍
3.	❍	❍
4.	❍	❍
5.	❍	❍
6.	❍	❍
7.	❍	❍
8.	❍	❍

2 Les tâches ménagères Martin is a good housekeeper and does everything that needs to be done in the house. Listen to each statement and decide what he did. Then, repeat the correct answer after the speaker. (*6 items*)

Modèle

Les vêtements étaient sales.

Alors, il a fait la lessive.

3 Décrivez Julie has invited a few friends over. When her friends are gone, she goes in the kitchen. Look at the drawing and write the answer to each question you hear.

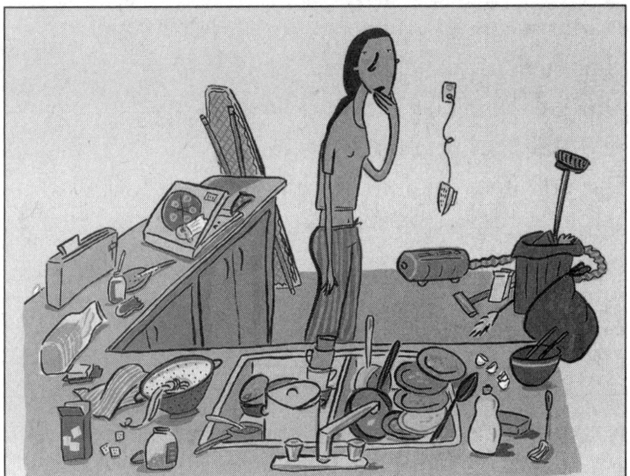

1. ______
2. ______
3. ______
4. ______

Nom ______________________ Date ______________________

LES SONS ET LES LETTRES

Semi-vowels

French has three semi-vowels. Semi-vowels are sounds that are produced in much the same way as vowels, but also have many properties in common with consonants. Semi-vowels are also sometimes referred to as *glides* because they glide from or into the vowel they accompany.

hier **chien** **soif** **nuit**

The semi-vowel that occurs in the word **bien** is very much like the *y* in the English word *yes*. It is usually spelled with an **i** or a **y** (pronounced *ee*), then glides into the following sound. This semi-vowel sound may also be spelled **ll** after an **i**.

nat**i**on bala**y**er b**i**en bri**ll**ant

The semi-vowel that occurs in the word **soif** is like the *w* in the English word *was*. It usually begins with **o** or **ou**, then glides into the following vowel.

tr**o**is fr**o**id **ou**i L**ou**is

The third semi-vowel sound occurs in the word **nuit**. It is spelled with the vowel **u**, as in the French word **tu**, then glides into the following sound.

l**u**i s**u**is cr**u**el intellect**u**el

Lab Manual

1 **Prononcez** Répétez les mots suivants à voix haute.

1. oui
2. taille
3. suisse
4. fille
5. mois
6. cruel
7. minuit
8. jouer
9. cuisine
10. juillet
11. échouer
12. croissant

2 **Articulez** Répétez les phrases suivantes à voix haute.

1. Voici trois poissons noirs.
2. Louis et sa famille sont suisses.
3. Parfois, Grégoire fait de la cuisine chinoise.
4. Aujourd'hui, Matthieu et Damien vont travailler.
5. Françoise a besoin de faire ses devoirs d'histoire.
6. La fille de Monsieur Poirot va conduire pour la première fois.

3 **Dictons** Répétez les dictons à voix haute.

1. La nuit, tous les chats sont gris.
2. Vouloir, c'est pouvoir.

4 **Dictée** You will hear six sentences. Each will be said twice. Listen carefully and write what you hear.

1. ______________________
2. ______________________
3. ______________________
4. ______________________
5. ______________________
6. ______________________

ESPACE STRUCTURES

8B.1 The passé composé vs. the imparfait (Part 2)

1 **Identifiez** Listen to each statement and identify the verbs in the **imparfait** and the **passé composé**. Write them in the appropriate column.

Modèle

You hear: Quand je suis entrée dans la cuisine, maman faisait la vaisselle.
You write: *suis entrée* under **passé composé** and *faisait* under **imparfait**

	Imparfait	Passé composé
Modèle	faisait	suis entrée
1.		
2.		
3.		
4.		
5.		
6.		
7.		
8.		

2 **Répondez** Answer the questions using cues in your lab manual. Substitute direct object pronouns for the direct object nouns when appropriate. Repeat the correct response after the speaker.

Modèle

You hear: Pourquoi as-tu passé l'aspirateur?
You see: la cuisine / être sale
You say: **Je l'ai passé parce que la cuisine était sale.**

1. avoir des invités
2. pleuvoir
3. être fatigué
4. avoir soif
5. ranger l'appartement
6. faire beau
7. pendant que Myriam / préparer le repas
8. être malade

3 **Vrai ou faux?** Listen as Coralie tells you about her childhood. Then read the statements in your lab book and decide whether they are **vrai** or **faux**.

	Vrai	Faux
1. Quand elle était petite, Coralie habitait à Paris avec sa famille.	❍	❍
2. Son père était architecte.	❍	❍
3. Coralie a des frères et une sœur.	❍	❍
4. Tous les soirs, Coralie mettait la table.	❍	❍
5. Sa mère sortait le chien après dîner.	❍	❍
6. Un jour, ses parents ont tout vendu.	❍	❍
7. Coralie aime beaucoup habiter près de la mer.	❍	❍

8B.2 The verbs savoir and connaître

1 **Connaître ou savoir** You will hear some sentences with a beep in place of the verb. Decide which form of **connaître** or **savoir** should complete each sentence.

1.	a. sais	b. connais
2.	a. sait	b. connaît
3.	a. savons	b. connaissons
4.	a. connaissent	b. savent
5.	a. connaissez	b. savez
6.	a. connaissons	b. savons

2 **Changez** Listen to the following statements and say that you do the same activities. Repeat the correct answer after the speaker. (*6 items*)

Modèle
Alexandre sait parler chinois.
Moi aussi, je sais parler chinois.

3 **Répondez** Answer each question, using the cue that you hear. Repeat the correct response after the speaker. (*6 items*)

Modèle
Est-ce que tes parents connaissent tes amis? (oui)
Oui, mes parents connaissent mes amis.

4 **Mon amie** Listen as Salomé describes her roommate Then, read each statement and decide whether it is **vrai** or **faux.**

	Vrai	Faux
1. Salomé a connu Christine au bureau.	❍	❍
2. Christine sait parler russe.	❍	❍
3. Christine sait danser.	❍	❍
4. Salomé connaît maintenant des recettes.	❍	❍
5. Christine sait passer l'aspirateur.	❍	❍
6. Christine ne sait pas repasser.	❍	❍

Nom ______________________ Date ______________________

Unité 9

Leçon 9A

ESPACE CONTEXTES

1 **Identifiez** Listen to each question and select the appropriate category for each one.

Modèle
You hear: Un steak, qu'est-ce que c'est?
You select: **viande**

	viande	poisson	légume(s)	fruit(s)
Modèle	X			
1.				
2.				
3.				
4.				
5.				
6.				
7.				
8.				
9.				
10.				

2 **Quelques suggestions** Listen to each sentence and write the number under the drawing of the food mentioned.

a. ____________

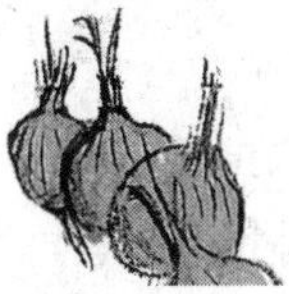
b. ____________

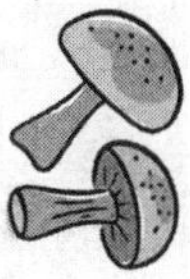
c. ____________

d. ____________

e. ____________

f. ____________

g. ____________

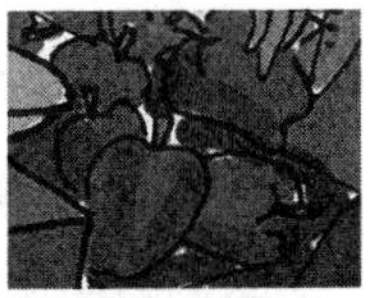
h. ____________

3 **Au restaurant** You will hear a couple ordering food in a restaurant. Write the items they order in the appropriate category.

	LÉA	THÉO
Pour commencer		
Viande ou poisson		
Légumes		
Dessert		
Boisson		

LES SONS ET LES LETTRES

e caduc and e muet

In **Leçon 4A**, you learned that the vowel **e** in very short words is pronounced similarly to the *a* in the English word *about*. This sound is called an **e caduc**. An **e caduc** can also occur in longer words and before words beginning with vowel sounds.

r**e**chercher devoirs **le** haricot **le** onze

An **e caduc** often occurs in order to break up clusters of several consonants.

appart**e**ment quelqu**e**fois poivr**e** vert gouvern**e**ment

An **e caduc** is sometimes called **e muet** (*mute*). It is often dropped in spoken French.

Tu ne sais pas. Je veux bien! C'est un livre intéressant.

An unaccented **e** before a single consonant sound is often silent, unless its omission makes the word difficult to pronounce.

semaine petit finalement

An unaccented **e** at the end of a word is usually silent and often marks a feminine noun or adjective.

fraise salade intelligente jeune

1 **Prononcez** Répétez les mots suivants à voix haute.

1. vendredi
2. logement
3. exemple
4. devenir
5. tartelette
6. finalement
7. boucherie
8. petits pois
9. pomme de terre
10. malheureusement

2 **Articulez** Répétez les phrases suivantes à voix haute.

1. Tu ne vas pas prendre de casquette?
2. J'étudie le huitième chapitre maintenant.
3. Il va passer ses vacances en Angleterre.
4. Marc me parle souvent au téléphone.
5. Mercredi, je réserve dans une auberge.
6. Finalement, ce petit logement est bien.

3 **Dictons** Répétez les dictons à voix haute.

1. L'habit ne fait pas le moine.
2. Le soleil luit pour tout le monde.

4 **Dictée** You will hear six sentences. Each will be said twice. Listen carefully and write what you hear.

1. ______________________________
2. ______________________________
3. ______________________________
4. ______________________________
5. ______________________________
6. ______________________________

ESPACE STRUCTURES

9A.1 The verb **venir** and the **passé récent**

1 **Identifiez** Listen to each sentence and decide whether the verb is in the near future or recent past.

Modèle

You hear: Pierre vient d'aller au marché.
You select: **passé récent**

	passé récent	futur proche
Modèle	X	
1.		
2.		
3.		
4.		
5.		
6.		
7.		
8.		

2 **Changez** Change each sentence from the **passé composé** to the **passé récent,** using the correct form of **venir de**. Repeat the correct answer after the speaker. (*6 items*)

Modèle

Éric et Mathilde sont allés en Corse.
Éric et Mathilde viennent d'aller en Corse.

3 **Répondez** Use the passé récent to answer each question you hear. Repeat the correct response after the speaker. (*5 items*)

Modèle

Tu vas téléphoner à Martin?
Je viens de téléphoner à Martin.

Lab Manual

9A.2 The verbs devoir, vouloir, pouvoir

1

Changez Form a new sentence, using the cue you hear as the subject. Repeat the correct answer after the speaker. (*6 items*)

Modèle

Je veux apprendre le français. (Mike et Sara)
Mike et Sara veulent apprendre le français.

2

Répondez Answer each question you hear, using the cue given. Repeat the correct answer after the speaker.

Modèle

You hear: Est-ce que tu as pu faire tes devoirs hier soir?
You see: non
You say: **Non, je n'ai pas pu faire mes devoirs hier soir.**

1. à midi
2. des légumes
3. étudier régulièrement
4. vouloir manger des escargots
5. au marché
6. au cinéma

3

La fête Listen to the following description. Then, read each statement and decide whether it is vrai or faux.

	Vrai	Faux
1. Madeleine est heureuse de pouvoir aller à l'anniversaire de Sophie.	❍	❍
2. Elle n'a pas voulu dire à Sophie qu'elle était fatiguée.	❍	❍
3. Elle a pu parler à Sophie dans l'après-midi.	❍	❍
4. Sophie a invité qui elle voulait.	❍	❍
5. Sophie et ses amis peuvent danser toute la nuit.	❍	❍
6. Madeleine doit organiser la musique chez Sophie.	❍	❍

4

Complétez Nathalie is at her neighbor's house. Listen to what she says and write the missing words in the spaces provided.

Bonjour, excusez-moi, est-ce que (1) ______________ utiliser votre téléphone, s'il vous plaît? (2) ______________ appeler un taxi immédiatement. Ma famille et moi, (3) ______________ partir tout de suite chez ma belle-mère. La situation est assez grave. (4) ______________ donner à manger à notre chat quelques jours? Mon mari et moi, (5) ______________ revenir au plus vite. Les enfants (6) ______________ retourner à l'école la semaine prochaine et mon mari ne (7) ______________ pas être absent de son bureau plus d'une semaine, mais nous ne (8) ______________ pas vous donner de date précise. Si vous ne (9) ______________ pas donner à manger à notre chat tous les jours, (10) ______________ aussi demander à un autre voisin de venir.

Nom ______________________ Date ______________________

Unité 9

Leçon 9B

ESPACE CONTEXTES

1 **Logique ou illogique?** Listen to each statement and indicate whether it is **logique** or **illogique**.

	Logique	Illogique
1.	❍	❍
2.	❍	❍
3.	❍	❍
4.	❍	❍
5.	❍	❍
6.	❍	❍
7.	❍	❍
8.	❍	❍

2 **Choisissez** Listen to each statement and choose the option that completes it logically.

1. a. Il la goûte.
   b. Il la débarrasse.
2. a. Nous achetons un poivron.
   b. Nous achetons du pâté de campagne.
3. a. Le garçon la vend.
   b. Le garçon l'apporte.
4. a. avec une fourchette.
   b. avec une cuillère.
5. a. dans un verre.
   b. dans un bol.
6. a. une cuillère de sucre.
   b. une cuillère de mayonnaise.

3 **À table!** Céline has something to do tonight. Write down what it is. Then, list what she has put on the table and what she has forgotten.

1. Céline doit ____

____

2. Céline a mis ____

____

3. Céline a oublié ____

____

Lab Manual

LES SONS ET LES LETTRES

Stress and rhythm

In French, all syllables are pronounced with more or less equal stress, but the final syllable in a phrase is elongated slightly.

Je fais souvent du **sport**, mais aujourd'hui j'ai envie de rester à la mai**son**.

French sentences are divided into three basic kinds of rhythmic groups.

Noun phrase	*Verb phrase*	*Prepositional phrase*
Caroline et Dominique	sont venues	chez moi.

The final syllable of a rhythmic group may be slightly accentuated either by rising intonation (pitch) or elongation.

Caroline et Dominique sont venues chez moi.

In English, you can add emphasis by placing more stress on certain words. In French, you can repeat the word to be emphasized by adding a pronoun or you can elongate the first consonant sound.

Je ne sais pas, **moi.** Quel **id**iot! C'est **f**antastique!

1 **Prononcez** Répétez les phrases suivantes à voix haute.

1. Ce n'est pas vrai, ça.
2. Bonjour, Mademoiselle.
3. Moi, je m'appelle Florence.
4. La clé de ma chambre, je l'ai perdue.
5. Je voudrais un grand café noir et un croissant, s'il vous plaît.
6. Nous allons tous au marché, mais Marie, elle va au centre commercial.

2 **Articulez** Répétez les phrases en mettant l'emphase sur les mots indiqués.

1. C'est *impossible*!
2. Le film était *super*!
3. Cette tarte est *délicieuse*!
4. Quelle idée *extraordinaire*!
5. Ma sœur parle *constamment*.

3 **Dictons** Répétez les dictons à voix haute.

1. Les chemins les plus courts ne sont pas toujours les meilleurs.
2. Le chat parti, les souris dansent.

4 **Dictée** You will hear six sentences. Each will be said twice. Listen carefully and write what you hear.

1. ______________________________
2. ______________________________
3. ______________________________
4. ______________________________
5. ______________________________
6. ______________________________

Lab Manual

Nom ______________________ Date ______________________

ESPACE STRUCTURES

9B.1 Comparatives and superlatives of adjectives and adverbs

1 **Choisissez** You will hear a series of descriptions. Choose the statement that expresses the correct comparison.

1. a. Simone est plus jeune que Paul. b. Simone est moins jeune que Paul.
2. a. Pierre joue moins bien que Luc. b. Pierre joue mieux que Luc.
3. a. Je regarde la télé plus souvent que toi. b. Je regarde la télé aussi souvent que toi.
4. a. Claire est plus belle qu'Odile. b. Claire est moins belle qu'Odile.
5. a. Abdel étudie plus tard que Pascal. b. Pascal étudie plus tard qu'Abdel.
6. a. Je sors aussi souvent que Julie. b. Je sors moins souvent que Julie.

2 **Comparez** Look at each drawing and answer the question you hear with a comparative statement. Repeat the correct response after the speaker.

1. Mario, Lucie

2. François, Léo

3. Alice, Joséphine

3 **Pas d'accord** Olivier and Juliette never agree. Respond to each one of Olivier's statements, using the opposite comparative. Repeat the correct response after the speaker. (*6 items*)

Modèle

Malika est plus amusante que Julie.

Non, Malika est moins amusante que Julie.

4 **Répondez** Listen to the statements, then rephrase them, using the absolute superlative. Repeat the correct response after the speaker. (*6 items*)

Modèle

Les magasins sur cette avenue sont très chers.

Oui, les magasins sur cette avenue sont les plus chers.

9B.2 Double object pronouns

1 **Choisissez** Listen to each statement and choose the correct response.

1. a. Elle la lui a demandée. b. Elle le lui a demandé.
2. a. Il la lui a apportée. b. Il les lui a apportées.
3. a. Il le lui a décrit. b. Il le leur a décrit.
4. a. Il vous la prépare. b. Il vous le prépare.
5. a. Il les lui a demandées. b. Il la lui a demandée.
6. a. Ils vont le lui laisser. b. Ils vont les lui laisser.

2 **Changez** Repeat each statement, replacing the direct and indirect object nouns with pronouns. Repeat the correct answer after the speaker. (*6 items*)

Modèle
J'ai posé la question à Michel.
Je la lui ai posée.

3 **Répondez** Answer the questions, using the cues you hear. Repeat the correct answer after the speaker. (*6 items*)

Modèle
Vous me servez les escargots? (non)
Non, je ne vous les sers pas.

4 **Complétez** Magali is talking to her friend Pierre about a party. Listen to what they say, and write the missing words in the spaces provided.

MAGALI Jeudi prochain, c'est l'anniversaire de Jennifer et je veux lui faire une fête surprise. Elle travaille ce jour-là, alors je (1) _______________ pour samedi.

PIERRE C'est une très bonne idée. Ne t'inquiète pas, je ne vais pas (2) _______________. Si tu veux, je peux l'emmener au cinéma pendant que tu prépares la fête.

MAGALI D'accord. Julien m'a donné quelques idées pour la musique et pour les boissons. Il (3) _______________ quand nous avons parlé hier soir.

PIERRE Super! Tu as pensé au gâteau au chocolat? Je peux (4) _______________. C'est ma spécialité!

MAGALI Merci, c'est vraiment gentil. Jennifer adore le chocolat, elle va l'adorer!

PIERRE Et pour le cadeau?

MAGALI Je vais (5) _______________ cet après-midi. Elle m'a parlé d'une jupe noire qu'elle aime beaucoup dans un magasin près de chez moi. Je vais (6) _______________.

PIERRE Tu as raison, le noir lui va bien.

MAGALI Bon, je pars faire mes courses. À plus tard!

PIERRE À samedi, Magali!

Lab Manual

Nom ______________________ Date ______________________

Unité 10

Leçon 10A

ESPACE CONTEXTES

1 **Décrivez** For each drawing, you will hear two statements. Choose the one that corresponds to it.

1. a. b. 2. a. b. 3. a. b. 4. a. b.

2 **Répondez** Laure is going to babysit your nephew. Answer the questions about his daily routine, using the cues in your lab manual. Repeat the correct response after the speaker.

Modèle

You hear: À quelle heure est-ce qu'il prend son petit-déjeuner?
You see: 8h00
You say: **Il prend son petit-déjeuner à huit heures.**

1. 7h30
2. faire sa toilette
3. 9h15
4. non
5. avec la serviette rouge
6. après tous les repas

3 **La routine de Frédéric** Listen to Frédéric talk about his daily routine. Then, read each statement and decide whether it is **vrai** or **faux**.

	Vrai	Faux
1. Frédéric se réveille tous les matins à six heures.	❍	❍
2. Frédéric va acheter une baguette à la boulangerie.	❍	❍
3. Frédéric prépare le café.	❍	❍
4. Frédéric se maquille.	❍	❍
5. Frédéric se lave et se rase.	❍	❍
6. Frédéric s'habille lentement.	❍	❍
7. Frédéric ne se brosse jamais les dents.	❍	❍

Nom ______________________ Date ______________________

LES SONS ET LES LETTRES

ch, qu, ph, th, and gn

The letter combination **ch** is usually pronounced like the English *sh*, as in the word *shoe*.

chat **ch**ien **ch**ose en**ch**anté

In words borrowed from other languages, the pronunciation of **ch** may be irregular. For example, in words of Greek origin, **ch** is pronounced **k**.

psy**ch**ologie te**ch**nologie ar**ch**aïque ar**ch**éologie

The letter combination **qu** is almost always pronounced like the letter **k**.

quand prati**qu**er kios**qu**e **qu**elle

The letter combination **ph** is pronounced like an f.

télé**ph**one **ph**oto pro**ph**ète géogra**ph**ie

The letter combination **th** is pronounced like the letter **t**. English *th* sounds, as in the words *this* and *with*, never occur in French.

thé a**th**lète biblio**th**èque sympa**th**ique

The letter combination **gn** is pronounced like the sound in the middle of the English word *onion*.

monta**gn**e espa**gn**ol ga**gn**er Allema**gn**e

1 **Prononcez** Répétez les mots suivants à voix haute.

1. thé
2. quart
3. chose
4. question
5. cheveux
6. parce que
7. champagne
8. casquette
9. philosophie
10. fréquenter
11. photographie
12. sympathique

2 **Articulez** Répétez les phrases suivantes à voix haute.

1. Quentin est martiniquais ou québécois?
2. Quelqu'un explique la question à Joseph.
3. Pourquoi est-ce que Philippe est inquiet?
4. Ignace prend une photo de la montagne.
5. Monique fréquente un café en Belgique.
6. Théo étudie la physique.

3 **Dictons** Répétez les dictons à voix haute.

1. La vache la première au pré lèche la rosée.
2. N'éveillez pas le chat qui dort.

4 **Dictée** You will hear six sentences. Each will be said twice. Listen carefully and write what you hear.

1. ______________________
2. ______________________
3. ______________________
4. ______________________
5. ______________________
6. ______________________

ESPACE STRUCTURES

10A.1 Reflexive verbs

1 **Transformez** Form a new sentence, using the cue you hear. Repeat the correct answer after the speaker. (*6 items*)

Modèle
Je me lève à huit heures. (mon frère)
Mon frère se lève à huit heures.

2 **Répondez** Answer each question you hear, using the cues given. Repeat the correct response after the speaker.

Modèle
You hear: Tu prends un bain tous les matins?
You see: non
You say: Non, je ne prends pas de bain tous les matins.

1. tôt
2. le matin
3. oui / nous
4. non
5. non
6. après minuit

3 **Qu'est-ce qu'il dit?** Listen to Gérard talk about his family. Replace what he says with a reflexive verb. Repeat the correct response after the speaker. (*6 items*)

Modèle
Je sors de mon lit.
Je me lève.

4 **En vacances** Answer each question you hear with a command, using the cue you hear. Repeat the correct response after the speaker. (*8 items*)

Modèle
Je prends un bain? (non)
Non, ne prends pas de bain.

Nom ______________________ Date ______________________

10A.2 Reflexives: Sens idiomatique

1 **Décrivez** For each drawing, you will hear two statements. Choose the one that corresponds to the drawing.

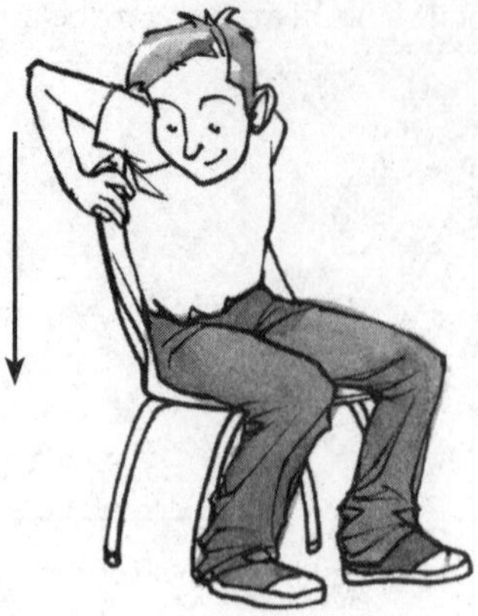

1. a. b. 2. a. b. 3. a. b. 4. a. b.

2 **Répondez** Answer each question you hear in the affirmative. Repeat the correct response after the speaker. (*6 items*)

Modèle

Est-ce que tu t'entends bien avec ta sœur?

Oui, je m'entends bien avec ma sœur.

3 **Les deux sœurs** Listen as Amélie describes her relationship with her sister. Then read the statements in your lab manual and decide whether they are **vrai** or **faux**.

	Vrai	Faux
1. Amélie et Joëlle s'entendent bien.	❍	❍
2. Elles s'intéressent à la politique.	❍	❍
3. Elles ne se disputent jamais.	❍	❍
4. Quand elles sont ensemble, elles s'ennuient parfois.	❍	❍
5. Amélie est étudiante et Joëlle travaille.	❍	❍
6. Joëlle s'habille très bien.	❍	❍
7. Le samedi, elles se reposent dans un parc du centre-ville.	❍	❍
8. Elles s'énervent quand elles essaient des robes et des tee-shirts.	❍	❍

Nom ______________________ Date ______________________

Unité 10

Leçon 10B

ESPACE CONTEXTES

1 **Décrivez** For each drawing, you will hear two statements. Choose the one that corresponds to the drawing.

1. a. b.

2. a. b.

3. a. b.

4. a. b.

2 **Identifiez** You will hear a series of words. Write each one in the appropriate category.

Modèle

You hear: Il tousse.

You write: *tousse* under **symptôme**

	endroit	symptôme	diagnostic	traitement
Modèle		tousse		
1.				
2.				
3.				
4.				
5.				
6.				
7.				
8.				
9.				
10.				

Lab Manual

Nom ____________________ Date ____________________

LES SONS ET LES LETTRES

p, t, and c

Read the following English words aloud while holding your hand an inch or two in front of your mouth. You should feel a small burst of air when you pronounce each of the consonants.

pan **top** **cope** **pat**

In French, the letters **p**, **t**, and **c** are not accompanied by a short burst of air. This time, try to minimize the amount of air you exhale as you pronounce these consonants. You should feel only a very small burst of air or none at all.

panne **taupe** **capital** **cœur**

To minimize a *t* sound, touch your tongue to your teeth and gums, rather than just your gums.

taille **tête** **tomber** **tousser**

Similarly, you can minimize the force of a *p* by smiling slightly as you pronounce it.

pied **poitrine** **pilule** **piqûre**

When you pronounce a hard **k** sound, you can minimize the force by releasing it very quickly.

corps **cou** **casser** **comme**

1 **Prononcez** Répétez les mots suivants à voix haute.

1. plat
2. cave
3. tort
4. timide
5. commencer
6. travailler
7. pardon
8. carotte
9. partager
10. problème
11. rencontrer
12. confiture
13. petits pois
14. colocataire
15. canadien

2 **Articulez** Répétez les phrases suivantes à voix haute.

1. Paul préfère le tennis ou les cartes?
2. Claude déteste le poisson et le café.
3. Claire et Thomas ont-ils la grippe?
4. Tu préfères les biscuits ou les gâteaux?

3 **Dictons** Répétez les dictons à voix haute.

1. Les absents ont toujours tort.
2. Il n'y a que le premier pas qui coûte.

4 **Dictée** You will hear six sentences. Each will be said twice. Listen carefully and write what you hear.

1. ____________________
2. ____________________
3. ____________________
4. ____________________
5. ____________________
6. ____________________

ESPACE STRUCTURES

10B.1 The passé composé of reflexive verbs

1 **Identifiez** Listen to each sentence and decide whether the verb is in the **présent, imparfait,** or **passé composé.**

Modèle

You hear: Michel a mal aux dents.
You select: **présent**

	présent	imparfait	passé composé
Modèle	X	____	____
1.	____	____	____
2.	____	____	____
3.	____	____	____
4.	____	____	____
5.	____	____	____
6.	____	____	____
7.	____	____	____
8.	____	____	____
9.	____	____	____
10.	____	____	____

2 **Changez** Change each sentence from the **présent** to the **passé composé.** Repeat the correct answer after the speaker. (*8 items*)

Modèle

Nous nous reposons après le tennis.
Nous nous sommes reposés après le tennis.

3 **Répondez** Answer each question you hear, using the cue given. Repeat the correct response after the speaker.

Modèle

You hear: Est-ce que tu t'es ennuyé au concert?
You see: non
You say: Non, je ne me suis pas ennuyé au concert.

1. se promener 2. se tromper d'adresse 3. non 4. tôt 5. bien sûr 6. oui

4 **Complétez** Listen to Véronique's story and write the missing words in the spaces provided.

Manon (1) ______________ quand Véronique, sa fille de onze ans, n'est pas rentrée de l'école à cinq heures. Elle (2) ______________ de lire et a regardé par la fenêtre. À cinq heures et demie, elle (3) ______________. Dans la rue, à six heures, Véronique (4) ______________ de rentrer. Qu'est-il arrivé à Véronique? Elle est sortie de l'école avec une amie; elles (5) ______________ et elles (6) ______________ dans une boulangerie. Véronique a ensuite quitté son amie, mais elle (7) ______________ de rue. Quand Véronique est finalement rentrée à la maison, Manon (8) ______________. Véronique (9) ______________ que sa mère avait eu peur et elles ont rapidement arrêté de (10) ______________.

10B.2 The pronouns y and en

1 **Choisissez** Listen to each question and choose the most logical answer.

1. a. Non, je n'en ai pas. b. Non, je n'y ai pas.
2. a. Oui, nous les faisons. b. Oui, nous en faisons.
3. a. Oui, il en fait régulièrement. b. Oui, il y va régulièrement.
4. a. Non, nous en prenons pas souvent. b. Non, nous n'en prenons pas souvent.
5. a. Oui, ils n'y sont pas allés. b. Oui, ils y sont allés.
6. a. Non, je ne vais pas en boire. b. Non, je n'en bois pas.
7. a. Oui, nous y allons. b. Oui, nous en allons.
8. a. Oui, nous y revenons. b. Oui, nous en revenons.

2 **Changez** Restate each sentence you hear, using the pronouns **y** or **en**. Repeat the correct answer after the speaker. (*8 items*)

Modèle

Nous sommes allés chez le dentiste.
Nous y sommes allés.

3 **Répondez** André is at his doctor's for a checkup. Answer each question, using the cues you hear. Repeat the correct answer after the speaker. (*6 items*)

Modèle

Vous habitez à Lyon? (oui)
Oui, j'y habite.

4 **Aux urgences** Listen to the dialogue between the nurse, Madame Pinon, and her daughter Florence, and write the missing answers in the spaces provided.

1. **INFIRMIÈRE** C'est la première fois que vous venez aux urgences?
2. **MME PINON** _______________
3. **INFIRMIÈRE** Vous avez un médecin?
4. **MME PINON** _______________
5. **INFIRMIÈRE** Vous avez une allergie, Mademoiselle?
6. **FLORENCE** _______________
7. **MME PINON** Vous allez lui faire une piqûre?
8. **INFIRMIÈRE** _______________

Lab Manual

Nom ____________________ Date ____________________

Unité 11

Leçon 11A

ESPACE CONTEXTES

1 **Associez** Select the word or words that are most logically associated with each word you hear.

1. imprimante	CD	écran
2. clavier	page d'accueil	être connecté
3. enregistrer	éteindre	sonner
4. téléphone	lecteur MP3	portable
5. démarrer	fermer	sauvegarder
6. télévision	texto	jeu vidéo

2 **Logique ou illogique?** Listen to these statements and indicate whether each one is **logique** or **illogique**.

	Logique	Illogique
1.	❍	❍
2.	❍	❍
3.	❍	❍
4.	❍	❍
5.	❍	❍
6.	❍	❍
7.	❍	❍
8.	❍	❍

3 **Décrivez** For each drawing, you will hear three statements. Choose the one that corresponds to the drawing.

1. a. b. c.

2. a. b. c.

Lab Manual

Nom ______________________ Date ______________________

LES SONS ET LES LETTRES

Final consonants

You already learned that final consonants are usually silent, except for the letters **c**, **r**, **f**, and **l**.

ave**c**	hive**r**	che**f**	hôte**l**

You've probably noticed other exceptions to this rule. Often, such exceptions are words borrowed from other languages. These final consonants are pronounced.

Latin	*English*	*Inuit*	*Latin*
foru**m**	sno**b**	anora**k**	ga**z**

Numbers, geographical directions, and proper names are common exceptions.

cin**q**	su**d**	Agnè**s**	Maghre**b**

Some words with identical spellings are pronounced differently to distinguish between meanings or parts of speech.

fi~~l~~**s** = *son* fil~~s~~ = *threads*

tou**s** (pronoun) = *everyone* tou~~s~~ (adjective) = *all*

The word **plus** can have three different pronunciations.

plu~~s~~ de (silent s) plu**s** que (s sound) plus ou moins (z sound in liaison)

1 **Prononcez** Répétez les mots suivants à voix haute.

1. cap	4. club	7. strict	10. Alfred
2. six	5. slip	8. avril	11. bifteck
3. truc	6. actif	9. index	12. bus

2 **Articulez** Répétez les phrases suivantes à voix haute.

1. Leur fils est gentil, mais il est très snob.
2. Au restaurant, nous avons tous pris du bifteck.
3. Le sept août, David assiste au forum sur le Maghreb.
4. Alex et Ludovic jouent au tennis dans un club de sport.
5. Prosper prend le bus pour aller à l'est de la ville.

3 **Dictons** Répétez les dictons à voix haute.

1. Plus on boit, plus on a soif.
2. Un pour tous, tous pour un!

4 **Dictée** You will hear eight sentences. Each will be read twice. Listen carefully and write what you hear.

1. ______________________
2. ______________________
3. ______________________
4. ______________________
5. ______________________
6. ______________________
7. ______________________
8. ______________________

ESPACE STRUCTURES

11A.1 Prepositions with the infinitive

1 **Identifiez** Listen to each statement and select the preposition you hear before the infinitive.

Modèle

You hear: Yasmina n'a pas pensé à acheter des fleurs.
You select: **à**

	à	de	pas de préposition
Modèle	X		
1.			
2.			
3.			
4.			
5.			
6.			
7.			
8.			

2 **Choisissez** You will hear some statements with a beep in place of the preposition. Decide which preposition should complete each sentence.

	à	de		à	de
1.	❍	❍	5.	❍	❍
2.	❍	❍	6.	❍	❍
3.	❍	❍	7.	❍	❍
4.	❍	❍	8.	❍	❍

3 **Questions** Answer each question you hear in the affirmative, using the cue given. Repeat the correct response after the speaker.

Modèle

You hear: Tu as réussi?
You see: fermer le logiciel
You say: **Oui, j'ai réussi à fermer le logiciel.**

1. télécharger le document
2. enregistrer
3. recharger son portable
4. se connecter
5. éteindre la télévision
6. imprimer des photos
7. surfer jusqu'à 11 heures
8. partir tout de suite

4 **Finissez** You will hear incomplete sentences. Choose the correct ending for each sentence.

1. a. à sauvegarder mon document. b. de trouver la solution.
2. a. d'acheter un nouveau logiciel. b. éteindre l'ordinateur.
3. a. à sortir le soir. b. de regarder la télé.
4. a. acheter un enregistreur DVR ce week-end. b. à trouver un appareil photo pas trop cher.
5. a. de fermer la fenêtre. b. éteindre le moniteur.
6. a. d'essayer un nouveau jeu vidéo? b. à nettoyer son bureau?

11A.2 Reciprocal reflexives

1 **Questions** Answer each question you hear in the negative. Repeat the correct response after the speaker. (*6 items*)

Modèle

Est-ce que vous vous êtes rencontrés ici?

Non, nous ne nous sommes pas rencontrés ici.

2 **Conjuguez** Form a new sentence, using the cue you hear as the subject. Repeat the correct answer after the speaker. (*6 items*)

Modèle

Marion s'entend bien avec sa famille. (vous)

Vous vous entendez bien avec votre famille.

3 **Identifiez** Listen to Clara describe her relationship with her friend Anne. Listen to each sentence and write the infinitives of the verbs you hear.

1. ______________________
2. ______________________
3. ______________________
4. ______________________
5. ______________________
6. ______________________
7. ______________________
8. ______________________

4 **Les rencontres** Listen to each statement and match it to the drawing it describes. There are more statements than there are drawings.

a. ______________

b. ______________

c. ______________

d. ______________

e. ______________

Unité 11

Leçon 11B

ESPACE CONTEXTES

1 **Logique ou illogique?** Listen to these statements and indicate whether each one is **logique** or **illogique**.

	Logique	Illogique		Logique	Illogique
1.	❍	❍	5.	❍	❍
2.	❍	❍	6.	❍	❍
3.	❍	❍	7.	❍	❍
4.	❍	❍	8.	❍	❍

2 **Les problèmes** Listen to people complaining about problems with their car and decide whether they need to take their car to the garage to get repaired or not.

Modèle

You hear: Mon embrayage est cassé.
You select : an **X** under **Visite chez le mécanicien nécessaire**

	Visite chez le mécanicien nécessaire	Visite pas nécessaire
Modèle	X	
1.		
2.		
3.		
4.		
5.		
6.		
7.		
8.		

3 **Décrivez** For each drawing, you will hear three brief descriptions. Indicate whether they are **vrai** or **faux** according to what you see.

1. a. vrai a. faux
   b. vrai b. faux
   c. vrai c. faux

2. a. vrai a. faux
   b. vrai b. faux
   c. vrai c. faux

1.

2.

Lab Manual

LES SONS ET LES LETTRES

The letter x

The letter **x** in French is sometimes pronounced *-ks*, like the *x* in the English word *axe*.

taxi expliquer mexicain texte

Unlike English, some French words begin with a *ks-* sound.

xylophone xénon xénophile Xavière

The letters **ex-** followed by a vowel are often pronounced like the English word *eggs*.

exemple **exa**men **exi**l **exa**ct

Sometimes an **x** is pronounced *s*, as in the following numbers.

soixante six dix

An **x** is pronounced *z* in a liaison. Otherwise, an **x** at the end of a word is usually silent.

deux enfants six éléphants mieux curieux

1 **Prononcez** Répétez les mots suivants à voix haute.

1. fax	4. prix	7. excuser	10. expression
2. eux	5. jeux	8. exercice	11. contexte
3. dix	6. index	9. orageux	12. sérieux

2 **Articulez** Répétez les phrases suivantes à voix haute.

1. Les amoureux sont devenus époux.
2. Soixante-dix euros! La note (*bill*) du taxi est exorbitante!
3. Alexandre est nerveux parce qu'il a deux examens.
4. Xavier explore le vieux quartier d'Aix-en-Provence.
5. Le professeur explique l'exercice aux étudiants exceptionnels.

3 **Dictons** Répétez les dictons à voix haute.

1. Les beaux esprits se rencontrent.
2. Les belles plumes font les beaux oiseaux.

4 **Dictée** You will hear eight sentences. Each will be read twice. Listen carefully and write what you hear.

1. ______________________
2. ______________________
3. ______________________
4. ______________________
5. ______________________
6. ______________________
7. ______________________
8. ______________________

Lab Manual

Nom ______________________ Date ______________________

ESPACE STRUCTURES

11B.1 The verbs **ouvrir** and **offrir**

1 **Identifiez** Listen to each sentence and write the infinitive of the verb you hear.

Modèle

You hear: J'offre rarement des fleurs à mes enfants.
You write: offrir

1. ______________ 5. ______________
2. ______________ 6. ______________
3. ______________ 7. ______________
4. ______________ 8. ______________

2 **Conjuguez** Form a new sentence using the cue you hear as the subject. Repeat the correct answer after the speaker. (6 *items*)

Modèle

Il ouvre le magasin tous les matins. (nous)
Nous ouvrons le magasin tous les matins.

3 **Questions** Answer each question you hear using the cue in your lab manual. Repeat the correct response after the speaker.

Modèle

You hear: Comment tu as ouvert ce fichier?
You see: mot de passe
You say: J'ai ouvert ce fichier avec un mot de passe.

1. un nouvel ordinateur
2. il y a deux jours
3. le soir
4. rarement
5. un voyage au Maroc
6. de cuir (*leather*)

4 **Décrivez** For each drawing, you will hear two statements. Choose the one that corresponds to the drawing.

1.

2.

3.

4.

1. a. b.
2. a. b.
3. a. b.
4. a. b.

Lab Manual

11B.2 Le conditionnel

1 **Choisissez** Listen to each sentence and decide whether you hear a verb in the indicative or the conditional.

1. indicatif conditionnel
2. indicatif conditionnel
3. indicatif conditionnel
4. indicatif conditionnel
5. indicatif conditionnel
6. indicatif conditionnel
7. indicatif conditionnel
8. indicatif conditionnel

2 **Identifiez** Listen to each sentence and write the infinitive of the conjugated verb you hear.

Modèle

You hear: Nous pourrions prendre l'autre voiture.
You write: pouvoir

1. ____________________ 4. ____________________
2. ____________________ 5. ____________________
3. ____________________ 6. ____________________

3 **Complétez** Form a new sentence using the cue you hear as the subject. Repeat the correct response after the speaker. (*6 items*)

Modèle

You hear: Je vérifierais la pression des pneus. (le mécanicien)
You say: Le mécanicien vérifierait la pression des pneus.

4 **Identifiez** Listen to Ophélie talk about what her life would be like if she had a car. Write the missing verbs.

Je (1) ____________________ (vouloir) une voiture à tout prix (*at any price*)! Si j'avais une voiture, je (2) ____________________ (pouvoir) travailler loin de la maison. Je (3) ____________________ (ne pas avoir) besoin de prendre le train et le bus. Mes amis et moi (4) ____________________ (aller) souvent en voiture au centre-ville pour faire du shopping ou voir des films. Et on (5) ____________________ (dîner) parfois ensemble au restaurant. Ce (6) ____________________ (être) bien! Et puis, le week-end, on (7) ____________________ (rentrer) tard à la maison. Mais avant d'acheter une voiture, je (8) ____________________ (devoir) avoir mon permis de conduire!

Nom ______________________ Date ______________________

Unité 12

Leçon 12A

ESPACE CONTEXTES

1 **Logique ou illogique?** Listen to these sentences and indicate whether each one is **logique** or illogique.

	Logique	Illogique
1.	❍	❍
2.	❍	❍
3.	❍	❍
4.	❍	❍
5.	❍	❍
6.	❍	❍
7.	❍	❍
8.	❍	❍

2 **Les courses** Look at the drawing and listen to Rachel's description of her day. During each pause, write the name of the place she went. The first one has been done for you.

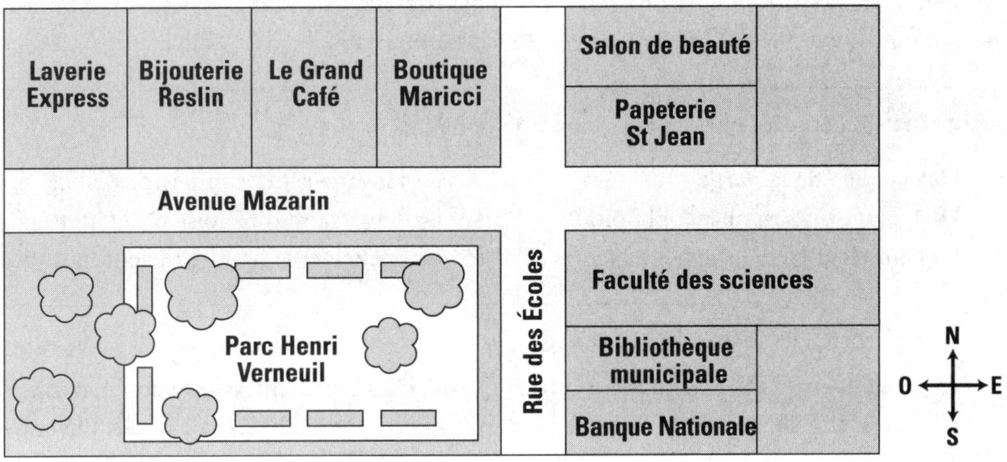

1. Laverie Express
2. ______________________
3. ______________________
4. ______________________
5. ______________________
6. ______________________
7. ______________________
8. ______________________

3 **Questions** Look at the drawing again and answer each question you hear with the correct information. Repeat the correct response after the speaker. (6 *items*)

Modèle

Il y a une laverie rue des Écoles?
You say: Non, il y a une laverie avenue Mazarin.

Lab Manual

LES SONS ET LES LETTRES

The letter h

You already know that the letter **h** is silent in French, and you are familiar with many French words that begin with an **h muet**. In such words, the letter **h** is treated as if it were a vowel. For example, the articles **le** and **la** become **l'** and there is a liaison between the final consonant of a preceding word and the vowel following the **h**.

l'heure l'homme des hôtels des hommes

Some words begin with an **h aspiré**. In such words, the **h** is still silent, but it is not treated like a vowel. Words beginning with **h aspiré**, like these you've already learned, are not preceded by **l'** and there is no liaison.

la honte les haricots verts le huit mars les hors-d'œuvre

Words that begin with an **h aspiré** are normally indicated in dictionaries by some kind of symbol, usually an asterisk (*).

1 **Prononcez** Répétez les mots suivants à voix haute.

1. le hall	5. le héron	9. l'hilarité	13. les hiéroglyphes
2. la hi-fi	6. l'horloge	10. la Hongrie	14. les hors-d'œuvre
3. l'humeur	7. l'horizon	11. l'hélicoptère	15. les hippopotames
4. la honte	8. le hippie	12. les hamburgers	16. l'hiver

2 **Articulez** Répétez les phrases suivantes à voix haute.

1. Hélène joue de la harpe.
2. Hier, Honorine est allée à l'hôpital.
3. Le hamster d'Hervé s'appelle Henri.
4. La Havane est la capitale de Cuba.
5. L'anniversaire d'Héloïse est le huit mars.
6. Le hockey et le hand-ball sont mes sports préférés.

3 **Dictons** Répétez les dictons à voix haute.

1. La honte n'est pas d'être inférieur à l'adversaire, c'est d'être inférieur à soi-même.
2. L'heure, c'est l'heure; avant l'heure, c'est pas l'heure; après l'heure, c'est plus l'heure.

4 **Dictée** You will hear eight sentences. Each will be read twice. Listen carefully and write what you hear.

1. ______________________
2. ______________________
3. ______________________
4. ______________________
5. ______________________
6. ______________________
7. ______________________
8. ______________________

Nom ______________________ Date ______________________

ESPACE STRUCTURES

12A.1 Voir, recevoir, apercevoir, and croire

1 **Choisissez** You will hear some sentences with a beep in place of the verb. Circle the form of **voir**, **recevoir**, **apercevoir**, or **croire** that correctly completes each sentence.

Modèle

You hear: Jeanne *(beep)* Guillaume à la banque.
You see: aperçoit avons aperçu
You circle: aperçoit

1. aperçois	avez aperçu	4. apercevons	aperçoit
2. ont reçu	recevons	5. croit	as cru
3. reçoivent	reçoit	6. voient	voit

2 **Conjuguez** Form a new sentence using the cue you hear as the subject. Repeat the correct answer after the speaker.

Modèle

Vous ne recevez pas cette chaîne ici.
(Monsieur David)
Monsieur David ne reçoit pas cette chaîne ici.

1. (nous)	3. (tu)	5. (il)
2. (elles)	4. (je)	6. (vous)

3 **Questions** Answer each question you hear using the cue in your lab manual. Repeat the correct response after the speaker.

Modèle

You hear: Où est-ce qu'il a aperçu la poste?
You see: en face
You say: Il a aperçu la poste en face.

1. le 19	4. la semaine dernière
2. à la poste	5. devant la banque
3. le mois de janvier	6. oui

4 **La liste** Look at Hervé's shopping list for Christmas and answer each question you hear. Repeat the correct response after the speaker. (*6 items*)

Aurore	un rendez-vous dans un salon de beauté
grands-parents	un voyage à la Martinique
cousin François	du papier à lettres
parents	un lecteur de DVD et un caméscope
Jean-Michel	une montre

Lab Manual

12A.2 Negative/Affirmative expressions

1 **Identifiez** Listen to each statement and select the negative expression you hear.

Modèle

You hear: Je ne reçois jamais de lettre.
You select: **ne... jamais**

	ne... rien	ne... que	personne	ne... personne	ne... jamais	ne... plus
Modèle					X	
1.						
2.						
3.						
4.						
5.						
6.						
7.						
8.						

2 **Transformez** Change each sentence you hear to say the opposite is true. Repeat the correct answer after the speaker. (*6 items*)

Modèle

Je vais toujours à cette agence.
Je ne vais jamais à cette agence.

3 **Questions** Answer each question you hear in the negative. Repeat the correct response after the speaker. (*6 items*)

Modèle

Vous avez reçu quelqu'un aujourd'hui?
Non, nous n'avons reçu personne.

4 **Au téléphone** Listen to this phone conversation between Philippe and Sophie. Then, decide whether each statement is **vrai** or **faux**.

	Vrai	Faux
1. Philippe ne peut voir personne aujourd'hui.	❍	❍
2. Il n'a jamais organisé de rendez-vous.	❍	❍
3. Le service de Sophie n'a rien reçu.	❍	❍
4. Il n'y a aucun rendez-vous pour le lundi matin.	❍	❍
5. Il ne reste de rendez-vous que pour le lundi matin.	❍	❍

Nom ______________________ Date ______________________

Unité 12

Leçon 12B

ESPACE CONTEXTES

1 **Orientez-vous** Listen to each pair of places and describe their location in relation to each other, using the cue given. Repeat the correct answer after the speaker.

Modèle

You hear: Paris, New York
You see: est
You say: **Paris est à l'est de New York.**

1. nord
2. est
3. près de
4. loin de
5. ouest
6. sud

2 **Décrivez** Look at the drawing and listen to each statement. Indicate whether each statement is **vrai** or **faux**.

	Vrai	Faux
1.	❍	❍
2.	❍	❍
3.	❍	❍
4.	❍	❍
5.	❍	❍
6.	❍	❍

3 **Complétez** Listen to Laurent describe where he lives and write the missing words in the spaces provided.

Voici les (1) ______________ pour venir chez moi. À la sortie de l'aéroport, suivez le (2) ______________ jusqu'au centre-ville. Quand vous arrivez à la fontaine, (3) ______________ à droite. Prenez le (4) ______________ pour (5) ______________. Tournez ensuite dans la première rue à droite et (6) ______________ (7) ______________ jusqu'au bout de la rue. J'habite un grand (8) ______________ à l'angle de cette rue et de l'avenue Saint-Michel.

Lab Manual

Nom ______________________ Date ______________________

LES SONS ET LES LETTRES

Les majuscules et les minuscules

Some of the rules governing capitalization are the same in French as they are in English. However, many words that are capitalized in English are not capitalized in French. For example, the French pronoun **je** is never capitalized except when it is the first word in a sentence.

Aujourd'hui, **je** vais au marché.	Today, **I** am going to the market.

Days of the week, months, and geographical terms are not capitalized in French.

Qu'est-ce que tu fais **l**undi après-midi?	Mon anniversaire, c'est le 14 **o**ctobre.
Cette ville est sur la **m**er Méditerranée.	Il habite 5 **r**ue de la Paix.

Languages are not capitalized in French, nor are adjectives of nationality. However, if the word is a noun that refers to a person or people of a particular nationality, it is capitalized.

Tu apprends le français. *You are learning French.*	C'est une voiture allemande. *It's a German car.*
Elle s'est mariée avec un Italien. *She married an Italian.*	Les Français adorent le foot. *The French love soccer.*

As a general rule you should write capital letters with their accents. Diacritical marks can change the meaning of words, so not including them can create ambiguities.

LES AVOCATS SERONT JUG**É**S. *Lawyers will be judged.*	LES AVOCATS SERONT JUG**E**S. *Lawyers will be the judges.*

1 **Décidez** Listen to these sentences and decide whether the words below should be capitalized.

1. a. canadienne	b. Canadienne	5. a. océan	b. Océan
2. a. avril	b. Avril	6. a. je	b. Je
3. a. japonais	b. Japonais	7. a. mercredi	b. Mercredi
4. a. québécoises	b. Québécoises	8. a. marocain	b. Marocain

2 **Écoutez** You will hear a paragraph containing the words below. Decide whether each word should be capitalized (**majuscule**) or not (**minuscule**).

	Majuscule	Minuscule		Majuscule	Minuscule
1. lundi	______	______	4. suisse	______	______
2. avenue	______	______	5. quartier	______	______
3. français	______	______			

3 **Dictée** You will hear eight sentences. Each will be read twice. Listen carefully and write what you hear.

1. ______________________________
2. ______________________________
3. ______________________________
4. ______________________________
5. ______________________________
6. ______________________________
7. ______________________________
8. ______________________________

Lab Manual

Nom ______________________ Date ______________________

ESPACE STRUCTURES

12B.1 Le futur simple

1 **Identifiez** Listen to each sentence and write the infinitive of the verb you hear.

Modèle

You hear: Ils se déplaceront pour le 14 juillet.
You write: **se déplacer**

1. ______________ 5. ______________
2. ______________ 6. ______________
3. ______________ 7. ______________
4. ______________ 8. ______________

2 **Transformez** Change each sentence from the present to the future. Repeat the correct answer after the speaker.

Modèle

Bertrand travaille près d'ici. (Bertrand)
Bertrand travaillera près d'ici.

1. (je)
2. (vous)
3. (la mairie)
4. (vous)
5. (on)
6. (nous)
7. (Malik)
8. (ils)

3 **Questions** Answer each question you hear using the cue in your lab manual. Repeat the correct response after the speaker.

Modèle

You hear: Quand est-ce que tu retrouveras ta cousine?
You see: jeudi
You say: **Je retrouverai ma cousine jeudi.**

1. 8 heures et demie
2. nous
3. sur la droite
4. Jean-Pierre et son équipe
5. en train
6. au carrefour

4 **Le futur** Look at the timeline, which shows future events in Christian's life, and answer each question you hear. Then repeat the correct response after the speaker. (*6 items*)

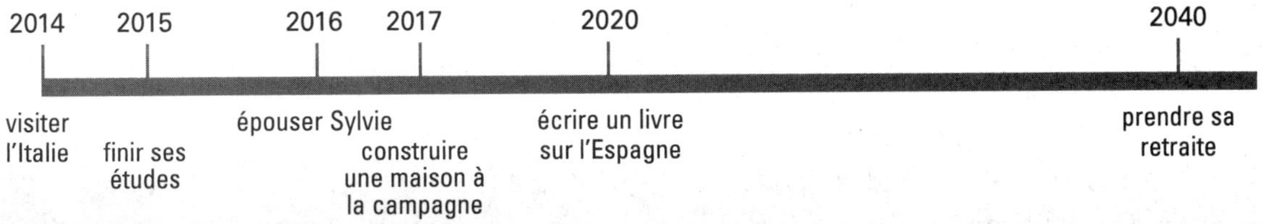

Nom ______________________ Date ______________________

12B.2 Irregular future forms

1 **Identifiez** Listen to each statement and mark an X in the column of the verb you hear.

Modèle

You hear: Nous ne serons pas au parc cet après-midi.
You mark: an **X** *under* **être**

	aller	avoir	être	faire	savoir
Modèle			X		
1.					
2.					
3.					
4.					
5.					
6.					
7.					
8.					

2 **Choisissez** Listen to each question and choose the most logical response.

1. a. Non, nous ne viendrons pas. b. Non, nous irons samedi.
2. a. Oui, ils l'apercevront de la fenêtre. b. Oui, ils viendront au parc.
3. a. Non, elle tournera. b. Oui, vous continuerez vers la droite.
4. a. Oui, je te montrerai. b. Non, tu ne voudras pas.
5. a. Non, il les enverra à temps. b. Oui, il les aura à temps.
6. a. Oui, elle ira en mars. b. Non, ses cousins seront là pour l'aider.
7. a. Oui, il pourra la poster au bout de la rue. b. Oui, il l'écrira.
8. a. Tu ne le feras jamais. b. Tu pourras visiter le musée.

3 **Décrivez** For each drawing, you will hear two statements. Choose the one that corresponds to the drawing.

1. a. b.

2. a. b.

3. a. b.

4. a. b.

5. a. b.

6. a. b.

4 **En ville** Listen to Brigitte and Zoé talk about their plans for tomorrow. Then read the statements in your lab manual and decide whether they are **vrai** or **faux**.

	Vrai	Faux
1. Zoé n'ira pas en ville demain.	❍	❍
2. Elle fera des courses l'après-midi.	❍	❍
3. Elle viendra chercher Brigitte à son travail.	❍	❍
4. Brigitte aura ses photos.	❍	❍
5. Zoé verra le bureau de Brigitte.	❍	❍
6. Ça sera sympa.	❍	❍

Unité 13

Leçon 13A

ESPACE CONTEXTES

1 **Identifiez** You will hear a series of words. Write the word that does not belong in each series.

1. ____________ 5. ____________
2. ____________ 6. ____________
3. ____________ 7. ____________
4. ____________ 8. ____________

2 **Logique ou illogique?** Listen to these statements and indicate whether they are **logique** or **illogique**.

	Logique	Illogique		Logique	Illogique
1.	❍	❍	5.	❍	❍
2.	❍	❍	6.	❍	❍
3.	❍	❍	7.	❍	❍
4.	❍	❍	8.	❍	❍

3 **Les annonces** Look at the ads and listen to each statement. Then decide if the statement is **vrai** or faux.

SPÉCIALISTES BEAUTÉ

Recherchons 5 spécialistes "beauté-forme" sur Paris.

- 3 ans d'expérience minimum
- excellente présentation
- bon contact avec les client(e)s
- sérieux et professionnalisme

Envoyez lettre de motivation et C.V à Mme Fréchine, Salon de beauté Sublime, 58 avenue de Constantinople, 75008 Paris.

VENDEURS/VENDEUSES

- Compagnie de production d'une boisson aux fruits célèbre recherche des vendeurs/vendeuses dans toute la France.
- De formation commerciale supérieure (Bac + 2 minimum), vous avez déjà une solide expérience. (5 ans minimum)
- Salaire: 3800 euros par mois.

Pour plus d'information, rendez-vous sur le site http://www.boissonauxfruitssympa.com

	Vrai	Faux
1.	❍	❍
2.	❍	❍
3.	❍	❍
4.	❍	❍
5.	❍	❍
6.	❍	❍

LES SONS ET LES LETTRES

La ponctuation française

Although French uses most of the same punctuation marks as English, their usage often varies. Unlike English, no period (**point**) is used in abbreviations of measurements in French.

200 **m** *(meters)*   30 **min** *(minutes)*   25 **cl** *(centiliters)*   500 **g** *(grams)*

In other abbreviations, a period is used only if the last letter of the abbreviation is different from the last letter of the word they represent.

Mme Bonaire = **Madame** Bonaire   **M.** Bonaire = **M**onsieu**r** Bonaire

French dates are written with the day before the month, so if the month is spelled out, no punctuation is needed. When using digits only, use slashes to separate them.

le 25 février 1954   25/2/1954   le 15 août 2006   15/8/2006

Notice that a comma (**une virgule**) is not used before the last item in a series or list.

Lucie parle français, anglais et allemand.   *Lucie speaks French, English, and German.*

Generally, in French, a direct quotation is enclosed in **guillemets.** Notice that a colon (**deux points**), not a comma, is used before the quotation.

Charlotte a dit: **«**Appelle-moi!**»**   Marc a demandé: **«**Qui est à l'appareil?**»**

Lab Manual

1 **La ponctuation** Repeat the names of these punctuation marks in French.

1. un point (.)
2. une virgule (,)
3. un trait d'union (-)
4. un point d'interrogation (?)
5. un point d'exclamation (!)
6. deux points (:)
7. un point-virgule (;)
8. des points de suspension (…)
9. des guillemets (« »)
10. une apostrophe (')

2 **À vous de ponctuer!** Listen to the following sentences and insert the punctuation marks you hear.

1. Voici ce que je dois acheter au marché des carottes des tomates et du fromage
2. Tu n'as pas encore commencé tes devoirs Tu vas peut-être les faire cette nuit
3. Monsieur Grosjean euh m'avez vous téléphoné
4. Ma sœur a répondu Je t'attends depuis deux heures et quart
5. Vous pouvez entrer Madame
6. Nous n'avons pas pu sortir hier soir il pleuvait trop fort

3 **Dictée** You will hear eight sentences. Each will be said twice. Listen carefully and write what you hear. Use abbreviations when you can.

1. ______________________________
2. ______________________________
3. ______________________________
4. ______________________________
5. ______________________________
6. ______________________________
7. ______________________________
8. ______________________________

ESPACE STRUCTURES

13A.1 Le futur simple with quand and dès que

1 **Conjuguez** Change each sentence from the present to the future. Repeat the correct response after the speaker. (*6 items*)

Modèle

Nous travaillons quand nous sommes prêts.
Nous travaillerons quand nous serons prêts.

2 **Transformez** You will hear two sentences. Form a new sentence using **quand**. Repeat the correct response after the speaker. (*6 items*)

Modèle

Notre assistante vous dira. La réunion peut avoir lieu.
Notre assistante vous dira quand la réunion pourra avoir lieu.

3 **Finissez** You will hear incomplete statements. Choose the correct ending for each statement.

1. a. quand il voit l'annonce. b. quand il cherchera du travail.
2. a. quand elle aura plus d'expérience. b. quand elle a un vrai métier.
3. a. nous appelons les candidats. b. nous vous appellerons.
4. a. dès que ce stage a commencé. b. quand je ferai ce stage.
5. a. dès qu'il le faudra. b. dès qu'on nous le demande.
6. a. dès que le téléphone a sonné. b. quand Mademoiselle Lefèvre ne sera pas là.

4 **Questions** Answer each question you hear using **dès que** and the cue in your lab manual. Repeat the correct response after the speaker.

Modèle

You hear: Quand est-ce que tu commenceras?
You see: l'entreprise m'appelle
You say: Je commencerai dès que l'entreprise m'appellera.

1. le stage commence
2. il est libre
3. quelqu'un décroche
4. l'annonce est dans le journal
5. cette compagnie le peut
6. il sort de son rendez-vous

13A.2 The interrogative pronoun lequel

1 **Identifiez** Listen to each statement and mark an X in the column of the form of **lequel** you hear.

Modèle

You hear: Desquels parlez-vous?
You select: **desquels**

	lequel	laquelle	lesquels	duquel	desquels	auquel
Modèle	____	____	____	____	X	____
1.	____	____	____	____	____	____
2.	____	____	____	____	____	____
3.	____	____	____	____	____	____
4.	____	____	____	____	____	____
5.	____	____	____	____	____	____
6.	____	____	____	____	____	____
7.	____	____	____	____	____	____
8.	____	____	____	____	____	____

2 **Transformez** Change each question to use a form of **lequel**. Repeat the correct question after the speaker. (*6 items*)

Modèle

Quel est ton candidat préféré? (candidat)
Lequel est ton préféré?

1. (patron)
2. (entreprise)
3. (postes)
4. (candidate)
5. (expérience)
6. (numéro)

3 **Choisissez** Listen to each question and choose the most logical response.

1. a. Il a envoyé les lettres de motivation.
   b. Il les a envoyées.
2. a. J'y suis allé hier.
   b. Je suis allé au stage d'informatique.
3. a. Elle parle des deux derniers candidats.
   b. Elle parle des deux dernières candidates.
4. a. Je pense à leur projet d'été.
   b. Je pense partir.
5. a. Je veux appeler Carine.
   b. Je vais appeler avec son portable.
6. a. L'entreprise locale.
   b. Mon patron.
7. a. On peut assister à la formation de juin.
   b. On peut assister au stage de vente.
8. a. Nous allons répondre très vite.
   b. Nous allons répondre à l'annonce de Charles et Fils.

4 **Complétez** You will hear questions with a beep in place of the interrogative pronoun. Decide which form of **lequel** should complete each sentence. Repeat the correct question after the speaker. (*6 items*)

Modèle

Mon employé? (*beep*) penses-tu?
Mon employé? Auquel penses-tu?

Nom ____________________ Date ____________________

Unité 13

Leçon 13B

ESPACE CONTEXTES

1 **Identifiez** Listen to each description and then complete the sentence by identifying the person's occupation.

Modèle

You hear: Madame Cance travaille à la banque.
You write: banquière

1. ____________________
2. ____________________
3. ____________________
4. ____________________
5. ____________________
6. ____________________
7. ____________________
8. ____________________

2 **Choisissez** Listen to each question and choose the most logical answer.

1. a. Non, il est client de notre banque.
   b. Non, il est agriculteur.
2. a. le mois prochain
   b. La réunion finira tard.
3. a. Oui, j'ai eu une augmentation.
   b. Oui, j'ai un emploi à mi-temps.
4. a. Non, ils sont au chômage.
   b. Oui, ils ont un bon salaire.
5. a. Non, elle va prendre un long congé.
   b. Non, elle est mal payée.
6. a. L'entreprise avait besoin d'ouvrières avec dix ans d'expérience.
   b. C'est une profession exigeante.

3 **Les professions** Listen to each statement and write the number of the statement below the photo it describes. There are more statements than there are photos.

a. ____________________

b. ____________________

c. ____________________

d. ____________________

Lab Manual

LES SONS ET LES LETTRES

Les néologismes et le franglais

The use of words or neologisms of English origin in the French language is called **franglais**. These words often look identical to the English words, but they are pronounced like French words. Most of these words are masculine, and many end in **-ing**. Some of these words have long been accepted and used in French.

le sweat-shirt   le week-end   le shopping   le parking

Some words for foods and sports are very common, as are expressions in popular culture, business, and advertising.

un milk-shake   le base-ball   le top-modèle   le marketing

Many **franglais** words are recently coined terms (**néologismes**). These are common in contemporary fields, such as entertainment and technology. Some of these words do have French equivalents, but the **franglais** terms are used more often.

un e-mail = un courriel   le chat = la causette   une star = une vedette

Some **franglais** words do not exist in English at all, or they are used differently.

un brushing = *a blow-dry*   un relooking = *a makeover*   le zapping = *channel surfing*

Lab Manual

1 **Prononcez** Répétez les mots suivants à voix haute.

1. flirter
2. un fax
3. cliquer
4. le look
5. un clown
6. le planning
7. un scanneur
8. un CD-ROM
9. le volley-ball
10. le shampooing
11. une speakerine
12. le chewing-gum

2 **Articulez** Répétez les phrases suivantes à voix haute.

1. Le cowboy porte un jean et un tee-shirt.
2. Julien joue au base-ball et il fait du footing.
3. J'ai envie d'un nouveau look, je vais faire du shopping.
4. Au snack-bar, je commande un hamburger, des chips et un milk-shake.
5. Tout ce qu'il veut faire, c'est rester devant la télé dans le living et zapper!

3 **Dictons** Répétez les dictons à voix haute.

1. Ce n'est pas la star qui fait l'audience, mais l'audience qui fait la star.
2. Un gentleman est un monsieur qui se sert d'une pince à sucre, même lorsqu'il est seul.

4 **Dictée** You will hear eight sentences. Each will be said twice. Listen carefully and write what you hear.

1. ____________________
2. ____________________
3. ____________________
4. ____________________
5. ____________________
6. ____________________
7. ____________________
8. ____________________

ESPACE STRUCTURES

13B.1 Si clauses

1 **Finissez** You will hear incomplete statements. Choose the correct ending for each statement.

1. a. si on le lui demandait.
   b. si c'est possible.
2. a. si elle demandait une augmentation.
   b. si nous faisons une réunion.
3. a. ils vont en Italie.
   b. ils auraient le temps de voyager.
4. a. je te le dirais tout de suite.
   b. tu pouvais essayer de postuler.
5. a. si le salaire reste élevé.
   b. si son mari n'était pas au chômage.
6. a. nous n'avons pas de syndicat.
   b. il y aurait moins de problèmes.

2 **Modifiez** Change each sentence you hear to form a **si** clause with the **imparfait**. Repeat the correct response after the speaker. (*6 items*)

Modèle

On va au bureau ensemble?
Si on allait au bureau ensemble?

3 **Questions** Answer each question you hear using the cue in your lab manual. Repeat the correct response after the speaker. (*6 items*)

Modèle

You hear: Qu'est-ce que tu feras s'il fait beau demain?
You see: marcher jusqu'au bureau
You say: **S'il fait beau demain, je marcherai jusqu'au bureau.**

1. aller au cinéma
2. nous donner une augmentation
3. organiser une réunion
4. faire la fête
5. partir en vacances
6. continuer à travailler pour leur entreprise

4 **Transformez** Change each sentence to a speculation or hypothesis. Repeat the correct response after the speaker. (*6 items*)

Modèle

Si nous embauchons quelqu'un, nous devrons en parler au chef du personnel.
Si nous embauchions quelqu'un, nous devrions en parler au chef du personnel.

13B.2 Relative pronouns qui, que, dont, où

1 **Identifiez** Listen to each statement and mark an **X** in the column of the relative pronoun you hear.

Modèle

You hear: Vous n'aurez pas l'augmentation dont vous rêvez.
You select: **dont**

	qui	que	dont	où
Modèle	______	______	X	______
1.	______	______	______	______
2.	______	______	______	______
3.	______	______	______	______
4.	______	______	______	______
5.	______	______	______	______
6.	______	______	______	______
7.	______	______	______	______
8.	______	______	______	______

2 **Finissez** You will hear incomplete sentences. Choose the correct ending for each one.

1. a. admire beaucoup les autres. b. j'admire beaucoup.
2. a. le prof nous a parlé? b. a parlé du prof?
3. a. me permet de travailler à la maison. b. j'aime beaucoup.
4. a. est la salle de réunion? b. je travaille, je prends ma voiture.
5. a. on rêve est celle d'artiste. b. je laisse un message.
6. a. aide les humains aussi. b. on aime beaucoup.

3 **Complétez** Listen to Annette talk about her job search and write the missing relative pronouns in your lab manual.

Le métier (1) ____________ j'ai choisi, c'est celui de psychologue pour animaux. Eh bien, je ne trouvais pas de patients (2) ____________ pouvaient être réguliers. Alors, j'ai décidé de chercher du travail temporaire. L'endroit (3) ____________ je voulais travailler était une clinique vétérinaire. La formation (4) ____________ j'ai faite à l'université peut me servir dans une clinique. J'ai donc téléphoné à une clinique (5) ____________ j'emmène d'habitude mon chat pour des visites vétérinaires. J'ai parlé avec le docteur (6) ____________ était très gentil et on a pris rendez-vous pour un entretien. On y a parlé de ma formation et de mes expériences professionnelles. Ce (7) ____________ on a parlé lui a beaucoup plu (*made him happy*) et il m'a embauchée sur place, comme assistante. Maintenant, je peux exercer ma profession de temps en temps quand il y a un animal (8) ____________ est stressé.

4 **Transformez** You will hear two sentences. Form a new sentence using a relative pronoun. Repeat the correct answer after the speaker. (*6 items*)

Modèle

Je cherche un travail. Ce travail offre une assurance-maladie.
Je cherche un travail qui offre une assurance-maladie.

Unité 14

Leçon 14A

ESPACE CONTEXTES

1 Identifiez You will hear a series of words. Write the word that does not belong in each series.

1. ______________ 5. ______________
2. ______________ 6. ______________
3. ______________ 7. ______________
4. ______________ 8. ______________

2 Choisissez Listen to each question and choose the most logical response.

1. a. Oui, les usines polluent. b. Oui, les voitures sont un danger pour l'environnement.
2. a. C'est pour éviter le gaspillage. b. Oui, il est utile.
3. a. Parce que l'eau, c'est la vie. b. Parce qu'il faut proposer des solutions.
4. a. La pluie acide. b. L'accident à la centrale.
5. a. Deux fois par semaine. b. À cause de la surpopulation.
6. a. Non, nous n'avons pas d'espace. b. Oui, il y en a souvent ici.

3 Décrivez Look at the picture in your lab manual. Listen to these statements and decide whether each statement is **vrai** or **faux**.

	Vrai	Faux		Vrai	Faux
1.	❍	❍	4.	❍	❍
2.	❍	❍	5.	❍	❍
3.	❍	❍	6.	❍	❍

Lab Manual

LES SONS ET LES LETTRES

French and English spelling

You have seen that many French words only differ slightly from their English counterparts. Many differ in predictable ways. English words that end in *-y* often end in **-ie** in French.

biologie psychologie énergie écologie

English words that end in *-ity* often end in **-ité** in French.

qualité université cité nationalité

French equivalents of English words that end in *-ist* often end in **-iste**.

artiste optimiste pessimiste dentiste

French equivalents of English words that end in *-or* and *-er* often end in **-eur**. This tendency is especially common for words that refer to people.

docteur acteur employeur agriculteur

Other English words that end in *-er* end in **-re** in French.

centre membre litre théâtre

Other French words vary in ways that are less predictable, but they are still easy to recognize.

problème orchestre carotte calculatrice

Lab Manual

1 Prononcez Répétez les mots suivants à voix haute.

1. tigre
2. bleu
3. lettre
4. salade
5. poème
6. banane
7. tourisme
8. moniteur
9. pharmacie
10. écologiste
11. conducteur
12. anthropologie

2 Articulez Répétez les phrases suivantes à voix haute.

1. Ma cousine est vétérinaire.
2. Le moteur ne fonctionne pas.
3. À la banque, Carole paie par chèque.
4. Mon oncle écrit l'adresse sur l'enveloppe.
5. À la station-service, le mécanicien a réparé le moteur.

3 Dictons Répétez les dictons à voix haute.

1. On reconnaît l'arbre à son fruit.
2. On ne fait pas d'omelette sans casser des œufs.

4 Dictée You will hear eight sentences. Each will be said twice. Listen carefully and write what you hear.

1. ____________________
2. ____________________
3. ____________________
4. ____________________
5. ____________________
6. ____________________
7. ____________________
8. ____________________

ESPACE STRUCTURES

14A.1 Demonstrative pronouns

1 **En vacances** Listen to each statement and write its number below the drawing it describes. There are more statements than there are drawings.

a. ______________

b. ______________

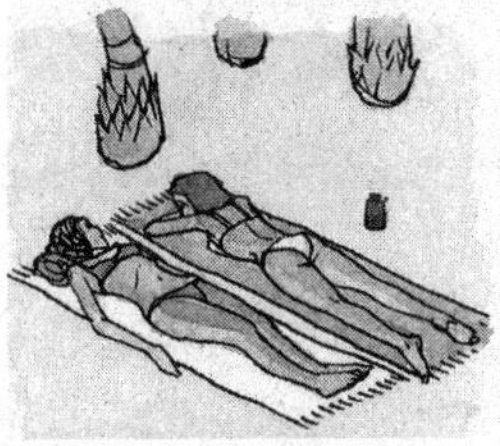
c. ______________

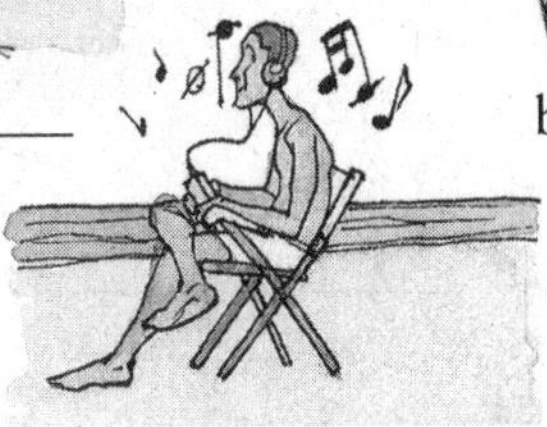
d. ______________

e. ______________

2 **Transformez** Change each statement to use a demonstrative pronoun. Repeat the correct response after the speaker. (*6 items*)

Modèle

La pollution de l'eau est aussi grave que la pollution des villes.
La pollution de l'eau est aussi grave que celle des villes.

3 **Logique ou illogique?** Listen to these statements and indicate whether they are **logique** or **illogique**.

	Logique	Illogique		Logique	Illogique
1.	❍	❍	5.	❍	❍
2.	❍	❍	6.	❍	❍
3.	❍	❍	7.	❍	❍
4.	❍	❍	8.	❍	❍

4 **Questions** Answer each question you hear using the cue in your lab manual and the appropriate demonstrative pronoun. Repeat the correct response after the speaker.

Modèle

You hear: Quel emballage est-ce que nous devons utiliser?
You see: l'emballage qui ferme le mieux
You say: *Celui qui ferme le mieux.*

1. les sacs qui se recyclent
2. le problème du réchauffement de la planète
3. mes amis qui sont les plus optimistes
4. les solutions qui ont l'air trop compliquées et les solutions qui coûtent cher
5. l'avenir qu'on prépare aujourd'hui
6. les questions qui sont simples

14A.2 The subjunctive (Part 1): introduction, regular verbs, and impersonal expressions

1 **Choisissez** You will hear some sentences with a beep in place of a verb. Decide which verb should complete each sentence and circle it.

Modèle

You hear: Il est impossible que ce gaspillage *(beep)*
You see: continue continuait
You circle: **continue**

1. abolissions	abolissons	5. intéressons	intéressions
2. aidez	aidiez	6. arrêtaient	arrêtent
3. connaissent	connaîtraient	7. interdise	interdit
4. travaillent	travaillaient	8. proposiez	proposez

2 **Conjuguez** Form a new sentence using the cue you hear as the subject. Repeat the correct response after the speaker. (6 *items*)

Modèle

Est-ce qu'il faut que je recycle ces emballages? (nous)
Est-ce qu'il faut que nous recyclions ces emballages?

3 **Transformez** Change each sentence you hear to the present subjunctive using the expressions you see in your lab manual. Repeat the correct response after the speaker.

Modèle

You hear: Tu recycleras ces bouteilles.
You see: Il est important...
You say: **Il est important que tu recycles ces bouteilles.**

1. Il n'est pas essentiel...
2. Il est bon...
3. Il est important...
4. Il est dommage...
5. Il ne faut pas...
6. Il vaut mieux...

4 **Complétez** Listen to what Manu wants to do to save the environment and write the missing words in your lab manual.

Il faut que nous (1) _______________ notre quotidien. Il vaut mieux que nous (2) _______________ d'utiliser des sacs en plastique et il est important que les gens (3) _______________ à recycler chez eux! Il est essentiel aussi que nous n' (4) _______________ plus de produits ménagers dangereux; il est bon qu'on (5) _______________ des produits plus naturels. Enfin, il est nécessaire que nous (6) _______________ tous de ne pas gaspiller l'électricité, car il est impossible que les pays (7) _______________ à développer l'énergie nucléaire. Avec ces simples idées, il est très possible que nous (8) _______________ à sauver la planète!

Nom _______________ Date _______________

Unité 14

Leçon 14B

ESPACE CONTEXTES

1 **Associez** Circle the words that are logically associated with each word you hear.

1. chasser	détruire	préserver
2. désert	rivière	lac
3. promenade	marche	autoroute
4. champ	bois	forêt
5. étoile	champ	falaise
6. montagne	chasse	extinction

2 **Logique ou illogique?** Listen to these statements and indicate whether they are **logique** or **illogique**.

	Logique	Illogique
1.	❍	❍
2.	❍	❍
3.	❍	❍
4.	❍	❍
5.	❍	❍
6.	❍	❍
7.	❍	❍
8.	❍	❍

3 **Décrivez** Look at the picture in your lab manual. Listen to these statements and decide whether each statement is **vrai** or **faux**.

	Vrai	Faux
1.	❍	❍
2.	❍	❍
3.	❍	❍
4.	❍	❍
5.	❍	❍
6.	❍	❍

Lab Manual

LES SONS ET LES LETTRES

Homophones

Many French words sound alike, but are spelled differently. As you have already learned, sometimes the only difference between two words is a diacritical mark. Other words that sound alike have more obvious differences in spelling.

a / **à**	ou / où	**sont** / **son**	**en** / **an**

Several forms of a single verb may sound alike. To tell which form is being used, listen for the subject or words that indicate tense.

je **parle**	tu **parles**	ils **parlent**
vous **parlez**	j'ai **parlé**	je vais **parler**

Many words that sound alike are different parts of speech. Use context to tell them apart.

VERB	POSSESSIVE ADJECTIVE	PREPOSITION	NOUN
Ils **sont** belges.	C'est **son** mari.	Tu vas **en** France?	Il a un **an**.

You may encounter multiple spellings of words that sound alike. Again, context is the key to understanding which word is being used.

je **peux** *I can*	elle **peut** *she can*	**peu** *a little, few*
le **foie** *the liver*	la **foi** *faith*	une **fois** *one time*
haut *high*	l'**eau** *water*	**au** *at, to, in the*

1 **Prononcez** Répétez les paires de mots suivantes à voix haute.

1.	ce	se	4.	foi	fois	7.	au	eau	10.	lis	lit
2.	leur	leurs	5.	ces	ses	8.	peut	peu	11.	quelle	qu'elle
3.	né	nez	6.	vert	verre	9.	où	ou	12.	c'est	s'est

2 **Choisissez** Choisissez le mot qui convient à chaque phrase.

1. Je (lis / lit) le journal tous les jours.
2. Son chien est sous le (lis / lit).
3. Corinne est (née / nez) à Paris.
4. Elle a mal au (née / nez).

3 **Jeux de mots** Répétez les jeux de mots à voix haute.

1. Le ver vert va vers le verre.
2. Mon père est maire, mon frère est masseur.

4 **Dictée** You will hear eight sentences. Each will be said twice. Listen carefully and write what you hear.

1. ______________________________
2. ______________________________
3. ______________________________
4. ______________________________
5. ______________________________
6. ______________________________
7. ______________________________
8. ______________________________

Nom ______________________ Date ______________________

ESPACE STRUCTURES

14B.1 The subjunctive (Part 2): will and emotion, irregular subjunctive forms

1 **Identifiez** Listen to each sentence and write the infinitive of the subjunctive verb you hear.

Modèle

You hear: Je veux que tu regardes la Lune ce soir.
You write: regarder

1. ______________ 4. ______________
2. ______________ 5. ______________
3. ______________ 6. ______________

2 **Conjuguez** Form a new sentence using the cue you hear as the subject of the verb in the subjunctive. Repeat the correct response after the speaker. (*6 items*)

Modèle

J'aimerais que tu fasses attention. (vous)
J'aimerais que vous fassiez attention.

3 **Associez** Listen to each statement and write its number below the drawing it describes. There are more statements than there are drawings.

a. ______________

b. ______________

c. ______________

d. ______________

e. ______________

f. ______________

4 **Les conseils** Listen to Julien give advice to his sons. Then read the statements in your lab manual and decide whether they are **vrai** or **faux**.

	Vrai	Faux
1. Julien exige que ses fils soient prudents.	❍	❍
2. Il veut qu'ils aient froid.	❍	❍
3. Il ne recommande pas qu'ils utilisent des cartes.	❍	❍
4. Il préférerait qu'ils aient un téléphone.	❍	❍
5. Il aimerait qu'ils prennent des photos.	❍	❍

14B.2 Comparatives and superlatives of nouns

1 **Identifiez** Listen to each statement and mark an X in the column of the comparative or superlative you hear.

Modèle

You hear: La France a beaucoup plus de rivières que de fleuves.

You select: **plus de**

	moins de	plus de	autant de	le plus de	le moins de
Modèle		X			
1.					
2.					
3.					
4.					
5.					
6.					
7.					
8.					

2 **Changez** Change each sentence you hear to say that the opposite is true. Repeat the correct response after the speaker. (6 *items*)

Modèle

Il y a plus d'écureuils en France qu'en Amérique du Nord.

Il y a moins d'écureuils en France qu'en Amérique du Nord.

3 **Choisissez** Listen to each question and choose the most logical response.

1. a. Elles ont plus d'étoiles. b. Il y a moins d'arbres.
2. a. J'ai moins mal et j'ai plus d'énergie. b. Cette ville a plus de pharmacies que de cafés.
3. a. Il n'y a pas autant de circulation en ville. b. Elle a autant de plages que de montagnes.
4. a. Il n'a pas autant d'herbe. b. Nous avons aperçu plus d'arbres que de lapins.
5. a. Ils ont plus de problèmes que nous. b. Ils ont moins de lois contre la pollution.
6. a. Le parc a autant de serpents que de vaches. b. Encore plus d'espèces sont menacées.

4 **Écoutez** Listen to the conversation and correct these statements.

1. Il y a moins d'animaux dans le parc.
______
2. Il y a autant d'endroits à explorer dans le parc.
______
3. Le parc a moins de touristes en cette saison.
______
4. Les volcans ont autant de charme.
______
5. Il y a plus de pierres pour sa collection dans le parc.
______
6. Il y a plus d'herbe dans le parc.
______

Lab Manual

Unité 15

Leçon 15A

ESPACE CONTEXTES

1 Les définitions You will hear some definitions. Write the letter of the word being defined.

____ 1. a. un réalisateur
____ 2. b. une troupe
____ 3. c. des applaudissements
____ 4. d. un musicien
____ 5. e. un spectateur
____ 6. f. un orchestre
____ 7. g. une comédie
____ 8. h. une chanteuse

2 Associez Circle the words that are not logically associated with each word you hear.

1. séance	chœur	opéra
2. genre	pièce de théâtre	gratuit
3. pièce de théâtre	réalisatrice	joueur de batterie
4. début	fin	place
5. dramaturge	chansons	comédie musicale
6. danseurs	compositeur	acteurs

3 Les artistes Listen to each statement and write its number below the illustration it describes. There are more statements than there are illustrations.

a. ______

b. ______

c. ______

LES SONS ET LES LETTRES

Les liaisons obligatoires et les liaisons interdites

Rules for making liaisons are complex, and have many exceptions. Generally, a liaison is made between pronouns, and between a pronoun and a verb that begins with a vowel or vowel sound.

vous en avez | nous habitons | ils aiment | elles arrivent

Make liaisons between articles, numbers, or the verb **est** and a noun or adjective that begins with a vowel or a vowel sound.

un éléphant | les amis | dix hommes (z) | Roger est enchanté.

There is a liaison after many single-syllable adverbs, conjunctions, and prepositions.

très intéressant | chez eux | quand elle (t) | quand on décidera (t)

Many expressions have obligatory liaisons that may or may not follow these rules.

C'est-à-dire... | Comment allez-vous? | plus ou moins | avant-hier

Never make a liaison before or after the conjunction **et** or between a noun and a verb that follows it. Likewise, do not make a liaison between a singular noun and an adjective that follows it.

un garçon et une fille | Gilbert adore le football. | un cours intéressant

There is no liaison before **h aspiré** or before the word **oui** and before numbers.

un hamburger | les héros | un oui et un non | mes onze animaux

Lab Manual

1 **Prononcez** Répétez les mots suivants à voix haute.

1. les héros
2. mon petit ami
3. un pays africain
4. les onze étages

2 **Articulez** Répétez les phrases suivantes à voix haute.

1. Ils en veulent onze.
2. Vous vous êtes bien amusés hier soir?
3. Christelle et Albert habitent en Angleterre.
4. Quand est-ce que Charles a acheté ces objets?

3 **Dictons** Répétez les dictons à voix haute.

1. Deux avis valent mieux qu'un.
2. Les murs ont des oreilles.

4 **Dictée** You will hear eight sentences. Each will be said twice. Listen carefully and write what you hear.

1. ____________________
2. ____________________
3. ____________________
4. ____________________
5. ____________________
6. ____________________
7. ____________________
8. ____________________

ESPACE STRUCTURES

15A.1 The subjunctive (Part 3): verbs of doubt, disbelief, and uncertainty; more irregular subjunctive forms

1 Identifiez Listen to each statement in the subjunctive and mark an X in the column of the verb you hear.

Modèle

You hear: Il est impossible qu'ils aillent au théâtre ce soir.
You select: **aller**

	aller	pouvoir	savoir	vouloir
Modèle	X			
1.				
2.				
3.				
4.				
5.				
6.				
7.				
8.				

Lab Manual

2 Transformez Change each sentence you hear to the subjunctive using the expressions you see in your lab manual. Repeat the correct response after the speaker.

Modèle

You hear: Il peut présenter le metteur en scène ce soir.
You see: Il n'est pas certain que...
You say: **Il n'est pas certain qu'il puisse présenter le metteur en scène ce soir.**

1. Il est impossible que...
2. Mes amis ne pensent pas que...
3. Il n'est pas vrai que...
4. Je ne suis pas sûr que...
5. Le metteur en scène doute que...
6. Il n'est pas certain que...

3 Choisissez Listen to each sentence and decide whether the second verb is in the indicative or in the subjunctive.

1. a. indicatif b. subjonctif
2. a. indicatif b. subjonctif
3. a. indicatif b. subjonctif
4. a. indicatif b. subjonctif
5. a. indicatif b. subjonctif
6. a. indicatif b. subjonctif
7. a. indicatif b. subjonctif
8. a. indicatif b. subjonctif

4 Le critique de film Listen to this movie critic. Then, answer the questions in your lab manual.

1. De quoi le critique doute-t-il? ______________________
2. Que pense-t-il du réalisateur? ______________________
3. Qu'est-ce qui est impossible à son avis? ______________________
4. Que dit-il de l'acteur principal? ______________________
5. Comment trouve-t-il le film? ______________________

15A.2 Possessive pronouns

1

Identifiez You will hear sentences with possessive pronouns. Decide which thing the possessive pronoun in each sentence is referring to.

1. a. mon portable	b. ma calculatrice
2. a. notre maison	b. nos voitures
3. a. ton sac à dos	b. tes lunettes de soleil
4. a. leur fils	b. leur fille
5. a. vos parents	b. votre mère
6. a. leur ordinateur	b. leur télévision

2

Transformez You will hear sentences that sound a little repetitive. Improve each sentence by changing the second possessive adjective and noun into a possessive pronoun. Repeat the correct answer after the speaker. (6 *items*)

Modèle

Tu as ton appareil photo et j'ai mon appareil photo aussi.

Tu as ton appareil photo et j'ai le mien aussi.

3

Complétez Listen to Faïza talk about her social life. You will hear beeps where the possessive pronouns should be. Write the missing possessive pronouns in your lab manual.

Vous avez un cercle d'amis? Eh bien, j'ai beaucoup d'amis. (1) ______________ est très grand! Qu'est-ce que vos amis et vous aimez faire pour vous amuser? (2) ______________ vont souvent en ville. On se promène, on prend des repas pas trop chers au petit bistro du coin, on regarde un film ou un spectacle si on a un peu d'argent... La mère de Juliette n'aime pas qu'on rentre après 23h00, mais (3) ______________ me permet de rentrer assez tard si je suis avec des amis qu'elle connaît. Le père de Slimane est très stricte et il ne sort pas souvent avec nous parce qu'il doit souvent travailler à la maison. Mais Stéphane sort tous les soirs parce que (4) ______________ n'est pas stricte du tout! Vos amies, quand elles sortent entre elles le soir sans les garçons, est-ce qu'elles font un peu attention pour ne pas avoir de problèmes? C'est le cas pour (5) ______________. Elles sont intelligentes. Maintenant que vous connaissez un peu plus mon cercle d'amis, j'aimerais bien connaître (6) ______________.

4

Modifiez You will hear a series of sentences. Rewrite them, replacing the possessive adjective and noun with a possessive pronoun.

Modèle

You hear: C'est ma guitare.

You write: C'est la mienne.

1. ______________	4. ______________
2. ______________	5. ______________
3. ______________	6. ______________

Lab Manual

Unité 15

Leçon 15B

ESPACE CONTEXTES

1 **Logique ou illogique?** Listen to these statements and indicate whether they are **logique** or **illogique**.

	Logique	Illogique		Logique	Illogique
1.	O	O	5.	O	O
2.	O	O	6.	O	O
3.	O	O	7.	O	O
4.	O	O	8.	O	O

2 **Décrivez** For each drawing, you will hear two statements. Choose the one that corresponds to the drawing.

1. a. b.

2. a. b.

3. a. b.

3 **Le programme** Listen to this announcement about tonight's TV program. Then, answer the questions in your lab manual.

1. À quelle heure on peut voir les infos?
____
2. Comment s'appelle le jeu télévisé?
____
3. Quelle est l'histoire du drame psychologique?
____
4. Qu'est-ce que «Des vies et des couleurs»?
____
5. Qui est l'invité du magazine?
____
6. Est-ce qu'Éric Bernier n'est que chanteur?
____

Lab Manual

LES SONS ET LES LETTRES

Les abréviations

French speakers use many acronyms. This is especially true in newspapers, televised news programs, and in political discussions. Many stand for official organizations or large companies.

EDF = Électricité de France **ONU** = Organisation des Nations Unies

People often use acronyms when referring to geographical place names and transportation.

É-U = États-Unis **RF** = République Française
RN = Route Nationale **TGV** = Train à Grande Vitesse

Many are simply shortened versions of common expressions or compound words.

SVP = S'il Vous Plaît **RV** = Rendez-Vous **RDC** = Rez-De-Chaussée

When speaking, some acronyms are spelled out, while others are pronounced like any other word.

CEDEX = Courrier d'Entreprise à Distribution Exceptionnelle *(an overnight delivery service)*

1

Prononcez Répétez les abréviations suivantes à voix haute.

1. W-C = Water-Closet
2. HS = Hors Service (*out of order*)
3. VF = Version Française
4. CV = Curriculum Vitæ
5. TVA = Taxe à la Valeur Ajoutée (*added*)
6. DELF = Diplôme d'Études en Langue Française
7. RATP = Régie Autonome (*independent administration*) des Transports Parisiens
8. SMIC = Salaire Minimum Interprofessionnel de Croissance *(growth)*

2

Assortissez-les Répétez les abréviations à voix haute. Que représentent-elles?

____ 1. ECP	a. objet volant non identifié
____ 2. GDF	b. toutes taxes comprises
____ 3. DEUG	c. président-directeur général
____ 4. TTC	d. école centrale de Paris
____ 5. PDG	e. gaz de France
____ 6. OVNI	f. diplôme d'études universitaires générales

3

Expressions Répétez les expressions à voix haute.

1. RSVP (Répondez, S'il Vous Plaît).
2. Elle est BCBG (Bon Chic, Bon Genre).

4

Dictée You will hear eight sentences. Each will be said twice. Listen carefully and write what you hear.

1. ______________________________
2. ______________________________
3. ______________________________
4. ______________________________
5. ______________________________
6. ______________________________
7. ______________________________
8. ______________________________

ESPACE STRUCTURES

15B.1 The subjunctive (Part 4): the subjunctive with conjunctions

1 **Identifiez** Listen to each statement and mark an **X** in the column of the conjunction you hear.

Modèle

You hear: Nous n'y arriverons pas sans que vous fassiez un effort.
You select: **sans que**

	sans que	sans	avant que	avant de	pour que	pour
Modèle	X					
1.						
2.						
3.						
4.						
5.						
6.						
7.						
8.						

2 **Finissez** You will hear incomplete sentences. Choose the correct ending for each sentence.

1. a. jusqu'à ce qu'il trouve son style. b. avant qu'il regarde un jeu télévisé.
2. a. à condition que les enfants ne soient pas là. b. à moins que nous regarderons la télé.
3. a. avant que le conte finisse mal. b. à moins que tu sois toujours malade.
4. a. pour que les critiques en parlent. b. à moins qu'il y ait un temps catastrophique à annoncer.
5. a. avant qu'elle m'explique la vie de son auteur. b. à condition que le magazine fasse un article.
6. a. pour que l'histoire soit populaire. b. à condition qu'il finisse bien.

3 **Conjuguez** Form a new sentence using the cue you hear as the subject of the first verb. Repeat the correct response after the speaker. (*6 items*)

Modèle

Tu ne partiras pas sans finir ton assiette. (nous)
Nous ne partirons pas sans que tu finisses ton assiette.

4 **Décrivez** Listen to each statement and write its number below the drawing it describes. There are more statements than there are drawings.

a. ______________

b. ______________

c. ______________

d. ______________

Lab Manual

Nom ______________________ Date ______________________

15B.2 Review of the subjunctive

1 **Choisissez** Listen to each sentence and decide whether you hear a verb in the subjunctive.

	Subjonctif	Pas de subjonctif		Subjonctif	Pas de subjonctif
1.	❍	❍	5.	❍	❍
2.	❍	❍	6.	❍	❍
3.	❍	❍	7.	❍	❍
4.	❍	❍	8.	❍	❍

2 **Complétez** You will hear sentences with a beep in place of a verb. Decide which verb should complete each sentence and circle it. Repeat the correct response after the speaker.

Modèle

You hear: Cette artiste sera douée à condition que vous lui *(beep)* des conseils.
You see: donnez donniez
You circle: **donniez**

1. apprennent	apprendront	5. soit	est
2. sont	soient	6. devenir	devienne
3. arrêtez	arrêtiez	7. aiment	aime
4. lisions	lire	8. invitions	invitons

3 **Transformez** Change each sentence you hear to the subjunctive using the expressions you see in your lab manual. Repeat the correct response after the speaker.

Modèle

You hear: Elle vend beaucoup de tableaux.
You see: Je doute que...
You say: ***Je doute qu'elle vende beaucoup de tableaux.***

1. Il n'est pas essentiel que...
2. Monsieur Bétan ne croit pas que...
3. On essaiera de voir la pièce à moins que...
4. Il est dommage que...
5. Est-ce que tu es triste...
6. Il vaut mieux que...

4 **Le professionnel** Listen to the trainer's advice. Then, number the drawings in your lab manual in the correct order.

a. __________

b. __________

c. __________

d. __________

e. __________

Nom ______________________ Date ______________________

Unité 1, Leçon A

Roman-photo

AU CAFÉ

Avant de regarder

1 **Qu'est-ce qui se passe?** Look at the photo and guess what these people might be saying to one another.

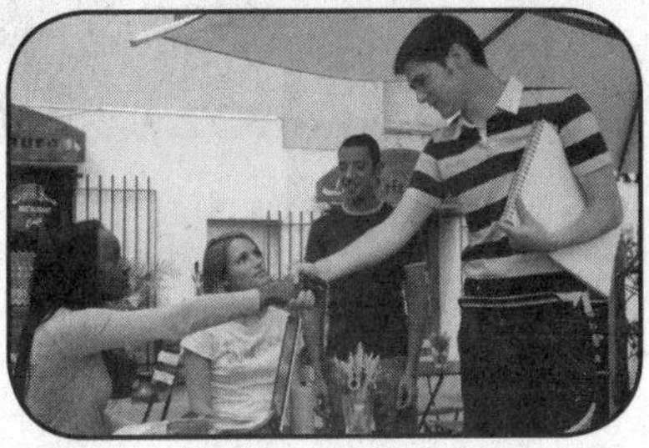

____

____

____

____

____

En regardant la vidéo

2 **Identifiez-les!** Match these characters with their names.

1. ______

2. ______

3. ______

4. ______

5. ______

6. ______

7. ______

a. Amina
b. David
c. Sandrine
d. Stéphane
e. Rachid
f. Michèle
g. Madame Forestier

3 **Qui...?** Watch the scene on the terrace and indicate which character says each of these lines. Write **R** for Rachid, **A** for Amina, **S** for Sandrine, or **D** for David.

______ 1. Ben... ça va. Et toi?

______ 2. Je vous présente un ami.

______ 3. Enchanté.

______ 4. Bienvenue à Aix-en-Provence.

______ 5. Bon, à tout à l'heure.

______ 6. À bientôt, David.

4 **Complétez** Watch as Valérie takes a phone call from her son's school, and complete the conversation with the missing words from the list.

au revoir	bonjour	problème
beaucoup	Madame	

1. Allô. Oui. ______________, Madame Richard.
2. Il y a un ______________ au lycée?
3. Oui, merci, merci, ______________ Richard.
4. Merci ______________!
5. De rien, ______________!

Après la vidéo

5 **Vrai ou faux?** Indicate whether these statements are vrai or faux.

	Vrai	Faux
1. David is a university student.	❍	❍
2. David is Canadian.	❍	❍
3. Madame Richard is a political science teacher.	❍	❍
4. Stéphane is a college student.	❍	❍
5. Rachid rushes off to his French class.	❍	❍

6 **Expliquez** In English, explain what is happening in this photo.

____

____

____

____

____

7 **À vous!** Imagine that Rachid is introducing you to one of his friends. Write a short dialogue in French in which you greet one another, exchange names, and talk briefly before saying good-bye.

____

____

____

____

____

____

____

____

Unité 1, Leçon B

LES COPAINS

Roman-photo

Avant de regarder

1 **Qu'est-ce qui se passe?** In this video module, David asks about the people he has just met. In preparation for watching the video, make a list of adjectives you might hear.

____

____

____

____

____

____

En regardant la vidéo

2 **Mettez-les en ordre!** Watch the first scene and number these nationalities in the order in which they are mentioned.

_______ a. anglais

_______ b. américain

_______ c. canadien

_______ d. français

_______ e. italien

3 **Oui, maman!** Watch the scene between Stéphane and his mother, and complete the paragraph with the missing words.

brillant	classe	filles	livre
cahier	fenêtres	intelligent	professeur

Stéphane! Tu es (1) ______________________, mais tu n'es pas (2) ______________________! En (3) ______________________, on fait attention au (4) ______________________, au (5) ______________________ et au (6) ______________________! Pas aux (7) ______________________. Et pas aux (8) ______________________!

4 **Qui...?** Watch the scene as Amina and David chat on the terrace, and indicate which character says each of these lines. Write **A** for Amina, **D** for David, or **V** for Valérie.

_______ 1. Bon, elle est chanteuse, alors, elle est un peu égoïste.
_______ 2. Et Rachid, mon colocataire? Comment est-il?
_______ 3. Michèle! Un stylo, s'il vous plaît! Vite!
_______ 4. Tu es de quelle origine?
_______ 5. Oh! Rachid! C'est un ange!
_______ 6. D'origine sénégalaise.

Après la vidéo

5 **Identifiez-les!** According to the video, which characters do these statements describe? Each description may fit more than one character.

1. Il/Elle est agréable. ____________________
2. Il/Elle est d'origine sénégalaise. ____________________
3. Il/Elle est sociable. ____________________
4. Il/Elle est patient(e). ____________________
5. Il/Elle est américain(e). ____________________
6. Il/Elle est d'origine algérienne. ____________________
7. Il/Elle est égoïste. ____________________
8. Il/Elle est modeste. ____________________
9. Il/Elle est français(e). ____________________
10. Il/Elle est réservé(e). ____________________

6 **Vrai ou faux?** Indicate whether these statements are **vrai** or **faux**.

	Vrai	Faux
1. Rachid est un excellent camarade de chambre.	❍	❍
2. Stéphane est brillant.	❍	❍
3. Sandrine est chanteuse.	❍	❍
4. Madame Forestier est calme.	❍	❍
5. Michèle est optimiste.	❍	❍
6. Il y a un touriste américain.	❍	❍

7 **À vous!** In this episode, you see the contents of Stéphane's backpack. In French, list as many items as you can that you carry in your backpack.

Dans mon sac à dos, il y a... ____________________

Video Manual: *Roman-photo*

Unité 2, Leçon A

TROP DE DEVOIRS!

Roman-photo

Avant de regarder

1 **Qu'est-ce qui se passe?** In this video, the characters talk about their classes and what they think about them. What words and expressions do you think they might use?

____
____
____
____
____

En regardant la vidéo

2 **Qui...?** Watch the first scene and indicate which character says each of these lines. Write **An** for Antoine, **R** for Rachid, or **D** for David.

_______ 1. Les études, c'est dans la tête.
_______ 2. Est-ce que tu oublies ton coloc?
_______ 3. On a rendez-vous avec Amina et Sandrine.
_______ 4. Je déteste le cours de sciences po.
_______ 5. Le P'tit Bistrot? Sympa.
_______ 6. Je n'aime pas tellement le prof, Monsieur Dupré, mais c'est un cours intéressant et utile.
_______ 7. Ah oui? Bon, ben, salut, Antoine!
_______ 8. Moi, je pense que c'est très difficile, et il y a beaucoup de devoirs.

3 **Finissez-les!** Watch the scene as the four friends discuss their day. Match the first half of these sentences with their completions according to what you hear.

_______ 1. Je suis chanteuse, ...
_______ 2. C'est cool! ...
_______ 3. Donne-moi...
_______ 4. Comme j'adore...
_______ 5. C'est différent de l'université américaine, ...
_______ 6. J'aime bien les cours...
_______ 7. Bon, Pascal, ...
_______ 8. Demain, on étudie...

a. J'adore Dumas.
b. au revoir, chéri.
c. *Les Trois Mousquetaires* d'Alexandre Dumas.
d. de littérature et d'histoire françaises.
e. mais c'est intéressant.
f. mais j'adore les classiques de la littérature.
g. penser à toi!
h. le sac à dos, Sandrine.

4 **Les matières** Place check marks next to the subjects Stéphane is studying.

- ❑ 1. les maths
- ❑ 2. la physique
- ❑ 3. l'anglais
- ❑ 4. le droit
- ❑ 5. le français
- ❑ 6. le stylisme
- ❑ 7. l'histoire-géo
- ❑ 8. les sciences politiques
- ❑ 9. la chimie
- ❑ 10. la psychologie

Après la vidéo

5 **Vrai ou faux?** Indicate whether these statements are **vrai** or **faux**.

	Vrai	Faux
1. Rachid déteste le cours de sciences po.	❍	❍
2. Rachid et Antoine partagent un des appartements du P'tit Bistrot.	❍	❍
3. Rachid n'aime pas Monsieur Dupré.	❍	❍
4. Rachid pense que le cours de sciences po est très difficile.	❍	❍
5. Rachid pense que le cours de sciences po est utile.	❍	❍
6. Stéphane n'étudie pas l'anglais.	❍	❍
7. Stéphane déteste les maths.	❍	❍
8. Stéphane pense que Madame Richard donne trop de devoirs.	❍	❍
9. Stéphane adore l'histoire-géo.	❍	❍
10. Stéphane n'aime pas Monsieur Dupré.	❍	❍

6 **Expliquez** What is happening in this photo? In English, describe the events leading up to this moment.

____

____

____

____

____

____

____

____

____

7 **À vous!** Give your opinion about four of your classes. Use a variety of adjectives to describe them.

1. Mon cours de/d'______________________, c'est ______________________.
2. Mon cours de/d'______________________, c'est ______________________.
3. Mon cours de/d'______________________, c'est ______________________.
4. Mon cours de/d'______________________, c'est ______________________.

Unité 2, Leçon B

ON TROUVE UNE SOLUTION

Roman-photo

Avant de regarder

1 **Qu'est-ce qui se passe?** Look at the title of this episode and the photo below. What problem do you think Rachid and Stéphane are discussing? What solution might they find?

____

____

____

____

____

En regardant la vidéo

2 **Qui...?** Indicate which character says each of these lines. Write **R** for Rachid, **As** for Astrid, **S** for Sandrine, **D** for David, or **St** for Stéphane.

_______ 1. Quel jour sommes-nous?

_______ 2. Alors, cette année, tu as des cours difficiles, n'est-ce pas?

_______ 3. C'est un examen très important.

_______ 4. C'est difficile, mais ce n'est pas impossible.

_______ 5. Euh, n'oublie pas, je suis de famille française.

_______ 6. Mais le sport, c'est la dernière des priorités.

_______ 7. Tu as tort, j'ai très peur du bac!

_______ 8. Il n'est pas tard pour commencer à travailler pour être reçu au bac.

3 **Complétez** Watch the conversation between Astrid and Stéphane, and complete the segment below with the words from the list.

copains	envie	oublient
d'accord	livres	passer

Je suis (1) ____________________ avec toi, Stéphane! Moi non plus, je n'aime pas (2) ____________________ mes journées et mes week-ends avec des (3) ____________________.

J'ai (4) ____________________ de passer les week-ends avec mes (5) ____________________... des copains qui n'(6) ____________________ pas les rendez-vous!

Video Manual: *Roman-photo*

4 **Mettez-les en ordre!** Number these events in the order in which they occur in the video.

_______ a. Astrid et Rachid parlent du bac.
_______ b. Stéphane parle de ses problèmes.
_______ c. Rachid présente David à Astrid.
_______ d. Rachid propose une solution.
_______ e. Astrid et Rachid trouvent Stéphane au parc.

Après la vidéo

5 **Qui est-ce?** Select the person each statement describes.

_______ 1. Il/Elle a cours de stylisme.
a. Sandrine b. Amina c. Astrid d. Rachid e. Stéphane

_______ 2. Il/Elle ne fait pas ses devoirs.
a. Sandrine b. Amina c. Astrid d. Rachid e. Stéphane

_______ 3. Il/Elle a cours de chant.
a. Sandrine b. Amina c. Astrid d. Rachid e. Stéphane

_______ 4. Il/Elle n'écoute pas les profs.
a. Sandrine b. Amina c. Astrid d. Rachid e. Stéphane

_______ 5. Il/Elle travaille avec Stéphane le mercredi.
a. Sandrine b. Amina c. Astrid d. Rachid e. Stéphane

6 **Vrai ou faux?** Indicate whether these statements are **vrai** or **faux**.

	Vrai	**Faux**
1. Le cours de stylisme est à quatre heures vingt.	❍	❍
2. Aujourd'hui, c'est mercredi.	❍	❍
3. On a rendez-vous avec David demain à cinq heures.	❍	❍
4. Le cours de chant est le mardi et le jeudi.	❍	❍
5. Stéphane n'assiste pas au cours.	❍	❍
6. Stéphane a rendez-vous avec Rachid dimanche.	❍	❍

7 **À vous!** In this episode, you heard the characters discuss their classes and when they have them. Complete these sentences to say what days you have classes. Use the words listed and any other words you know.

anglais	maths
français	sciences
histoire	

lundi	jeudi
mardi	vendredi
mercredi	samedi

Modèle
J'ai cours de *physique* le *lundi et le mercredi*.

1. J'ai cours de/d' ____________ le ________________________.
2. J'ai cours de/d' ____________ le ________________________.
3. J'ai cours de/d' ____________ le ________________________.
4. J'ai cours de/d' ____________ le ________________________.

Video Manual: *Roman-photo*

Unité 3, Leçon A

Roman-photo

L'ALBUM DE PHOTOS

Avant de regarder

1 **Examinez le titre** Look at the title of the video module. Based on the title and the video still below, what do you think you will see in this episode? Use your imagination and answer in French.

____

____

____

____

____

En regardant la vidéo

2 **Les photos de tante Françoise** As the characters look at the family photos, check off each family member you see or hear described.

❑ 1. Stéphane's younger cousin, Bernard
❑ 2. Valérie's older brother, Henri
❑ 3. Valérie's sister-in-law
❑ 4. Valérie's sister
❑ 5. Stéphane's least favorite cousin, Charles
❑ 6. Stéphane's dog, Socrate
❑ 7. Charles' dog, Socrate
❑ 8. Françoise's daughter, Sophie
❑ 9. Sophie's brother, Bernard
❑ 10. Henri's oldest son, Charles

3 **Associez** Match each person with the adjective(s) used to describe him or her in this video segment. Some adjectives may be used for more than one person.

a. heureux/heureuse
b. sérieux/sérieuse
c. brillant(e)
d. intelligent(e)
e. timide
f. sociable
g. joli(e)
h. curieux/curieuse

_______ 1. Amina
_______ 2. Michèle
_______ 3. Henri
_______ 4. Charles
_______ 5. Sophie
_______ 6. Françoise
_______ 7. Rachid
_______ 8. Stéphane

4 **Vrai ou faux?** Indicate whether each statement is **vrai** or **faux**.

	Vrai	Faux
1. Amina connaît (*knows*) bien Cyberhomme.	❍	❍
2. Michèle et Amina sont amies.	❍	❍
3. Valérie pense que Stéphane doit (*should*) étudier davantage (*more*).	❍	❍
4. Stéphane pense qu'il étudie beaucoup.	❍	❍
5. Stéphane ne comprend (*understand*) pas comment utiliser un CD-ROM.	❍	❍
6. Stéphane et Valérie regardent des photos sur l'ordinateur d'Amina.	❍	❍
7. Michèle est une amie de Sophie.	❍	❍
8. Stéphane n'aime pas Socrate.	❍	❍
9. Valérie pense que Rachid est un bon (*good*) étudiant.	❍	❍
10. Amina pense que préparer le bac avec Rachid est une mauvaise idée.	❍	❍

Nom ______________________ Date ______________________

Après la vidéo

5 **Corrigez** Each statement below contains one incorrect piece of information. Underline the incorrect word(s), and write the correct one(s) in the space provided.

1. Cyberhomme est le cousin d'Amina. ____________
2. Michèle est timide. ____________
3. Stéphane a vingt-quatre ans. ____________
4. Stéphane adore ses cours. ____________
5. Stéphane a un dictionnaire espagnol-français. ____________
6. Il a aussi un cahier pour le cours de littérature. ____________
7. Henri a quarante-sept ans. ____________
8. Henri est célibataire. ____________
9. Il y a un chat sur la photo. ____________
10. Amina aime l'idée de Stéphane; elle est pessimiste. ____________

6 **Répondez** Answer these questions in complete sentences.

1. Amina mange-t-elle?
____
2. Qu'est-ce qu'Amina a besoin de faire (*do*)?
____
3. Qu'est-ce qu'il y a dans le sac à dos de Stéphane?
____
4. Quel (*Which*) cousin est-ce que Stéphane n'aime pas?
____
5. Combien d'enfants Henri et Françoise ont-ils?
____
6. Pourquoi est-ce une idée géniale de préparer le bac avec Rachid?
____

7 **À vous!** In your own words, describe the people in the family photo according to what you heard in the video episode. Give their names, explain how they are related to one another, and add any other details you remember, such as age, appearance, or personality.

____
____
____
____
____
____
____
____

Unité 3, Leçon B

Roman-photo

ON TRAVAILLE CHEZ MOI!

Avant de regarder

1 **La famille de Rachid** Look at this photo and use your imagination to write a brief description of Rachid's family. Who are the people? What do they look like? What are their personalities like? What are their professions?

____
____
____
____
____

En regardant la vidéo

2 **Qui...?** As you watch this episode, indicate which person says each statement. Write **A** for Amina, **R** for Rachid, **D** for David, **S** for Sandrine, and **St** for Stéphane.

_______ 1. Il n'est pas dans ton sac à dos?
_______ 2. Mais non! La table à côté de la porte.
_______ 3. Numéro de téléphone 06.62.70.94.87. Mais qui est-ce?
_______ 4. Tu n'es pas drôle!
_______ 5. On travaille chez moi!
_______ 6. Sandrine est tellement pénible.
_______ 7. J'ai besoin d'un bon café.
_______ 8. Allez, si *x* égale 83 et *y* égale 90, la réponse c'est…

3 **Les professions** Match the professions in the right column to the people in the left column. There are more professions listed than you will need.

_______ 1. Stéphane
_______ 2. Valérie
_______ 3. le père de Rachid
_______ 4. la mère de Rachid

a. coiffeur
b. propriétaire
c. avocate
d. journaliste
e. architecte
f. médecin

4 **Ce n'est pas vrai!** Place check marks beside the actions that do *not* occur in each scene.

Au café…

❑ 1. Rachid aide Sandrine à trouver son téléphone.
❑ 2. Stéphane va (*goes*) étudier chez Rachid.
❑ 3. Sandrine parle avec Pascal.
❑ 4. Sandrine demande où est David.
❑ 5. Un téléphone sonne (*rings*).

Chez David et Rachid…

❑ 6. David demande où est Sandrine.
❑ 7. David dit (*says*) qu'il a envie de manger quelque chose.
❑ 8. David va au café.
❑ 9. Rachid parle avec sa famille.
❑ 10. Stéphane donne la bonne réponse.

Après la vidéo

5 **Choisissez** Select the option that best completes each statement.

1. Sandrine ne trouve pas ____________.
   a. sa montre b. son téléphone c. son sac à dos
2. Stéphane pense que Sandrine est ____________.
   a. pénible b. belle c. naïve
3. David a envie d'aller (*to go*) au café parce que ____________ y (*there*) est.
   a. Amina b. Valérie c. Sandrine
4. Rachid pense que ____________ est pénible.
   a. Stéphane b. David c. Valérie
5. Les ____________ de Rachid habitent en Algérie.
   a. parents b. sœurs c. grands-parents
6. Ses ____________ habitent à Marseille.
   a. cousins b. parents c. deux frères
7. Le père de Rachid est ____________.
   a. travailleur b. occupé c. nerveux
8. La mère de Rachid est ____________.
   a. vieille b. agréable c. active

6 **Répondez** Answer these questions in complete sentences.

1. Quand Sandrine cherche son téléphone, où est-il?

   ____
2. Qui appelle (*is calling*) Sandrine au téléphone?

   ____
3. Pourquoi est-ce que Stéphane pense que Sandrine est pénible?

   ____
4. Comment est la famille de Rachid?

   ____
5. Pourquoi est-ce que Stéphane et Rachid préparent le bac?

   ____

7 **À vous!** In your own words, make a list of what happens in this episode in chronological order. Include as many details as you can. Your list should include at least six entries.

____

____

____

____

____

____

____

Nom ______________________ Date ______________________

Unité 4, Leçon A

STAR DU CINÉMA

Roman-photo

Avant de regarder

1 **Examinez le titre** Look at the title of the video module. Based on the title and the video still below, what do you think Sandrine, Amina, and David are saying? Use your imagination.

____
____
____
____
____

En regardant la vidéo

2 **Qui...?** Indicate which character says each of these lines. Write **D** for David, **A** for Amina, **S** for Sandrine, or **P** for Pascal.

_______ 1. Et quand est-ce que tu vas rentrer?
_______ 2. Je vais passer chez Amina pour bavarder avec elle.
_______ 3. Bon, moi, je vais continuer à penser à toi jour et nuit.
_______ 4. Elle est là, elle est là!
_______ 5. C'est une de mes actrices préférées!
_______ 6. Mais elle est où, cette épicerie?
_______ 7. Il n'y a pas d'église en face du parc!
_______ 8. Oh, elle est belle!
_______ 9. Elle est vieille?!
_______ 10. Tu es complètement fou!

3 **Qu'est-ce qu'elle va faire?** Watch the telephone conversation between Pascal and Sandrine. Then place check marks beside the activities Sandrine mentions.

❑ 1. étudier
❑ 2. déjeuner
❑ 3. passer chez Amina
❑ 4. aller au cinéma
❑ 5. penser à Pascal jour et nuit
❑ 6. bavarder avec Amina
❑ 7. aller danser
❑ 8. dépenser de l'argent

4 **Complétez** Complete these sentences with the missing words you hear in this video segment.

1. Mais, ____________________ est là?
2. ____________________?!? Qui?!? Où?!?
3. Mais elle est ____________________, cette épicerie?
4. Elle est à l'épicerie ____________________ l'église, ____________________ du parc.
5. Et ____________________ d'églises est-ce qu'il y a à Aix?
6. Bon, ben, l'église ____________________ la place.
7. Elle est ici au ____________________ ou en ____________________?
8. ____________________ est-ce qu'elle ne fréquente pas le P'tit Bistrot?

Après la vidéo

5 **Une vraie star!** For items 1–7, fill in the missing letters in each word. Unscramble the letters in the boxes to find the answer to item 8.

1. Pascal adore b __ __ __ □ __ __ __ au téléphone.
2. Sandrine va déjeuner au c __ __ □ __ __-__ __ __ __ __.
3. Pascal est le p __ __ __ __ □ __ __ de Sandrine.
4. David pense que Juliette Binoche est à une é __ __ □ __ __ __ __ à Aix-en-Provence.
5. Il n'y a pas d'é __ __ □ __ __ en face du parc.
6. Amina pense que Juliette Binoche est c __ __ □.
7. Sandrine pense que Juliette Binoche est j __ __ __ □.
8. Juliette Binoche est ____________.

6 **Mettez-les en ordre!** Number these events in the order in which they occur.

______ a. David pense qu'il voit (*sees*) Juliette Binoche.

______ b. Amina, Sandrine et David découvrent (*discover*) que la femme à l'épicerie n'est pas Juliette Binoche.

______ c. Amina, Sandrine et David trouvent l'épicerie.

______ d. Sandrine et Pascal parlent au téléphone.

______ e. Amina, Sandrine et David cherchent Juliette Binoche.

7 **À vous!** Complete the chart with activities you plan to do this week. Then indicate when and where you will do each activity.

Activité	Quand?	Où?

Video Manual: *Roman-photo*

Unité 4, Leçon B

Roman-photo

L'HEURE DU DÉJEUNER

Avant de regarder

1 **Au café** What kinds of things do you say and do when you have lunch in a café?

En regardant la vidéo

2 **Qui...?** Watch this segment and indicate who these statements describe. Write **A** for Amina, **D** for David, **R** for Rachid, and **S** for Sandrine.

1. _______ et _______ ont envie de manger un sandwich.
2. _______ a envie d'une bonne boisson.
3. _______ a envie de dessiner un peu.
4. _______ a un examen de sciences po.
5. _______ et _______ vont au café.
6. _______ et _______ rentrent.

3 **Qu'est-ce qu'elles commandent?** Watch this video segment and check the boxes to indicate whether Sandrine, Amina, or no one (**personne**) is having these foods and beverages.

	Sandrine	Amina	personne
1. la soupe de poisson			
2. un éclair			
3. de l'eau minérale			
4. un sandwich au fromage			
5. du pain			
6. un sandwich jambon-fromage			
7. une limonade			
8. des frites			

4 **Qu'est-ce qui se passe?** Match the actions in the left column with the people who do them. Some actions apply to more than one person.

______ 1. prendre un sandwich		a. Valérie
______ 2. ne pas comprendre l'addition		b. Michèle
______ 3. commander un café et des croissants		c. Sandrine
______ 4. faire (*commit*) une erreur		d. Amina
______ 5. ne pas boire de limonade		e. les clients de la table 7
______ 6. prendre du jus d'orange uniquement le matin		f. les clients de la table 8

Après la vidéo

5 **Corrigez** Each statement below contains one piece of false information. Underline the incorrect word(s), and write the correct one(s) in the space provided.

1. Amina a envie de manger un croissant. ______________________
2. David et Sandrine vont au café. ______________________
3. Rachid a un examen d'histoire. ______________________
4. Valérie sert (*serves*) une soupe de fromage. ______________________
5. Amina et Sandrine boivent du coca. ______________________
6. Valérie explique l'erreur de l'addition aux clients. ______________________

6 **Sélectionner** Select the expression that correctly completes each statement.

1. Sandrine a ______________.
   a. froid b. soif c. peur
2. David a envie ______________.
   a. d'étudier b. de dessiner c. d'aller au cinéma
3. Sandrine voudrait (*would like to*) apprendre à préparer ______________.
   a. des éclairs b. des frites c. des croissants
4. La boisson gazeuse de la table huit coûte ______________.
   a. 1,25 € b. 1,50 € c. 1,75 €
5. Les clients de la table sept commandent ______________.
   a. un thé b. une limonade c. une bouteille d'eau minérale

7 **À vous!** What might you order to eat and drink in a café? Complete these statements according to the situations described.

1. **Vous avez très faim:** Moi, je vais prendre ______________ et ______________.
2. **Vous avez froid:** Je vais manger ______________. Comme boisson, je vais prendre ______________.
3. **Vous n'avez pas très faim:** Je vais prendre ______________ ou peut-être ______________.
4. **Vous avez soif:** Comme boisson, je vais prendre ______________.
5. **Vous avez sommeil:** Comme boisson, je vais prendre ______________.
6. **Vous avez chaud:** Je vais boire ______________. Je ne vais pas prendre ______________.

Nom _______________ Date _______________

Unité 5, Leçon A

Roman-photo

AU PARC

Avant de regarder

1 **Les loisirs** Look at the photo and consider the title of this video episode. What do you think this episode will be about?

____

____

____

____

____

____

____

____

____

En regardant la vidéo

2 **Qui...?** Watch the first scene and indicate which character says each of these lines. Write D for David, R for Rachid, or S for Sandrine.

_______ 1. Oh, là, là... On fait du sport aujourd'hui!

_______ 2. Je joue au foot très souvent et j'adore!

_______ 3. Mon passe-temps favori, c'est de dessiner la nature.

_______ 4. Oh, quelle belle journée! Faisons une promenade!

_______ 5. Je n'ai pas beaucoup de temps libre avec mes études.

_______ 6. J'ai besoin d'être sérieux.

3 **Les activités** Check off the activities that are mentioned in the video.

- ❑ 1. faire du vélo
- ❑ 2. jouer au football
- ❑ 3. aller à la pêche
- ❑ 4. dessiner
- ❑ 5. jouer au volleyball
- ❑ 6. jouer aux échecs
- ❑ 7. sortir
- ❑ 8. faire du ski
- ❑ 9. jouer au baseball
- ❑ 10. jouer aux cartes
- ❑ 11. faire de la planche à voile
- ❑ 12. jouer au basket
- ❑ 13. jouer au football américain
- ❑ 14. jouer au tennis

Nom ______________________ Date ______________________

4 **Complétez** Watch the segment with Rachid and Stéphane, and complete these sentences with the missing words.

STÉPHANE Pfft! Je n'aime pas (1) ________________.

RACHID Mais, qu'est-ce que tu aimes, à part (2) ________________?

STÉPHANE Moi? J'aime presque tous (3) ________________. Je fais (4) ________________, (5) ________________, du vélo… et j'adore (6) ________________.

5 **David et Sandrine** Watch the conversation between David and Sandrine, then choose the best endings for these sentences.

1. Selon David, les sports favoris des Américains sont ____________.
   a. le baseball et le basket b. le football et le volley-ball c. le football et le tennis
2. Les Américains adorent regarder ____________ à la télé.
   a. le basket b. le football américain c. le baseball
3. Sandrine aime bien ____________ le week-end.
   a. faire du sport b. dessiner c. sortir
4. Sandrine aime ____________.
   a. aller au cinéma b. aller à des concerts c. aller au cinéma et à des concerts
5. Sandrine adore ____________.
   a. danser b. regarder des films c. chanter
6. David aime ____________.
   a. jouer au basket b. dessiner c. bricoler

Après la vidéo

6 **J'aime…** Complete the chart with the activities, pastimes, or sports that you enjoy participating in. Also, indicate when and where you do each activity.

Mes loisirs préférés	Quand?	Où?

7 **À vous!** Answer these questions in French.

1. Est-ce que vos amis sont sportifs? Quels sont leurs sports préférés?

   ____

   ____

2. Qu'est-ce que vous aimez faire avec vos amis quand vous avez du temps libre?

   ____

   ____

3. Qu'est-ce que vous allez faire ce week-end? Mentionnez au moins trois choses.

   ____

   ____

Unité 5, Leçon B

Roman-photo

QUEL TEMPS!

Avant de regarder

1 **Le temps** In this video episode, the characters talk about seasons, the date, and the weather. What kinds of expressions do you think they might use?

____
____
____
____
____

En regardant la vidéo

2 **Les mois de l'année** Which months are mentioned in this video episode?

- ❑ 1. janvier
- ❑ 2. février
- ❑ 3. mars
- ❑ 4. avril
- ❑ 5. mai
- ❑ 6. juin
- ❑ 7. juillet
- ❑ 8. août
- ❑ 9. septembre
- ❑ 10. octobre
- ❑ 11. novembre
- ❑ 12. décembre

3 **Quel temps fait-il?** In what order are these weather conditions mentioned in the video?

_______ a. Il fait bon.
_______ b. Il pleut.
_______ c. Il fait chaud.
_______ d. Il fait beau.
_______ e. Il neige.
_______ f. Il fait froid.

4 **Qui...?** Watch the scene in Rachid and David's apartment, and indicate which character says these lines. Write **D** for David, **R** for Rachid, or **S** for Sandrine.

_______ 1. Je sors même quand il fait très froid.
_______ 2. Je déteste la pluie. C'est pénible.
_______ 3. Cette année, je fête mes vingt et un ans.
_______ 4. Oh là là! J'ai soif.
_______ 5. C'est vrai, David, tu as vraiment du talent.
_______ 6. Mais... qu'est-ce que vous faites, tous les deux?

5 **Descriptions** Indicate which person each statement describes.

1. ______ Il/Elle étudie Napoléon.
   a. Rachid b. David c. Stéphane d. Sandrine
2. ______ Son anniversaire, c'est le 15 janvier.
   a. Rachid b. David c. Stéphane d. Sandrine
3. ______ Il/Elle préfère l'été.
   a. Rachid b. David c. Stéphane d. Sandrine
4. ______ Il/Elle aime regarder les sports à la télé.
   a. Rachid b. David c. Stéphane d. Sandrine
5. ______ Il/Elle célèbre ses dix-huit ans samedi prochain.
   a. Rachid b. David c. Stéphane d. Sandrine

Après la vidéo

6 **Vrai ou faux?** Indicate whether these statements are vrai or faux.

	Vrai	Faux
1. À Washington, il pleut souvent à l'automne et en hiver.	❍	❍
2. Stéphane a dix-neuf ans.	❍	❍
3. Le Tour de France commence au mois d'août.	❍	❍
4. L'anniversaire de Sandrine est le 20 juillet.	❍	❍
5. Sandrine va préparer une omelette pour David et Rachid.	❍	❍
6. Pour célébrer son anniversaire, Sandrine invite ses amis au restaurant.	❍	❍

7 **À vous!** Answer these questions in French.

1. C'est quand, votre anniversaire?
   ____
   ____
   ____
2. Quelle est votre saison préférée? Pourquoi? ______________________________
   ____
   ____
   ____
3. Qu'est-ce que vous aimez faire quand il fait beau? ______________________________
   ____
   ____
   ____
4. Qu'est-ce que vous aimez faire quand il pleut? ______________________________
   ____
   ____
   ____

Nom ________________________ Date ________________________

Unité 6, Leçon A

Roman-photo

LES CADEAUX

Avant de regarder

1 **Qu'est-ce qui se passe?** Look at the video still. What are the people doing? Consider the title and the photo, and guess what will happen in this episode.

____

____

____

____

____

En regardant la vidéo

2 **Les desserts** Watch the scene in which Sandrine talks on the phone and place a check mark next to the desserts Sandrine mentions to Pascal.

- ❑ 1. de la glace
- ❑ 2. une mousse au chocolat
- ❑ 3. un gâteau d'anniversaire
- ❑ 4. une tarte aux pommes
- ❑ 5. des biscuits
- ❑ 6. des éclairs
- ❑ 7. des bonbons

3 **Qui...?** Indicate which character says each of these lines. Write S for Sandrine or V for Valérie.

_______ 1. On organise une fête surprise au P'tit Bistrot.

_______ 2. Mais non, il n'est pas marié.

_______ 3. Stéphane va bientôt arriver.

_______ 4. Oh là là! Tu as fait tout ça pour Stéphane?

_______ 5. Tu es un ange!

_______ 6. J'adore faire la cuisine.

_______ 7. Je t'aide à apporter ces desserts?

_______ 8. Désolée, je n'ai pas le temps de discuter.

4 **À la boutique** Choose the option that correctly completes each sentence.

1. Astrid a acheté ____________ comme cadeau pour Stéphane.
   a. un stylo b. un gâteau c. une calculatrice
2. Astrid a aussi acheté ____________ pour Stéphane.
   a. des livres b. des bonbons c. des bandes dessinées
3. Ces cadeaux sont ____________.
   a. de vrais cadeaux b. une blague (*joke*) c. très chers
4. La montre que Rachid et Astrid achètent coûte ____________.
   a. 40 € b. 50 € c. 100 €
5. La vendeuse fait ____________.
   a. un paquet-cadeau b. la fête c. une erreur d'addition

Après la vidéo

5 **Vrai ou faux?** Indicate whether each of these statements is **vrai** or **faux**.

	Vrai	Faux
1. Stéphane a 18 ans.	❍	❍
2. Rachid a l'idée d'acheter une montre pour Stéphane.	❍	❍
3. Amina apporte de la glace au chocolat à la fête.	❍	❍
4. Stéphane pense qu'il va jouer au foot avec Rachid.	❍	❍
5. Astrid et Amina aident à décorer.	❍	❍
6. Stéphane va aimer tous ses cadeaux.	❍	❍

6 **Sommaire** Briefly describe the events in this episode from the perspectives of the people listed below. Write at least two sentences for each one.

Sandrine: ____

____

____

Valérie: ____

____

____

Astrid: ____

____

____

7 **À vous!** Make a list of things you do to throw a party. Mention at least six different activities.

Pour préparer une fête, ...

____

____

____

____

____

____

Nom ______________________ Date ______________________

Unité 6, Leçon B

Roman-photo

L'ANNIVERSAIRE

Avant de regarder

1 **À la fête** List the kinds of things people might do and say at a birthday party.

En regardant la vidéo

2 **Complétez** Watch this video segment and complete these sentences with words from the list.

Aix-en-Provence	jupe	robe	soie
coton	Paris	Sandrine	Washington

1. C'est ________________ qui a presque tout préparé pour la fête.
2. David n'est pas à la fête parce qu'il visite ________________ avec ses parents.
3. Les parents de David sont de ________________.
4. Amina va emprunter la ________________ de Sandrine.
5. Sandrine va emprunter la ________________ d'Amina.
6. La jupe d'Amina est en ________________.

3 **Qui...?** Indicate which character says each of these lines. Write **A** for Amina, **As** for Astrid, **R** for Rachid, **S** for Sandrine, **St** for Stéphane, or **V** for Valérie.

_______ 1. Alors là, je suis agréablement surpris!
_______ 2. Bon anniversaire, mon chéri!
_______ 3. On a organisé cette surprise ensemble.
_______ 4. Alors cette année, tu travailles sérieusement, c'est promis?
_______ 5. Dix-huit ans, c'est une étape (*stage*) importante dans la vie!
_______ 6. Et en plus, vous m'avez apporté des cadeaux!
_______ 7. David est désolé de ne pas être là.
_______ 8. Cet ensemble, c'est une de tes créations, n'est-ce pas?
_______ 9. Ces gants vont très bien avec le blouson! Très à la mode!
_______ 10. La littérature, c'est important pour la culture générale!
_______ 11. Une calculatrice? Rose? Pour moi?
_______ 12. C'est pour t'aider à répondre à toutes les questions en maths.
_______ 13. Tu as aimé notre petite blague?
_______ 14. Vous deux, ce que vous êtes drôles!

4 **De quelle couleur?** What color are these objects from the video?

1. Les gants de Stéphane sont ____________________.
2. Le tee-shirt d'Amina est ____________________.
3. La robe de Sandrine est ____________________.
4. Le blouson de Stéphane est ____________________.
5. Le chemisier de Valérie est ____________________.
6. La jupe d'Amina est ____________________.
7. La calculatrice de Stéphane est ____________________.
8. Les ballons sont ____________________.

Après la vidéo

5 **Mettez-les en ordre!** Number these events in the order in which they occur in the video.

_______ a. On souhaite à Stéphane un joyeux anniversaire.
_______ b. Stéphane ouvre ses cadeaux.
_______ c. Amina admire la robe de Sandrine.
_______ d. Stéphane arrive au P'tit Bistrot.
_______ e. On coupe le gâteau d'anniversaire.

6 **Que font-ils?** What do these people give to Stéphane or do for him for his birthday?

1. Sandrine: ____
2. Valérie: ____
3. Rachid et Astrid: ____

7 **À vous!** Write a description of a birthday party you've had or that you've attended. Describe the people who were there and what they did. What foods were served? What did people wear? What gifts were given?

____

Unité 7, Leçon A

Roman-photo

DE RETOUR AU P'TIT BISTROT

Avant de regarder

1 **À Paris** In this video episode, David has just returned from a vacation in Paris. What do you think he might have seen and done there?

____

____

____

____

____

En regardant la vidéo

2 **Les vacances à Paris** Watch this video segment and place check marks beside the activities David says he did in Paris.

David ...

❑ 1. est allé (*went*) à la tour Eiffel.
❑ 2. a pris un bateau-mouche (*tour boat*) sur la Seine.
❑ 3. a visité la cathédrale de Notre-Dame.
❑ 4. a pris un taxi.
❑ 5. a visité le musée du Louvre.
❑ 6. est allé à Montmartre.
❑ 7. a visité la ville en voiture.
❑ 8. est allé aux Galeries Lafayette.
❑ 9. a dîné dans une brasserie.
❑ 10. a visité le musée d'Orsay.
❑ 11. a pris le métro.
❑ 12. a visité les monuments.

3 **Vrai ou faux?** Indicate whether each of these statements is **vrai** or **faux**.

	Vrai	Faux
1. David pense que Paris est la plus belle ville du monde.	❍	❍
2. David n'a pas oublié l'anniversaire de Stéphane.	❍	❍
3. Les parents de David n'aiment pas conduire.	❍	❍
4. David a acheté des vêtements à Paris.	❍	❍
5. David n'a pas passé de bonnes vacances.	❍	❍
6. Stéphane n'a pas aimé ses cadeaux d'anniversaire.	❍	❍
7. Sandrine a l'intention de passer ses vacances d'hiver à Albertville.	❍	❍
8. David ne fait pas de ski.	❍	❍

4 **Les vacances** For items 1–5, fill in the missing letters in each word. Unscramble the letters in the boxes to find the answer to item 6.

1. David est parti pour Paris avec une v ☐ __ __ __ __.
2. Les p __ __ __ __ __ ☐ de David sont arrivés des États-Unis.
3. Ils ont pris une c __ __ __ __ ☐ __ dans un bel hôtel.
4. Ils sont venus chercher David à la gare v__ __ __ __ __ __ ☐ soir.
5. Ils aiment conduire à la c __ __ ☐ __ __ __ __, mais pas en ville.
6. Où est-ce que David aime passer ses vacances? _______________

Video Manual: *Roman-photo*

5 **Mettez-les en ordre!** Number these events in the order in which they occur.

______ a. David raconte ses vacances à Rachid.
______ b. David arrive à la gare d'Aix-en-Provence.
______ c. Sandrine demande à David de revenir au café demain.
______ d. David raconte ses vacances à Stéphane.
______ e. David surprend Sandrine au café.
______ f. Stéphane raconte sa fête à David.

Après la vidéo

6 **Répondez** Answer these questions in French. Use complete sentences.

1. Quand est-ce que les parents de David sont arrivés (*arrived*) des États-Unis?
____
2. Combien de temps est-ce que David a passé à Paris?
____
3. Pour Stéphane, quelles sont les vacances idéales?
____
4. Qu'est-ce que David a donné à Stéphane?
____
5. Que pense David de Sandrine?
____
6. Pourquoi est-ce que Sandrine doit (*must*) partir sans boire son café?
____

7 **À vous!** List four places you'd like to go on vacation. Then list two activities you might do in each place. Mention eight different activities.

Lieu de vacances	Activité	Activité
1. ______	______	______
2. ______	______	______
3. ______	______	______
4. ______	______	______

Unité 7, Leçon B

LA RÉSERVATION D'HÔTEL

Roman-photo

Avant de regarder

1 **À l'agence de voyages** What might you say at a travel agency? When making travel arrangements, what information might a travel agent need from you?

____
____
____
____
____

En regardant la vidéo

2 **Complétez** Choose the words that complete the sentences below according to what Sandrine says in the video.

1. J'ai besoin d'une ______________ d'hôtel, s'il vous plaît.
   a. réservation b. chambre c. auberge
2. Nous allons ______________.
   a. en Suisse b. à Paris c. à Albertville
3. Il nous faut ______________ chambre(s) individuelle(s).
   a. une b. deux c. trois
4. Disons du ______________ décembre au 2 janvier
   a. 24 b. 25 c. 26
5. C'est vraiment trop ______________.
   a. loin b. gentil c. cher

3 **Les prix des hôtels** What are the prices for a single room at these hotels?

1. l'hôtel le Vieux Moulin: ______________
2. l'hôtel le Mont-Blanc: ______________
3. l'auberge de la Costaroche: ______________

4 **Qui?** Whom do these statements describe? Write **S** for Sandrine or **A** for Amina.

_______ 1. Elle fête Noël en famille.
_______ 2. Elle ne réussit (*succeed*) pas à faire une réservation.
_______ 3. Elle correspond avec Cyberhomme.
_______ 4. Elle trouve un hôtel pas cher à Albertville.
_______ 5. Elle cherche un Cyberhomme.

Video Manual: *Roman-photo*

5 **Cyberhomme** Choose the best answer for these questions.

1. Qui est Cyberhomme?
   a. le petit ami de Sandrine b. l'ami virtuel d'Amina c. un étudiant à l'université
2. Combien de messages électroniques est-ce qu'il a envoyés?
   a. 2 b. 10 c. 12
3. Pourquoi est-ce qu'Amina ne lit pas le message à Sandrine?
   a. c'est personnel b. c'est ennuyeux c. c'est trop long
4. Comment est Cyberhomme?
   a. petit, mais beau b. sympa, mais timide c. sportif, mais sérieux

Après la vidéo

6 **Répondez** Answer these questions in French. Write complete sentences.

1. Où est-ce que Sandrine a envie de passer ses vacances d'hiver?
   ____
2. Pourquoi est-ce que Sandrine ne fait pas de réservation à l'agence de voyages?
   ____
3. Après sa visite à l'agence de voyages, qu'est-ce que Sandrine a besoin de faire?
   ____
4. Qui fait une réservation pour Sandrine?
   ____
5. Qui téléphone à Sandrine? Pourquoi?
   ____
6. Pourquoi est-ce que Sandrine est fâchée (*angry*)?
   ____

7 **À vous!** In this episode, Pascal says "**Elle n'est pas très heureuse maintenant, mais quelle surprise en perspective!**" What surprise do you think he has planned? How do you think Sandrine will respond?

____

____

____

____

____

____

____

Nom ______________________ Date ______________________

Unité 8, Leçon A

Roman-photo

LA VISITE SURPRISE

Avant de regarder

1 **La surprise** Look at the photo and consider the title of this video episode. Who is in this picture? How do you think Sandrine will react when she sees him? What do you think will happen in this episode?

____
____
____
____
____

En regardant la vidéo

2 **Chez Sandrine** Check off the items that Sandrine has at her place.

- ❑ 1. un escalier
- ❑ 2. une chambre
- ❑ 3. une douche
- ❑ 4. un miroir
- ❑ 5. une baignoire
- ❑ 6. une cave
- ❑ 7. une cuisine
- ❑ 8. un jardin
- ❑ 9. un salon
- ❑ 10. une salle à manger
- ❑ 11. un lavabo
- ❑ 12. un sous-sol

3 **Identifiez-les** Label the rooms that are pictured.

1. ______________________

2. ______________________

3. ______________________

4. ______________________

5. ______________________

4 **Qui...?** Indicate which character says each of these lines. Write D for David or R for Rachid.

_______ 1. C'est grand chez toi!

_______ 2. Heureusement, Sandrine a décidé de rester.

_______ 3. Tu as combien de pièces?

_______ 4. Dis, c'est vrai, Sandrine, ta salle de bains est vraiment grande.

_______ 5. Chez nous, on a seulement une douche.

_______ 6. Et elle a une baignoire et un beau miroir au-dessus du lavabo!

5 **Complétez** Complete these sentences with the missing words from the video.

SANDRINE Je te fais (1) _______________?

RACHID Oui, merci.

SANDRINE Voici la (2) _______________.

RACHID Ça, c'est une (3) _______________ très importante pour nous, les invités.

SANDRINE Et puis, la (4) _______________.

RACHID Une pièce très importante pour Sandrine...

DAVID Évidemment!

SANDRINE Et voici ma (5) _______________.

RACHID Elle est (6) _______________!

SANDRINE Oui, j'aime le vert.

Après la vidéo

6 **Une dispute** Describe what is happening in this photo. Explain the events leading up to this moment.

____

____

____

____

____

7 **À vous!** What rooms do you have in your home? Write at least five sentences describing them.

____

____

____

____

____

____

____

Unité 8, Leçon B

Roman-photo

LA VIE SANS PASCAL

Avant de regarder

1 **Chez moi** In this video episode, you will hear people talking about chores. In preparation, make a list of household chores in French.

____

____

____

____

____

En regardant la vidéo

2 **Les tâches ménagères** Check off the chores mentioned or seen in the video.

- ❑ 1. faire le lit
- ❑ 2. balayer
- ❑ 3. sortir les poubelles
- ❑ 4. repasser le linge
- ❑ 5. ranger la chambre
- ❑ 6. passer l'aspirateur
- ❑ 7. mettre la table
- ❑ 8. faire la vaisselle
- ❑ 9. faire la lessive
- ❑ 10. débarrasser la table
- ❑ 11. enlever la poussière
- ❑ 12. essuyer la table

3 **Sélectionnez** Watch the scenes in the café, and choose the words that complete each sentence according to what you hear.

1. Je débarrasse ______________?
   a. la poubelle b. la lessive c. la table
2. Apporte-moi ______________, s'il te plaît.
   a. l'addition b. le thé c. le balai
3. Tu dois faire ______________ avant de sortir.
   a. la lessive b. la vaisselle c. les devoirs
4. Il faut sortir ______________ ce soir!
   a. le chien b. le balai c. les poubelles
5. Il est l'heure de préparer ______________.
   a. le dîner b. les biscuits c. le petit-déjeuner
6. Est-ce que tu as rangé ______________?
   a. le lit b. la table c. ta chambre

4 **Les réponses** Watch the scene in Sandrine's apartment, and choose the response to each statement or question you hear in the video.

_______ 1. Mmmm. Qu'est-ce qui sent bon?
_______ 2. Tu as soif?
_______ 3. Tu vas le rencontrer un de ces jours?
_______ 4. Ne t'en fais pas, je comprends.
_______ 5. Je ne le connais pas vraiment, tu sais.

a. Un peu, oui.
b. Toi, tu as de la chance.
c. Il y a des biscuits au chocolat dans le four.
d. Oh... Je ne sais pas si c'est une bonne idée.
e. Comme d'habitude, tu as raison.

Après la vidéo

5 **Qui?** Who did these chores? Write **M** for Michèle, **St** for Stéphane, **V** for Valérie, or **X** if no one did it.

_______ 1. faire le lit
_______ 2. ranger sa chambre
_______ 3. faire la lessive
_______ 4. débarrasser la table
_______ 5. passer l'aspirateur
_______ 6. repasser le linge
_______ 7. sortir les poubelles
_______ 8. essuyer la table

6 **Expliquez** Answer these questions in French. Write complete sentences.

1. Pourquoi est-ce que Sandrine est de mauvaise humeur?

____

____

2. Pourquoi est-ce que Sandrine pense qu'Amina a de la chance?

____

____

3. Quand Sandrine parle d'un petit ami artistique, charmant et beau, à qui pense-t-elle? Comment est-ce que vous le savez?

____

____

7 **À vous!** Imagine that you are dividing household chores with your roommate. Write a conversation in which you discuss which chores you will each do. Talk about at least six different things.

____

____

____

____

____

____

____

____

Nom ______________________ Date ______________________

Unité 9, Leçon A

AU SUPERMARCHÉ

Roman-photo

Avant de regarder

1 **On fait les courses!** What do you think might happen in a video episode that takes place in a grocery store? What kinds of words and expressions do you expect to hear?

____

____

____

____

____

En regardant la vidéo

2 **Complétez** Watch the first exchange between David and Amina and complete these sentences with the missing words.

AMINA Mais quelle heure est-il?

DAVID Il est (1) ______________.

AMINA Sandrine devait être là à (2) ______________. On l'attend depuis (3) ______________ minutes!

DAVID Elle va arriver!

AMINA Mais pourquoi est-elle (4) ______________?

DAVID Elle vient peut-être juste (5) ______________ de la fac.

3 **La nourriture** Check off the foods that are mentioned in the video.

❑ 1. les bananes
❑ 2. le bœuf
❑ 3. les carottes
❑ 4. les fraises
❑ 5. les œufs
❑ 6. les champignons
❑ 7. les fruits de mer
❑ 8. les haricots verts
❑ 9. les oignons
❑ 10. les oranges
❑ 11. les pommes de terre
❑ 12. le porc
❑ 13. les poulets
❑ 14. le riz
❑ 15. les tomates

Video Manual: *Roman-photo*

4 **Qu'est-ce qu'on va manger?** Listen to Sandrine describe the recipes for the dishes she is considering. Write down the ingredients she mentions for each one.

Les crêpes	Le bœuf bourguignon
____________	____________
____________	____________
____________	____________
____________	**Le poulet à la crème**
____________	____________
____________	____________
	____________
	____________

5 **Qui...?** Indicate which character says each of these lines. Write **A** for Amina, **D** for David, **S** for Sandrine, or **St** for Stéphane.

_______ 1. Qu'est-ce qu'on peut apporter?

_______ 2. Je suis vraiment pressée!

_______ 3. Tu vas nous préparer un bon petit repas ce soir.

_______ 4. Bon, on fait les courses?

_______ 5. Génial, j'adore les crêpes!

_______ 6. Voilà exactement ce qu'il me faut pour commencer!

_______ 7. Tu peux devenir chef de cuisine si tu veux!

_______ 8. C'est nous qui payons!

Après la vidéo

6 **Vrai ou faux?** Indicate whether these statements are **vrai** or **faux**.

	Vrai	Faux
1. On doit (*should*) arriver pour le repas chez Sandrine à 8h00.	❍	❍
2. Valérie va apporter une salade.	❍	❍
3. Sandrine va préparer un bœuf bourguignon.	❍	❍
4. Les provisions coûtent 165 euros.	❍	❍
5. Sandrine va préparer un repas pour six personnes.	❍	❍
6. Amina et David paient.	❍	❍

7 **À vous!** Answer these questions in French and in complete sentences.

1. Qui fait les courses chez vous?

____

____

2. Où allez-vous pour acheter de la nourriture?

____

____

3. Qu'est-ce que vous achetez normalement au supermarché? En général, combien est-ce que vous payez au supermarché?

____

____

Unité 9, Leçon B

LE DÎNER

Roman-photo

Avant de regarder

1 **Un repas sympa** This video episode takes place at Sandrine's place, where she has prepared a special meal for her friends. What words and expressions do you expect to hear before and during a meal?

____

____

____

____

____

____

____

____

En regardant la vidéo

2 **Qui...?** Watch the scenes leading up to the dinner. Indicate which character says each of these lines. Write **D** for David, **R** for Rachid, or **S** for Sandrine.

_______ 1. Qu'est-ce que tu as fait en ville aujourd'hui?

_______ 2. Ah, tu es jaloux?

_______ 3. Il ne fallait pas, c'est très gentil!

_______ 4. J'espère qu'on n'est pas trop en retard.

_______ 5. Venez! On est dans la salle à manger.

_______ 6. Je ne savais pas que c'était aussi difficile de choisir un bouquet de fleurs.

_______ 7. Tu es tombé amoureux?

_______ 8. Vous pouvez finir de mettre la table.

3 **Assortissez-les!** Match these images with their captions.

_______ 1. Je suis allé à la boulangerie et chez le chocolatier.

_______ 2. Tiens, c'est pour toi.

_______ 3. Est-ce qu'on peut faire quelque chose pour t'aider?

_______ 4. Je vous sers autre chose? Une deuxième tranche de tarte aux pommes peut-être?

_______ 5. À Sandrine, le chef de cuisine le plus génial!

_______ 6. Moi, je veux bien!

a. 

b. 

c. 

d. 

e. 

f. 

Video Manual: *Roman-photo*

4 **Qu'est-ce qui s'est passé?** In what order do these events occur in the video?

_______ a. On prend du poulet aux champignons.
_______ b. On met la table.
_______ c. David cherche un cadeau pour Sandrine.
_______ d. Rachid et David arrivent chez Sandrine.
_______ e. Rachid rencontre David en ville.

Après la vidéo

5 **Descriptions** Indicate which person each statement describes.

_______ 1. Il/Elle aide dans la cuisine.
a. Rachid b. David c. Stéphane d. Sandrine e. Valérie f. Amina

_______ 2. Il/Elle donne des chocolats à Sandrine.
a. Rachid b. David c. Stéphane d. Sandrine e. Valérie f. Amina

_______ 3. Il/Elle donne des fleurs à Sandrine.
a. Rachid b. David c. Stéphane d. Sandrine e. Valérie f. Amina

_______ 4. Il/Elle met le sel et le poivre sur la table.
a. Rachid b. David c. Stéphane d. Sandrine e. Valérie f. Amina

_______ 5. Il/Elle met les verres sur la table.
a. Rachid b. David c. Stéphane d. Sandrine e. Valérie f. Amina

_______ 6. Il/Elle est au régime.
a. Rachid b. David c. Stéphane d. Sandrine e. Valérie f. Amina

6 **Expliquez** Answer these questions in French.

1. Pourquoi est-ce que David ne choisit pas les roses comme cadeau pour Sandrine?
____
____

2. Pourquoi est-ce que David ne choisit pas les chrysanthèmes comme cadeau pour Sandrine?
____
____

3. Pourquoi est-ce que David ne choisit pas le vin comme cadeau pour Sandrine?
____
____

7 **À vous!** Imagine that you have been invited to a French friend's home for dinner. What will you bring as a gift for your host or hostess? Explain your choice in French.

____
____
____
____
____
____

Nom ______________________ Date ______________________

Unité 10, Leçon A

Roman-photo

DRÔLE DE SURPRISE

Avant de regarder

1 **Examinez le titre** Look at the title of the video module. Based on the title and the video still below, what do you think the surprise might be?

____

____

____

____

____

____

2 **On fait sa toilette** With what objects do you associate these activities? Use each object only once.

______ 1. se brosser les dents	a. les vêtements
______ 2. se brosser les cheveux	b. le shampooing
______ 3. se laver	c. le réveil
______ 4. se raser	d. la serviette de bain
______ 5. se sécher	e. le miroir
______ 6. se laver les cheveux	f. la brosse
______ 7. se lever	g. le maquillage
______ 8. s'habiller	h. le dentifrice
______ 9. se maquiller	i. le savon
______ 10. se regarder	j. le rasoir

En regardant la vidéo

3 **Qui...?** Indicate which character says each of these lines. Write **D** for David or **R** for Rachid.

______ 1. On doit partir dans moins de vingt minutes.

______ 2. Tu veux bien me passer ma brosse à dents?

______ 3. Ce n'est pas facile d'être beau.

______ 4. Euh, j'ai un petit problème.

______ 5. Est-ce que tu as mal à la gorge?

______ 6. Lis le journal si tu t'ennuies.

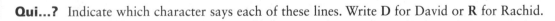

4 **Les activités** Place check marks beside the activities David and Rachid mention.

- ❑ 1. se brosser les cheveux
- ❑ 2. se brosser les dents
- ❑ 3. se coiffer
- ❑ 4. se coucher
- ❑ 5. se déshabiller
- ❑ 6. s'endormir
- ❑ 7. s'intéresser
- ❑ 8. se laver
- ❑ 9. se lever
- ❑ 10. se maquiller
- ❑ 11. prendre une douche
- ❑ 12. se raser
- ❑ 13. se regarder
- ❑ 14. se réveiller
- ❑ 15. se sécher

5 **Une vraie star!** For items 1–7, fill in the missing letters in each word. Unscramble the letters in the boxes to find the answer to item 8. One letter will not be used.

1. Je finis de me brosser les d __ __ __ □.
2. Attends, je ne trouve pas le p __ □ __ __ __.
3. Tu n'as pas encore pris ta d __ __ __ __ □?
4. P □ __ __ __ __ __ __, cher ami.
5. Est-ce que tu as mal à la g __ __ □ __?
6. Je vais examiner tes y__ __ □.
7. Téléphone au médecin pour prendre un r__ __ __ __ __ -□ __ __ __.
8. David a un problème sur le ______________.

Après la vidéo

6 **Vrai ou faux?** Indicate whether these statements are vrai or faux.

	Vrai	Faux
1. Rachid doit aller à son cours d'histoire.	❍	❍
2. Rachid a besoin de se raser.	❍	❍
3. David se maquille.	❍	❍
4. David a mal au ventre.	❍	❍
5. David n'a pas fini sa toilette.	❍	❍
6. On s'est réveillé à l'heure aujourd'hui.	❍	❍
7. Rachid trompe (*tricks*) David.	❍	❍
8. David va téléphoner à la pharmacie.	❍	❍

7 **À vous!** Describe your morning routine by completing these sentences with the verbs below.

se brosser	se coucher	se laver	se maquiller	se raser
se coiffer	s'habiller	se lever	prendre une douche	se réveiller

1. D'abord, je ______________________________.
2. Puis, je ______________________________.
3. Ensuite, je ______________________________.
4. Après ça, je ______________________________.
5. Finalement, je ______________________________.

Nom ____________________ Date ____________________

Unité 10, Leçon B

Roman-photo

L'ACCIDENT

Avant de regarder

1 **Aïe!** In this episode, Rachid has an accident and has to go to the doctor's office. What words and expressions do you expect to hear?

____

____

____

____

____

____

En regardant la vidéo

2 **Qui...?** Indicate which character says each of these lines. Write **A** for Amina, **B** for Dr. Beaumarchais, **D** for David, **R** for Rachid, or **St** for Stéphane.

_______ 1. Tu t'es blessé? Où est-ce que tu as mal?

_______ 2. Essaie de te relever.

_______ 3. Alors, expliquez-moi ce qui s'est passé.

_______ 4. Vous pouvez tourner le pied à droite?

_______ 5. Tu peux toujours jouer au foot?

_______ 6. Je vais guérir rapidement et retrouver la forme.

_______ 7. Qu'est-ce qui t'est arrivé?

_______ 8. Bon, on va mettre de la glace sur ta cheville.

_______ 9. Tu fais le clown ou quoi?

_______ 10. C'est juste une allergie.

3 **Qu'est-ce qu'ils disent?** Match these photos with their captions.

1. 
2. 
3. 
4. 
5. 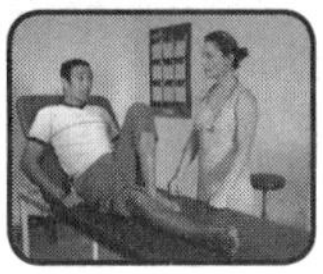

_______ a. Et où est-ce que vous avez mal?

_______ b. Tiens, donne-moi la main.

_______ c. On m'a fait une piqûre.

_______ d. Rends-moi la télécommande!

_______ e. On m'a donné des médicaments.

4 **Rachid et David** Who do these symptoms and treatments pertain to?

	Rachid	David
1. Il faut mettre de la glace sur une partie de son corps.	❍	❍
2. Il a une réaction allergique.	❍	❍
3. Il avait besoin d'aide pour aller aux urgences.	❍	❍
4. Il doit passer par la pharmacie.	❍	❍
5. Il a pris des pilules.	❍	❍
6. Il doit éviter le soleil.	❍	❍
7. Il ne peut pas jouer au foot pendant une semaine.	❍	❍
8. Il doit rester à la maison quelques jours.	❍	❍

5 **Complétez** Listen to the doctor's recommendations to Rachid, and complete this paragraph with the missing words you hear.

Alors, voilà ce que vous allez faire: mettre de la (1) ________________, vous (2) ________________ et ça veut dire, pas de foot pendant une (3) ________________ au moins et prendre des (4) ________________ contre la (5) ________________. Je vous prépare une (6) ________________ tout de suite.

Après la vidéo

6 **Vrai ou faux?** Indicate whether these statements are **vrai** or **faux**.

	Vrai	Faux
1. Rachid ne peut pas se relever tout seul.	❍	❍
2. Rachid a mal au genou.	❍	❍
3. Rachid s'est cassé la jambe.	❍	❍
4. Rachid s'est foulé la cheville.	❍	❍
5. David est allé aux urgences.	❍	❍
6. David a la grippe.	❍	❍

7 **À vous!** When was the last time you or someone you know had an accident playing sports? Describe the incident. What happened? How was the person hurt? What did he or she do about it?

____

____

____

____

____

____

____

____

____

Unité 11, Leçon A

Roman-photo

C'EST QUI, CYBERHOMME?

Avant de regarder

1 **Qu'est-ce qui se passe?** Look at the photo and guess what might happen in this video module. What words and expressions do you expect to hear in an episode about technology and electronics?

____

____

____

____

____

2 **La technologie** With what do you associate these activities? More than one answer may apply.

un baladeur CD	un fax	un lecteur de DVD	un poste de télévision
un caméscope	un fichier	un logiciel	un téléphone
un CD	une imprimante	un magnétophone	un site web
une chaîne stéréo	un jeu vidéo	un magnétoscope	

1. enregistrer ______________________________
2. surfer ______________________________
3. sauvegarder ______________________________
4. sonner ______________________________
5. imprimer ______________________________
6. télécharger ______________________________
7. écouter ______________________________
8. graver ______________________________
9. regarder ______________________________
10. jouer ______________________________

En regardant la vidéo

3 **Les appareils électroniques** Watch the conversation between David and Rachid in their apartment, and place a check mark next to the electronic products mentioned or alluded to.

❑ 1. un caméscope
❑ 2. une télévision
❑ 3. une imprimante
❑ 4. un jeu vidéo
❑ 5. un magnétoscope
❑ 6. un baladeur
❑ 7. une chaîne stéréo
❑ 8. un magnétophone

Après la vidéo

4 **Au café** Watch the scene in the café and complete the conversation with the missing words.

AMINA Oh, il est super gentil, écoute: chère Technofemme, je ne sais pas comment te dire combien j'adore lire tes messages. On (1) ____________ si bien et on a beaucoup de choses en commun. J'ai l'impression que toi et moi, on peut tout (2) ____________.

SANDRINE Il est adorable, ton Cyberhomme! Continue! Est-ce qu'il veut te rencontrer en personne?

VALÉRIE Qui vas-tu rencontrer, Amina? Qui est ce Cyberhomme?

SANDRINE Amina l'a connu sur Internet. Ils (3) ____________ depuis longtemps déjà, n'est-ce pas, Amina?

AMINA Oui, mais comme je te l'ai déjà dit, je ne sais pas si c'est une bonne idée de (4) ____________ en personne. S'écrire des e-mails, c'est une chose; (5) ____________ rendez-vous, ça peut être dangereux.

5 **Qui...?** Indicate which character says each of these lines. Write A for Amina, D for David, R for Rachid, S for Sandrine, or V for Valérie.

_______ 1. Je dis que je ne peux pas me concentrer!
_______ 2. Tu as un autre e-mail de Cyberhomme?
_______ 3. Et voilà! J'ai fini ma dissert.
_______ 4. Mais il est si charmant et tellement romantique.
_______ 5. On ne sait jamais.
_______ 6. Il a effacé les quatre derniers paragraphes!
_______ 7. Peut-être qu'elle peut retrouver la dernière version de ton fichier.
_______ 8. Il faut sauvegarder au moins toutes les cinq minutes.

6 **Expliquez** What is happening in this photo? Describe the events leading up to this moment.

____
____
____
____
____

7 **À vous!** Name three technology products and explain how you use them.

1. ______________________________
____
2. ______________________________
____
3. ______________________________
____

Unité 11, Leçon B

Roman-photo

LA PANNE

Avant de regarder

1 **Qu'est-ce qui se passe?** Look at the video still. What is Rachid doing? Consider the title and the photo, and guess what will happen in this episode.

____

____

____

____

____

____

____

____

En regardant la vidéo

2 **La voiture** Place check marks next to the car-related terms mentioned in this episode.

- ☐ 1. l'huile
- ☐ 2. les pneus
- ☐ 3. les freins
- ☐ 4. la ceinture
- ☐ 5. le capot
- ☐ 6. le voyant
- ☐ 7. le pare-brise
- ☐ 8. la station-service
- ☐ 9. les phares
- ☐ 10. le rétroviseur

3 **Qui...?** Indicate which character says each of these lines. Write **A** for Amina, **G** for the **garagiste**, **R** for Rachid, **S** for Sandrine, or **V** for Valérie.

_______ 1. Elle est belle, votre voiture!

_______ 2. Je suis un peu pressé en fait.

_______ 3. Une vraie petite histoire d'amour, comme dans les films!

_______ 4. Elle doit être amoureuse.

_______ 5. Arrête de dire des bêtises.

_______ 6. Tiens, c'est pour toi.

_______ 7. Je peux vous aider?

_______ 8. À quelle heure est notre réservation?

Nom ______________________ Date ______________________

4 **Mettez-les en ordre!** Number these events in the order in which they occur.

_______ a. Un voyant est allumé.
_______ b. Rachid a un pneu crevé.
_______ c. Rachid achète de l'essence.
_______ d. Rachid retourne à la station-service.
_______ e. Le garagiste vérifie l'huile.

Après la vidéo

5 **Vrai ou faux?** Indicate whether these statements are **vrai** or **faux**.

	Vrai	Faux
1. À la station-service, le garagiste vérifie la pression des pneus pour Rachid.	❍	❍
2. La voiture de Rachid est de 2005.	❍	❍
3. Rachid offre des fleurs à Amina.	❍	❍
4. À la station-service, Rachid nettoie son pare-brise.	❍	❍
5. Rachid et Amina ont un accident de voiture.	❍	❍
6. Rachid va deux fois à la station-service.	❍	❍
7. Amina est fâchée avec Rachid.	❍	❍
8. Rachid s'énerve.	❍	❍

6 **Que c'est romantique!** What happens in this episode that tells you that the relationship between Rachid and Amina has changed? Name at least three things they say or do.

____
____
____
____
____

7 **À vous!** Describe a time when you had car trouble. What happened? What did you do?

____
____
____
____
____
____
____
____
____

Video Manual: *Roman-photo*

Unité 12, Leçon A

ON FAIT DES COURSES

Roman-photo

Avant de regarder

1 **Qu'est-ce qui se passe?** Read the title, look at the photo, and guess what might happen in this video module. What words and expressions do you expect to hear?

____

____

____

____

____

En regardant la vidéo

2 **En ville** Place check marks next to the places mentioned in this video module.

- ❑ 1. un bureau de poste
- ❑ 2. une banque
- ❑ 3. un cybercafé
- ❑ 4. une bijouterie
- ❑ 5. une laverie
- ❑ 6. une brasserie
- ❑ 7. une papeterie
- ❑ 8. un salon de beauté
- ❑ 9. un marchand de journaux
- ❑ 10. une boutique
- ❑ 11. un parc
- ❑ 12. un commissariat de police

3 **Complétez** Watch the first two segments as Amina and Rachid run errands, and complete these sentences according to what the characters say. Not all words in the list will be used.

banque	billets	chèque	liquide	salade
bijouterie	boutique	courses	poste	tranches

1. Bonjour, Madame, quatre ________________ de pâté et de la ________________ de carottes pour deux personnes, s'il vous plaît.
2. Ah désolée, Monsieur, nous n'acceptons que les paiements en ________________ ou par ________________.
3. Je dois aller à la ________________ pour acheter des timbres et envoyer quelques cartes postales, et puis je voudrais aller à la ________________.
4. J'ai quelques ________________ à faire plus tard cet après-midi.
5. Et après ça, je dois passer à la ________________.

4 **Mettez-les en ordre!** Number these events in the order in which they occur.

_______ a. Les quatre amis se rencontrent.
_______ b. Sandrine invite Rachid et Amina à aller dans une brasserie.
_______ c. Rachid commande des provisions pour un pique-nique.
_______ d. Rachid emprunte de l'argent à Amina.
_______ e. David et Sandrine cherchent un distributeur automatique.
_______ f. David invite Sandrine à aller dans une brasserie.
_______ g. Rachid découvre qu'il n'a pas de liquide.
_______ h. Amina et Rachid arrivent au distributeur automatique.

Après la vidéo

5 **Vrai ou faux?** Indicate whether these statements are **vrai** or **faux**.

	Vrai	Faux
1. La banque est fermée.	❍	❍
2. Sandrine n'aime pas la cuisine alsacienne.	❍	❍
3. La charcuterie accepte les cartes de crédit.	❍	❍
4. Amina veut acheter des cartes postales.	❍	❍
5. Les quatre amis vont aller dans une brasserie ensemble.	❍	❍
6. Aujourd'hui, c'est samedi.	❍	❍

6 **Expliquez** Read the caption and explain what is happening in this photo.

—Alors! On n'a plus besoin de chercher un Cyberhomme?
—Pour le moment, je ne cherche personne.

____

7 **À vous!** Describe a day in which you ran several errands. Tell where you went and what you did at each place. Mention at least four different places.

1. ____
2. ____
3. ____
4. ____

Unité 12, Leçon B

Roman-photo

CHERCHER SON CHEMIN

Avant de regarder

1 **Qu'est-ce qui se passe?** Read the title, look at the photo, and guess what might happen in this video module.

____

____

____

____

____

2 **Qu'est-ce que c'est?** Check the appropriate column to classify these words as directions (**indications**) or places (**endroits**).

	indication	endroit		indication	endroit
1. fontaine	________	________	6. rue	________	________
2. traverser	________	________	7. tourner	________	________
3. suivre	________	________	8. feu rouge	________	________
4. descendre	________	________	9. continuer	________	________
5. angle	________	________	10. boulevard	________	________

En regardant la vidéo

3 **Complétez** Watch the scene with the tourist in the café, and complete the conversation with the missing words.

à côté de	droite	gauche	tout droit
continuez	en face de	loin	traversez
descendez	feu rouge	tournez	se trouve

TOURISTE Excusez-moi, est-ce que vous savez où (1) ____________ le bureau de poste, s'il vous plaît?

RACHID Oui, ce n'est pas (2) ____________ d'ici. Vous (3) ____________ la rue, juste là, ensuite vous (4) ____________ jusqu'au (5) ____________ et vous (6) ____________ (7) à ____________.

DAVID Non! À (8) ____________!

RACHID Non, à gauche! Puis, vous continuez (9) ____________, vous (10) ____________ le cours Mirabeau et c'est juste là, (11) ____________ la fontaine de la Rotonde (12) ____________ la gare.

4 **Mettez-les en ordre!** Number these people in the order in which they give the tourist directions.

_______ a. Stéphane _______ b. le marchand de journaux _______ c. Rachid _______ d. David

Who finally gives good directions? ______________________________

Après la vidéo

5 **Qu'est-ce qui se passe?** Match these images with their captions.

1. _______

4. _______

2. _______

5. _______

3. _______

6. _______

a. Qu'est-ce que vous allez faire le week-end prochain?
b. Voici cinq, six, sept euros qui font dix.
c. Oui, je l'adore!
d. Euh merci, je...je vais le trouver tout seul.
e. Bonjour, je peux vous aider?
f. Excusez-moi, où est le bureau de poste, s'il vous plaît?

6 **Vrai ou faux?** Indicate whether these statements are **vrai** or **faux**.

	Vrai	Faux
1. Sandrine chante très mal.	❍	❍
2. M. Hulot ne sait pas où se trouve le bureau de poste.	❍	❍
3. Le touriste va au café parce qu'il a soif.	❍	❍
4. Amina aime bien Pauline Ester.	❍	❍
5. Le bureau de poste est derrière une grande fontaine.	❍	❍

7 **Comment est-ce qu'on va...?** Give directions from your home to these places.

1. Pour aller de chez moi au parc, ... ______________________________

____

____

2. Pour aller de chez moi à la banque, ... ______________________________

____

____

3. Pour aller de chez moi au supermarché, ... ______________________________

____

____

Unité 13, Leçon 13A

Roman-photo

LE BAC

Avant de regarder

1 **Qu'est-ce qui se passe?** In this video module, Stéphane and Astrid take **le bac** and talk about their future plans. What words and expressions do you expect to hear them say?

____
____
____
____
____

En regardant la vidéo

2 **Qui?** Watch as Stéphane talks to his mother and Astrid after **le bac** and indicate which character says these lines. Write **As** for Astrid, **St** for Stéphane, or **V** for Valérie.

______ 1. Qu'est-ce que tu vas faire une fois que tu auras le bac?

______ 2. On vient juste de passer le bac, il faut fêter ça!

______ 3. Je peux emprunter ta télécarte, s'il te plaît?

______ 4. Qui est à l'appareil?

______ 5. Tu vas à l'université ou tu vas chercher du travail?

______ 6. Je suis tellement content aujourd'hui.

______ 7. Mais bien sûr que je m'inquiète!

______ 8. L'avenir, l'avenir! Vous n'avez que ce mot à la bouche!

3 **Complétez** Watch the phone call between Stéphane and his mother and complete the conversation with the missing words.

auras	inquiète	réfléchi	saura
été	prendre	réussi	seront

VALÉRIE Stéphane! Alors, comment ça a (1) ____________? Tu penses avoir (2) ____________?

STÉPHANE Oui, bien sûr, maman. Ne t' (3) ____________ pas!

VALÉRIE En tout cas, on (4) ____________ bientôt. Tu sais quand tu (5) ____________ les résultats?

STÉPHANE Ils (6) ____________ affichés dans deux semaines.

VALÉRIE En attendant, il faut (7) ____________ des décisions pour préparer l'avenir. Tu y as (8) ____________ un peu?

Video Manual: *Roman-photo*

4 **Mettez-les dans l'ordre** Number these events in the order in which they occur.

_______ a. Stéphane téléphone à sa mère.
_______ b. Caroline se présente à Valérie.
_______ c. Stéphane et Astrid passent le bac.
_______ d. Stéphane et Astrid parlent de l'avenir.
_______ e. Michèle parle de ses projets au téléphone.

Après la vidéo

5 **Les projets d'avenir** Which character do these statements describe?

1. Il/Elle va étudier l'architecture.
   a. Stéphane b. Astrid c. Michèle d. Caroline
2. Il/Elle va étudier la médecine.
   a. Stéphane b. Astrid c. Michèle d. Caroline
3. Il/Elle cherche un travail au P'tit Bistrot.
   a. Stéphane b. Astrid c. Michèle d. Caroline
4. Il/Elle cherche un travail comme réceptionniste.
   a. Stéphane b. Astrid c. Michèle d. Caroline
5. Il/Elle veut aller à l'Université de Marseille.
   a. Stéphane b. Astrid c. Michèle d. Caroline
6. Il/Elle va aller à l'Université de Bordeaux.
   a. Stéphane b. Astrid c. Michèle d. Caroline

6 **Expliquez** Look at this photo and describe the phone conversation between Michèle and a friend.

____
____
____
____
____

7 **À vous!** Based on what has happened so far, what do you think will happen in upcoming episodes? Make predictions for each of these characters.

1. Stéphane: ______________________________
____
____
2. Astrid: ______________________________
____
____
3. Michèle: ______________________________
____
4. Valérie: ______________________________
____

Unité 13, Leçon 13B

JE DÉMISSIONNE!

Roman-photo

Avant de regarder

1 **Qu'est-ce qui se passe?** Look at this photo. In this episode, Valérie has a very bad day. What do you think might happen?

____

____

____

____

____

En regardant la vidéo

2 **Qui?** Indicate which character says these lines. Write **A** for Amina, **As** for Astrid, **M** for Michèle, **S** for Sandrine, **St** for Stéphane, or **V** for Valérie.

_______ 1. Tu as le trac!

_______ 2. Je suis tellement nerveuse. Pas toi?

_______ 3. Je pourrais te préparer un gâteau au chocolat?

_______ 4. Tu as eu les résultats du bac, non?

_______ 5. Quel style de robe est-ce que tu aimerais?

_______ 6. Je ne vous demande pas un salaire très élevé, mais… c'est pour ma famille.

_______ 7. Être serveuse, c'est un métier exigeant, mais les salaires sont modestes!

_______ 8. Si tu as besoin de quoi que ce soit un jour, dis-le-moi.

3 **Complétez** Watch Sandrine and Amina as they shop for fabric and complete the conversation with the missing words.

faisais finirait pourrais préférerais serait

AMINA Que penses-tu de ce tissu noir?

SANDRINE Oh! C'est ravissant!

AMINA Oui, et ce (1) ____________ parfait pour une robe du soir.

SANDRINE Bon, si tu le dis. Moi, si je (2) ____________ cette robe moi-même, elle (3) ____________ sans doute avec une manche courte et avec une manche longue!

AMINA Je (4) ____________ en faire une comme ça, si tu veux.

SANDRINE Mais non… je (5) ____________ une de tes créations. Amina, tu es vraiment super!

4 **Identifiez-les!** Match these images with their captions.

1. ____________

2. ____________

3. ____________

4. ____________

5. ____________

a. Ce tissu noir est joli.
b. J'irai à l'université, maman.
c. Auriez-vous une petite minute?
d. Oh! Ce n'est pas possible!
e. La confiance en soi, c'est ici dans le cœur et ici dans la tête.

Après la vidéo

5 **Vrai ou faux?** Indicate whether these statements are **vrai** or **faux**.

	Vrai	Faux
1. Au concert, ce sera la première fois que Sandrine chante en public.	❍	❍
2. Amina propose de faire une robe pour Sandrine.	❍	❍
3. Astrid est reçue au bac avec mention bien.	❍	❍
4. Valérie donne une augmentation à Michèle.	❍	❍
5. Stéphane doit repasser deux parties de l'examen.	❍	❍

6 **Expliquez** What is happening in this photo? Describe the events leading up to this moment.

____
____
____
____
____

7 **À vous!** In this episode, the characters face difficult situations. In your opinion, who has the worst problem: Valérie, Sandrine, Michèle, or Stéphane? Explain your point of view.

____
____
____
____
____
____

Nom ______________________ Date ______________________

Unité 14, Leçon 14A

Roman-photo

UNE IDÉE DE GÉNIE

Avant de regarder

1 **Qu'est-ce qui se passe?** Read the title and look at the photo. What do you think might happen in this video module?

____

____

____

____

____

En regardant la vidéo

2 **Qui?** Indicate which character says each of these lines. Write **A** for Amina, **D** for David, **R** for Rachid, S for Sandrine, or **V** for Valérie.

_______ 1. Elle ne vient ni aujourd'hui, ni demain, ni la semaine prochaine.

_______ 2. Il faut que je vous parle de cet article sur la pollution.

_______ 3. Oh, David, la barbe.

_______ 4. Je n'ai pas vraiment envie de parler de ça.

_______ 5. Pensons à quelque chose pour améliorer la situation.

_______ 6. Si on allait au mont Sainte-Victoire ce week-end?

_______ 7. J'adore dessiner en plein air.

_______ 8. En effet, je crois que c'est une excellente idée!

3 **Identifiez-les!** Match these images with their captions.

1. ____________

2. ____________

3. ____________

4. ____________

a. Plus celui-ci.

b. Tu peux aller recycler ces bouteilles en verre?

c. Il faut que nous passions le reste de mon séjour de bonne humeur, hein?

d. Vous avez lu le journal ce matin?

Video Manual: *Roman-photo*

4 **Complétez** Watch Amina and Rachid convince their friends to go on a hike, and complete the conversation with the missing words.

air	campagne	fera	reposer
besoin	devez	pollution	venir

AMINA Allez! Ça nous (1) ______________ du bien! Adieu (2) ______________ de la ville. À nous, l' (3) ______________ pur de la (4) ______________! Qu'en penses-tu Sandrine?

SANDRINE Bon, d'accord.

AMINA Super! Et vous, Madame Forestier? Vous et Stéphane avez (5) ______________ de vous (6) ______________ aussi, vous (7) ______________ absolument (8) ______________ avec nous!

Après la vidéo

5 **Vrai ou faux?** Indicate whether these statements are vrai or faux.

	Vrai	Faux
1. Michèle est en vacances.	❍	❍
2. David rentre aux États-Unis dans trois semaines.	❍	❍
3. Le concert de Sandrine est dans une semaine.	❍	❍
4. David adore dessiner en plein air.	❍	❍
5. Sandrine ne va pas aller à la montagne Sainte-Victoire.	❍	❍
6. Valérie et Stéphane vont aussi y aller.	❍	❍

6 **Expliquez!** Answer these questions in French according to what you saw in the video.

1. Pourquoi est-ce que Sandrine est de mauvaise humeur?

____

2. Pourquoi est-ce que Valérie est de mauvaise humeur?

____

3. De quoi parle l'article que David a lu?

____

4. Pourquoi est-ce que Rachid propose d'aller à la montagne Sainte-Victoire?

____

7 **À vous!** In this episode, Valérie has Stéphane recycle some bottles. What can you do to preserve the environment in which you live?

____

____

____

____

____

Unité 14, Leçon 14B

Roman-photo

LA RANDONNÉE

Avant de regarder

1 **Qu'est-ce qui se passe?** Look at the photo. In this episode, the characters go to **la montagne Sainte-Victoire**. What words and expressions do you expect to hear them say?

____

____

____

____

____

En regardant la vidéo

2 **Qui?** Indicate which character says each of these lines. Write **A** for Amina, **D** for David, **R** for Rachid, **S** for Sandrine, **St** for Stéphane, or **V** for Valérie.

_______ 1. Regardez ce ciel bleu, le vert de cette vallée.

_______ 2. Nous sommes venus ici pour passer un bon moment ensemble.

_______ 3. C'est romantique ici, n'est-ce pas?

_______ 4. Tiens, et si on essayait de trouver des serpents?

_______ 5. Avant de commencer notre randonnée, je propose qu'on visite la Maison Sainte-Victoire.

_______ 6. Ne t'inquiète pas, ma chérie.

3 **Mettez-les dans l'ordre** Number these events in the order in which they occur.

_______ a. David dessine.

_______ b. Le groupe visite la Maison Sainte-Victoire.

_______ c. Le groupe fait un pique-nique.

_______ d. Rachid et Amina s'embrassent.

_______ e. Le groupe fait une randonnée.

4 **Complétez** Watch the video segment in which the guide talks about **la montagne Sainte-Victoire**. Complete these sentences with words from the list. Some words may be repeated.

forêt	incendie	préservation	sauvetage
gestion	montagne	prévention	sentier
habitats	musée	protégé	

1. La Maison Sainte-Victoire a été construite après l'_______________ de 1989.
2. Oui, celui qui a détruit une très grande partie de la _______________.
3. Maintenant, il y a un _______________, un _______________ de découvertes dans le jardin et la montagne est un espace _______________.
4. Eh bien, nous nous occupons de la _______________ de la _______________ et de la _______________.
5. Notre mission est la _______________ de la nature, le _______________ des _______________ naturels et la _______________ des incendies.

5 **Choisissez** Choose the correct completions for these sentences according to what you hear in the video.

1. Il est essentiel qu'on laisse cet endroit ____________!
   a. pur b. écologique c. propre
2. J'allais mettre ça à ____________ plus tard.
   a. l'environnement b. la poubelle c. la pollution
3. Cette ____________ est tellement belle!
   a. montagne b. vallée c. fleur
4. Merci, elle est très belle, ____________.
   a. cette fleur b. cette forêt c. ce dessin
5. Tu es plus belle que toutes les fleurs de la ____________ réunies!
   a. nature b. vallée c. montagne

Après la vidéo

6 **Vrai ou faux?** Indicate whether these statements are vrai or faux.

	Vrai	Faux
1. Cézanne dessinait souvent à la montagne Sainte-Victoire.	❍	❍
2. C'est la première fois que David vient à la montagne.	❍	❍
3. Amina a peur des serpents.	❍	❍
4. Sandrine aime bien le fromage.	❍	❍
5. David fait un portrait de Sandrine.	❍	❍
6. Stéphane suit Amina et Rachid.	❍	❍

7 **À vous!** Describe a time when you visited a state park or other type of nature preserve. What did you see and do? What rules did you have to follow there?

Nom ______________________ Date ______________________

Unité 15, Leçon 15A

Roman-photo

APRÈS LE CONCERT

Avant de regarder

1 **Qu'est-ce qui se passe?** Read the title and look at the photo. What words and expressions do you expect to hear in an episode about Sandrine's concert?

____

____

En regardant la vidéo

2 **Finissez-les!** Watch as the friends talk immediately after the concert. Match the first half of each statement with its completion.

1. Moi, je trouve que la robe que tu as faite pour Sandrine ______
2. Et les costumes, ______
3. Vous avez entendu ______
4. Devenir une chanteuse célèbre, ______
5. Amina vient de nous dire que ______
6. Je n'arrive pas à croire ______
7. Sandrine, que tu es ravissante ______
8. Alors, vous avez aimé ______

a. ces applaudissements?
b. que c'était pour moi!
c. c'était sa comédie musicale préférée.
d. dans cette robe!
e. notre spectacle?
f. était le plus beau des costumes.
g. comment tu les as trouvés, Amina?
h. c'est mon rêve!

3 **Qui?** Watch as David expresses his true feelings about the show. Indicate which character says these lines. Write **D** for David, **S** for Sandrine, or **V** for Valérie.

______ 1. Tu ne lui as pas dit ça, j'espère!

______ 2. Tu en as suffisamment dit, David.

______ 3. Elle a bien joué son rôle, mais il est évident qu'elle ne sait pas chanter.

______ 4. Alors, c'était comment, la pièce de théâtre?

______ 5. Je doute qu'elle devienne une chanteuse célèbre!

4 **Complétez** Watch the confrontation between David and Sandrine and complete the sentences with the missing words. Not all words will be used.

chanson	dis	heureuse	suffit
comédie	dommage	spectacle	vouloir

DAVID Eh bien, la musique, la (1) ______________, je doute que ce soit ta vocation.

SANDRINE Tu doutes? Eh bien moi, je suis certaine… certaine de ne plus jamais (2) ______________ te revoir.

DAVID Mais Sandrine, c'est pour ton bien que je (3) ______________…

SANDRINE Oh, ça (4) ______________. Toi, tu m'écoutes. Je suis vraiment (5) ______________ que tu repartes bientôt aux États-Unis. (6) ______________ que ce ne soit pas demain!

Après la vidéo

5 **Mettez-les dans l'ordre** Number these events in the order in which they occur.

_______ a. Sandrine sort du théâtre.
_______ b. Sandrine entend les commentaires de David.
_______ c. Les amis attendent Sandrine au théâtre.
_______ d. Amina admire les danseurs.
_______ e. Rachid fait des compliments à Amina.
_______ f. David parle du concert à Valérie.
_______ g. Sandrine chante dans son concert.
_______ h. Sandrine se fâche.

6 **Expliquez** What is happening in this photo? Describe the events leading up to this moment.

____
____
____
____
____

7 **À vous!** Imagine that you are giving advice to David. Do you think he handled the situation well? What do you think he should do to make up with Sandrine, or should he try to make up with her at all?

____
____
____
____
____
____

Unité 15, Leçon 15B

Roman-photo

AU REVOIR, DAVID!

Avant de regarder

1 **Qu'est-ce qui se passe?** In this video module, David is preparing to return home to the United States. What words and expressions do you expect to hear?

____

____

____

____

____

En regardant la vidéo

2 **Finissez-les!** Sandrine and Stéphane have both made some realizations and changes, thanks to their family and friends. Watch the first two scenes and match the first half of these sentences with their completions according to what you hear.

1. J'ai beaucoup réfléchi à _______
2. Ce que j'aime, non, ce que j'adore, _______
3. J'ai entendu dire que tu devais _______
4. Un jour vous vous disputez, vous vous détestez, _______
5. Oui, je t'assure, les documentaires et les infos _______
6. David ne peut pas partir _______
7. Je dois absolument _______
8. J'était tellement en colère ce jour-là, mais depuis _______

a. sans que je lui dise au revoir!
b. réussir cette fois-ci.
c. j'ai beaucoup réfléchi à ce qu'il m'a dit.
d. ce qu'il m'a dit.
e. sont mes nouvelles passions.
f. c'est cuisiner!
g. et quelques jours après vous vous réconciliez.
h. repasser une partie du bac.

3 **Qui?** Watch the party scene and indicate which character says these lines. Write **A** for Amina, **As** for Astrid, D for David, **R** for Rachid, **S** for Sandrine, **St** for Stéphane, or **V** for Valérie.

_______ 1. Cet été, Amina participe à un défilé de mode à Paris.

_______ 2. Oui, félicitations!

_______ 3. Toi aussi, tu as de bonnes nouvelles, n'est-ce pas?

_______ 4. Elle est jolie ta jupe Amina. C'est une de tes créations, n'est-ce pas?

_______ 5. Alors, David, comment s'est passée ton année à Aix-en-Provence?

_______ 6. Vas-y, dis-nous tout, avant que je ne perde patience!

_______ 7. Oh, ce n'est pas grand-chose.

_______ 8. Oh ça a été fantastique!

Après la vidéo

4 **Vrai ou faux?** Indicate whether these statements are vrai or faux.

	Vrai	Faux
1. David repart aux États-Unis dans deux jours.	❍	❍
2. La vraie passion de Sandrine, c'est la musique.	❍	❍
3. Rachid a reçu son diplôme avec mention bien.	❍	❍
4. Amina va participer à un défilé de mode à Paris.	❍	❍
5. David a l'intention de revenir en France l'année prochaine.	❍	❍

5 **Expliquez** Look at these photos. How has Sandrine changed? Explain the change of heart she has had in the second photo.

____

____

____

____

____

____

6 **À vous!** Choose three of the main characters in this video and make predictions for them. What will they do in the future? What do you think will become of them?

1. nom du personnage ______________________

____

____

____

2. nom du personnage ______________________

____

____

____

3. nom du personnage ______________________

____

____

____

Nom ______________________________ Date ______________________________

Unité 1, Leçon A

SALUT!

Flash culture

Avant de regarder

1 **Les salutations** In this video, you're going to learn about French greetings and introductions. In preparation for watching the video, make a list of things you do...

1. when you say hello:

   ____

   ____

2. when you say good-bye:

   ____

   ____

3. when you are introduced to a person your age:

   ____

   ____

4. when you meet a friend's parents for the first time:

   ____

   ____

En regardant la vidéo

2 **Dans quel ordre?** Number these images as they appear on-screen.

_______ a. two young men shaking hands
_______ b. two older family members kissing on cheeks
_______ c. two couples saying good-bye to each other
_______ d. two women shaking hands
_______ e. four friends (three young men and one young woman) meet
_______ f. a young man introducing a young woman to two friends
_______ g. a wide shot of two girls kissing on the cheek
_______ h. a woman and a small child kissing on the cheek

3 **Les rapports** Classify these people as friends, family, or acquaintances according to the video.

1. ______________________

3. ______________________

2. ______________________

4. ______________________

Nom ______________________ Date ______________________

Après la vidéo

4 **Vrai ou faux?** Indicate whether these statements are vrai or faux.

	Vrai	Faux
1. When female friends greet one another, they usually kiss on the cheek.	❍	❍
2. When male friends greet one another, they usually shake hands.	❍	❍
3. When mutual friends are introduced for the first time, they always shake hands instead of kiss on the cheek.	❍	❍
4. When formal acquaintances greet one another, they usually shake hands.	❍	❍
5. Women usually just shake hands when they say good-bye.	❍	❍
6. Handshaking is not very common in France.	❍	❍

5 **À vous!** Imagine that you are in France. In English, write what you should do in each of these situations according to French custom.

1. A classmate introduces you to his father.

____

2. You greet a girl you met in one of your classes.

____

3. You are introduced to a friend's girlfriend.

____

4. You arrive for a job interview and meet your potential new boss.

____

6 **Vive la différence!** In English, compare greetings and introductions in France and where you live. In what ways are they similar? How do they differ?

____
____
____
____
____
____
____
____
____

Nom ______________________ Date ______________________

Unité 2, Leçon A

À LA FAC

Flash culture

Avant de regarder

1 **À l'université française** In this video, you will learn about college campuses and classes in France. Make a list of French words related to university life, including places on campus and academic subjects.

____________	____________	____________
____________	____________	____________
____________	____________	____________
____________	____________	____________
____________	____________	____________

2 **Qu'est-ce que c'est?** Check the appropriate column to classify each word as a place on campus (**un endroit**) or a class (**un cours**).

	endroit	cours
1. la librairie	❍	❍
2. la physique	❍	❍
3. le resto U	❍	❍
4. les lettres	❍	❍
5. la bibliothèque	❍	❍
6. la salle de classe	❍	❍
7. le gymnase	❍	❍
8. la faculté de droit	❍	❍
9. les mathématiques	❍	❍
10. l'histoire	❍	❍
11. la chimie	❍	❍
12. la philosophie	❍	❍

En regardant la vidéo

3 **Mettez-les en ordre!** Number these places around campus in the order in which they are mentioned in the video.

_______ a. la faculté de droit

_______ b. la salle d'études

_______ c. la faculté des lettres

_______ d. le resto U

_______ e. la salle de cours

_______ f. le point de rencontre des étudiants

_______ g. la bibliothèque

4 **Choisissez** Watch as Benjamin interviews several students about their classes, and place check marks next to the classes the students mention.

- ☐ 1. biologie
- ☐ 2. anglais
- ☐ 3. français
- ☐ 4. sciences politiques
- ☐ 5. histoire-géo
- ☐ 6. maths
- ☐ 7. informatique
- ☐ 8. physique
- ☐ 9. philosophie
- ☐ 10. psychologie

5 **Qu'est-ce qu'ils disent?** Match these images with their captions.

1. ____________

2. ____________

3. ____________

4. ____________

5. ____________

6. ____________

a. Bof, ça va.
b. C'est ici qu'ils passent le temps entre les cours.
c. Oui, mais c'est très difficile.
d. C'est un cours d'histoire.
e. Maintenant, nous sommes au resto U.
f. Chut! Nous sommes maintenant dans la bibliothèque.

Après la vidéo

6 **À mon université** List five different places around your campus. Then describe what you usually do at each one.

____

____

____

____

____

____

____

____

Nom ____________________ Date ____________________

Unité 3, Leçon A

LA FAMILLE ET LES COPAINS

Flash culture

Avant de regarder

1 **Vocabulaire supplémentaire** Look over these words and expressions before you watch the video; you will hear them in this segment.

la petite	*the little girl*	donner à manger	*to feed*
là-bas	*over there*	Vous pensez que... ?	*Do you think that... ?*
Tiens!	*Oh!*	Eh, regardez!	*Hey, look!*

2 **La famille et les copains** In this video, you will hear descriptions of people and find out about their relationships with others. In preparation, circle the statements that best describe you.

1. Je suis un homme. / Je suis une femme.
2. J'ai 18 ans. / J'ai moins de (*less than*) 18 ans. / J'ai plus de (*more than*) 18 ans.
3. Je suis célibataire. / Je suis fiancé(e). / Je suis marié(e).
4. J'ai un petit ami. / J'ai une petite amie. / Je n'ai pas de petit(e) ami(e).
5. J'ai un chat. / J'ai un chien. / J'ai un oiseau. / J'ai un poisson. / Je n'ai pas d'animaux.
6. J'ai un frère. / Je n'ai pas de frère. / J'ai une sœur. / Je n'ai pas de sœur.

3 **Les catégories** Check the appropriate column to classify these words as **une personne** or un adjectif.

	personne	adjectif		personne	adjectif
1. petit	______	______	7. jeune	______	______
2. fils	______	______	8. célibataire	______	______
3. marié	______	______	9. ami	______	______
4. copain	______	______	10. gentil	______	______
5. enfant	______	______	11. fille	______	______
6. garçon	______	______	12. sportif	______	______

Nom ______________________ Date ______________________

En regardant la vidéo

4 **Indiquez** Indicate which of these people or animals are mentioned in the video.

- ❑ 1. père
- ❑ 2. mère
- ❑ 3. fille
- ❑ 4. fils
- ❑ 5. femme
- ❑ 6. mari
- ❑ 7. neveu
- ❑ 8. nièce
- ❑ 9. grand-père
- ❑ 10. homme
- ❑ 11. couple
- ❑ 12. chien
- ❑ 13. chat
- ❑ 14. oiseau
- ❑ 15. poisson

5 **Complétez** Complete these sentences according to what you see and hear in the video.

1. La petite, elle a ______________ ou ______________ ans, je crois.
2. Les garçons là-bas, ce sont des ______________. Ils ont beaucoup d'énergie.
3. Et cette jeune femme, vous pensez qu'elle est ______________ ou ______________?
4. Un jeune couple. Que c'est ______________!
5. Eh, regardez! Une femme avec son ______________.
6. C'est mon ______________.

Après la vidéo

6 **À vous!** How would you describe your family and friends? Think of three friends, family members, and/or pets, and complete the descriptions of each. Include a photo or a drawing.

1. 2. 3.

1. Il/Elle s'appelle ______________________________.
   C'est mon/ma ______________________________.
   Il/Elle est ______________ et ______________.
2. Il/Elle s'appelle ______________________________.
   C'est mon/ma ______________________________.
   Il/Elle est ______________ et ______________.
3. Il/Elle s'appelle ______________________________.
   C'est mon/ma ______________________________.
   Il/Elle est ______________ et ______________.

Nom ______________________ Date ______________________

Unité 4, Leçon B

AU CAFÉ

Flash culture

Avant de regarder

1 **Vocabulaire supplémentaire** Look over these words and expressions before you watch the video.

un coca	*soft drink*
un croque-monsieur	*toasted ham and cheese sandwich*
un hot-dog	*hot dog*
une glace au chocolat	*chocolate ice cream*

2 **Qu'est-ce qu'on prend?** In this video, you are going to learn about cafés in France. Make a list of five beverages and five food items a French café might serve.

À boire	**À manger**
______________	______________
______________	______________
______________	______________
______________	______________
______________	______________

3 **Qu'est-ce que c'est?** Check the appropriate column to classify these words as a beverage (**boisson**) or food (**nourriture**).

	boisson	nourriture		boisson	nourriture
1. fromage	______	______	7. frites	______	______
2. éclair	______	______	8. eau minérale	______	______
3. jus de pomme	______	______	9. glace au chocolat	______	______
4. croissant	______	______	10. croque-monsieur	______	______
5. limonade	______	______	11. baguette	______	______
6. café au lait	______	______	12. jambon	______	______

En regardant la vidéo

4 **Qu'est-ce qu'il y a?** Check off the six foods listed below that are mentioned in the video.

- ❑ 1. des frites
- ❑ 2. un hot-dog
- ❑ 3. une soupe
- ❑ 4. une baguette
- ❑ 5. un croissant
- ❑ 6. un croque-monsieur
- ❑ 7. une eau minérale
- ❑ 8. un sandwich au jambon
- ❑ 9. des éclairs
- ❑ 10. un pain de campagne
- ❑ 11. une glace au chocolat
- ❑ 12. un fromage

5 **Les boissons** What beverages are pictured below?

1. ____________

2. ____________

3. ____________

4. ____________

5. ____________

a. un café au lait
b. une limonade
c. un coca
d. un chocolat
e. un café
f. un thé

Après la vidéo

6 **Au café** Imagine you are at a café in Aix-en-Provence. Write a brief conversation in which you and a friend each order something to eat and something to drink. You should each order different things. Include what the server says, too.

Nom ______________________ Date ______________________

Unité 5, Leçon A

Flash culture

LES LOISIRS

Avant de regarder

1 **Quels sont vos loisirs préférés?** In this video, you will learn about leisure-time activities in France. Make a list of six things you like to do in your spare time. Then make a list of six things you don't like to do in your spare time.

J'aime...	Je n'aime pas...
______________________	______________________
______________________	______________________
______________________	______________________
______________________	______________________
______________________	______________________
______________________	______________________

2 **Mes loisirs** Circle all of the statements that describe you.

1. J'aime jouer aux cartes / aux échecs.
2. Je joue du piano / de la guitare.
3. J'aime / Je n'aime pas le sport.
4. Je fais de la gym / de l'aérobic / de la danse.
5. Je joue au football / au basket / au baseball.

En regardant la vidéo

3 **Mettez-les en ordre!** In what order does Csilla mention these activities?

_______ a. On joue au basket.
_______ b. On joue à la pétanque.
_______ c. On joue au football.
_______ d. On joue au tennis.
_______ e. On court.
_______ f. On fait du jogging.
_______ g. On fait de la musique.
_______ h. On fait de la gym.
_______ i. On fait de l'aérobic.
_______ j. On fait de la danse.

Nom ________________ Date ________________

4 **Écoutez** Write down five activities you see being performed indoors (**à l'intérieur**) and five you see being performed outdoors (**en plein air**). Include activities you see but Csilla doesn't mention.

À l'intérieur	En plein air

Après la vidéo

5 **Qu'est-ce que c'est?** Define these terms in English, based on what you saw and heard in the video.

1. la maison des jeunes et de la culture

2. la pétanque

6 **Les activités** How are sports and leisure activities in France different from those practiced in the United States? In what ways are they similar?

Nom ______________________ Date ______________________

Unité 6, Leçon A

Flash culture

LES FÊTES

Avant de regarder

1 **Vocabulaire supplémentaire** Look over these words and expressions before you watch the video.

carnaval	*carnival*	magnifique	*magnificent*
célèbre	*famous*	Noël	*Christmas*
chevaux	*horses*	Pâques	*Easter*
le jour de l'an	*New Year's Day*	partout	*everywhere*
la fête nationale	*national holiday*	presque toutes	*almost all*
incroyable	*incredible*		

2 **Vos fêtes préférées** In this video, you will learn about French holidays and festivals. In preparation, answer these questions about two of your favorite holidays or festivals.

Quelles sont vos fêtes préférées? Comment est-ce que vous célébrez ces fêtes chez vous?

1. fête: ______________________

   traditions: ______________________

   ____

   ____

   ____

   ____

2. fête: ______________________

   traditions: ______________________

   ____

   ____

   ____

   ____

En regardant la vidéo

3 **Dans quel ordre?** Number these items as they appear on-screen.

_______ a. des chevaux

_______ b. des danseuses

_______ c. des enfants

_______ d. des légumes

_______ e. des musiciens qui jouent

Nom ______________________ Date ______________________

4 **Les fêtes** What holiday or festival does each image represent?

1. ______ 

2. ______ 

3. ______ 

4. ______ 

5. ______ 

6. ______ 

a. le jour de l'an
b. la fête nationale
c. Noël
d. la fête de la musique
e. Pâques
f. le festival de théâtre d'Avignon

5 **Répondez** Complete these sentences with words from the list according to what Benjamin says.

décembre	juillet	premier
janvier	juin	printemps

1. Le premier ______________, c'est le jour de l'an.
2. Au ______________, on célèbre Pâques.
3. Le quatorze ______________, c'est la fête nationale.
4. Le vingt-cinq ______________, c'est Noël.
5. Au mois de ______________, on célèbre la fête de la musique.

Après la vidéo

6 **Vrai ou faux?** Indicate whether these statements are vrai or faux.

	Vrai	Faux
1. On célèbre la fête de la musique seulement à Paris.	❍	❍
2. Il y a beaucoup de fêtes en France.	❍	❍
3. Le festival d'Avignon est un festival de danse.	❍	❍
4. Le festival de théâtre est à Nice.	❍	❍
5. Chaque année, Aix-en-Provence organise un carnaval.	❍	❍

7 **À vous!** Imagine that you just visited France during one of the holidays mentioned in the video. Write a short letter to a friend telling him or her about what you saw and did.

____

____

____

____

____

Nom ______________________ Date ______________________

Unité 7, Leçon A

LES VACANCES

Flash culture

Avant de regarder

1 **Qu'est-ce que vous aimez faire?** In this video, you will learn about vacations in France. Make a list of six things you like to do while on vacation. Then make a list of six things you don't like to do on vacation.

Quand je suis en vacances, j'aime...	Quand je suis en vacances, je n'aime pas...
______________________	______________________
______________________	______________________
______________________	______________________
______________________	______________________
______________________	______________________
______________________	______________________

2 **Mes vacances** Circle all of the statements that describe you.

1. J'aime voyager en avion / en train / en voiture.
2. En vacances, j'aime aller dans un hôtel / un camping / une auberge de jeunesse.
3. J'aime visiter les musées / acheter des souvenirs / manger au restaurant.
4. Dans un café, j'aime manger / prendre un verre / regarder les gens qui passent.
5. J'aime bien bronzer à la plage / rouler en voiture / skier.

En regardant la vidéo

3 **Identifiez-les!** Match these images with their captions.

1. ________

2. ________

3. ________

4. ________

5. ________

6. ________

7. ________

8. ________

a. On fait un tour en bateau.
b. Ça, c'est la gare.
c. C'est un camping.
d. Voici la plage de Cassis.
e. C'est un hôtel de luxe.
f. Voici un café.
g. On achète des souvenirs.
h. C'est un hôtel modeste.

4 **Mettez-les en ordre!** In what order does Csilla mention these means of transportation?

______ a. le train

______ b. l'autobus

______ c. l'avion

______ d. le taxi

______ e. la voiture

______ f. le car

5 **Répondez** Complete these sentences with words from the list according to what Csilla says in the video. Not all words will be used.

activités	autobus	car	manger	taxi
argent	avion	gares	région	TGV
auberges de jeunesse	bateau	gens	routière	verre

1. Pour arriver en Provence, il y a l'______________ ou un train spécial que les Français appellent le ______________.
2. C'est une des deux ______________ d'Aix-en-Provence où il y a des trains réguliers pour visiter la ______________.
3. À la gare ______________, on prend le ______________ pour aller d'une ville à l'autre.
4. En ville, il y a l'______________ ou le ______________.
5. Si vous n'avez pas beaucoup d'______________, il y a toujours des ______________.
6. Il est très agréable de ______________ dans les cafés ou de prendre un ______________ à la terrasse d'un café ou d'un restaurant et de regarder les ______________ passer.

Après la vidéo

6 **En vacances** Imagine that you are on vacation in Provence. Write a postcard to a friend or relative describing your trip. Say where you've been and how you got there. Mention at least four different things you've seen or done.

____

____

____

____

____

____

____

____

____

Nom ______________________ Date ______________________

Unité 8, Leçon A

Flash culture

CHEZ NOUS

Avant de regarder

1 **Les habitations** In this video, you are going to learn about housing in France. List as many different types of places to live as you can in French.

____

____

____

____

____

____

____

2 **Chez moi** Complete these statements about your own home. Remember to use the correct article with each noun. Use words from the list or any other words you know.

appartement	garage	sous-sol
balcon	jardin	studio
cave	maison	terrasse
escalier	résidence universitaire	

1. J'habite dans ______________________.
2. Chez moi, il y a ______________________ et ______________________.
3. Il n'y a pas ______________________ chez moi.
4. À l'extérieur, il y a ______________________.
5. Avant, j'habitais dans ______________________.
6. Il y avait ______________________ et ______________________.
7. Il n'y avait pas ______________________.
8. À l'extérieur, il y avait ______________________.

En regardant la vidéo

3 **Mettez-les en ordre!** In what order does Benjamin mention these items?

_______ a. un balcon

_______ b. une terrasse

_______ c. un sous-sol

_______ d. un garage

_______ e. un jardin

Nom ______________________ Date ______________________

4 **Chez soi** Match these images with their captions.

1. 
2. 
3. 
4. 
5. 

_______ a. des maisons individuelles

_______ b. des appartements

_______ c. des HLM

_______ d. de grands immeubles

_______ e. des résidences pour les étudiants

5 **Complétez** Watch the video and complete the paragraphs below according to what Benjamin says.

1. Nous sommes dans la ______________ d'Aix-en-Provence. C'est un ______________ très pittoresque avec ses boutiques, ses restaurants et ses ______________. Laissez-moi vous montrer différents types de ______________.
2. Nous sommes maintenant dans la ______________ où on trouve des ______________ de toutes sortes. Par exemple, cette maison est assez ______________.

Après la vidéo

6 **La maison de mes rêves** Describe your dream home. Tell where it is and what type of residence it is. Then describe its features in detail.

____

____

____

____

____

____

____

____

Unité 9, Leçon A

LA NOURRITURE

Flash culture

Avant de regarder

1 **Qu'est-ce qu'on achète?** In this video, you are going to learn about the way that some French people do their shopping: at an open-air market. Make a list of five things you think you could buy there and five things you think you couldn't.

On peut acheter...	On ne peut pas acheter...
______________________	______________________
______________________	______________________
______________________	______________________
______________________	______________________
______________________	______________________
______________________	______________________

2 **La nourriture** You will see and hear descriptions of fruits, vegetables, and other foods at a French market. In preparation, circle the statements that best describe your tastes.

1. J'aime / Je n'aime pas les légumes.
2. J'aime / Je n'aime pas les fruits.
3. J'aime mieux les saucisses / le jambon.
4. Je mange peu de / assez de / beaucoup de fromage.
5. J'aime / Je n'aime pas les fruits de mer.
6. J'aime / Je n'aime pas le poisson.
7. Je mange peu de / assez de / beaucoup de pain.
8. Je mange peu de / assez de / beaucoup de légumes.

En regardant la vidéo

3 **Qu'est-ce qu'il y a?** Check off the eleven items that you see in the video.

- ❑ 1. des bananes
- ❑ 2. des carottes
- ❑ 3. des champignons
- ❑ 4. des fleurs
- ❑ 5. du fromage
- ❑ 6. des fruits de mer
- ❑ 7. du jambon
- ❑ 8. des melons
- ❑ 9. des oignons
- ❑ 10. du pain
- ❑ 11. des pâtes
- ❑ 12. des poivrons verts
- ❑ 13. des poulets
- ❑ 14. des saucisses
- ❑ 15. des tomates

4 **Répondez** Complete these sentences with words from the list according to what Csilla says in the video.

délicieuses	légumes	pique-nique
fleurs	marché	place
fromages	pain	tomates

1. Ici, c'est la ______________________ Richelme.
2. Tous les matins, il y a un ______________________ aux fruits et légumes.
3. Il y a toutes sortes de ______________________ ici.
4. Ces ______________________ sentent tellement bon.
5. Ces fraises ont l'air ______________________.
6. Sur les marchés, on vend des ______________________. Moi, j'adore.
7. Je vais acheter deux ou trois petites choses pour préparer un ______________________.
8. Et bien sûr, n'oublions pas le ______________________.

Après la vidéo

5 **Au marché** Imagine you just went shopping at the market in Aix. Write a brief paragraph about your experience. Remember to use the **imparfait** to describe the scene and the **passé composé** to tell what you bought and what you did.

Nom ______________________ Date ______________________

Unité 10, Leçon B

Flash culture

LA SANTÉ

Avant de regarder

1 **À la pharmacie** In this video, you are going to learn about pharmacies in France. In French, make a list of items you might buy in a pharmacy.

____

____

____

____

____

2 **La santé et l'hygiène** Complete these statements about health and personal hygiene with the words listed.

aspirine	gorge	pharmacie
dentifrice	médicaments	rasoir
douche	miroir	shampooing

1. Quand on se maquille, on se regarde dans le ______________.
2. Quand on a mal à la tête, on prend souvent de l' ______________.
3. On se déshabille avant de prendre une ______________.
4. Quand on a la grippe, le docteur examine la ______________.
5. Quand le médecin donne une ordonnance, on va à la ______________.
6. Si on a des allergies, on prend quelquefois des ______________.

En regardant la vidéo

3 **Complétez** Watch these video segments and complete the paragraphs below according to what Benjamin says.

1. Bonjour! Quand vous êtes (a) ______________ ou quand il vous faut des (b) ______________, il y a la (c) ______________. Pour en trouver une, cherchez la croix (d) ______________! Ici, on vend un peu de tout. Entrons!
2. Il y a d'autres endroits pour (e) ______________ bien et (f) ______________.
3. Maintenant, vous savez où trouver ce qu'il vous faut pour (g) ______________ en pleine (h) ______________. À la prochaine!

4 **Les produits** Watch the segment with Benjamin in the pharmacy. Make a list of at least six items you see in the French pharmacy that you personally use.

5 **Pour la santé** What types of health-related businesses are featured in this video module?

Après la vidéo

6 **Les pharmaciens** In this video, Benjamin talks about the role of pharmacists in France. In what ways is the French system similar to that of the United States? How does it differ?

Nom ______________________ Date ______________________

Unité 11, Leçon B

LA TECHNOLOGIE

Flash culture

Avant de regarder

1 **En ville** In this video, you are going to learn about driving in France. Make a list of French words you associate with cars and traffic.

____

____

____

____

____

2 **Les moyens de transport** Circle all of the statements that describe you.

1. J'ai une / Je n'ai pas de voiture.
2. J'ai une / Je n'ai pas de moto.
3. J'ai mon / Je n'ai pas de permis de conduire.
4. J'aime conduire / prendre le bus / prendre le métro.

En regardant la vidéo

3 **Identifiez-les!** Match these images with their captions.

1. ______________

2. ______________

3. ______________

4. ______________

5. ______________

6. ______________

7. ______________

8. ______________

a. un camion commercial
b. une mobylette
c. une décapotable
d. un péage
e. une moto
f. un monospace
g. une voiture de luxe
h. un feu de signalisation

4 **Répondez** Complete these sentences with words from the list, according to what Csilla says in the video. Not all words will be used.

auto-école	essence	péage	route
circulation	se garer	permis	vitesse
conduire	marcher	roule	voiture

1. En ville, il y a beaucoup de ______________________.
2. Regardez cette petite ______________________! Elle consomme très peu d'______________________.
3. On aime bien ______________________ les motos ici.
4. C'est facile pour ______________________ et on ______________________ plus vite.
5. Pour prendre le ______________________, il faut payer.
6. Pour avoir un ______________________ de conduire en France, il faut avoir au moins dix-huit ans.
7. On va à une ______________________ pour apprendre le code de la ______________________.
8. Moi, je préfère ______________________.

Après la vidéo

5 **Mettez-les en ordre!** In what order does Csilla mention these things people do at a service station?

_______ a. vérifier l'huile

_______ b. nettoyer le pare-brise

_______ c. acheter de l'essence

_______ d. vérifier la pression des pneus

6 **En ville** Answer these questions to describe your driving preferences and usual modes of transportation.

1. D'habitude, comment est-ce que vous allez à la fac?

____

____

2. Quelle sorte de voiture ou de moto avez-vous?

____

____

3. Comment est la voiture de vos rêves (*dreams*)?

____

____

____

____

____

Nom ______________________ Date ______________________

Unité 12, Leçon A

Flash culture

EN VILLE

Avant de regarder

1 **Les petits commerçants** In this video, you're going to learn about shopping in small stores in France. In preparation for watching the video, make a list in French of various types of shops and boutiques.

______________________ ______________________

______________________ ______________________

______________________ ______________________

______________________ ______________________

______________________ ______________________

En regardant la vidéo

2 **Complétez** Watch as Benjamin visits a post office, and complete the conversation with the words that he says.

argent	commerces
boîte aux lettres	distributeur automatique
bureau de poste	marchand de journaux
cartes postales	timbres

Nous sommes devant le (1) ______________________. Il est fermé maintenant, mais ce n'est pas grave, j'ai déjà acheté les (2) ______________________. J'ai des (3) ______________________ à envoyer à mes amis. Voici une (4) ______________________. Bon, maintenant, je dois trouver un (5) ______________________ pour retirer de l' (6) ______________________, et puis je vais aller chez le (7) ______________________. Je vais aussi vous montrer d'autres (8) ______________________. Allons-y!

3 **Dans quel ordre?** Number these places in the order in which they are mentioned in the video.

_______ a. une laverie

_______ b. une boucherie

_______ c. une cafétéria

_______ d. un distributeur automatique

_______ e. un chocolatier

_______ f. un centre commercial

_______ g. une papeterie

_______ h. un marchand de journaux

_______ i. une bijouterie

_______ j. un salon de coiffure

_______ k. une boulangerie

_______ l. une charcuterie

Après la vidéo

4 **Vrai ou faux?** Indicate whether these statements are vrai or faux.

	Vrai	Faux
1. Les hypermarchés sont très grands.	❍	❍
2. En général, les centres commerciaux se trouvent au centre-ville.	❍	❍
3. Pour acheter du jambon, on va à la boucherie.	❍	❍
4. On peut souvent acheter du papier et des livres dans le même magasin.	❍	❍
5. Normalement, on trouve une cafétéria dans un centre commercial.	❍	❍

5 **Où est-ce qu'on va pour...?** Where might you go in France to do these things?

1. envoyer une lettre ______
2. acheter un livre ______
3. se faire couper les cheveux ______
4. acheter du bœuf ______
5. laver les vêtements ______
6. acheter du pain ______
7. avoir une manucure ______
8. acheter un journal ______

6 **À vous!** In this segment, you saw many types of businesses that may be similar to or different from where you live. Which places in this video segment also exist where you live? Which do you regularly frequent? Which types of business are not as common in your area? Do you think they should be?

______

Nom ______________________ Date ______________________

Unité 13, Leçon 13B

L'AVENIR ET LES MÉTIERS

Flash culture

Avant de regarder

1

Les métiers In this video, you're going to learn about professions in France. In French, list as many different professions as you can.

______________ ______________ ______________

______________ ______________ ______________

______________ ______________ ______________

______________ ______________ ______________

______________ ______________ ______________

2

J'aimerais... Complete these statements telling what professions you would and would not like to have and why or why not.

1. J'aimerais être ______________ parce que ______________
______________________________.

2. J'aimerais être ______________ parce que ______________
______________________________.

3. Je n'aimerais pas être ______________ parce que ______________
______________________________.

4. Je n'aimerais pas être ______________ parce que ______________
______________________________.

En regardant la vidéo

3

Mettez-les dans l'ordre Number these professions in the order in which Csilla mentions them.

_______ a. pompier

_______ b. chef de cuisine

_______ c. dentiste

_______ d. femme d'affaires

_______ e. agent de police

_______ f. banquier

_______ g. homme d'affaires

_______ h. infirmière

_______ i. chauffeur de taxi

_______ j. vétérinaire

Nom ____________________ Date ____________________

4 **Qu'est-ce qu'ils disent?** Match these people with what they say about their jobs.

1. __________ 2. __________ 3. __________ 4. __________

a. C'est plus qu'un travail. C'est un métier.
b. J'adore! La recherche, c'est ma passion.
c. Je suis assez sociable, alors cette profession me convient.
d. C'est une profession exigeante, mais très intéressante.

5 **Les professions** Listen as Csilla shows you other kinds of professions and fill in the blanks with the words you hear.

Et vous, est-ce que ces (1) __________ vous intéressent: homme d'affaires ou femme d'affaires? agent de police? (2) __________? chef de cuisine? (3) __________ ou infirmier? chauffeur de taxi? Et que pensez-vous de ces (4) __________: vétérinaire? dentiste? (5) __________?

Après la vidéo

6 **L'important, c'est...** What is more important to you, having a job you enjoy or a good salary? Explain your point of view in French.

____

____

____

____

____

____

____

____

____

____

____

____

____

Nom ______________________ Date ______________________

Unité 14, Leçon 14B

Flash culture

L'ESPACE VERT

Avant de regarder

1 **Vocabulaire supplémentaire** Look over these words and expressions before you watch the video.

amateurs de ski	*skiers*	vignoble	*vineyard*
idéal	*ideal*	fabuleuses	*fabulous*
sports d'hiver	*winter sports*	cosmopolite	*cosmopolitan*
influence culturelle	*cultural influence*	le Vieux Carré	*French Quarter*
typiques	*typical*	paradis	*paradise*
construit	*built*	parlement	*parliament*
îlot	*small island*		

2 **Le monde francophone** In this video, you will see footage of various French-speaking areas around the world. In preparation, label the numbered places on the map.

1. ______________________
2. ______________________
3. ______________________
4. ______________________
5. ______________________

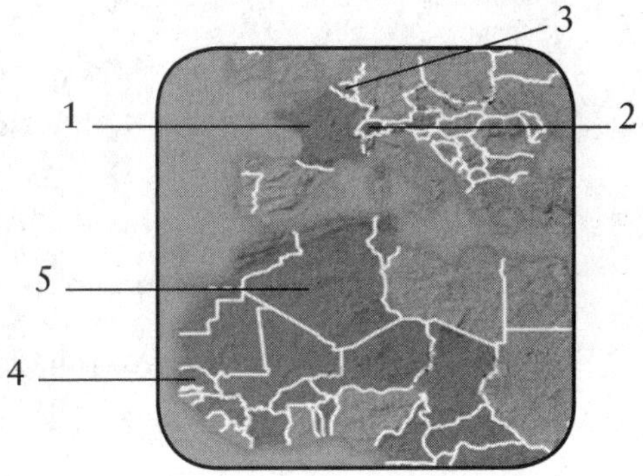

En regardant la vidéo

3 **La France** What places are pictured below?

1. ______________

2. ______________

3. ______________

4. ______________

5. ______________

6. ______________

7. ______________

a. un vignoble près de Bordeaux
b. le Mont-Saint-Michel
c. la Côte d'Azur
d. le château de Chenonceau
e. Notre-Dame de Paris
f. l'Alsace
g. les Alpes

4 **Complétez** Complete the captions according to what Benjamin says in the video.

1. Aujourd'hui, nous sommes près de la _______________.
2. Le Mont-Saint-Michel est construit sur un _______________ dans le _______________ de la France.
3. Dans la _______________ de la Loire, il y a le célèbre _______________ de Chenonceau et ses _______________.
4. Les _______________ de Tahiti sont _______________!
5. Ça, c'est _______________, en Algérie, en _______________ du nord.
6. Dakar est un _______________ important pour le commerce.
7. C'est la ville du parlement _______________, de la Grand- _______________ et, bien sûr, des _______________.

Après la vidéo

5 **Descriptions** What places are described below?

Bruxelles	Montréal	Papeete
Cannes	Nice	le Québec
Dakar	Notre-Dame	Tahiti

1. Cette île se trouve dans l'océan Pacifique. _______________
2. Cette province se trouve au Canada. _______________
3. C'est une cathédrale à Paris. _______________
4. Ce sont des villes de la Côte d'Azur. _______________ et _______________
5. C'est une ville cosmopolite au Québec. _______________
6. C'est la capitale de la Polynésie française. _______________
7. C'est la capitale du Sénégal. _______________
8. C'est la capitale de la Belgique. _______________

6 **Comparaisons** Choose two different places depicted in the video, and write a brief paragraph comparing them. In what ways are they similar? How do they differ? Write at least six sentences.

____

____

____

____

____

____

Nom ______________________ Date ______________________

Unité 15, Leçon 15A

Flash culture

LES ARTS

Avant de regarder

1 **Les loisirs** In this video, you're going to learn about reading and movies in France. In preparation for watching the video, make lists of film genres and types of reading materials.

cinéma	lecture
______________________	______________________
______________________	______________________
______________________	______________________
______________________	______________________
______________________	______________________

2 **Mes préférences** Circle all of the statements that describe you.

1. J'aime lire les romans / pièces de théâtre / poèmes / contes pour enfants.
2. Je n'aime pas lire les romans / pièces de théâtre / poèmes / contes pour enfants.
3. J'aime regarder les comédies / westerns / films policiers / films d'amour / films d'horreur / films de science-fiction.
4. Je n'aime pas regarder les comédies / westerns / films policiers / films d'amour / films d'horreur / films de science-fiction.

En regardant la vidéo

3 **Complétez!** Watch as Csilla leads you through a movie theater and complete the paragraph with the words you hear her say.

anglais	film
cinéma	originale
comédie	prix
étudiants	tickets

Qu'est-ce qu'il y a au (1) ______________ aujourd'hui? Voyons... Tiens, il y a *La Cloche a sonné* avec Fabrice Luchini. C'est une (2) ______________ dramatique. Il y a aussi *The Bourne Ultimatum*. C'est un (3) ______________ américain. Il est en version (4) ______________, ça veut dire qu'il est en (5) ______________. On achète des (6) ______________ ici, au guichet. Ils ont des (7) ______________ réduits pour les (8) ______________, alors, n'oubliez pas votre carte d'étudiant.

4 **Dans quel ordre?** In what order does Csilla mention these film genres?

______ a. les films de science-fiction

______ b. les films d'amour

______ c. les comédies

______ d. les films policiers

______ e. les westerns

______ f. les films d'horreur

Après la vidéo

5 **Répondez** Based on the films and reading materials you saw in this segment, answer these questions in French in complete sentences.

1. Quel(s) genre(s) de films aimez-vous? ______________________

2. Quelle(s) sorte(s) de livres ou de magazines vous intéresse(nt)? ______________________

3. Avez-vous vu ou lu un des films ou livres mentionnés? Le(s)quel(s)? ______________________

6 **Comparaisons** Many books are eventually made into movies. In French, compare a book that you have read with its film version. How do they differ? Which do you like better? Why?